# Medical Medium
# Life-Changing Foods

Save Yourself and the Ones You Love with the Hidden Healing Powers of Fruits & Vegetables

## メディカル・ミディアム
# 人生を変える食べ物

アンソニー・ウィリアム 著 Anthony William　辻谷瑞穂 訳

ナチュラルスピリット

MEDICAL MEDIUM LIFE-CHANGING FOODS
by Anthony William


Originally published in 2016 by Hay House, inc. USA

Japanese translation published by arrangement with Hay House UK Ltd.
through The English Agency (Japan) Ltd.

# アンソニー・ウィリアムへの賛辞

私と話し始めて3分も経たないうちに、アンソニーは私の健康問題を正確に言い当てた。彼の話は本当に深い知識と理解に基づいている。メディカル・ミディアムとしてのアンソニーの能力は独特でとても興味深い。

――アレハンドロ・ユンガー博士／『ニューヨーク・タイムズ』ベストセラー『Clean』『Clean Eats』『Clean Gut』の著者。大人気の「クリーン・プログラム」の創始者。

アンソニーがやっていることは明らかに超自然的な神秘の要素があるが、取り上げているもの（特に自己免疫疾患関係）のほとんどが、本質的に正しく、真実だと感じる。しかも、アンソニーが推奨する実践方法は、自然で、わかりやすく、実行しやすい。

――グウィネス・パルトロー／オスカー女優。『ニューヨーク・タイムズ』No.1ベストセラー『It's All Easy』の著者。GOOP.com の創始者でありCCO（最高クリエイティブ責任者）。

アンソニーは、弊社レーベルのレコーディング・アーティストの誰にとっても魔術師であり、彼がアルバムだとすればマイケル・ジャクソンの『スリラー』は足元にも及ばないし、その能力はまさに深淵で、目を見張るものがあり、非凡で、幻を見ているようですらある。先覚者でもあり、著書はご神託に溢れている。

――クレイグ・コールマン／アトランティック・レコードの会長、CEO（最高経営責任者）。

アンソニーは、その才能により、自らを通じて情報をもたらし、その情報は現代科学のはるか先を行っている。

――クリスティアン・ノースロップ博士／『ニューヨーク・タイムズ』ベストセラー『Goddesses Never Age』『Women's Bodies, Women's Wisdom』（邦題『女が40代になったら知っておきたいこと』三笠書房刊）の著者。

アンソニーは温かく深い思いやりがあるだけでなく、神から与えられた能力を用いて正確な情報を与えてくれる信頼できるヒーラーだ。彼の存在は私の人生に与えられた最高の恵みである。

――ナオミ・キャンベル／モデル、女優、活動家。

私の家族や友人たちは、アンソニーの癒し《ヒーリング》の才能のおかげで若々しく健康な心身を手に入れ、表現しきれないほどの恩恵を受けている。

――スコット・バキュラ／俳優。映画『バスマティ・ブルース』、ドラマ『NCIS：ニューオーリンズ』『タイムマシンにお願い』『スタートレック：エンタープライズ』主演。

アンソニーという人物の登場とその慈悲《コンパッション》の精神には本当に感動している。アンソニーのきめ細やかな才能と、親切なチャネリングによる癒し《ヒーリング》の叡智が私たちにもたらされ、その恩恵を受けている。アンソニーの著書は本物の「未来の叡智」だ。古代仏教の医学書において、「天才と呼ばれる人々が利益を追求して生命元素にみだりに手を加えれば現代の私たちを苦しめるだろう」と予言されていた数々の不可解な病気について、私たちは今、奇跡的に正確かつ明快な説明書を手にしていることになる。

――ロバート・サーマン／コロンビア大学インド・チベット仏教学ジェ・ツォンカパ教授。チベットハウスUS代表。ベストセラー『Inner Revolution』『Love Your Enemies』（邦題『ニガテな奴が雨に打たれている 敵を愛せよ――楽に生きるための心の技術』駒草出版刊）。ボブ・サーマン・ポッドキャストのホスト。

アンソニーは素晴らしい人物だ。私が長年悩まされていた健康問題を言い当てたし、必要なサプリメントを知っていて、それですぐによくなったのだから。

——ラシダ・ジョーンズ／女優、プロデューサー、作家。ドラマ『アンジー・トライベッカ』『パークス・アンド・レクリエーション』、映画『ソーシャル・ネットワーク』『40男のバージンロード』主演。

アンソニー・ウィリアムが天から授かった癒し《ヒーリング》の能力は、奇跡とも言うべきものだ。

——デビッド・ジェームズ・エリオット／俳優。映画『Camera Store』、ドラマ『SCORPION／スコーピオン』『トランボ：ハリウッドに最も嫌われた男』『マッドメン』『CSI：NY』出演。CBS系ドラマ『犯罪捜査官ネイビーファイル』で10年間、主演を務める。

アンソニー・ウィリアムは、天才的な医療霊媒《メディカル・ミディアム》だ。現代社会で誰もが悩まされうる原因不明の症状などに、とても現実的で、過激ではない答えを出してくれる。私は、アンソニーという人物を知って鳥肌が立つほど興奮し、私も家族みんなも、健康法を教えてもらえる貴重な情報源として頼りにしている。

——アナベス・ギッシュ／ドラマ『スキャンダル』『THE BRIDGE／ブリッジ』『ブラザーフッド』『ザ・ホワイトハウス』、映画『ミスティック・ピザ』出演。

アンソニー・ウィリアムが大好きだ。娘のソフィアとローラが私の誕生日に本をプレゼントしてくれ、もう手放せない。『メディカル・ミディアム』は、あらゆる点と点をつないでくれるし、最高の健康状態になるのに役立ってくれている。アンソニーの著作を通じてわかったことだが、幼少期に病気をしてからエプスタイン・バール・ウイルス（EBウイルス）が残っていて、そのせいで何年も経ってから健康を損ねたのだった。『メディカル・ミディアム』は私の人生を一変させてくれたのだ。

——キャサリン・バック／女優。ドラマ『ザ・ヤング・アンド・ザ・レストレス』『爆発！ デューク』出演。

外傷性脊髄損傷は数年前に治って安定しているものの、筋力は落ちたままで、神経系もやられているうえに、体重もオーバー気味。あるとき親友が声をかけてくれて、アンソニー・ウィリアムの『メディカル・ミディアム』を読むよう強く勧めてくれた。この本に書かれた情報に共鳴する部分が多く、アイデアが具体的に示されているものもあって、コンサルを受けたいと思い、運よく受けることができた。リーディングの内容はドンピシャで、想像もしていなかった深く濃厚な癒し《ヒーリング》が得られた。体重も健康的に落ちてきているし、自転車やヨガを楽しんでいて、ジムにも復帰し、気力も安定し、夜も熟睡できている。毎朝の健康法では、笑顔でこう言っている。「やぁ、アンソニー・ウィリアム！　復活の贈り物をありがとう、効いているよ」

――ロバート・ウィズダム／俳優。ドラマ『フレークド』『シカゴ P.D.』『ナッシュビル：カントリーミュージックの聖地』『THE WIRE／ザ・ワイヤー』、映画『Ray／レイ』出演。

アンソニーに巧みな方法でたっぷりの自信を与えてもらってから12時間後、昨年ずっと鳴りやまなかった耳鳴りが……和らぎ始めた。アンソニーの洞察のおかげで前に進むことができ、本当にびっくりで、ありがたく、うれしく思っている。

――マイク・ドゥーリー／『ニューヨーク・タイムズ』ベストセラー『Infinite Possibilities』『Notes from the Universe』（邦題『宇宙からの手紙』角川グループパブリッシング刊）の著者。

アンソニーは預言者であり、人々に健康をもたらす賢者だ。彼は並外れた才能に恵まれている。アンソニーに導かれ、私は何年も悩まされてきた健康上の課題を正確に把握し、克服することができた。

――クリス・カー／『ニューヨーク・タイムズ』ベストセラー『Crazy Sexy Juice』（邦題『ジュースダイエットをはじめよう！』ＪＭＡ・アソシエイツ刊）、『Crazy Sexy Kitchen』『Crazy Sexy Diet』の著者。

アンソニー・ウィリアムは現代のエドガー・ケイシーである。西洋医学や代替医療の非常に腕の良い医者にも不可解な病の真の原因を、類まれな知識と精度で人の体の状態を読み取ることで特定する。アンソニーが提供する医学的アドバイスは実用的であると同時に核心を突いており、彼は21世紀で最も優れた能力を持つヒーラーだと言える。

――アン・ルイーズ・ジトルマン／『ニューヨーク・タイムズ』ベストセラー作家。健康と癒しに関する著書は30冊以上。有名なデトックスとダイエット計画「ファットフラッシュ」の創始者。

私は自分や家族の健康のためにアンソニーを頼りにしている。医者が何もできないときでさえ、彼には問題の原因や健康を回復するための方法がわかっているからだ。

――チェルシー・フィールド／女優。映画『ラスト・ボーイスカウト』『アンドレ 海から来た天使』出演。

ハリウッドのビジネスウーマンとして、私は「価値」についてよく知っている。アンソニーのクライアントには、彼を見つけるまでに、いわゆる原因不明の病気を癒すために100万ドル以上を注ぎ込んだ人がいる。

――ナンシー・チェンバース／ドラマ『犯罪捜査官ネイビーファイル』助演、ハリウッド映画プロデューサー、起業家。

病気予防および治療に関するアンソニー・ウィリアムの貴重なアドバイスは、現存するいかなる情報より、数年進んでいる。

――リチャード・ソラゾ博士／腫瘍学・血液学・栄養学の分野で活躍するニューヨーク州公認医。アンチエイジング専門家。『Balance Your Health』の著者。

アンソニー・ウィリアムが健康のために勧める自然療法はすべて効果がある。おかげで私の娘の健康は劇的に改善した。自然のものを利用する彼の癒し《ヒーリング》の方法は、健康回復に非常に効果的である。

――マーティン・D・シャフィロフ／バークレイズ・キャピタル社長。WealthManagement.com サイトによるアメリカブローカー・ランキング1位、および投資情報誌『バロンズ』による資産運用顧問ランキング1位獲得。

アンソニーにヘルス・リーディングをしてもらい、私が知らない私の体のことを正確に教えてもらった。優しく、魅力的で、陽気で、控え目で、そして気前のよい人で、しかもとても「超自然的」で、とても非凡な才能があり、私たちの世界の捉え方に真っ向から挑む能力を備えていて、それは私でもショックだったよ、霊媒師さん！　アンソニーは、まさに現代版エドガー・ケイシーであり、私たちにはアンソニーがいてくれて本当に恵まれている。私以上に私のことを知っているのを証明してみせてくれるのだから。

――コレット・バロン・リード／ベストセラー作家。『Uncharted』の著者。テレビ番組『Messages from Spirit』のホスト。

量子物理学者なら誰でも、私たちがいまだに理解できない事象が宇宙には存在することを知っている。アンソニーもそれらを理解していると心から感じる。彼はもっとも効果的な癒し《ヒーリング》の方法に直感的にアクセスする驚くべき能力を持っている。

――キャロライン・リーヴィット／『ニューヨーク・タイムズ』ベストセラー『Cruel Beautiful World』『Is This Tomorrow』『Pictures of You』の著者。

【編注】

本書の医学的な記述については著者の意図を汲み、忠実に訳しましたが、必ずしもすべてが科学的に証明されたものではないことをご理解、ご了承ください。特に、聖霊《スピリット》しか知らない概念、病名等については、現代医学の用語として存在しないものもあり、医学用語の造語法に準じるなどして表しています。

また、本書に記載されている情報は、聖霊《スピリット》から著者にもたらされたものであり、医師による診断やアドバイスに代わるものではありません。本書のみに頼って自己診断はせず、まずは専門家の診断とアドバイスを受けてください。

妻に捧げる

# メディカル・ミディアム――人生を変える食べ物　目次

アンソニー・ウィリアムへの賛辞……1

序文……12

はじめに……17

## 第1部　灰の中から蘇る

第1章　自分の身を守る――あなたを前に進めなくしているものの真相……36

第2章　適応――あなたを取り巻く世界とともに前進する……67

第3章　魂に効く食べ物……95

## 第2部「聖なる四つの食物群」

序　論　人生を変える食べ物……116

第1章　果物……127
リンゴ 128
アプリコット 134
アボカド 139
バナナ 145
ベリー類 151
チェリー 158
クランベリー 164
デーツ 170
イチジク 175
ブドウ 181
キウイフルーツ 187
レモンとライム 192
マンゴー 198
メロン 203
オレンジとミカン 209
パパイヤ 215
洋ナシ 221
ザクロ 226
第2章　野菜……231
アーティチョーク 232
アスパラガス 237
セロリ 243
アブラナ科の野菜 249
キュウリ 257
葉物野菜 263
タマネギ 271
ジャガイモ 278
ラディッシュ 288
スプラウトとマイクログリーン 294
サツマイモ 302
第3章　ハーブとスパイス……309
芳香ハーブ（オレガノ・ローズマリー・セージ・タイム） 310
キャッツクロー 316
コリアンダー 323
ニンニク 329

ショウガ 335　レモンバーム 341　カンゾウ根 346
パセリ 352　ラズベリーリーフ 358　ターメリック（ウコン） 363

第4章　野生の食べ物……369

アロエベラ 370　大西洋産海藻 375　ゴボウ 381
チャーガ 386　ココナッツ 392　タンポポ 399
ネトルリーフ（セイヨウイラクサ） 405　生ハチミツ 410
ムラサキツメクサ 416　ローズヒップ 421　ワイルドブルーベリー 427

## 第3部　真実で武装する

第1章　生殖能力と私たちの未来……438
第2章　有害な健康ブームとトレンド……456
第3章　人生を困難にする食べ物……473
第4章　人生を変える天使たち……485

# 序文

私は二、三年前、ヘイハウスのイベントで初めてアンソニー・ウィリアムに会いました。アンソニーは控え目で、地に足の着いたヒーラーですが、私の人生を一変させてくれました。食べ方や食べ物の考え方、母なる地球での生活をどう考えるかまでを変えてくれたのです。

ご存知の通り、アンソニーは幼少期より聖霊《スピリット》とともに働いています。その才能は、現代の科学のはるかに先を行く情報のパイプ役になるというものです。アンソニーには、この惑星での計り知れないほどの苦しみを知ったうえで、それに対処するという才能があります。その対処法とは、母なる地球と母なる自然の愛情のこもった野菜や果物をおいしくて健康的な方法で食べることによって、その母の叡智を身体に取り入れることです。

本書『メディカル・ミディアム――人生を変える食べ物』は、「もっと野菜や果物を食べる」ことをはるかに超えて、食からあらゆる喜びや楽しみを得ることに役立ちます。これまではどちらかというと、ピザを食べたいときには「こうすべき」とアドバイスされていましたが、本書では、良いとか悪いとかは言いません。吊るし上げもありません。食べ物警察もいません。本書『人生を変える食べ物』はそうではなく、神から与えられた、土壌が持つ活力というギフトを生活に取り戻すためのお楽しみマニュアルなのです。しかも、おいしく、楽しく、健康的に。

アンソニーと聖霊《スピリット》のおかげで、野菜や果物には、生きる力を与える魔法が蘇ります。ですから、その食べ物を摂取することは、体《ボディ》、心《マインド》、そして精神《スピリット》のあらゆるレベルであなたが変化し始める高尚な経験となります。それは「目覚め」です。

ひとつ例を挙げます。アンソニーが野生のブルーベリーを食べるようにと言ったとき、それは単にこのおいしい食べ物に含まれる抗酸化物質について話しているのではなく、野生のブルーベリーが本当にパワフルだということを伝えているのです（しかも、科学的裏付けも確かです）。アンソニーはほかにも、野生のブルーベリーに詰まっている、過酷な環境で強く生きる驚くべき生命エネルギーについて言及しています。メイン州のワイルドブルーベリーの低木は定期的に焼き払われても生き延びます。凍結した岩にくっついて冬を越さなければなりませんが、それでも毎年、甘い実を大量に実らせます。野生のブルーベリーを食べるというのは、まさしく食べたものの性質、つまり困難に耐えて生き延びるという信じられないほどの粘り強さを身体に取り込んでいるということなのです。聖霊《スピリット》はこれを蘇りの食べ物と呼んでいます。アンソニーはパワーフードの話をしているのです！

では、みすぼらしくて、悪く言われるジャガイモを見てみましょう。聖霊《スピリット》が言うには、ジャガイモは、人生の中で定まった目標がないと感じたり、暗中模索したりしているときに、力強くあるための堅固な基盤を与えてくれます。聖霊《スピリット》が話すジャガイモのこの特徴には、土壌から多量栄養素と微量栄養素を高濃度で引き出す能力も含まれています。ジャガイモは、グラウンディング（訳注：地球とつながって、心身のエネルギーバランスをとること）と安定性のある性質を体現しているのです。また、私たちに隠れた才能、つまりジャガイモのように地面に埋もれた自分自身の側面を思い出させてもくれます。それに加えて、ジャガイモの一番よいところを引き出す方法を知っていれば、ジャガイモのことを私たちを太らせる「白い食べ物」だと恐れる必要はありません。ジャガイモも私たちの一番よい部分を引き出してくれます。アンソニーに会うまでは、数十年来、白いジャガイモを避けてきました。今は、定期的に食卓に上っています。両腕を広げて、「お帰りなさい」と迎えました。無駄に体重が増えることも一切ありません！

本書『メディカル・ミディアム――人生を変える食べ物』をお読みになれば、野菜や果物の見方が変わり始めます。ベリー、タマネギ、ココナッツ、バナナなど、母なる地球から私たちに届けられたすべての贈り物に、胸を躍らせる自分がいます。「医学の父」であり、医学部を卒業するときに全員が宣誓する有名な「ヒポクラテスの誓い」を生み出したヒポクラテスは、「汝の食事を薬とし、汝の薬は食事とせよ」と言いました。

しかし、現在のファストフードの世界で、どの食べ物を何のために摂るかをどうやって知るのでしょうか。食事をどうやって薬にすることができるのでしょうか。それがわかるところが、私が今までに読んだほかのどの本よりも本書が本当に優れている点です。ナシからセロリまで、それ以外にもたくさん、一つひとつの食べ物について、その食べ物が役に立つ病気や症状が挙げられています。しかし、それだけではありません。野菜や果物の一つひとつに独特な作用があり、感情面とスピリチュアルな面でサポートをしてくれるのです。また、わかりやすくておいしいレシピが満載です。

それ以上に、本書は何十年間も混乱を招いてきた食べ物の流行と神話にも言及しています。そこには、果物恐怖症（私自身が本当にそうでした）も含まれます。果物の甘さゆえ、私たちはそこに含まれる糖と、肥満や不調の一因となってきたほかの「悪玉」糖とをごっちゃにしてしまっていました。果物は別です。私たちはもっとたくさん食べる必要があります。食事においしい果物を加えてからというもの、私は甘いもの（飴、クッキー、デザートなど）への渇望がほとんどなくなりました。デーツ、ベリー、生のオレンジ、バナナを食べることによって、まったく新しい甘味の世界に入りました。ざっくり言うと、奇跡です。

本書『メディカル・ミディアム――人生を変える食べ物』に書かれた案内に従うと、ショッピングやクッキングの意味がまったく新しくなります。野菜や果物の精霊が話しかけてきて、それが身体や生活の中で活き始めるからです。本当に自然に支えられていると感じるようになり、自分の最も深い部分が目覚め始めます。また、私たちの食物供給の責任を負っている「人生を変える天使たち」（訳注：詳しくは第3部「人生を変える天使たち」を参照）と直接協力する方法を学ぶことによって、見えない助けとつながるようにもなります。天使たちは、野菜や果物を強化し、花粉を運ぶ生き物の保護を手伝い、リンゴ一個一個やレタスの葉一枚一枚のほか、成長するものすべてを励まし、空腹な人に食べ物を届けるのを助け、遺伝子組み換え作物（GMO）を使った食品を無害化するために働き、オーガニック食品運動を支援したり、気候パターンに影響を及ぼしたりもします。私は力の源を利用することについてお知らせしているのです。知ればとても安心できます。

本書を読んで私たちの感情やスピリチュアルな面に働きかけてくれる野菜や果物の力に触れることは、

強力な薬になります。この薬を服用すれば、私たちみなを支えてくれている母、すなわち地球と一体となっていると感じるようになります。そして、天使の領域と協調すれば、天の領域とも一体となっていると感じるようになります。希望と生命力が身体に戻り始めます。

そしてみなさん、それは地上の天国に帰ってきたような感覚なのです。

クリスティアン・ノースロップ医師

# はじめに

みなさんは、幼い頃から常に慎重であるようにと教えられています。それは赤ん坊の頃に始まり、コンセントや尖った缶の縁に手を伸ばそうものなら保護者が手を摑んで引っ張ります。初めて自分で立ち上がろうとするときも、親が腰のあたりを摑んでいます。ずっとそんな調子で、夕食の前には手を洗いなさいと母親に言われ、廊下を走ると先生に叱られ、ヘルメットをせずに自転車に乗るとおじさんは話を聞いてくれなくなります。子どもの頃、普通であれば、私たちは大人たちに囲まれています。つまり、落ち着きなく動き回る私たちを世話をしてくれたり、身の回りのことを教えてくれたりする大人たちが安全最優先で見守ってくれています。

私たちは成長するにつれ、その教訓を自己のものとします。初めて買う車を選ぶとき、まず安全性を考慮します。よいエアバッグが装備されているか、ブレーキはしっかり利くか。どの大学に行くかを考えるとき、キャンパスで安心できるかどうか、教授たちは本当にどの学生のことも気にしてくれているかどうか、と考えます。そしてある時期が来たら、懸念が枝を伸ばします。つまり、パートナーに出会うかもしれないということです。そうなると突如としてその相手の安全性も重要になるのです。ともに未来の計画を立て、お互いの物質的、金銭的、感情的な安全性を最優先します。

　子どもが生まれると振り出しに戻りますが、今度は立ち位置が異なります。自分が学んだ知恵を手渡す側になります。道を渡るときに手をつなぐような前世紀的なものもあれば、サイバーセキュリティのように、私たちが生きている時代に特有なものもあります。子育てをする年齢には介護をする身になることもあります。つまり私たちは、ついには祖父母になり、子や孫の世代から見守られるということです。私たちは常にお互いに世話をし合っているのです。

　安全への懸念は尽きません。夜は戸締りをして、保険に加入し、警報機を取り付けます。心臓病、癌、糖尿病の予防になればと、さまざまな流行の食事法を試します。世界では脅威が増えてきていますから、緊急事態対応訓練（避難訓練）をしたり、金属探知機をくぐらされたりします。私たちはルールや規則に縛られて生きるのに慣れています。安全が最優先だからです。安全なしではどうしようもないことを理解しているのです。

　本書では、まったく別のレベルの安全、つまり私たちが必要だと認識すらしていないのに、今まで以上に必要なレベルの安全について扱います。私がお話ししているのは、私たちの健康の安全についてであり、言い換えれば、生き延びることについてです。本書に書かれているのは誰も知らない知恵であり、読み進めるうちに、移り変わってゆく今の時代に適応する方法について知ることができます。私たちがすでに知っていることもありますが、知るべきことはもっとたくさんあるのです。

## 既存の枠に囚われずに食べる

今日の栄養情報、つまり心臓病、癌、糖尿病、アルツハイマー病、自己免疫疾患などの恐ろしい病気の背景と、その対処法に関する情報は、既存の枠の中にあります。枠があると私たちは安心感を覚えるので、あらゆるものが枠に収まっていたり、枠に収めることができたりするように思いがちです。

既存の枠はそんなふうに欺いているのです。私たちの安全に対する脅威は予測不能であり、ゼロデイ攻撃（訳注：サイバー攻撃の一種）に対応するIT専門家や、銃撃現場に呼ばれてきた緊急時対応要員なら誰でも、その通りだと言うでしょう。安全を脅《おびや》かすものは既存の枠に閉じ込められることはなく、それは私たちの思考も同じです。自らの健康を守るためには、既知だと思っていることから抜け出して考えることが必要です。

本当の意味で自分自身を守るのなら、本書に掲載されている食べ物を食べることです。「その通りですね、アンソニー。野菜や果物だなんて、本当に独創的ですね」という不信を抱く人たちの皮肉な声が聞こえてくるようです。まぁ、そんなすぐに腐ったトマトをこっちに投げつけないで（訳注：怒りをぶつけてこないで）ください。これは、よくある「野菜や果物を食べるとよい」という話ではありません。野菜や果物は、科学者たちがこの地球を救うことになる奥の手を見つけるまでの間に合わせの趣味のようなものではありません。野菜や果物こそが奥の手なのです。人生を変えるその力は、これまでに知られている力とは桁違いのレベルなのです。

私たちは、植物性食物に対する感謝の気持ちを忘れています。それを食べることを面倒な作業だと思っていて、子どもの頃に教え込まれたことのひとつのように捉えています。そこからはもう卒業できていてよいはずです。あるいは、アブラナ科の野菜、ナス科の植物、そして果物は体に悪いと聞いたことがあったり、そうかと思えば、果物や野菜、ハーブの良さを確信したりしていますが、その力を存分に利用する方法については知りません。それは食べ物に関する世間の思い込みの寄せ集めであり、どの思い込みも一定の枠内でしか用をなさず、健康に対する脅威から身を守るには限界があります。今日では今までにないほどの脅威があります。今まで以上に予防が必要なのです。

　これからお伝えする情報は、栄養に関する現代的な理解という既存の枠を突き破るものです。というのも、そこに出てくる食べ物は読者のみなさんのウェルビーイング（心身が満たされている状態）のどの側面にも影響を及ぼすからです。たとえば、目に良いからとルテインを摂取したり、骨に良いからとカルシウムを摂取したりすることは、もちろん健康を守るために必要不可欠な側面ではありますが、それは一端にすぎません。また、イチジクは最大の恩恵を得るために9個ずつ食べたり、自分の本当の性質を明らかにするためにジャガイモを食卓に加えたり、長期旅行の道中で、食べ物が見つかりやすくなるお守りとしてデーツを包んで持ち歩いたりするとよい、などの情報もあります。不安症から大腸炎や認知症にいたるまで、さまざまな病気が記録的な速さで人々に蔓延している理由や、本書に登場する「人生を変える食べ物」を自分自身の弱い部分を保護するために利用するにはどうすればよいか、その本当のところを知ることもできます。

　この情報の出所は、聖霊《スピリット》と呼ばれるものですが、科学の先を行くことが多々あります。たとえばタマネギは口臭を引き起こすのではなく、その緩和に役立ってくれるのですが、これと同じことを伝えている学術研究や医療専門家が見つかる可能性はなさそうです。まだ誰も知らないからです。聖霊《スピリット》は、その答えを明らかにする研究をみなさんが何十年も待ってはいられないとわかっています。みなさんはさらに20年間、セロリジュースが消化促進剤として最も素晴らしいということを知らず、腹痛に悩まされるつもりでしょうか。いいえ、みなさんの具合がよくなって、生き生きと生きられるよう、明らかな真相を今すぐ知る必要があります。

本書の情報で、ほかで聞いたことがあるようなもの、たとえば「アボカドは母乳ととてもよく似ている」という情報に出合ったときには、思い出してください。私は25年以上にわたって数万人に健康情報を伝えてきているので、その人たちがその情報をさらにほかの人たちに伝えていくうちに、広く世界に浸透していった概念もあるのだということです。聖霊《スピリット》は、食物や健康に関する科学者たちの発見にも、古来の健康の知恵にも、喜んで敬意を払いますから、本書のそこここに、主流の健康に関する知識をなぞったような情報が書かれていることにお気づきになるでしょう。すでにお伝えした通り、聖霊《スピリット》の情報は、常にレベルが違います。たとえば、野生のブルーベリーは抗酸化物質の宝庫であることが知られていますが、実は復活の食べ物であり、何もかも失ったように思われるときに私たちを蘇らせてくれるということは知られていません。

つまり、自分の潜在能力を最大限に引き出すために、何を発見する必要があるかということです。人は、心身の健康、安全、保護、そして真理への目覚めを求めて、多大なる努力を注ぎますが、私はこうして、答えは常に青果物コーナーに隠れていると、みなさんにお伝えしているのです。

## 発端

私のことを知っている人たちは、私が聖霊《スピリット》から情報を得ていることを知っています。4歳のとき、自宅で食卓を囲んでいると、「最高位の聖霊《スピリット》」と名乗る声に、「祖母に肺癌があると告げなさい」と言われました。私はその言葉の意味すらわかりませんでしたが、そのままのことを伝え、病院の検査ですぐに確認がとれました。

これが発端で、一生ものの能力になりましたが、常に特別な能力のように感じるかというと、そうではありません。聖霊《スピリット》はたびたび耳元に話しかけてきて、周りの人たち一人ひとりの症状について詳しく話します。さらに、聖霊《スピリット》は幼少期の私に、閉塞《へいそく》箇所や感染部位、問題のあるところ、過去に問題だったところ、さらには魂が傷ついたところまでをも残らず明らかにする超強力MRIスキャンのように、人々の身体をスキャンして映像化する方法を教えてくれました。

つまり私は、常に人々のつらいところをピンポイントで見ているということです。言っておきますが、世界にはそのようなものが山ほどあります。ニュースで見る以上に多いのです。極度の倦怠感、ブレインフォグ（訳注：頭に靄《もや》がかかった状態）、痛み、浮動性めまいなどを抱えた人々が目に見えないところで蔓延していますが、本人たちには理由がわかりません。また、恐ろしい病名を告げられ、人生に絶望している人たちもいます。病気の人は、答えが見つからないまま何年も苦しむことがあまりにも多く、最後にはどういうわけか、自業自得であるように感じるのです。

私の仕事は、健康に関する真実をお伝えすることであり、医学がまだ発見していない答えを人々に教えたり、「あなたが病気なのは自分のせいではない」とか、「元気になれる」とかいうメッセージを広く知らせたりすることです。さらに、今の私たちの世界にある危険や、その存在に気づいてすらいないかもしれない危険から、自分と愛する人たちを守る方法を人々に教えたりもしています。当初は、苦しんだり困ったりしている人々を相手にマンツーマンでのみ教えるほか、最も困難な症例を解決するのに助けを必要としている医師とともに活動していました。そしてついに、聖霊《スピリット》から、その癒し《ヒーリング》の真相をさらに広い世界に届ける時期が来たと言われました。そうして、ラジオ番組、本、そしてライブイベント（私から聴衆全員に光線を発射して癒し《ヒーリング》の火をつけることができる）が始まりました。聖霊《スピリット》が差し出してくれているきわめて重要なこの情報をみなさんが受け取ってくださっているのだとわかれば、私は自分の人生をまっとうできていることになります。

本書には、学術研究の引用も言及もありません。それは、私が本書に書いていることはすべて聖霊《スピリット》からもたらされたものだからです。みなさんならきっと研究論文をほかでいくらでも目にしているでしょうし、相反する主張のどれを信じたらよいのだろうと、戸惑うかもしれません。私が本書でお伝えする情報は、誰しもが見解を持っている世界に、さらに別の見解を投じるものではありません。真実をお伝えするものです。聖霊《スピリット》は、みなさんを混乱の海から引き上げて、どの理論を信じたらよいのかわからないときに明瞭な答えを伝え、研究よりも何十年も先を行く健康情報を提供したいと思っているのです。

ですから、聖霊《スピリット》は生きている言葉すなわち「慈悲《コンパッション》」そのものです。この思いやりの精神は人類に対する神の慈悲の表れでもあります。私は普通の人間ですが、友人が横にいて話しているように明確で正確な聖霊《スピリット》の声がたまたま聞こえるのです。私が受け取ってお伝えするどのメッセージも、人類をこの上なく気づかい、共感する慈悲の声から来ています。それは私が選んだ才能ではなく、聖霊が私に与えてくれた才能なのです。そしてそれは私の力ではありません。私が答えを知っているのではなく、聖霊《スピリット》が答えを知っているのです。私がこれまで何万人もの人々を助けてこられた唯一の理由は、聖霊《スピリット》が情報を与えてくれたからです。聖霊《スピリット》が情報を与えてくれるのは、あなたが助けを得るためです。これはあなたとあなたの健康に関するものです。結局のところ、それが一番大事なのです。

## 聖霊《スピリット》が守ってくれている

「世界で一番高い山」と検索すると、それはエベレストであることを示す結果がずらっと出てくるでしょう。それと同時に、「麓からの高さが最も高い山を知りたいのならこちらへ」と誘導するサイトもあります。また、「ニューヨークからカリフォルニアへの行き方」で検索すると、格安のフライトや、車のルート、正確な距離がヒットします。これらの検索ワードに共通するものは、すでに人が足を踏み入れている土地に関する質問であるということであり、正しい答えが返ってくるのはそのためです。

では、「アルツハイマー病の原因」で検索するとどうなるでしょうか。多種多様なサイトがヒットすることでしょう。「不明」と書いているサイトもあれば、原因や危険因子を列挙しているサイトもあり、少数ながら対処法を示しているものもあるでしょう。でも、「この残酷な病気に、どうして大切な人を奪われなければならないのか」という質問に変えたときに、正しい答えのページに飛ぶことはないでしょう。それは、その領域にはまだ誰も踏み込んでいないからです。検索結果は明確な方向を示すのではなく、袋小路や回り道、行き止まりに導くのです。私はそれぞれを「偽結果」「偽真実」「偽叡智」と呼んでいます。粘り強い人なら荒野の中で切り拓かれつつある道の入り口を見つけるかもしれません。その道はいつかは真実に行き着くでしょうが、今はまだです。「慢性的な健康問題に関することは検索で見つからない」というのが、確実な答えなのです。

「あなたにそんなことを言う権利がどこにあるのか」と思われるかもしれません。私は科学をけなすつもりも、患者さんたちのために日夜闘っている数えきれない医療専門家の方たちをけなすつもりもありません。医療をはじめとする治療技術の実践には、ただただ頭が下がる思いです。科学には大賛成しています。聖霊《スピリット》はただ、私が「今まで科学によって発見されてきたことの中に欠けているもの」をみなさんに気づかせることを望んでいるのです。アメリカだけをとっても、2億人以上が病気を患っていたり、原因不明の症状を抱えていたりすることが、「欠けているもの」があることを証明しています。何の答えもなく病に伏し、疲れすぎて子どもの世話ができず、どうしたらよくなるのかと為《な》す術《すべ》もなく嘆いている母親は、私を支持してくれるでしょう。そんな女性に、医学でわかっていることだけで何もかも解決できたか尋ねてみてください。

病気でいたい人などいません。私たちは「陽《ポジティビティ》」の時代に生きています。ですから私たちはみな、今の世界は何かがおかしいと感じていて、だからこそ、私たちは頑張って顔を上げ続け、絶望ではなく喜びを選択し、振り落とされないよう叡智を求め、啓発を受けるためにお互いに励まし合うのです。それは力強い動きです。同時に私たちは、常にポジティブでいて、真実に向き合うのを厭《いと》うことがないように注意していなければなりません。

私は、人々がミステリー病（不可解な病）の流行について質問したり、誤診にまつわる問題はたいしたものではないと言ったり、不可解な症状に対して貼られたレッテル（病名）が答えであると信じたりするとき（すなわち、人々が現状には何も問題がないと言うとき）、それは通常、本当に大きな健康問題に苦しんだことはないことを示しているということに気づきました。おそらく、時々頭痛がしたり、風邪を引いたり、実際に起こるとは思いもしなかった尿路感染症（ＵＴＩ）を抱えたり、あるいは骨を折ったり（原因と治療経過がはっきりしている）くらいはしています。しかも、その人たちは助かっています。私が言っているのは、その人たちが、病気の存在を信じないことによってどういうわけか守られたということではありません。その人たちは他の人たちがくじけてしまう要因（本書でのちほどみていきます）にたまたま触れてこなかったために、病気が縁遠い「その他の」経験となり、正しい態度をとれば避けることができるものであるかのように思ってしまうのです。

私たちは、真実ではないことを真実味があるかのように言うことも、病人なのに本当は病気ではないと言うことも、予防措置を誤れば、待ち受ける運命が違ってくると言うこともできません（予防措置は本書に書いてあります）。読者であり、人間であり、この惑星の同類の魂であるみなさんに対して、下手なことをお伝えするような失礼なことは私にはできません。世界をありのままに見たうえでなければ、誰も真理に目覚めることはできません。叡智は真実に基づいて構築されるのです。

実際のところ、今の私たちはストレスに満ちてノンストップで進む生活を送っています。そのうえ、私たちは、とても有害な汚染物質や病原体の数々に直面していて、私はこれを「容赦なき四つの悪」と呼んでいます（次章で詳述）。もし健康に大きな問題を抱えているのであれば、不眠、胃痛、回転性めまい、むら気、ブレインフォグ（訳注：頭に靄《もや》がかかった状態）、もの忘れ、腹部膨満《ぼうまん》、倦怠感、強迫観念など、現代にとても多い健康問題はどんなものであっても、あなたが悪いのではありません。聖霊《スピリット》は、あなたのせいではないことを理解してほしいのです。あなたの健康問題は、あなたのネガティブ思考によって引き寄せたのでも顕現したのでもありません。もしあなたが苦しんでいるとしたら、それはあなたの気のせいでもなければ、落ち度でもありません。実際に心身症である病気は0・25％もなく、それでも、心身症の症状を引き起こすものは、「容赦なき四つの悪」因子か、または実際の心の傷によって誘発された脳の物理的問題です。

慢性疾患が蔓延する背景には、外側に原因があるという現実を認め、神に与えられた健康の権利を学ぶことがきわめて重要です。その権利は生まれながらにして持っているものです。そんな権利があることも、それが自分のものであることも知らなかったとしても、あなたは良好な状態でいる権利があるのです。心安らかでいる権利があるのです。回復するための睡眠をとる権利があるのです。痛みから解放される権利があるのです。病気が治る権利があるのです。病気を予防する権利があるのです。適応して健康に生きる権利があるのです。そのいずれの権利も、決して奪われることはありません。永久にあなたの権利なのです。

聖霊《スピリット》の使命は、その権利の守り方をみなさんに確実に知ってもらうことです。これは規則でも、判決でも、処罰でもありません。聖霊《スピリット》は、指示した手順に従わなかった場合にデメリットを与える準備をしている宇宙の風紀委員などではありません。そんなことをして、何か良いことがあるでしょうか。あなたを枠の中に押し込め、解放感を奪い、今よりもっと嫌な気分にさせるだけです。

聖霊《スピリット》はむしろボディガードのようなものです。聖霊《スピリット》の最優先事項は、あなたが生涯無事でいることなのです。つまり、お仕置きをするというのではなく、自らを貴重だと思う感覚を植え付けるということです。あなたは、常に護衛がつけられる人（ＶＩＰ）と同じく重要な存在なのです。平和と安全を脅《おびや》かすものに目を向け、どうすれば その脅威から免れられるかを示すことが、あなたを守ることにもなります。今まで私たちが学んできたルールでは十分ではないのです。

聖霊《スピリット》のセキュリティ・チームの一員として、あなた自身や子ども、孫たちを守ることになる先進的な情報をお伝えするのが私の責任です。その情報は、新時代に向けた教えであり、秘密にするべきではなかったものです。今までもずっとあなたのものだったはずの叡智を活用する時が来たのです。

## 本書の役割

大きな買い物をすると、たいていマニュアルがついてきますが、そこには、決して何から何まで書いてあるわけではありません。新しい全地形対応車（ＡＴＶ）を手に入れたとします。マニュアルに安全事項としてどんなことが書かれていたとしても、道に障害物があって、キズがついたら責任は車を走らせていたあなたにあります。「森の中で、氷が張っている場所に出たところへ狐が飛び出てきて気をとられ、しかも横滑りし始めたら、こうしてください」などとは、どこにも書いてありません。

同じように、健康問題の克服に関する巷の情報で何から何までわかるということはありません。誰かが隠しているわけではなく、倦怠感やブレインフォグ（訳注：頭に靄《もや》がかかった状態）、慢性疾患全般について、今、これほど多くの人が苦しんでいる理由は、医学界がまだ真相を解明しきれていないということだけなのです。

本書では、できるだけたくさん、利用に適した本物の情報を詳しく書いています。凍ってツルツルになった部分での運転や危険な脇見運転について警告します。ATVから振り落とされないよう、読者のみなさんができるだけたくさん学べるようにしています。

第1部「灰の中から蘇る」では、健康に関する歴史の中で、どうやって私たちがここまでたどり着いたか、どう向きあえばよいかについて、集中講義を行います。第1章「自分の身を守る——あなたを前に進めなくしているものの真相」では、「容赦なき四つの悪」をはじめとする私たちの健康上の主な危険因子を紹介し、第2章の「適応——あなたを取り巻く世界とともに前進する」では、なぜ「人生を変える食べ物」が問題の解決策になるのかを説明します。「魂に効く食べ物」では、食べ物の働きとして感情面とスピリチュアルな面（気持ちを落ちつけるために食べるという考え方を忌み嫌う必要がない理由も含め）を扱います。

第1部の全体が、第2部「聖なる四つの食物群」の入門編です。第2部が本書の真髄であり、この地球で最も変化をもたらす食べ物である「果物」「野菜」「ハーブとスパイス」「野生の食べ物」の4つのカテゴリーの50品目について、聖霊《スピリット》による最先端の情報を知ることができます。一つひとつの食べ物について詳しく説明したあと、健康効果、その食べ物が特に役に立つ心身の病態や症状を列挙し、感情面での効果、その食べ物がもたらしてくれるスピリチュアルな教訓、そしてその食べ物の利用方法についていくつかヒントを挙げています。そこに書かれた特徴は、その食べ物について考えうることを網羅するものではありません。そんなことをしようとすると、1品目ごとに1冊の本が必要になるでしょう。どちらかといえば、聖霊《スピリット》がそれぞれについて伝えてきたハイライトなので、本書を読み終える頃には、50人の新しい友だちができていることでしょう。

本書にはレシピも掲載しています。野菜や果物に関する考え方について枠の中から出られない人が多く、通常その枠の中には、人々が食べ慣れた無益な材料が同時に存在しているからです。たとえばジャガイモは、素性のわからない油でフライドポテトにすることも、サワークリームとベーコンのみじん切りで和えることもせずに、どうやって味わえばよいのでしょうか。その答えは284ページにあります。「人生を変える食べ物」が提供してくれるものを頭に詰め込んだら、第3部「真実で武装する」に移ります。ここでは、現代社会を生き抜くための秘訣をさらにお伝えします。果物と生殖能力とのつながり、ブームと避けるべき食べ物、そして私の一押しの話題、私たちを見守り、人生を変えてくれる天使たちについて知ることができます。

## あなたにはできます

健康に関しては、みなさん混乱してこられたことと思います。ブロッコリーは甲状腺腫になるという(偽の)主張を信じるのか、黄斑《おうはん》変性症を食い止めるにはブロッコリーが良いというお勧めを信じるのかで悩んできたことと思います(正解は、ブロッコリーを食べる、です)。さらに、砂糖がウイルスの「エサ」になるから風邪を引いてもオレンジジュースは飲まないのか、ビタミンCが免疫力をアップしてくれるから飲むのか、どちらが良いのか迷っていたのではないでしょうか(正解は、オレンジジュースを飲む、です)。噂話や反対意見、矛盾するメッセージや一時的な流行が多すぎます。何を信じてよいかを知るのは不可能です。聖霊《スピリット》の声が人生を導いてくれていなければ、私も何を信じてよいかわかりません。

常に教え込まれてきたことは、答えはある、ということです。この世界には、手放さないでいるといいものがあります。その手放さないでいるとよいものとは、聖霊《スピリット》からの情報です。それは砂のように指の間からすり抜けてはいきません。本書に書かれた聖霊《スピリット》の推奨事項に従えば、人生が変化します。しかもとんでもなく。

あなたは良いほうへと変化するのです。私のところにやってくる人たちに、そのような変化が起こるのを幾度となく目にしてきました。そして、聖霊《スピリット》がいつもいつも立ち返るのが、食べ物の神聖な癒し《ヒーリング》の力です。あなたにはできます。つながるべき人とつながります。以前に聞いたことを手放したり、新しい考えに慣れたりする必要があるでしょう。今後必要になるものは、何をおいても真実です。

伝えたい情報を信じさせようと、人を説得する最悪な方法は、「私を信じて」と言うことであることを私はよく知っています。信頼は時間とともに出来上がっていくものです。初めての馬には近寄ることはもちろん、背中に飛び乗ったり、乗って走らせたりはしません。乗りこなしにくいという噂を聞いていればなおさらです。そうではなく、順を追って馬との信頼を深めていくのです。

同じように、野菜や果物に備わっている変化をもたらす性質についてこれまで疑ってきた人なら、そのことを書いた本を手に取ったり、一晩で食生活を変えたりする可能性は低いと思います。私たちはみな、何を信用するかを慎重に決めることを学んできたのですから。

みなさんには、本書を読み進めていただき、そこに書かれたメッセージを頭でよく考え、心でよく感じて、大地から育つ食べ物は、人類を助けるために神が与えてくれた贈り物であることを学んでいただきたいのです。ただ一緒にいてください。馬とともに時間を過ごし、そのたてがみを撫で、その本質を感じるように。

全部つじつまが合うことに、すぐに気づかれることを望んでいます。また初めからずっと、神聖で慈悲深い力が私たちを見守ってくれていて、今この時まで人生を導いてくれていたと知るようになることを望んでいます。その時ついに、あなたは白馬にまたがり、その馬が想像以上に遠くまで連れて行ってくれることになるのです。

## ✣レシピ材料の計量について✣

**ご注意ください！**
**アメリカ（本書）と日本の「カップ」は**
**分量が違います！**

レシピ再現にあたり、計量しやすさを重視し、材料の分量は日本の標準単位に換算して表記しています。カップについては、原書のまま「カップ」と表記していますが、規格がアメリカと日本では異なり、日本では1カップは200ml、アメリカでは1カップは236.59ml（本書では240mlで換算）です。

※アメリカ規格の計量カップは日本でも購入可能です。

詳しい換算方法は巻末の参考資料**〈単位換算表〉**を参照してください。

# 第1部 灰の中から蘇る

# 第1章
# 自分の身を守る――あなたを前に進めなくしているものの真相

こと健康に関しては、現在の世界には恐れが蔓延しています。私たちは癌、アルツハイマー病、ライム病、多発性硬化症（ＭＳ）、不妊症、糖尿病、筋萎縮性側索硬化症（ＡＬＳ）を恐れています。私たちは元気をなくすことを恐れ、全力で頑張れないことを恐れ、足止めされることを恐れ、痛みに苦しむことを恐れ、人生のチャンスを逃すことを恐れています。また、多くの人たちが途方に暮れて絶望するような不可解な症状を恐れています。子ども、両親、友人、パートナーを恐ろしい病気で失うのではと心配になって、夜中に目が覚めたりします。あるいは、現実から目を背けて生きています。

単に正しい考えを持てばよいとか、本当の問題は恐れだとか、恐れを抑えることができれば問題がなくなるとか言うつもりはありません。実際に、私たちには恐れを抱く権利があるからです。私たちの健康は、歴史上かつてないほど脅《おびや》かされているのです。慢性疾患は、現代の問題として最も広まっているもののひとつになっています。記録的な数の人々が、先ほど挙げたもののほか、関節リウマチ（ＲＡ）、慢性疲労症候群（ＣＦＳ）、甲状腺疾患、線維筋痛症、注意欠如・多動症（ＡＤＨＤ）、自閉症、自己免疫疾患、クローン病、大腸炎、過敏性腸症候群（ＩＢＳ）、不眠、抑うつ、強迫性障害（ＯＣＤ）、偏頭痛などで苦しんでいますが、理由はわからないままなのです。人々は、倦怠感、体重増加、疼痛《とうつう》、ブレインフォグ（訳注：頭に靄《もや》がかかった状態）、神経痛、皮膚の異常、しびれ、消化器障害、体温変動、動悸、回転性めまい、耳鳴り、筋力低下、脱毛症、記憶障害、不安を経験していますが、医師に診てもらっても、何も明らかにならないのです。説明を受けても、ホルモン値とか、ビタミンD欠乏症の話ばかりで、摑みどころがありません。その人たちは、人生で戦力外通告を受けたようになり、夢を諦めざるを得なくなり、ただ生き延びることを唯一の課題として取り組むようになるのです。闘いに負けることもあります。

私たちはミステリー病（不可解な病）の流行に対処しようとしています。それは単に、アイダホ州の6人の子どもたちが罹《り》患した説明のつかない呼吸器障害に当てはまる言葉ではありません。私の最初の本『メディカル・ミディアム――医療霊媒』（ナチュラルスピリット刊）に書いた通り、ミステリー病とは、説明がつかない健康問題すべてを指すものであり、そのようなものはごまんとあります。アメリカだけでも2億人以上の人々がミステリー病と闘っています。医学の諸団体が貼り付けたレッテル（慢性甲状腺炎、糖尿病性ニューロパチー、全身性労作不耐症など）にごまかされて、科学によって説明がついたのだと思う人もいるかもしれません。騙されないでください。癌にしてもそれ以外の慢性疾患にしても、まだ医学で解明されていないことが多いのです。

医学界を批判しているのではありません。医学界の人たち（代替医療、従来の医学、機能性医学、統合医学の専門家たちという意味）はヒーローです。私はドクターが大好きです。ドクターがいなければ、私たちはどうしようもなくなってしまうでしょう。現代において最も重要な発見のいくつかは、ドクターのおかげです。持てる情報を使って最善を尽くしてくれています。ただ不可解な病態や症状があるときに本当は何が起きているかについて、研究してもわからないだけなのです。ですから、10年経っても20年経っても、この分野で進歩がみられていないのです。進展したり解明されたりしても、忘れ去られたり、埋もれてしまったり、資金が底をついたり、隠されたりしたものもあります。

時代が進むにつれ、私たちは正しくものを見ることができなくなってしまいました。慢性疾患に関しては、昔の論理に基づいているため、誰も真実を知る機会が得られないのです。その最たるものが医療用・工業用の機械の分野です。この分野の人たちはみな、時代遅れの間違った理論を教え込まれて選択の余地がないのです。その人たちの後をさらに、ほかによい情報がない人々が追従しています。最終的にはみな闇と死の穴に落ちてしまい、その結果、苦しむのは一般人です。無慈悲に思えるかもしれませんが、私はただ、みなさんが気づけるようにお伝えしているのです。実際のところ、何十年にもわたって、原因も治療法もわかっていなかったり間違っていたりする病気があまりにも多いために、苦しみが生じてきました。受け入れる姿勢を持たず、備えも守りもしないでいれば、やはり誤った方向に向かっていって痛い目に遭います。

自分と自分の大切な人をこの運命から救いたいのであれば、本当は何が起きているのかを学ばなければなりません。それが、この不幸と恐れのサイクルを終わらせる唯一の方法です。だから、私はこの本を書いたのです。

## 真実を知るとき

真実について話すのは簡単とは限りません。あなた個人の生活を考えてみて、ある種の行動パターンやこだわりがあり、それが自分のためになっていないとわかったら、それを止めて向き合いますか。それとも、性分としてそれを何度も繰り返し、それで問題ないということにしますか。医療でも似たようなことが、しかも大規模に行われています。何十億という人々が不健康だなんて、健康に関してこの世界は何か変だと誰もが感づいてもおかしくありません。これまでの歴史の中で、私たちは、人々が苦しむ「理由」を偶然発見することが幾度かありました。たとえば、かつて尊ばれていた殺虫剤ＤＤＴ（ジクロロジフェニルトリクロロエタン）は、人々の健康に壊滅的な打撃を与えることが半世紀前に明らかになりました。かつては治療にむやみに使われていた水銀も、今ではすっかり有毒物質だと考えられています。では、ＤＤＴも水銀も、もう過去のものなのでしょうか。

私たちはそう簡単に過去から逃れることができません。ＤＤＴは依然として、環境や私たちの体に存在していて、現在でも、ＤＤＴが禁止になってからずっとあとに生まれた人にとっても、病気の原因となっています。水銀は数千年前からあるものが、今の私たちの世代にまで循環し続けています。医学の研究によってまだ解明されていなくて今も私たちを苦しめている要因は二つしか例がありません（このあとすぐ、詳しく取り上げます）。過去に実際に起きたことに拡大鏡を向けるまでは、歴史は生き続け、繰り返すのです。もう良くない時代は過ぎたのだと、終わったことにするのでは、私たちは絶対に進歩しません。

今、健康で長生きしていると偽ったところで、まったく進歩しないのと同じです。それは幻想にすぎません。世界人口は指数関数的に増加の一途をたどっていますが、その波はすでにピークを迎えたからです。介護施設を訪れると、30年前よりも90代や100歳以上が少なく、入居者の年齢が若年化しているのを知ることになります。今後20年で、この変化は顕在化し、劇的な寿命の変化を見聞きするようになるでしょう。全体として、ベビーブームの子どもたちはすでに、両親の世代よりも多くの生命を脅《おびや》かす厳しい健康問題に直面しています。救命技術が日夜開発されていますが、寿命は縮んでいて、伸びてはいません。そして、老後を生きる人たちにとって、往々にして長寿が健康寿命とは限りません。状況によっては薬や医学的処置などによって生き永らえますが、その分、苦しみも長引くのです。

ニュースを見ていて人口過剰が心配になったことはないでしょうか。それは実際には起こりません。むしろ、人口が減らないように維持することが難しくなるでしょう。私たち人類は、かなり厳しい現実に直面しています。寿命は短くなり、原因不明の不妊により新しい生命が減り、幅広い層で病気の人が増えているのです。

そのような疾患のひとつである乳癌は、今では誰もが警戒しています。遺伝子検査でBRCA1遺伝子またはBRCA2遺伝子の変異が見つかると、両側乳房切断術を受ける選択をする人もいます。その心配は妥当なものであり、30年後には、女性として生まれてきた人は実質100％乳癌になるでしょう。自分自身を守る方法を知らなければ。

ですから、真実とは抑圧から解放するものです。本書を読み進めて現代のリスクについて学ぶと、酔いがさめるほど驚くかもしれませんが、その分報いられて生きられます。私が「容赦なき四つの悪」と呼んでいるものが、日々あなたの健康を脅かしているのを知れば、リスクを軽減することができるのです。私たちのストレス文化がいかに危険かを理解すれば、アドレナリンの罠（後述）から自分自身を解放することができます。また、中心となる食べ物がどんなふうにあなた自身を救ってくれているかを知れば、何もかもが一変します。

## 「容赦なき四つの悪」

世の中をここまで悪くしている犯人を名指しするとすれば、「放射線」「有毒重金属」「ウイルスの爆発的増加」「ＤＤＴ」です。詳しくは各項目をお読みください。私はこれを「容赦なき四つの悪」と呼んでいます。それぞれが発展してきた数十年、数百年、数千年にわたって情け容赦なかったからです。四つの悪はそれぞれ単独、あるいは二つ以上が組み合わさって私たちの身体を台無しにし、私たちは自身の正気を問われ、社会は破綻する寸前にまでなりました。

この四つの要因が、ミステリー病（不可解な病）の流行を招いたのです。なかには、水銀のように数千年にわたる大厄災をもたらしてきたものもあります。ほかにも、ＤＤＴのように、かなり最近のことでありながらも今は昔のようになった、明白な事例もあります。過去数百年間で、産業革命やＸ線の発明のような出来事が転換点となり、「容赦なき四つの悪」のいずれもが特に勢いづいてきて、私たちを今のような窮地に追いやりました。

「容赦なき四つの悪」は、私たちの生活に目に見えないかたちで侵入し、それを知らないまま私たちは夜も眠れなくなり、とても生きづらくなり、先の予測ができなくなるのです。さまざまな慢性疾患について最初の本『メディカル・ミディアム』を書いたとき、一つひとつの疾患について説明する際、私は常に、この四つの少なくとも一つに言及することとなりました。それほど蔓延している脅威なのです。

私たちは現代の「知らぬが仏」の幻想に苦しんでいます。どっちを向いても、繰り返す症状や大病に人々が苦しんでいて、私たちはその理由を深掘りすまいとし、一定の距離を置けば同じ災いは降りかからないだろうと期待しています。私たちの社会は危険なことを耳にしてもすぐに忘れてしまいます。「容赦なき四つの悪」は最も重要な例であり、放射線も有毒重金属もウイルスもＤＤＴも目に見えなければ、そして毎日のトップニュースにならなければ、それは考えなくても構わないと自分に言い聞かせてしまうのです。私たちは社会がかつて犯した過ちを忘れて前に進み続けていて、過去を検証しなければまた新たな過ちを犯すのだということを、立ち止まって理解する必要があります。

自分自身を守るには、「容赦なき四つの悪」の理解は必須です。第一に、代々受け継がれていく傾向にあり、遺伝と混同されることもよくあります。私たちが病気になり、その病気が家族の経験したものと似ていると、悪い遺伝子が受け継がれてしまったと無意識に考えてしまいます。その理屈は簡単です。血縁関係にある人々を見ると、似た特徴があることを知っているからです。私たちは、鼻の形や髪の色や歩き方などと一緒に、遺伝情報の一部として特定の病気などへの罹《かか》りやすさを受け継いだと思っています。あなたも健康状態で苦労しているのは遺伝のせいだと言われたことはないでしょうか。

遺伝のせいだなんて、信じ込まないでください。そうではなく、「容赦なき四つの悪」を親から受け継いだから、いろいろな病気になるのです。放射線、有毒重金属、ウイルス、ＤＤＴはいずれも、受胎時や子宮の中で受け継がれるのです。それが、代々受け継がれているほとんどの病気の本当の原因です。私たちは、役に立つ考えではなく困ったことになる考えに同意しないよう、慎重でなければなりません。

もちろん私たちには遺伝子がありますし、遺伝子が私たちの存在において中心的な役割を果たしているのも、その通りです。しかし、遺伝子が機能不全に陥っているという誤った考え方は、生命を維持する神聖な土台の粗探《あらさが》しをする思い込みのパターンにすぎません。自己免疫疾患が自分自身を攻撃するものだと考えるのと、部類としては同じです（ただし、実際は全くそうではありません。詳細は第２部の「聖なる四つの食物群」の「序論」をご覧ください）。慢性疾患は遺伝子とは関係がなく、祖先が曝されて、両親、さらにはあなたにまで受け継がれた「何か」が関わっているのです。問題は病原体や毒素などの異物のような存在であることを理解すれば、遺伝子を責めることから抜け出して自由になり、ものの見方が変わります。

「容赦なき四つの悪」に関する次に重要なポイントは、それが複数組み合わさって増幅することであり、四つのうちの二つ以上を原因にとする病気は、最悪なものになりがちです。たとえば、ある人が直接または家系を通じて放射線に曝露され、その放射線によって免疫系が弱まると、その人はエプスタイン・バール（ＥＢＶ）のようなウイルスに感染しやすくなり、そこから多発性硬化症（ＭＳ）を発症する可能性があります。あるいは、高濃度のＤＤＴを受け継いでいて、重金属や、とりわけアルミニウムに曝されていると、脳の癌の原因になります。さらに、有毒重金属はウイルスの好物なので、本来なら休眠していたり、体外に排出されてしまったりするようなウイルスも、水銀やアルミニウムなどの「おいしいもの」が近くにあればむしろ増殖します。

三つ目にして最も重要な留意すべきポイントは、希望はあるということです。用心していれば、あまり曝されないようにすることはできます。不断の努力をしていれば、デトックスすることができます。

そして、本書に出てくる人生を変える食べ物があれば、かつてないほど自分自身を守ることができるのです。

## 放射線

私たちは、放射線の害を見て見ぬふりをするほどにまでなっていて、放射線が問題であることを忘れています。今、こうして放射線について書いていても、私はみなさんが「放射線のことなんて、誰も気にしてないでしょ」などと考えているのではないかと思っています。そう遠くない過去に、携帯電話の放射線（訳注：電磁放射線、電磁波）に関する懸念が大いに取り沙汰されたことがありました。今、私たちはその問題をなかったことのようにしてしまっています。原発事故直後の放射線被曝について心配はしても、現場の近くに住んでいなければ、またすぐ意識から消えてしまいます。

本当のことをいうと、どんな原発事故も、地球に取り返しのつかないダメージを与えてしまっています。今日に至るまで、私たちは依然として第二次世界大戦での広島と長崎への原爆投下から、１９８６年のチェルノブイリ原発事故から、２０１１年の福島原発事故から、絶えず攻撃を受けているも同然です。どの原発事故でも放射線が大気中に放出されましたが、すぐに地上に舞い落ちたわけではなく、ほとんどが大気中にとどまり、未だに私たちはその空気を吸っています。日本やウクライナから遠く離れたところに住んでいても、です。舞い落ちた放射線は水道水や土壌に入っています。つまり、私たちはほとんどずっと放射線に接触していることになります。広島の放射線でも、これまでに舞い落ちた分はごくわずかで、その大部分がいまだに大気中にあり、地上に戻るのは千年後ですら半分なのです。

それから、Ｘ線技術の法整備が整わないうちに人々が被曝した放射線があります。１９００年代半ばには、靴屋に行ってフルオロスコープというＸ線の箱に足を入れるのが大流行していました。フルオロスコープを使えば足の内部構造を見ることができ、その足にぴったりの靴を店員が見つけやすくなると考えられていました。特に放射線の影響を受けやすい子どもが、足が常に成長しているという理由で繰り返しフルオロスコープを受けることになりましたし、趣味で靴を買う頻度が高かった人も同じく繰り返し放射線を浴びることになりました。

今日、私たちの体には今まで以上に放射線が染み込んでいます。直接被曝するにしても、環境中への降下にしても、食べ物や水への混入にしても、両親や祖父母の被曝を受け継いだにしても、放射線は私たちみなが直面している主な健康リスクのひとつです。また、癌、内分泌系の障害、骨減少症や骨粗鬆《そしょう》症や骨棘《こつきょく》などの骨疾患、免疫不全、皮膚疾患の主要な因子でもあります。さらに、人類に影響を及ぼすあらゆる疾患の「引き金」になりますから、「容赦なき四つの悪」のどれかを体内に少しでも潜在的に持っていれば、放射線に曝されることが刺激となって、不活発な汚染物質がフル稼働状態になるのです。

## 有毒重金属

重金属の中に有毒なものがあることは秘密でもなんでもありません。私たちはみな、古い家の改装時に鉛塗料に気をつけなければならないことを知っていますし、水銀不使用の温度計に切り替えることをどの時点かで学んでいます。あまりよく知られていない（場合によっては完全に秘密にされている）のは、有毒重金属が、今日で最も蔓延している健康問題のいくつか、すなわち注意欠如・多動症（ADHD）、自閉症、アルツハイマー病、不妊、クローン病、潰瘍性大腸炎、パーキンソン病、抑うつ、不安感、癌、てんかん発作などの原因となっていることです。有毒重金属はさらに、次に述べるウイルス関連疾患を焚きつけるものにもなっています。

加えて、私たちは気づかないうちに日常の中で曝露の危険に曝されています。鉛、水銀、銅、カドミウム、ニッケル、ヒ素、アルミニウムはいずれも、体内に蓄積して、病気を直接的または間接的に引き起こします。アルミホイルを最後に使ったのは、あるいはアルミ容器に入っていたものを最後に食べたのはいつですか。あるいは、あなたは銅パイプが使われている家に住んでいるかもしれません。それとも、殺虫剤（有毒重金属が含まれていることが多い）が撒かれた公園を定期的に散歩しているかもしれません。潜在的な曝露はあらゆるところで起きていて、回避できないこともあります。蒸気に混ざって空から降ってきていることすらあります。

場合によっては、細胞の中に重金属があっても、それが生まれてから曝されたものとは何の関係もないこともあります。水銀は、有毒重金属の中で最も汚染性が高く、何千年にもわたって血筋として代々受け継がれ、受け継がれるにつれて増えていきます。ですから、子どもの大脳正中管（訳注：左右の大脳半球の間の領域であり、左右大脳半球を形而上学的、エネルギー的につないで、情報交換を可能にしていると著者が定義しているもの）に水銀があると自閉症の症状を引き起こすのですが、この水銀は三千年前に採掘されたものかもしれず、これまでに最も多くの問題を引き起こしているとみられています。あるいは、受け継がれた水銀が大脳以外のどこかにとどまると、抑うつが引き起こされる可能性があります。私たちは、単に現在の曝露に直面しているのではなく、古代からの毒素も抱えているのです。

重金属はそもそも毒物です。さらに悪いことに、重金属は酸化しやすく、その毒素が流出して、行く先々の組織を傷つけるなど、さらに多くの問題を引き起こします。しかも、有毒重金属が問題となるのは脳だけではありません。体内のどこに存在していても、全身の免疫力が低下して、ウイルスや細菌を焚きつける働きをします。

## ウイルスの爆発的増加

ヒトヘルペスウイルス（ＨＨＶ）ファミリーには変種も含めて１００株以上が存在し、人々に大打撃を与えています。癌は98％の確率でこの１００株以上のうちの一つと、ほかの「容赦なき四つの悪」の因子の少なくとも一つとの組み合わせによって引き起こされています。

加えて、エプスタイン・バール・ウイルス（ＨＨＶ－４、早期には、単核球症の形をとる）、帯状疱疹ウイルス（ＨＨＶ－３）、サイトメガロウイルス（ＣＭＶ）、ＨＨＶ－６、ＨＨＶ－７のほか、未発見のＨＨＶ－10とＨＨＶ－11とＨＨＶ－12などのウイルス（未知の変異体、子孫、変種を含む）は、現代では慢性疾患であると誤解されている消耗性疾患の一部の真の原因です。多発性硬化症（ＭＳ）、ライム病、関節リウマチ（ＲＡ）、甲状腺疾患、線維筋痛症、慢性疲労症候群（ＣＦＳ）、顎関節症（ＴＭＪ）、偏頭痛、糖尿病性ニューロパチー、ベル麻痺、メニエール病、疼痛性肩拘縮《とうつうせいかたこうしゅく》（五十肩）のほか、説明のつかない耳鳴り、回転性めまい、攣縮《れんしゅく》、ピリピリ感、頻脈《ひんみゃく》、心房細動、動悸、不整脈、倦怠感、ほてり、灼熱感などの症状は、往々にしてウイルスが関わっています。そして、ほかの「容赦なき四つの悪」と同じく、日常生活の中で（友人とソーダをシェアしたり、指をケガしたシェフが調理したものをレストランで食べたりして）このような感染性の病原体と出合わずに済むことはありません。

そのようなウイルスは往々にして、気づかれず、血液感染の段階を経て、医師も思いつかないような臓器に住み着いてはじめて、本当の意味で問題を引き起こすのです。エプスタイン・バール・ウイルス（ＥＢウイルス、ＥＢＶ）が初めて人間に根付いて以来１００年以上、野火のように変異して拡散し、説明のつかない倦怠感、筋肉痛のほか、ときには関節変形で寝たきりになる人々を増やしています。

それでも、血液検査では過去に感染したことを示す抗体も、現在感染していることを示す抗体も見つからないことが多いため、ＥＢウイルスが問題だと言われることはありません。臓器の中のＥＢウイルスの有無を見る手段があれば、医学界にとって大きな光明となることでしょう。線維筋痛症、慢性疲労症候群（ＣＦＳ）、甲状腺疾患などで苦しんでいる人たちは、大学の頃に罹《かか》った単核球症という単純な病気が体内から本当になくなったのではなく、ＥＢウイルスが体内を新たな住まいとして、さらに深刻な問題を起こし始めたのだということを、医学界ははっきりと知るでしょう。

加えて、ＥＢウイルスには医学で発見されている以上の株がありますから、探すべきものを認識しきれていないのです。たとえば、ヒトヘルペスウイルスファミリーは、存在が確認されているＨＨＶ-8までにとどまらず、ＨＨＶ-12まで、さらにはそれ以降もあります。そして、無数の患者さんが、灼熱感や、帯状疱疹による体が動かせないほどの神経痛に悩まされていますが、このウイルスがその原因になっていることが知られていないため、医師たちは診断の仕方がわからないのです。

ヘルペスウイルスは周囲にある好物（有毒重金属など）を食べながら、神経毒素という有毒な老廃物を排出していて、これが神経機能を崩壊させてヒトの免疫機構を混乱させ、診断しようとしている医師を困惑させるのです。たとえば狼瘡《ろうそう》は、ＥＢウイルスの神経毒素に対するアレルギー反応が現れている状態です。結局はこのアレルギー反応にばかり注目が集まり、隠れたウイルス感染は拡大し続けます。

このウイルスの爆発的増加により何が起きるかを誰もが知っていれば、つまりそれが起きていたことと、ウイルスから身を守る方法を知っていれば、今日あるような問題は起こらなかったでしょう。でも、人々は苦しみながら、ああでもないこうでもないと考えますが、理由も、それを治す方法もわからないのです。狼瘡、ライム病、多発性硬化症（ＭＳ）などの病名は付くかもしれませんが、それでは苦しみの本当の原因に対する答えは得られません。

## ＤＤＴ

人々が農薬の曝露について心配するのは正しいことです。なるべくオーガニックのものを食べたり、芝生や庭の手入れに合成化学薬品を使わないようにしたり、地元の公園の草にきれいな緑色を保つ処理がされていないかを警戒したりすることは、健康を維持するうえで重要です。しかし現代においてこれほどまでに意識し尽くしても、かつて称賛されて幅広く用いられていた危険な化学物質のことを忘れてよいことにはなりません。それは依然として私たちの周囲に存在し、家系に浸透して、有毒であることがわかってから数十年経った今も健康に影響を及ぼしているのです。もちろんＤＤＴ（ジクロロジフェニルトリクロロエタン）の話です。

ＤＤＴは過去のものだと思うのは簡単です。癌などの疾患の一因となり、野生生物を危険にさらし、環境を汚染することが50年以上前に明らかにされ、アメリカでは40年以上前にこの有毒な殺虫剤の広範囲に及ぶ使用が禁止されました。ＤＤＴを散布するトラックはもう、どの街中も走行していませんし、セールスマンがお宅を訪問して、「庭に撒くといいですよ」と褒め称えることもありません。

残念ながら、１９６2年に著書『沈黙の春』でＤＤＴの危険性を暴き、その使用を大幅に縮小することを勧めたレイチェル・カーソンのような科学者が先頭に立って努力してから数十年経っても、私たちは依然として日々ＤＤＴと付き合っているのです。それはＤＤＴが環境の中に残っているからであり、私たちが食べるものに入り込んで、食物連鎖を経る中で濃縮しているということなのです。しかも、ほかの「容赦なき四つの悪」と同じく、ＤＤＴは代々受け継がれていきます。つまり、あなた自身はＤＤＴ全盛期に生きていなくても、先祖がその頃にこの化学物質に触れていた場合、体内に昔のＤＤＴが残っていて、それによって健康を台無しにされている可能性があるということです。私たちはさらに、現在のＤＤＴ降下物にも曝されています。すべての国がその使用を禁止しているわけではないからです。ＤＤＴが撒かれると、空気中に浮遊して、風に乗って遠く広く運ばれ、国境を越えることもあります。

ＤＤＴもほかの農薬や除草剤も免疫抑制の主な根本原因であり、人々が免疫力低下により体力を落としたところに病原体や汚染物質が付け込みます。ＤＤＴによって、代々同じ病気になりやすくなっているため、デトックスによって治癒しうる病態とは本当は何なのかが見過ごされ、代わりに遺伝的な問題とされてしまい、それについては何もできていません。ＤＤＴは今となっては歴史書に載るくらい過去のものになっているかもしれませんが、依然として私たちを食い物にしています。たとえば肝臓を刺激したりしています（主要な肝不全の原因にはウイルスもあります）。ＤＤＴは糖尿病を誘発し、脾臓と心臓を肥大させ、消化不良を引き起こし、偏頭痛や慢性的抑うつの引き金を引き、皮膚疾患を生み出し、ホルモンを攪乱《かくらん》させる、まさに悲劇です。それがこの情報を知っておいていただきたい真の理由です。本書に記載されている食べ物を積極的に摂ることが、体内をきれいにする対策を講じていることになるのです。

## アドレナリン中毒

今日の健康問題は、前述の四つの脅威で収まるものではなく、それに輪をかける脅威が存在します。私たちが気持ちを上げておくために強制的に使わされる体内薬物、アドレナリン（別名エピネフリン）です。「容赦なき四つの悪」を撃退しようとすると、私たちの体はそれまで以上に無理やりアドレナリンを放出するようになります。加えて、日々のストレスはすでに常時高くなってしまっているので、私たちは継続的に予備のアドレナリンを引き出して、職場や自宅で過ごす中で喫緊の課題に対処しているのです。それにかかる代償は過小評価できません。アドレナリンに頼って生きていると、深刻な代価を払うことになります。

常にロードレースをしているようなもので、轢かれないようにするには、不利益を被ってでも常に気を張っていなければなりません。レースの世界では、高性能エンジンでも不十分な場合、走り屋は車に亜酸化窒素を搭載することを好みます。この無色の気体には良い面があり、スイッチを切り替えるだけで亜酸化窒素が放出されて、エンジンに爆発的なパワーをもたらします。問題は長持ちしないということとです。亜酸化窒素の使用はエンジンブロー（訳注：エンジンの致命的なダメージ）を起こさない程度にとどめなければなりませんし、エンジンブローを起こしたら車に注ぎ込んだお金が全部パーになってしまいますから、頭の中が真っ白になって、車を制御できなくなります。

つまり、その高性能エンジンが、（今日の文化で称賛される類の）高エネルギーのA型人格（訳注：せっかちで攻撃的な人のことを指す、アメリカの医師らが提唱した二つの行動パターンのひとつ。血液型とは関係ない）に相当します。人は、その種の推進力を使って仕事を素早くこなします。しかし、それでは十分には需要を満たせないことが多く、アドレナリンスイッチをオンにします。ただし、その使用頻度が高すぎると健康を損ねかねません。この手の人には注意しなければなりません。ドライバーが自分の車を守りたいと思っているのと同じように、自分の身体を守りたいのであれば、自分の意思決定には危険性が潜んでいることを理解することが重要です。

## アドレナリンが薬になったら

体内で合成されるアドレナリンは、スケジュールI（訳注：違法薬物）に分類されるべき薬物ですから、依存性があるということになります。ほかのどの薬物とも同じく、一定のところで感覚が麻痺します。ずっとそれを利用していると、良いとか、安全とか、幸せとか、正常とかが、どんな感覚なのか、基準を失うのです。

アドレナリンは安全な良いものにはなり得ないと言っているのではありません。結局は、私たちの身体機能という完全に自然まかせの性質のものであり、同時に私たちという種が存続するのにはきわめて重要なものなのです。過去の私たちは実際に、健全な低レベルのアドレナリンで生きられていて、危険に曝されたときに時々急上昇する程度でした。うららかな日にお花畑を散歩するようなものだと考えてください。青空が広がり、太陽が輝き、鳥が鳴いて、あなたは穏やかな状態でいることができていました。行く手にガラガラヘビがとぐろを巻いているのを見つけるまでは。危害を被ることなくヘビの横を通り過ぎるにはどうすればよいかがわかれば、あなたのアドレナリンレベルは一時的に上昇し、それをやり遂げると、道を進むにつれて元に戻ります。アナログ時代はこんなふうに生きていて、私たちの身体はそれに合うようにできています。これがホメオスタシス（生体恒常性）です。ホメオスタシスの合間に、安全維持のために時折アドレナリン分泌量が急上昇するのです。

時代は変わりました。私たちは依然として同じお花畑の中を歩いていて、天候もよく、空は青くて太陽が輝き、鳥も鳴いています。ただし、行く手にいるのはガラガラヘビ一匹ではありません。今は百匹いるのです。一歩一歩にリスクがあります。それは、今の技術の時代の副産物であり、何もかもが素早く動くため、高頻度で危険に遭遇することにもなるのです。これにより、アドレナリンレベルが上昇することになります。以前は、畑を耕したり、オフィスで大変な日を一日過ごしたりする程度では、生命を脅《おびや》かすようなことが起きない限り、アドレナリンが上昇することはありませんでした。生産的であることと、身体バランスがとれていることとが、お互いを打ち消し合うようなことはありませんでした。

現代では、私たちにはホメオスタシスの余裕がなくなってしまいました。アドレナリンレベルが絶えず上昇していて（危機的なレベルではないものの、それに迫るレベル）、それがニューノーマルになってしまっています。なぜでしょうか。それは、私たちが一日中アドレナリンレベルを常に高くしていれば、潜在的な身体の緊急事態を前もって防ぐことになるからです。私たちは、ニュースで見たような悲劇から家族を守るにはどうすればよいか心配で夜も眠れません。現代のコミュニケーションの速さゆえ、常に「オン」の状態でいなければならないように感じるのです。テクノロジーは瞬きする間にも変化していて、私たちは競って気を張っています。しなければならないことが多く、向かうべき方向が多く、時間がなさすぎます。私たちは大切な人たちが病に蝕まれるのを目にする機会がますます増えています。もちろん、病原体や「容赦なき四つの悪」のような汚染物質は、代々受け継がれ、感情的、精神的、身体的に限界まで追い詰めるような重荷を作り出します。そのいずれもが、私たちを永続的なストレス状態に押し込めます。そのうえ、本当の危機がさらに発生します。日常の中間的なレベルから目盛りを振り切るほどの高さへのアドレナリン分泌量の急上昇です。そして、私たちの生活はさらにこのホルモンに左右されるようになります。

私たちはアドレナリンを自己治療にも使います。投薬ではなく、私は「アドレニケーション」（アドレナリン放出）と呼んでいます。アドレナリンが薬であるというのはこういうことです。私たちは、このホルモンが血管の中を流れる感覚に慣れてしまっていて、依存症になっています。健康なレベルがどんな感じなのかを忘れてしまっているのです。私たちはアドレナリンラッシュを「生きている」感覚と結びつけているので、本当にリラックスできるときに、「うまく乗れていない」という失望を感じ始め、代わりに刺激を渇望するようになります。これはつまり、私たちは「オフ」の時間も自分自身を忙しすぎ、刺激が強すぎの状態に維持する傾向にあるということです。ほぼリラックスしているような感じがしても、それは、溢れんばかりの受信箱や、永遠に終わらない「やることリスト」、自分自身の生活に関する恐れへと思考が向かわないようにしているからで、本当にリラックスできているわけではありません。

これが私たちの現状であり、私たちが直面していることです。つまり、アドレナリンがベースにある文化に生きていて、環境中にはアドレナリンを誘発する毒素があり、さらにその毒素は、代々受け継がれて私たちのところに来ているのです。しかしアドレナリンは、変化する時代に対処する私たちの頼みの綱でもあると言えます。では、アドレナリンは私たちの体の中でどんな働きをしているのでしょうか。

## これがアドレナリンの影響を受けたあなたの脳です

私たちの副腎はアドレナリンのブレンドを56種類産生し、それぞれに対応する活動、感情が異なります。入浴に対するアドレナリンのブレンドもあれば、夢を見ることに対するブレンドもあり、それ以外にもストレスとは関係ない中立的な作業に対するブレンドが何十とあります。そして、危機的状況に対するさまざまなアドレナリンブレンドがあります。それは圧倒的な力がありますが、滅多にないこと、つまり生命を脅《おびや》かす緊急事態に用いられるためだけのアドレナリンであり、そのアドレナリンがその程度の頻度の低さで放出されていれば、健康リスクにはなりません。ただし、現代にはありがちですが、生命が常に危機に瀕していると感じていると、バランスが崩れ始めます。

アドレナリンは、私たちの意識に対する軽油のようなものです。たとえば、屋外でバーベキューコンロの火を起こしていて、みんなが早く食べたがっているとします。早く火がつくよう木炭に軽油を吹きかけます。つまり、木炭の能力を最速で引き出そうとします。望み通りの結果が得られると思います。

すぐに火がついて、赤くなった木炭が熱を発して輝くでしょう。ただし、そこには代償があります。木炭が燃え尽きるのも早くなるのです。軽油がなければ、火はもっと長持ちしたはずです。

アドレナリンと脳にも同じことが当てはまります。アドレナリンは私たちを焚きつけて興奮状態にしますが、これはつまり、私たちはみなとんでもないことをしているということです。ひとまとめにして言えば、今までよりも短時間で私たちがこなす作業量は多くなり、その範囲も広くなります。アドレナリンは、情報収集力を高めて次々と仕事をこなすための触媒の役割を担っていて、私たちの技術開発力を拡張しています。私たちは、スポーツの成績をできるだけ上げるためにもこのアドレナリンを用いていますし、我が子を守るためにも用いています。今は、用心すべき大きくて凶悪なオオカミが増えていて、その大きさも形もさまざまです。薬物もそのひとつです。かつて麻薬をやっていたのはアメリカ国内の全高校生のわずか4～7％でしたが、今ではその割合が約9割にも上る地域が多いのです。

アドレナリンは、両親が我が子のことを常に気にかけ、安全を確保するのを助けます。その反面、私たちは燃え尽きやすくもなります。私たちはまだ、セルフケアの進歩が追いつかず、この前例のないパフォーマンスのバランスをとれていません。私たちが軽油のように脳に投入しているアドレナリンは、脳内の神経伝達物質、電気的神経インパルス、グリア細胞、ニューロンに対して、必要な時期になる前にその力を全開にさせます。私たちがアルツハイマー病などの認知症、ブレインフォグ（訳注：頭に靄《もや》がかかった状態）、記憶力低下、見当識障害、混乱、抑うつ、集中力低下、離人症、健忘、不眠の域に向かう理由は、こういうところにもあります。そんなふうに、私たちは危険に曝されるのです。

## 最も貴重な資源

私たちはいつも保護を求めています。自動車保険、健康保険、生命保険、傷害保険、損害保険に加入しますし、保証書のついた商品を求めたり、飛行機やイベントで払い戻し可能なチケットを求めたりします。また、いつも保護の保証を探していて、そういうものには進んで掛け金を払います。しかし、ことアドレナリンになると、何の保証も払い戻しも、保険証券もありません。アドレナリンが私たちに何をしているか、私たちがアドレナリンに何をしているかを知らず、何がリスクなのかをはっきり知らないと、騙されてアドレナリンを浪費してしまいます。これを回避するには、アドレナリンに対してどんな代償を払うのかを学ぶことがきわめて重要です。それは脳の燃え尽き（訳注：頑張りすぎによる脳の疲弊）にとどまりません。

アドレナリンは急性の短期的なダメージから私たちを守ってくれることになっています。しかし私たちが長期間アドレナリンに頼っていると、アドレナリンはダメージの元になります。電池は本体内を酸が急激に流れる仕組みですが、酸のように腐食性のあるアドレナリンが体内を大量に流れると有毒です。その結果起こるのが、副腎疲労、免疫不全、アジソン病、高血圧、不妊、抑うつ、膣の乾燥、体重増加、ブレインフォグ、運動性チック、ひきつけ、痙攣《けいれん》、視力障害、偏頭痛、性欲減退、むら気、不安感、恐れ、道に迷った感じ、無関心、疲労感、妄想、信頼する能力の欠如です。それは特に、中枢神経系とその他の神経組織をすり減らします。しかも、すでに書いたように、とても多くの疾患の原因であるウイルスに「エサ」を与えることになります。過剰なアドレナリンは、ほかのどの毒素よりも私たちの気分を落とします。

みなさんには、人々の間で病気が深刻化しているのは自分たちの体のせいだと考えてもらいたくはありません。「外部要因」には、私たちの体に限界を超えさせるものがあります。ですから私たちは、自分自身を守ることについて賢くならなければなりません。あらためて、アドレナリンの予備量を評価する必要があります。アドレナリンは水金《すいきん》（訳注：湯水のように使うお金）のようなものです。私たちはお金以外にも貴重な資源があれば、借り越しにならないように収支のバランスをとることをわきまえています。使って、使って、使って、それでも支払い能力がまだあると期待することはできないのを知っています。

しかし、アドレナリンの計算は忘れています。私たちは、気が散ったり、期待したり、難問に出くわしたりと、翻弄されています。無意識のうちにアドレナリンを浪費しています。そのため、あまりにも多くの人々がアドレナリン・ハイになっています。たとえばバンジージャンプは、ちょうど爆買いしたときや、カジノに行ったときのように、瞬間的にドキドキしますが、身体には生命に関わるものとして記録されていて、そのあとアドレナリンの欠乏状態に陥ります。アドレナリン・ハイがあると、そのあと必ずアドレナリン・クラッシュが待っています。そして、アドレナリン・ハイの状態が長引くほど、そのあとに待っているクラッシュも長引きます。

費やすアドレナリンが多くなるということは、会計士（神経伝達物質）と資産運用管理者（ニューロン）の仕事が増えるということです。結局は、アドレナリンに押し潰されてしまい、副腎が低活動になったり過活動になったり、低活動と過活動を繰り返したりするようになります。その時点で、体のほかの部分は、私たちに介入したり、資金提供したりして体が負債を負うのを防ごうとします。内分泌系と脳下垂体は酷使されます。肝臓は、きわめて貴重なグルコースの備蓄を大量に放出し始めます。膵臓は放出できる酵素を全部放出します。それはまるで、手の空いている身体組織がひとつ残らず介入して、紙幣を乱発してアドレナリンという水金に換えようとするようなものです。健康状態を維持するための対策をとらない限り、重要な身体組織を使い果たして燃え尽きさせることになります。その対策については、第2章「適応」でお伝えします。

## 食料をめぐる争い

「容赦なき四つの悪」と過剰なアドレナリンに加え、私たちは食料危機にも向き合っています。人口過多や単一栽培の話でもなければ、表土の減少やミネラル消失、ＧＭＯ（遺伝子組み換え作物）技術、食物連鎖に入り込んでいる汚染、生物学的に利用可能な栄養素の話でもありません。いずれもとても現実的な要因であり、原因はすべてそこにありますが、そのほかにも私たちを危険に追いやっているものが、それらをはるかに上回るほどたくさんあります。

つまり、日照量の減少、生命力に溢れた水の不足、そして（最も重要な）食べるものに関する私たちの選択に気を配らなければなりません。私たちは、変化しつつある惑星に暮らしていて、私たちの日々の健康にとって世界はますます脅威になりつつあります。私たちには、大転換が起きても気落ちしないよう、変化に注意しておくこと、自分と家族を大切にすることが必要なのです。

## 日照量の減少

私たちは、かつてほどは日光を浴びていません。ニュースのヘッドラインは、日光を浴びることの危険性に焦点を当て、オゾン層の破壊と紫外線について警告していますが、本当の危険は、日照量が十分でないことです。これは紛れもない事実であり、太陽光は過去２００年の間に大幅に減少しています。私たちが今日見ている澄んだ空は、昔と同じくらいの明るい青い空ではありません。もし、２００年前の晴れた日にタイムトラベルしたら、ショックを受けるでしょう。曇った眼鏡の汚れを取ったら、世界がくっきりと見えるようなものです。

これは太陽を遮断している雲の話ではありません。バリウムだらけの白い靄《もや》で空が薄暗くなって、太陽光が通りにくくなっている話をしているのです。今、空は汚染物質と化学物質で埋め尽くされています。

紫外線が私たちの健康に及ぼす脅威に関するパニックが広まっていることを考えると、太陽光が少なくなっているのは良いことのように思えます。断言します、それは違います。過去10年間にアメリカ国内のあちこちで、植物の成長にとってきわめて重要な夏の気温は下がってきていて、収穫量が減っている作物もあります。それでも夏には暑い時期がありますが、その気温が肝心な瞬間に急に下がって、植物に壊滅的な影響を及ぼしています。地上に降り注ぐ太陽光の減少が元凶です。今の空はもう、昔ほど澄んではいませんし、そのことがアメリカの経済にも、もちろんそこに住む数多くの人たちの健康や暮らしにも損失をもたらしています。

日照不足の問題はアメリカに限ったことではありません。眩しいほどの青空を見ることができるのが今では珍しくなってしまった場所が多いのです。空は気化金属、放射線、化学物質などの汚染物質により煙ったようにかすんでいて、日光が減りつつあります。技術的に空から雲をなくしたとしても、空はかすんだままです。薄い膜で覆ったようなかすみは、スモッグとは違っていて、地表に近いところにできています。

そして、それは植物にとっての問題で済むものではありません。私たちは、太陽から唯一受け取ることができる恩恵であるビタミンDに注目していますが、私たちの体が植物のように光合成の一種を行うことは、科学的な研究ではまだ発見されていません。私たちは、太陽のおかげでさまざまな酵素、ミネラル、ビタミンなど、栄養素を増やして、身体に新しい活力を与えます。日照量が減ると寿命が短くなり、正しく日光を浴びていないと、私たちは存在するのをやめることになります。こういう状況であっても、安全を確保していきたいのであれば、日照量が減っていることを知らなければなりません。

## 水不足

かつて地上に降っていた雨は、生気に満ち溢れていました。この水はミネラルをはじめとする栄養素で満ちて生命力に溢れ、食べ物を通じて私たちの体に入ると、私たちが生存するための基本要素を与えてくれるような周波数で動いていました。雪はかつて、溶けると庭や田畑の栄養素を奇跡的に強化したという理由から「貧しき者の肥料」と呼ばれていて、生きている分子と活性微量元素のレベルが極端に高かったのです。空から降るこの水には十分な生命力があり、土壌改良の必要がなく、作物が必要とする養分を含んでいました。

今、雨や雪は不足状態にあります。降水量不足の話をしているのではありません。干ばつももちろん、一部地域で困った問題として大きくなりつつありますが、雨そのものにかつてのような成分のすべてが、かつてのようには含まれていないという話です。「不足」と聞けば、みなさんきっとよくご存じのように、疲れたり弱ったりしたと感じて病院で血液検査をしてもらい、医師から鉄分不足やビタミンD不足の可能性を指摘され、それが今の症状の原因だとの説明を受けるようなものだと思うかもしれません。

現代の雨も同じように疲れたり弱ったりしているのですが、まったく見向きもされていません。ほかの分野では地球規模の危機が正しく注目されつつあり、それは当然のことであると言えます。この水不足の問題も同じく重要です。雨が降り始めると、空に巨大なフィルターが張られているかのように、驚くべき浄化のプロセスが当たり前のように起きます。それでも、空はますます毒素に満ちているため、浄化プロセスが激化しています。空に充満している有害な化学物質、放射線、気化有毒重金属を自然が取り除いているということは、大気中の水分に含まれる、生命を与える栄養素も取り除いているということに違いありません。その結果、地面への降水がその生命力の一部を失い、不足した状態になっているのです。

## 真の食料危機

ここまでは、現代世界のリスク、すなわち「容赦なき四つの悪」、そして前例のない日常生活の速さについていこうと急ぐと体内に噴出するアドレナリンについてみてきました。さらに、食料に対する潜在的な脅威、すなわち、地上の生命にとって不可欠な日光と水の性質が変化していることについてもみてきました。そのすべてによって、今は有史以来特に不安定な時期になっていて、ヒトという種としての未来は、私たちが今後口にするものにかかっているのです。

今、私たちは食料危機を経験しています。恐ろしいまでに地域全体を危険にさらす食料不足で混乱するのとは異なり、この食料危機の影響は、世界の中でも実質的にどんな種類の食べ物も手に入る場所に現れています。この食料危機は、無限にある選択肢の中から人々が選んで食べている食べ物の危機ということです。食べ物は常に、人々の生活の中心にありますが、「健康に良い」食べ方をするというのはかつて、健康に良いものを食べることに関心があり、金銭的余裕があるごくわずかな人々にとっての単なる趣味でした。そして、あまりにも多くの宣伝文句が入り乱れ、相矛盾する研究、流行の食品が巷に溢れていて、純粋にどうすれば健康に良い食べ方ができるのかという問題が常にありました。

人々が判断を誤る食べ方のひとつとして、気持ちを落ち着かせようとして食べることが挙げられます。たとえばホット・ファッジ・サンデーやダブルベーコンチーズバーガーで悲しみを紛らわせたいと思うことです。その「つけ」としてコレステロール値が高くなったり、ベルトがきつくなったり、それだけでは済まなくなったりすることは十分に知っていても。今の世の中は誘惑だらけであり、スケジュールを詰め込みすぎると、最も簡単で安価な食事をすることになりますが、そういう食事がえてして一番加工されていて有害なのです。私たちに分別があって、良い食べ物を購入したり栽培したりする手段があっても、私たちは、炎症性で、潰瘍性で、血糖値スパイクを起こし、動脈を詰まらせ、肝臓の血液の流れを悪くし、ブレインフォグ（訳注：頭に靄《もや》がかかった状態）を引き起こし、むくみを引き起こし、エネルギーを奪い、病原体を育て、疾患を助長する食べ物に手を伸ばしてしまいます。そういう食べ物を食べると古き良き思い出が蘇り、長い時間にわたって頭が働かなくなるため、現実から逃避するには十分なのです（これについては、第3章「魂に効く食べ物」でさらにお伝えします）。

普段、私たちはきちんと食べる気はありますし、家族や友だちに協力してもらうのも簡単です。それはジグソーパズルのピースが全部はまったような感じです。しかし、こんな状況でも、食べるに値しない食べ物をいとも簡単に選択してしまいます。それは流行やトレンドには危険が隠れているのに、健康的だと思い込まされているからです。ひとつの例に、キャノーラ油があります。多数の健康食品店やレストランが、飽和脂肪酸のレベルが低いとか、心疾患のリスクが抑えられるなど、キャノーラ油のいわゆる健康効果について絶賛しています。そんなお店はそれ以上のことを知らず、それはその時点での共通の「知恵」にすぎません。実際には、キャノーラ油は炎症を引き起こし、病原体の「エサ」となり、動脈を傷つけます。キャノーラ油で調理すると、私の最初の著書『メディカル・ミディアム――医療霊媒』の「避けるべき食べ物」の章で扱っている他の食べ物と同じく、人々は危険な道を進むことになります。それが、私たちが直面している食料危機の一因となりますが、そのことは完全に隠されてしまっています。

上手な食べ方や、私たちの身体と魂を養う方法については大きな誤解があります。本当のところ、二者択一でもなければ不可能でもありません。さらには不快でもありません。私たちはこの危機を自分たちにとって何が最善かを知るチャンスに変えることができるのです。

## 打開策

すべてが お先真っ暗だとは思わないでください。もちろん、私たちは今の世界で深刻な脅威に直面していて、それによって今まで以上に生きるのことが恐ろしいもの、不確実なものになっています。今、巷に正しい情報が欠如している（誤解を招いたり、人目を引いたりする大見出しの猛襲でカモフラージュされている）ことが、被害を広めています。それが真実なのです。無視しようと現実から目をそらしたり、その「理由」を知らずにいたりすると、健康状態はさらに悪化します。個人としても全体としても。私たちは行き詰まっていて、それによってさらに悪影響を受けやすくなっています。現実と向き合うことによってのみ、本当に前進できるのです。

今が変化する時であり、困難という言葉ではすまないほどの世界から自分と家族を救う方法について知るべきことを学ぶ時なのです。あなたの生命は神聖で貴重です。みなさん一人ひとりに、ここ地球での目的があります。みなさんには、しっかりと生きて、その目的を成し遂げてほしいと思っています。

今、みなさんはこの場所、私たちの生命が脅《おびや》かされている場所に、どうやってたどり着いたかを知っています。また、具体的に健康に対するどのような危害を受けているのかも知っています。本章を読み終わったら、自分と大切な人たちを守るための備えがさらにできます。そして、ここから先のページに書かれている秘密を学ぶことで、ついには、この知識で武装して危険と闘う方法だけでなく、危険を乗り越える方法について知ることができるのです。軽やかな気持ちでいてください。立ち上がり、私たちを助けるのを待っている神聖な力に触れる時は来ました。成長する時が来たのです。

# 第2章
# 適応――あなたを取り巻く世界とともに前進する

私たちが生きているこの時代には名前が付いています。「加速の時代」です。技術の進歩が今まで以上のペースでの生活を焚きつける時代です。瞬きする間に、デバイスやプラットフォーム、物事の進め方が先を争うように発展しています。私たちは小さなコンピューターをポケットに入れて持ち歩き、地球の裏側の人たちとオンラインで映像を見ながら会話し、ロボット手術がいかに普通になったかに関する記事を読み……未来のような世界がもう現実となっています。これほどまでに発展しても、私たちは依然として、土台のところで適応していかなければ傷つきやすいままです。

ここに進歩に関する重要なことがあります。何もかもが同時進行するとは限らないということです。急成長する分野もあれば、遅れをとる分野もあります。車を例にとると、今日の車にはＷｉ-Ｆｉが装備され、ダッシュボードにはコンピューターが埋め込まれ、ＧＰＳやソーラーパネルがついていて、エンジンはリモコンで始動し、カメラで死角を見ることができ、シートはヒーターで暖かく、ヘッドレストテレビが付き、自動で変速し、雨を感知してフロントワイパーが動くなど、ヘンリー・フォードがＴ型フォードを発表した百年前には誰も夢にも思わなかった特徴を備えています。その当時からすれば、今の車は宇宙船のようなものです。車が自動運転で走るのも、まもなくだそうです。

しかし、そんな車の進歩のどれもこれも、なんとも時代遅れのテクノロジーである空気を入れたゴムタイヤが運んでいるのです。タイヤは、クランク棒を回してエンジンを始動させていた百年前と同じです。そして誰もが、タイヤが今でもパンクするのが当たり前、つまり消耗しやすいものであることを知っています。高速道路を走りながら、衛星放送のラジオを楽しみ、温度はデュアル空調で完璧に自分好みに調節され、どちらに曲がるかを正確に声で案内してもらえますが、そのどれひとつとして、道に大量の釘が落ちていても守ってはくれません。タイヤはパンクして、メーターパネルが激しく揺れるのを感じ、路肩に寄せるしかなくなり、タイヤを交換するまでは走行を続けることはできません。5分前まで、あなたは有頂天でした。今は、道端に立って、荷馬車の車輪の時代から時間が経っていないように感じるかもしれません。車がA地点からB地点にどうやって着くかの概念に（いわば）革命が起こるまで、頭の中ではどれだけ飾り立てられても、自動車は旧態依然です。

このことから、私たちの社会が、健康という点でどういう状態にあるかもわかります。健康でなければ、集団としても個人としても、生活のほかの分野が進歩しても、その意味は薄くなります。健康があるから人生という道を歩めるのです。健康は土台です。健康が「すべて」です。健康でなければ、私たちは困ってしまいます。それでも、ほかのあらゆる種類の活動領域での前進は、わたしたちの目を眩まして、私たちの身体がいかに病気になりやすいかということから目を逸らさせています。潜在的な危険（道路の釘）はどこにでもあります。そのいくつかについては、前章でみました。

では、このことについて私たちは何をすべきでしょうか。どうやって対処すればよいでしょうか。それは、DNAに刻まれている人間の性質の一部であって、私たちみながするはずのこと、宇宙が私たちを支えたいと望んでいること、つまり「適応する」ことです。

## 手助けを求める

適応の「方法」についてまだ情報がないのは、誰が悪いのでもありません。予防医学の進歩は、ほかのさまざまな分野と比べて大幅に遅れていますが、そのことで責められる人はいません。ただそうやって、長年にわたって世界が発展してきました。「加速の時代」の一側面として、矢継ぎ早に物事が起こると手に負えなくなり、マイナス方向に進み始めます。つまり、手助けはいくらでもありますが、それは、自らを破壊するつもりであれば、ということになります。カクテルをもっと飲みたいと思えば、お代わりをグラスに注いでくれるバーテンダーは簡単に見つかるはずです。制限時速50マイルの道路を１００マイルで走りたいと思えば、アクセルを踏めばよいだけです。車が手助けしてくれます。橋の上からバンジージャンプをしたいのであれば、ゴムのロープをしっかり取り付けてくれる人がいます。命を危うくすることに対しては、24時間３６５日、無限に手助けが得られるのです。

その一方で、改善のための手助けを見つけるには苦労します。自分を改善しようとして、苦戦した経験があると思います。ダイエット中、いかに誘惑が至るところにあるかを知ったり、もっとエクササイズをしようとすると、緊急の問題が急に10個も立ち現れて邪魔されたりするなどです。本当の手助けがありはしても、限られています。健康的なメニューを提供するレストランがオフィスの近くに一軒見つかっても、そこに飽きたら、バーガージョイント（ファストフード店）で妥協するのです。時間管理について見つけたアドバイスによれば、運動する時間をとるには単に「時間を作る」だけでよいのであり、トレーニングができないのなら、怠けているあなたが悪いということになるようです。さらに、人々を欺く有害な健康ブームが無数にあります。つまり有益であると自ら宣伝しているトレンドばかりであり、真実というものがあるのなら、そこにあるものでは決してありません。

地球上の70億の人々のうち、60億人は健康と幸福であるために必要な助けが得られません。それは、その人たちが健康で幸福に生きるに値しないからではありません。生活の悪循環を現実化させたり引き寄せたりしたからでもありません。たまたまなのです。今のこの世界では、気力が上下したり、健康を邪魔したりするものを回避する生まれ持った働きよりも、逆効果をもたらす力のほうが勝ってしまっているのです。それは先ほどの車のタイヤの例のように、技術革新にギャップが残ったままになっているからなのです。

はっきりさせておきたいことがあります。これは、神が私たちをここに捨て置いたからではありません。人間の自由意志によって、私たちは今この時点まで来たのです。歴史全体を通じた集団的思考と平凡な意思決定の連続により、産業が私たちの健康にとって有害な物質を使うようになってしまったり、研究によって「高尚な」ガジェット（訳注：小型の装置《デバイス》）が開発されてしまったりしました。注意を向けるべきは私たちの足元であるのに、です。医療分野の大家、教師、権威者、そしてプロたちは、進むべき道を示すことができません。それは、適応の仕方について最も重要な答えを人類に教えるためのデータを与えられていないからです。高次の聖霊《スピリット》、神聖な源、宇宙、光、天使の力（大いなる神があなたに話しかけていますから言語は問いません）は存在します。神は今まで以上にみなさんに気を配っています。

そして、その天の情け深さにつながると、混乱の海から引き上げられ、自由が利くようになるのです。何よりも、私たちは最もあり得なさそうなところからの助けを、つまり真の助けを求める必要があるのです。

## ストレスに対処する

「加速の時代」に生きるということは、ことわざのいわゆる「茹でガエル」のようなものです。カエルは熱湯に入れられたらすぐに飛び出しますが、水に入れて徐々に温度を上げると、気づいたときには茹であがっているという話です。それと同様に私たちは、この混沌とした状態の中にいきなり飛び込んだのではなく、時間をかけてこの状態になっていったのです。ですから、すぐに気づかなければ、生きたまま茹であがる危険性があります。

### 偉大なる教師としてのストレス

現代世界に適応するうえできわめて重要なステップは、ストレスを敵だと思うのを止めることです。もちろん、今どきの生活はとてつもなく苦しいものです。絶えずバランスをとらなければならないことが山ほどあり、特に女性は今まで以上に仕事や責任を巧みにこなしています。誰にとっても大切な存在でいるというプレッシャーは、パニックを引き起こしかねません。何もかもに圧倒されている、包囲されていると感じるのはまったくもって当然です。１００％妥当であり真実です。

変化し続ける世界の危険から自分自身を守る唯一の方法は、それに合わせて変わっていくことです。私たちは対処法を見つけなければなりません。そうすることが、生き続けて前進する唯一の方法なのです。身体を動かしてストレスを解消する人もいますが、それは疑う余地もなく有益です。また、瞑想したり祈ったりする人もいます。これもとても重要なことです。最初の本『メディカル・ミディアム――医療霊媒』では、魂とスピリチュアルな支援に関する話題を二つの章にわたって取り上げました。さらには、あまり注目しなくても大丈夫な部分を減らすことによって、うまくいく人たちもいます。あるいは注目する方向を変えることができるのであれば、それも素晴らしい取り組みになります。ぜひ「賢く働いて、あまり無理しない」ことを自分に許し、必要に応じて計画を取り消すこと、人に任せること、エネルギー切れを起こしたら仮眠すること、そして「やることリスト」を逐一チェックしないことを自分に許してください。

とはいえ、多くの人たちは、前述のことを全部やろうとしています。それに、残っている義務を減らしたいのはやまやまでも、それは不可能です。私たちはすでに、やるべきことすべてには着手できていませんし、目の前にある数々の状況を回避することはできませんし、消えてなくなってもらうことを望むこともできません。それが世界の今のあり方であり、手つかずのものがたくさんあるのです。

そこで、ストレスと友だちになるのです。私はそれがいとも簡単にできるかのように、利口ぶっているつもりはありません。大まじめです。現実は危険をはらんでいて、余分なアドレナリンを使い果たして日々を過ごすと、私たちは壊れてしまいます。アドレナリンという、人を消耗させる物質が体内にありすぎると、私たちは終わってしまうのです。

ストレスはメッセンジャーだと思うことによって、積極的にアドレナリン反応に対抗する方法を学ぶことができます。そのストレスはあなたに何を伝えようとしているのでしょうか。それは、この惑星で自分は必要とされていること、役に立つ存在であること、目的があることを伝えてくれているのです。ストレスが極限に達したり、プレッシャーが全方向から自分めがけてやってきたりするように、ストレスに直面していると感じたら、それはあなたが目的の最前線にいる、つまりあなたには「目的＋《プラス》」があるということなのです。「目的＋」とは、普通の生活の上のレベルを生きているということであり、本当の意味で全力で他人と触れ合っているということです。その分、要求されることも多くなります。

ストレスはあなたを殺そうとしているのではありません。あなたとコミュニケーションをとろうとしているすぐれた教師なのです。ストレスはあなたをテストしようとしていますが、それは点数をつけるようなものではありません。このテストを受けられる人に選ばれただけで、あなたは合格したようなものです。世界は新しいものに変わっていきます。みなさんはとても有能で、「加速の時代」というこの難しい時代に生きて荒波にもまれつつも重要な役割を担っていると認められたのです。みなさんのような献身的な人々が、ストレスは名誉だと認識すること、ストレスを自らの前進に用いることを学べば、この再生の時代の見え方が１８０度変わることになります。

あなたを本気で困らせたり、しばしば失望させたりした学校の先生などが、振り返ってみて最高の教師であったと思うことはありませんか。ストレスとはそういうものです。ストレスを侵略者とみるのではなく、ストレスはあなたがマスター（達人）になる覚悟をさせているのだと理解してください。ストレスにはよろしくと伝えてください。ストレスは顔なじみとか、大切に思っている人のようなものだと認識し、ストレスを直視してください。偉大なメンターとして歓迎してください。ストレスを可哀そうにすら思ってください。最終的には、通り過ぎて克服し、ストレスの先へと進む、つまりストレスを過去のものにすることができるでしょう。ストレスに対処するとき、永続するものではないことを覚えておくことが重要です。どんなものであっても、あらゆることは変化します。ずっと同じままのものはありません。対応できないほどのストレスに襲われ、その苦痛を和らげたいと強く思ったら、長くは続かないと自分に言い聞かせてください。

ストレスがあれば、それを認めればよいのです。ストレスがないところとはどんなところでしょうか。私たちを奮い立たせるようなやりがいもないことでしょう。常に絶好の天気で、常に食べ物が豊富にあり、常に愛に溢れていたら、私たちには奮闘する事柄が何もないことになり、人生が退屈になることでしょう。ストレスがなければ意志を失うことでしょう。意志を足場にして絶えずその先へと進んだり、克服したり、突破したりして、ストレスを超えていくのですから。この惑星から鳥という鳥が突然いなくなったらと想像してください。鳥が生態系に及ぼしていた影響が何もかもなくなってしまうばかりか、鳥が消えてしまったら、地球での人生経験はまったく違ったものになってしまうでしょう。突然ストレスが存在しなくなったら、そんなふうになるでしょう。私たちの生活の中を飛び回っているそんなストレスがまったくなかったら、それは単に正しくないということになります。

考えてみれば、「ストレス」は私たちがネガティブな状況で付けた名前（あるいはネガティブな状況として付けたレッテル）にすぎません。レジャーや遊びだと思っていても、ストレスの要素が関わっている瞬間は、人生の中にたくさんあります。週末にバイクに乗っているとき、全力で丘に登ろうとしているとき、ストレスはかかっていますが、あなたが感じているのはウキウキ感と解放感だけかもしれません。はたまた、初めて自転車の乗り方を習ったとき、そのことを二輪車に乗れるという素晴らしいご褒美だと思ったのだとしたら、難しかったり技術習得がストレスだったりしても、膝を擦りむいても何をしても、ワクワクして楽しい経験として記憶しています。つまり、ストレスは当たり前のものだということです。それはいつもあるものであり、いつも友だちなのです。瞬間的にはどんなに張りつめたり死にそうであったりするストレスでも、恐れるものではないことを思い出す必要があります。

「ストレス管理」という言葉をよく耳にします。この概念の問題は、ストレスを管理することは、仕事がひとつ、気分を害することがひとつ増えたように感じられるということです。あまりにも多くの人たちがすでに、自分の生活の細部の一つひとつに対応することを、なんとなく不満に感じています。そのうえ、作業がもうひとつある、つまり「管理している方法を管理する」という作業があるように感じるはずなのです。

気を確かに保つには、ストレスを管理するよりも、ストレスと交流することです。ストレスと闘おうとするのではなく、ストレスとコミュニケーションをとるのです。ストレスさんに自宅に住んでもらうことを考えてもいいほどです。ストレスさんを食卓に招いてください。ストレスさんと食事を共にしてください。ストレスさんと並んで温かいスープを飲んでいるのだと認め、自分を最高の状態にするためにやってきたコーチであるかのように信頼し、尊敬してください。ストレスから筋肉が硬直するなどの身体症状に慣れっこになっているのであれば、ストレスさんに対して、「下手なマッサージ師のように症状のある部位に狙いを定めるのではなく、『緩んでご主人（あなた）に仕えるときです』というメッセージを硬直した筋肉に送ってください」と、ていねいにお願いしてください。あなたが「目的＋」を満たすのを助けるためにはその筋肉が必要だからです。

ただし、そこから先へはストレスを持ち込まないよう線引きをする必要があるタイミングというものがあります。それは就寝時です。布団に入るときはストレスさんに「出て行ってね」と伝えるときなのです。人生でどんなことが起きていても、電気を消せば思考も完全に消えます。これは、天使を呼んで夜の聖域を創るときであり、夢を操ることができ、日中に生じた複雑な感情が清められるときです。休息は必要なものであり、とるに値するものでもあります。

ストレスを使者、友人、教師、メンター、トレーナー、コーチだと捉えることによって、ストレスの程度は抑えられます。この捉え方が、私たちの成長と、現代の難しい課題への適応に大いに役立つのです。ストレスを気の毒に思い、その存在を正しく理解して、永続するものではないと認識すれば、血管を通過する過剰なアドレナリンのショックも減ります。つまり、あなたの身体をすり減らしそうでもすり減らさないのです。ですから、どうぞこの新しい見方でストレスを歓迎すると何が起こるかをよく見てください。早くみなさんに安心してもらいたいと思っています。

### ストレス時の支えと、軽く食べることの重要性

生きていく中で困難な出来事に出合ったり、やることが多すぎたりして焦りを感じるとき、食べ物に手を伸ばしたくなることはよくあります。それは本能として悪いことではありません。脳が脳なりのやり方で、難しいことを進めていくうえでの支えがあることを伝えているのです。重要なのは、どの食べ

物が実際に役立つかを知ることです。あとで紹介する食べ物は、適応のマスターです。それらの食べ物は悪天候の中で生き延びることによって、厳しい状況で力強く生きる方法に関する知識を細胞レベルで得ています。それらを食べることによって、適応力があなたの一部になるのです。本書に掲載している食べ物（スプラウトなど）については、ストレスへの適応力を高める性質について特記しているものもあれば、ストレスを受けたときにしっかり支えてくれる食べ物であることをことさら称賛しているものもあります。それはキッチンに常備しておいたり、職場に持って行きたくなったりする軽くつまむような食べ物です。それを食べると本当に元気を取り戻すことができ、すぐ目の前のことに対処することができるからです。つまり「やけ食い」という言葉がまったく新しい意味を持つようになります（渇望やほっとする食べ物に関する詳細は、次章参照）。

このほか、負担が大きすぎる今の世の中の異常さから自分自身を守る重要な方法として、軽く食べることが挙げられます。1時間半から2時間ごとに何かを食べることは、今日当たり前になってしまっている副腎機能の乱高下に対処するのにきわめて重要です。このことは、男性的であることをよしとするような昨今の風潮とは逆を行く方法です。今はとにかくエナジードリンク、食事抜き、カフェイン注射がよいとされる時代です。私たちは、何時間も食べずにいられることを喜びがちで、食間にスナック（訳注：軽食）が欲しくなったら意志の弱さを感じがちです。今、私たちは、デジタルの時代の要求を満たすために食べ物をまったく必要としないロボットになる必要があると、錯覚し始めています。

今はこの刷り込みを考え直す時です。食べ物なしでもつことが「できる」としても、そうする「必要がある」ということにはなりません。ひとつは、テクノロジーが進歩しても、それと引き換えに私たちが人間らしさを失わなければならないのなら、テクノロジーの進歩に何の意味があるのかということです。もうひとつは、ロボットのようになることが私たちの身体にはよくないということです。陽が落ちても満腹感があるくらい正午に昼食をしっかり食べても、血糖値は午後1時半か2時にはお構いなしに下がるでしょう。肝臓のグルコース予備量が素晴らしく多く（ほとんどの人が当てはまりません）、脳の神経伝達物質が強力でない限り、その人の副腎は、血糖不足を埋めるためアドレナリンとコルチゾールをどんどん送り出さざるを得なくなります。すでにお伝えした通り、アドレナリンが多すぎると消耗しやすくなります。そしてコルチゾールは何の施しにもならず、多ければ脱水状態となって体重増加に加担し、体が持つグルコース、グリコーゲン、鉄、電解質、そしてアミノ酸のような構成要素の予備を食い潰すのです。

副腎自体を傷めたら（前章に記載）、倦怠感と疾患のためのレシピがあります。食べないでいるよりは、軽く食べる方がずっと好ましいのです。一日三食の人は、その習慣を止める必要はまったくありません。ただ、覚えていてください。元気いっぱいになり、身体を壊したり病気になりやすくなったりしないようにしたいのであれば、朝食、昼食、夕食に、少量のバランスのとれたスナック（訳注：軽食）を補ってください。本書では、スナックとして食べるものだけでも何十種類と提案しています。

## 食べ物は未開拓の領域

前章のお花畑のヘビの喩えを覚えていますか。どんなに一歩ごとに潜在的な危険に直面していたとしても、とてもいい天気であることには変わりないのではないでしょうか。それは絶対的な真実です。この地球には私たちが直面する数々の難しい課題だけでなく、素晴らしく美しいものも存在しています。ひとつには、自然の実際の物質的な美しさがあります。都市に住んでいても、見上げれば広く絶え間なく変化する空があり、公園の木々の葉が微妙に変化することに気づくことができます。はたまた、人間が手を加えることによって、自然の素晴らしさが増すこともあります。動物との交わりもあります。愛があります。優しさ、慈悲《コンパッション》、寛容さがあり、そういう性質は時に、人類が逆境に直面することによって現れることがあります。

また、私たちの身の回りには、体の中に取り込んで神聖な美しさと調和することができる、文字通りの甘さや光もあります。それが「聖なる四つの食物群」です。「聖なる四つの食物群」は、私たちがここで生き抜くために与えられた聖なる援助です。「聖なる四つの食物群」は人類のための救済策です。私たちを救ってくれるものです。「容赦なき四つの悪」と、私たちが直面するその他すべての難題に対抗するため、私たちは次の「聖なる四つの食物群」に目を向けなければなりません。

- 果物
- 野菜
- ハーブとスパイス
- 野生の食べ物

ですから、本書の第2部で「聖なる四つの食物群」について紹介します。そこに登場する食べ物がどのように「容赦なき四つの悪」を中和・解毒し、ストレスに対処するのに役立ち、免疫系を強化し、体力をつけ、敏捷かつ力強く私たちを成長させることになるのかについて、もっと詳しくわかります。心配しないでください。「聖なる四つの食物群」以外のものを一切食べないようにする必要はありません。あなたに合う食事がどういうものであっても、日々のローテーションの中に加える「聖なる四つの食物群」を増やせば、人生を変えることができるのです。

## 健康に良いものを再考する

これからお伝えすることは、みなさんが見聞きしたことのある昔からの情報とは異なります。生鮮品の良い点に関する記事に書かれていそうな内容からはかけ離れています。食べるものに注目する（野菜、果物、ハーブとスパイス、野生の食べ物を生活に取り入れる）と、想像以上に良いことがあります。「医食同源」という言葉を聞いたことがあると思います。その一部です。世界が進歩すると、疾患も進化します。病気を寄せつけたくないのであれば、物事を先回りして考え、本書に記載されている「人生を変える食べ物」50品の薬としての力を利用しなければなりません。

「聖なる四つの食物群」は、私たちが理解している以上に神聖で強力です。この食物群は大地によって育まれ、雨と日光を浴びて、来る日も来る日も悪天候に耐えながら植物として生きているので、自然の聖なる力と密接につながっています。そこには、私たちが生きるのに必要な構成要素となる栄養素が含まれているだけでなく、私たちにはどうしても必要な母なる大地と天からの「適応する方法」に関する情報が含まれています。

食べるものに注意を払う必要のなかった日々はとうに過ぎました。世界は変わってしまっていて、私たちは今までにないほど傷つきやすくなっています。生命を維持するには食物がすべてですが、従来の伝統的な食物ピラミッド（栄養素別の摂取量の配分）が私たちに当てはまったのは過去のことです。現状に合ったものにするためには、私たちは栄養への理解を覆さなければなりません。最新版の食物ピラミッドですら、食品群同士の関係において、それぞれの食品群の重要性を見誤っています。その図がきちんと出来上がるまであと数十年かかるでしょう。

## 8万食

重要なのは、何を食べるかです。人は一生のうちに、平均的にみて8万食食べます。多いように思われますが、内訳を見てみないとわかりません。あなたはこれまで、野菜や果物を主にした食事を何回してきましたか。普通、生の野菜や果物はどちらかというと、バナナスライスが朝食のシリアルに乗っていたり、夕食のステーキに添えられたサラダなどだったり、付け合わせになります。

私たちはとても忙しいので、生の野菜や果物を摂らずに何日過ぎたか覚えていないことが多々あります。私たちは、自分は健康的な選択をしていると思っています。なぜなら、夕食にホウレンソウがあったとか、リンゴのスライスが二、三枚あったのを思い出すことはあっても、それが何日も前のことであるのを忘れるからです。

「聖なる四つの食物群」の一つが食事の中で主要な役割を果たしていても、新鮮さに欠けたり、何かと混ざっていたりすることが多いのです。つまり、チーズとベーコンを乗せた二度焼きポテトだったり、コーンシロップや保存料でいっぱいのデザートに使われているイチゴだったりします。

一時的な流行や傾向、大々的な広告キャンペーンが優勢になって人々の食習慣を揺るがす前の時代を知っている90代の人たちに、野菜や果物が常に食事の中心にあったかどうか尋ねてみてください。きっと「はい」と答えるはずですし、その食べ物の背景も話してくれるはずです。長寿のために野菜、果物、ハーブとスパイス、それに野生の食べ物を食べることは、かつて共通の智慧の一部でした。それはかつて、単なる面倒な作業ではなく、喜び事であり、付き合い事でもありました。そう遠くない未来には、高齢者になるまでに1万5千食分の「聖なる四つの食物群」を十分に食べられていれば御の字という状況になるでしょう。それは生涯の食事の20％にも満たない量です。それでは十分ではありません。衰えている、疲れ切っている、惨めだ、病んでいると感じないように自分自身を守りたい人にとって、その量では十分に支えられません。

ほかの食品群が悪いと言っているわけではありません。それぞれに独自の価値があります。要するに、「聖なる四つの食物群」の食物は、ストレスへの適応力を高める力があり、無限に生命を癒し修復するファイトケミカルで満たされていて、「容赦なき四つの悪」をはじめ、癌や心疾患などの病気を引き起こす健康への脅威から保護してくれるということです。ですから、確実に食生活のバランスを整えたうえで、人生を変える食べ物「聖なる四つの食物群」をできるだけ取り入れることです。

「聖なる四つの食物群」の過去の経験は今に受け継がれています。たとえば野生のブルーベリーには、数千年の癒し《ヒーリング》の叡智があります。数千年間にわたり環境の変動を生き抜いてきました。北米に根付いた最初期のブルーベリーは、自らが生き延びる知識を代々受け継いだので、私たちが野生のブルーベリーをスムージーに入れると、何世代分もの情報がたっぷり入ります。ほかの植物性食物全般にも同じことが当てはまります。つまり、適応力はＤＮＡの一部なのです。野生のものを食べるにしても、栽培されたものを食べるにしても、私たちは生きている古代の叡智を利用することになり、私たちの身体は、健康状態を変えるためにその叡智をどう使えばよいかを知っているのです。

健康で長生きをしたいのであれば、要するに、もっと野菜や果物、ハーブとスパイス、野生の食べ物を生活に取り入れることです。ところどころにではなく、毎日、一日に複数回です。食べなければならないものについて絶えず新しい主張に気をとられている場合ではありません。今は誰もが、タンパク質を気にしています。タンパク質はもちろん重要ですが（ちなみに、世界で最良で、最も生物学的利用能が高く、消化吸収されやすいタンパク質は、葉物野菜のタンパク質です）、私たちが本当に注意を向けるべきは、主要ミネラル、微量ミネラル、酵素、補酵素、オメガ脂肪酸などの栄養素のほか、アントシアニン、リコピン、クロロフィル、ルテイン、レスベラトロール、フラボノイドのようなファイトケミカルです。いずれも生存に必要な成分であり、「聖なる四つの食物群」には豊富に含まれています。その栄養素がなければ、私たちは健康になれる数々の機会を失います。子どもたちに健康でいてほしいなら、食べさせるものの土台に「聖なる四つの食物群」を据えることです。それ以上、解決策も解毒剤も特効薬も求めないでください。これが重要なのです。

８万食のうち、すでに新鮮な植物の食べ物が不足している４万食を食べてしまったのであれば、埋め合わせが必要です。残りの４万食を悔いのないものにしてください。

## 光で満たされた食べ物

「聖なる四つの食物群」は、単に科学によって発見された栄養成分で満たされているだけではありません。私たちがここ地球で直面する無理難題に対抗するための土台となる未発見の成分が豊富に含まれています。前章で言及した通り、私たちは、日光という点でみると悪い場所にいます。かつてはもっとずっとたくさん降り注いでいましたが、今、空は汚染されて白くかすみ、太陽の力が完全には届きません。

寒く暗い冬を過ごしたり、仕事でずっと室内にいて一日中窓からも離れていたりすると、光を奪われるというのはどんな感じがするのかがわかります。快いものではありません。気分は重く、皮膚は青ざめ、免疫力は衰えます。いずれも、わかりやすい影響ではあります。日光にはほかにも、心身の健康に対して未発見の効果が無数にあり、ビタミンDを増やす以上のことをたくさんしてくれます。日差しが少しでもあれば、ビタミンA、ビタミンB、科学では発見されていない栄養素が増え、不安は抑えられ、抑うつも和らぎます。皮膚に日光を浴びると食物の消化と栄養素のメチル化のプロセスが進み、その栄養素は体が使えるように変換されます。

では、日光があまり届かないことに関して、私たちには何ができるでしょうか。私たちの変わりゆく世界が現実に薄暗くなっているとき、どう対応すればよいのでしょうか。

生活にもっと光を取り入れることです。「聖なる四つの食物群」という形で。蔓植物や木などの植物は、成長しながら日光を吸収して集め、濃縮しています。私たちがその根や芽、葉や実を摂取すると、その光を私たちに手渡してくれます。空がどんどん薄暗くなり、気候も変化していって、作物が持てる力を存分に発揮しづらくなるなかで、うまく実を結ぶ野菜や果物、ハーブとスパイス、野生の食べ物は丈夫に育ちます。耐え抜くように作られています。日光を最大限利用していて、神聖な魔力を含んでいます。それはすべて、みなさんのためなのです。

私たちは古くからこのことを理解しています。クリスマスの靴下に入ったオレンジはかつて、最も貴重な贈り物でした。私たちは知っていたのです。その皮の下に見出される甘さと光は、地球上のほかのどれにも似ていないことを。現在、子どもが靴下に手を伸ばし、入っていたのがネーブルオレンジだと知ったら、その子はがっかりした顔をすることでしょう。果物には、かつてのような目新しさはもうありません。だからといって、力強さを失ったわけではありません。今は、先人たちの知識につながり、植物性食物全体を奇跡の食べ物として復権させるときです。

もっとよいのは、私たちが一歩前へ進むことです。私たちの先祖は柑橘畑から遠く離れて住んでいて、ホリデーシーズン（訳注：一般にクリスマスから年末年始にかけて）には、オレンジを一個食べられればよしとしなければなりませんでしたが、今日の私たちは、そんな制限などない人がほとんどです。家の近くには食料品店があり、年中、トラック何台分もの野菜や果物が入荷しています。季節を問わず、ホウレンソウをおつまみ程度に食べるだけで、新たな目標が湧き出てきます。ボウルに入れた皮むきミカンの果汁が、顎を伝って落ちたり、指がベタベタしたりすると、あなたの波動が変わります。最も暗いとき（文字通りの意味でも比喩的な意味でも）にマンゴーを食べると、人生が一変します。

自分の外側から日光を浴びることができないときは、取り組み方を変えるときです。光で満たされた食べ物を取り入れることが、日光を取り入れることになります。体の細胞は光を吸収し、その光は脳まで達して、全身にエネルギーと生命力がみなぎります。変わりゆく世界への対処方法について、どこを探してもこれ以上の真の答えは見つからないでしょう。

## 生きている水

水は食べ物と大いに関わっています。水がなければ食べ物もありません。食べ物がなければ生きていけません。そして私たちに水が「ある」としても、その水が完璧な状態ではないので、私たちは困っているのです。前章では、雨水の状態に関する警告を書きました。それは私たちの惑星で供給される水は生命力の大半を失ってしまっているという厳しい真実です。

どう対処すればよいのでしょうか。こんなときも、もっと「聖なる四つの食物群」を食べるのです。「聖なる四つの食物群」の植物には、水を生き返らせる驚くべき能力があります。次章では、新鮮な植物性食物に含まれる水が私たちにとってどれほど驚異的かという秘密を明かしましょう。さしあたっては、雨水不足という危機に関していえば、「聖なる四つの食物群」がみなさんの味方であることを知ってください。ほかの食物とは異なり、「聖なる四つの食物群」に淀みはなく、世界の流れに沿って適応しています。「聖なる四つの食物群」にできない唯一のことは、自分たちが必要な理由を私たちに実際に話したり知らせたりすることです。

生態系は、雨が不足していることを知っていて、そのことは「聖なる四つの食物群」の植物も知っています。その植物の根、葉、茎、芽、果実が環境のあらゆる変化に気づいていることも、自ら調節して埋め合わせをしていることも、科学ではまだわかっていません。雨以外からは得られない微量栄養素が植物の葉や根に染み込むと、その植物は栄養素の形を変え、活性化させます。その植物を私たちが食べると、そこに含まれる水にもともと備わっていた十分な癒《ヒーリング》しの力が得られるようになります。同時に大地は、土にぶつかる雨水に新しい活力を与えるために働いています。

新鮮な野菜や果物、ハーブとスパイス、野生の食べ物を十分に食べると、私たちにその食べ物が持つ適応力が身に付きます。それは、「聖なる四つの食物群」だけで食事を用意しなければならないという意味ではなく、今まで以上に加工食品を食べないようにすることが必要だということです。加工食品の代わりに、新鮮でおいしく、滋養になり、水分の多い植物性食物をもっとたくさん食べることに目を向ける必要があります。それが私たちの身体にどうしても必要な、生きている水（と、その他あらゆる種類の栄養物）を得る唯一の方法です。

## 「容赦なき四つの悪」と「聖なる四つの食物群」との闘い

「聖なる四つの食物群」がもたらしてくれる栄養について、さらに話を進めます。この食物群は、適応という点ではこれ以上のものはなく、あらゆる面でほかでは得られないサポートをしてくれます。しかも、放射線、有毒重金属、ウイルスの爆発的増加、ＤＤＴの「容赦なき四つの悪」を払いのけたいのであれば、「聖なる四つの食物群」を食べるのが正解です。50品目ある一つひとつが、「容赦なき四つの悪」とそれぞれ独自の方法で闘いますが、みなさんの身体を強くすることによって病気に罹《かか》りにくくするか、または侵入物を直接処理することによって身体に危害を加えられないようにするかのどちらかです。第2部には、人生を変える食べ物50品目と、それぞれが持つ癒し《ヒーリング》の力がどの栄養素や特性によるものかが出てきます。その前にまず、「容赦なき四つの悪」に対峙するという点で、私たちの特別な協力者である食べ物のきわめて重要な成分をいくつか簡単に見てみましょう。

## アンチエイジングのための抗酸化物質

さきほどファイトケミカルのことについてお話ししたので、そのほとんどが抗酸化物質として働くことはおわかりでしょう。抗酸化物質についてはきっといろいろ耳にされたことがあると思います。しかしその重要性（と、どれだけの種類が野菜や果物、ハーブとスパイス、野生の食物に多く含まれているか）は、科学的な研究によってわかっていることとは比べものになりません。

酸化とは、臓器の組織と侵入物（つまり毒素）との化学反応です。ダメージを引き起こす毒素そのもののほか、その反応によって生み出されるフリーラジカルが体を大混乱させ、細胞を傷めつけて老化を引き起こします。有毒重金属が脳で酸化することによるダメージは特に大きく、たびたびブレインフォグ（訳注：頭に靄《もや》がかかった状態）、記憶力低下、アルツハイマー病などの認知症を助長します。そして、DDTが存在している脳に放射線が当たると、脳組織を殺す可能性があり、脳組織の急激な酸化を引き起こします。抗酸化物質はそのすべてと闘います。抗酸化物質のことを考えるのは、アンチエイジングのことを考えるということです。抗酸化物質は毒素にもフリーラジカルにも接合し、ハエ取り紙のように侵入物に貼りついて酸化を止め、包み込んで、体外へとさっさと送り出してくれます。

## 頼れるグルコース

みなさんの健康は、脳と肝臓が適正なグルコースの予備量を保っているかどうかにかかっています。そのグルコースは、長時間何も食べないときに血糖値を安定させたり、精神活動や感情の起伏を通じて脳を強くしたりするなど、きわめて重要な機能に使われます。日常生活があまりにも目まぐるしいと、私たちの脳はますます一生懸命に働きます。つまり数々の電気的活動をするということです。コンピューターがオーバーヒートするのと同じように、私たちの脳もオーバーヒートします。しかも、有毒重金属が脳に存在していると熱伝導体となり、一段とヒートアップさせます。

これに対抗するため、私たちの脳は、ヒートアップしていない場合の二、三倍の量の天然の糖を必要とするようになります。「聖なる四つの食物群」（特に果物と生のハチミツ）に含まれる生物学的に利用可能なブドウ糖と果糖は、現代の難しい問題に対抗するのを助けるための最高の燃料です。自然食（ホールフード：加工や精製を極力行わない植物性食品）に含まれる天然の糖は、恐れるべきものとは程遠く、電熱に対抗する冷風のようなものです。トラウマが脳組織にダメージを及ぼさないよう保護するヴェールのようなものでもあります。メロン、ココナッツウォーター、生搾りのオレンジジュース、デーツなどが常に食事の中にたっぷりないと「容赦なき四つの悪」と闘う複数の身体機能が時間外労働で燃え尽きる可能性があまりにも高いのです。

人生を変える食べ物に含まれている天然の糖には、体の中を一団となって巡回する強力なファイトケミカルが含まれています。ですから、血流に乗ってグルコースが臓器に運ばれると、その臓器は糖そのものの恩恵を受けるだけでなく、「容赦なき四つの悪」と闘う力が相当量得られるのです。次にお話しするミネラル塩とブドウ糖のおかげで、私たちは地球という惑星に存在することができています。

## 奇跡のミネラル塩

私たちの身体が最良の状態で機能するには、食事にミネラル塩が十分に含まれている必要があります。レモン、ココナッツウォーター、セロリやホウレンソウなどの野菜は、私たちの身体を強く保つということに関して重要な生物学的に利用可能な形のカリウム、ナトリウム、塩化物をもたらし、それによって私たちは「容赦なき四つの悪」をはじめとする侵入物と闘って退けることができるのです。そのいずれの食べ物も微量ミネラル塩が豊富で、そこには身体が切望している、(科学ではまだ発見されていない）生物学的に利用可能な形でのミネラルが特に含まれています。

ミネラル塩は、全身に情報を行きわたらせ、何が起きてもバランスを保つようにする力を持っています。ミネラル塩は、心臓や、臓器すべてを支配している脳によって生み出される電気に関与しています。また、心臓の拍動を維持し、脳のA地点からB地点まで（すなわち、ニューロンからニューロンへ）情報を伝達するのに必要な神経伝達物質を生み出します（思考を船、ミネラル塩を海とすると、海が干上がると、船はどこへも行けなくなる、そんなイメージです）。ミネラル塩は腎臓と副腎の働きを維持し、食べたものを消化吸収するために、腸で塩酸を作り出します。

ミネラル塩はほかにも、体温を調節し、体温が上がりすぎないように抑え、冷えるのを予防します。ミネラル塩がなければ、私たちはしょっちゅう脱水状態や重度のむくみを起こしたり、意味もなく尿が出やすくなったりします。ミネラル塩は健康に生きる状態を維持し、行く手に何が来ても、それに対処するために最良の状態でいられるようにするのになくてはならないものなのです。

## ビタミン$B_{12}$で幸せに

「聖なる四つの食物群」をきわめて重要たらしめているものは、そこに含まれているものだけではありません。その表面にあるものでもあります。生で、洗っていない（軽くすすいだだけの）野菜や果物の葉や実など（地面より上にあるもの）の表面は、特別なプロバイオティクス（訳注：ヒトの体内に存在するのと同様の微生物で、ヒトに有益な作用をもたらすとされる微生物）の膜に覆われています。私はそのプロバイオティクスを「地面より上にあるバイオティクス」、あるいは「地面より上にある微生物」と呼んでいます。工場で生産されたプロバイオティクスや土中微生物とは異なり、「地面より上にあるバイオティクス」は消化の過程も生き延びることができ、小腸の最後の部分である回腸に到達して、身体が機能するために不可欠なビタミン$B_{12}$を作り出します。

洗わず食べられる農産物を見る目を養ってください。一番良いのは、自分自身で有機菜園を作ったり、台所のカウンターでスプラウトを育てたり、地元の信頼できる有機農家のものを購入したりすることです。食料品店で売られているような従来法で栽培されてワックスで覆われたリンゴは、きっと食べる前にゴシゴシ洗いたくなるでしょう。そのような食べ物からは、いずれにしても「地面より上にあるバイオティクス」を摂ることはできません。栽培の過程で使われているワックスや除草剤が、有益な微生物の天然の膜にすでに干渉してしまっているからです。その一方で、化学物質不使用で、汚染物質も付着していない農産物を食べようとするとき、少し汚れていても、たいていは普通の水で軽くすすぐだけでよく、「地面より上にあるバイオティクス」の膜も傷つきません（だって、微生物は雨に当たっても生き延びるのですから）。洗わずに食べても安全なものについては、ご自身の直観に頼ってください。

歴史的には、畑や庭、野に生えている野菜や果物、ハーブを採ってすぐに口にすることが当たり前でしたから、人々は高レベルの「地面より上にあるバイオティクス」を摂っていました。脳の問題、消化器の乱れ、自己免疫疾患のほか、数々の慢性疾患が昔はもっと少なかった理由の一端はそこにあります。現代の私たちと比べ、以前の世代の人たちは、冬の間何か月も新鮮な食べ物にありつきにくかったものの、春から秋にかけては食事から「地面より上にあるバイオティクス」を安定的に摂ることができ、それによって、重要な微生物が不足する時期を切り抜けられたのです。現在、パック入りの食べ物とテンポの速い生活により、私たちは「地面より上にあるバイオティクス」の豊富な食べ物を得ることに乱れが生じてしまいました。

本書を読まれているほとんど誰もが、ビタミン$B_{12}$不足になる可能性が高くなってきています。それは血液検査で正常ないし高い値となっていても、です（詳細は第２章「有害な健康ブームと流行」を参照）。それが今の世界の流れです。（「地面より上にあるバイオティクス」をもっと摂ることによって）ビタミン$B_{12}$不足に取り組む理由のひとつは、ビタミン$B_{12}$がホモシステイン（訳注：必須アミノ酸メチオニンの代謝過程で生じる悪玉アミノ酸）値を低く保つことにありますが、それはつまり、体の炎症が抑えられるということなのです。しかも、特に「地面より上にあるバイオティクス」によって産生されるビタミン$B_{12}$は、神経伝達物質を強化し、精神機能を高めて抑うつを寄せつけないため、脳の健康にはきわめて重要です。

ビタミン$B_{12}$がなければ私たちは死にます。それほど重要なのです。ビタミン$B_{12}$は、大量に溜まった汚染水（容赦なき四つの悪）が町（体）に溢れて生命を脅《おびや》かすのをせき止めるダムのようなものです。食事からビタミン$B_{12}$をたくさん摂れればダムは強くなり、避けては通れない「容赦なき四つの悪」が私たちに危害を加えることはできなくなります。しかも、ビタミン$B_{12}$のダムの反対側では、免疫系を構築したり、臓器をメンテナンスしたり、精神や情緒の状態を大小のトラウマから回復させたりするなど、きわめて重要なプロセスが遂行できています。

つまり、体内でのビタミン$B_{12}$の産生を担う「地面より上にあるバイオティクス」によって、現代社会への適応力がまったく変わってくるということです。この私たちに好意的な微生物は数々のやり方で、私たちを元気づけたり、命を吹き込んだりしてくれます。それが、「聖なる四つの食物群」が実際に神聖である理由の大部分をなしています。

## 前へ、上へ

人生を旅してきて、道端で行き詰まってしまったように感じているあなたのために、本書の食べ物はあります。「聖なる四つの食物群」は、先に書いたような、まだ発明されていない革新的なタイヤ技術のようなものです。「聖なる四つの食物群」は適応と進歩の王者です。それを生活に取り入れれば、ストレスへの適応性を高めてくれるその性質が、あなたの一部になるのです。「容赦なき四つの悪」やストレスなど、前章で言及した難問に積極的に対応するだけでなく、新しいあなたになるのを助けてもくれるので、道の途中で遭遇した難問に対処することができ、良い結果が得られます。

一見しただけでは地味に思えるような野菜や果物、ハーブとスパイス、野生の食べ物がいかに先進的であるかが垣間見えました。さらに読み進めると、その隠されたパワーについて（その食べ物が、どのようにして情緒的、スピリチュアル的に支えてくれたり、物理的な変化を助けてくれたりするかを含め）、もっとたくさんのことがわかるでしょう。ですから、シートベルトを締めて、前に進みましょう。生活の中にそれらの食べ物があれば、上手くいったも同然です。

# 第3章 魂に効く食べ物

食べるものから慰めの感覚を得ることは、あなたが人という存在として神から与えられた権利です。食べることによって、ほっとしてよいし、あとでツケを払う必要はありません。これは許可ではなく、「前提」です。みなさんは、精神的、感情的な空腹を乗り越えて生きることはかろうじてできますが、食への欲求を超越するよう意図して創造されてはいません。

食べ物がみな、求めている通りに支えてくれるわけではないのも事実です。朝の通勤時にパン屋さんの前を通ったときに、至福の香りがするドーナツはどうでしょうか。かぶりついている瞬間は、精製糖と揚げ油が脳を圧倒していますから、心配も絶望も遮断して喜びを感じますが、ハイな状態が過ぎると、病院でコレステロール値がよくないと言われたり、ジーンズのベルトがきつくなったり、食べたあと一日中ひどい眠気を感じたりするなど、ツケを払うことになるのはすでにご存知のはずです。

でも特定の食べ物（大地からもたらされた「聖なる四つの食物群」）には、物質的な栄養を凌ぐ有益な点がたくさんあります。瞬間的に心地よさを感じたり、グラウンディング（訳注：地球とつながって、心身のエネルギーバランスをとること）したりもでき、可能だと思ってもみなかった長期的な解決ももたらされます。それぞれの食べ物が隠し持っているものを解き放つ方法を知っていれば、周りの人たちに対しても、（ときには、難しい会話をしているときに、その食べ物を台所のカウンターに置いておくだけでも！）その食べ物の効果が現れます。ですから、本書の第2部には、果物、野菜、ハーブとスパイス、野生の食べ物のそれぞれに、情緒面での利点のほか、スピリチュアルな教訓に関する項目があるのです。

　食糧を自給しているからといって、それ以上に高尚なことをしなくてよいことにはなりません。「聖なる四つの食物群」を生活に取り入れても、それだけでは悟りには至りません。泥の中の種がいつの日か赤く輝くブドウを生むよう促す神秘的な力についてただ考えてください。その奇跡を体に取り入れることに優るものはありません。「聖なる四つの食物群」の食べ物は、神がみなさんを養うために、思いもよらない方法で創造したものです。それらの食べ物を天使たちが見守り、ヒトという種の未来に不可欠であるという性質を強化しています。

「人生を変える食べ物」一つひとつに、特別な癒し《ヒーリング》の特徴があります。ちょうど、オレンジジュースに含まれるビタミンCが、風邪と闘うのに有用なように、形而上学的などんな形の不調に対しても、それに効く食べ物があります。真の友を見つけるための知恵を与えてくれる果物があり、悲嘆に暮れているときに希望を与えてくれる野菜があり、自尊心を育むのを手伝ってくれるハーブとスパイスがあり、記憶したことを定着させてくれる野生の食べ物があります。その食べ物のことを考えて過ごしているだけでその食べ物が教えてくれるような単なる抽象的な教訓ではなく、食べて消化することによって私たちの一部になるという特性があるのです。道具箱の中の道具のように、その時々の必要に応じて、体を癒す食べ物を求めることができるのです。

　また、「聖なる四つの食物群」のいずれにも、魂を高める秘密があります。そこに含まれている水分の一部が私たちを情緒的、スピリチュアル的に健康にしてくれるということがまだ知られていないのと同様です。さらに、食べたものの癒し《ヒーリング》効果を増幅するために使えるテクニックがあります。そのすべてをこれからお伝えしていきます。本章と本書の残りをさらに読み進めて、最後のページをめくって現実世界に戻ったら、次のことを思い出してください。食べ物は人生を楽しくするためにあり、健康的に食べることは何かを諦めることではありません。私たちは、食物繊維や血圧、ナトリウム値に関することしか話題にしないような栄養に関する難しい記事を読むことに慣れすぎています。何を食べるのが正しいかを知り、その食べ物の利点の活かし方を知ると、食べ物はあらゆるレベルで私たちを養ってくれますし、みなさんはそれを受け取るに値するのです。

## 食べ物と感情

食べ物と感情については、両極端な面があります。一方では、マカロニチーズ、フライドチキン、パイアラモードのことをほっとする食べ物だと捉える向きがあります。私たちは日々、毎週、毎月、ストレスを抱えているので、クラブハウスサンドやチーズバーガーやピザは、まさに感情を和らげるにはぴったりな感じです。一部の人には、依存症の要素が絡んでいたり、食べ物を薬のように感じたり、制御できない過食衝動があったりします。また、暴食には陥らなくても、食べ終わったあとの気分があまりよくない人もいます。クッキーの匂いがした途端、子どもの頃、おばあちゃんの家の台所に座っていたときのような安心感や暖かい感じが蘇ったりもします。そして、年老いていく親の健康に関して、必要に迫られた大人な電話のあとは、大食いする必要性を感じます。

もう一方では、「食べ物は燃料」という極端な捉え方をして、食事の時間はあらゆる感情をなくし、栄養分にのみ基づいて、何を食べるかを決めようとします。私たちは自分自身に、食べ物から何の心地よさも必要としないことは一種の悟りであること、自分の感情は感じるためにあり、決して麻痺させるためにあるのではないと言い聞かせます。それは、軽くつまむことを避け、何時間も食べず、味のしない粉末プロテインに頼るよう人々を駆り立てる考え方です。このようにものを見ていると、食が乱れて自分の体を否定的な観点で見るようになり、ストレスを引き起こすまで食を制限し始めます。燃料としての食べ物という捉え方は、周囲の多くの人たちの興味を引きますが、みな恐れをなして退散します。そういう人たちは健康に良い食べ方をしたい（自分は健康的な食べ方をするべきであるとわかっている）のですが、人参スティックだけで生きていくと考えると、人生からあらゆる喜びが奪われてしまうのです。

食べ物と感情に関するこの両極端な面は、バランスがとれている必要があります。本書には、体を癒す食べ物についての秘密の要素が書かれていますが、それを活用している人は誰もいません。知っている人がまだ誰もいないからです。本書こそ、健康に良い食べ方をみなさんに開示するものであり、みなさんが待ち望んできた、心身ともに癒されて満たされる方法をお伝えするものなのです。

## 魂を浄化するコファクター水

プラム（生のスモモ）とプルーン（乾燥したもの）には大きな違いがあります。またレタスをカウンターに置いたままにしないよう注意しておかないと、シワシワになってしまいます。そして、干ばつが作物にとっては最大の脅威のひとつであることは確かです。

それもこれも、農産物は水分量がとても重要だからです。乾燥した食べ物にもそれなりの役割がありますが、新鮮な果物、野菜、ハーブ、野生の食物の中にある水には、信じられないほどの癒《ヒーリング》し効果があります。このことは、科学では発見できていませんが、その植物性食物には実際に、二種類の水が含まれています。それぞれに組成が異なり、収められている情報も異なり、癒《ヒーリング》し効果をみなさんに届けるシステムも別々です。どの水も同じ目的に適うというわけではなく、体に入って同じ所に向かうわけでもありません。

どの「聖なる四つの食物群」にもある一つめの種類の水は、「ハイドロバイオアクティブ水」（生きている水）です。この水には、生命を吹き込む栄養素が含まれていて、私たちの健康を支えてくれます。また、普通の水を飲むよりも細胞に水が取り込まれます。人が本能的に、レモンの搾り汁やキュウリのスライスを水に入れたり、トレーニング後にココナッツウォーターや搾りたての果汁やスムージーに手が伸びたりしてしまうのは、ハイドロバイオアクティブ水だからです。それは、その名が示す通り、この水は体に水を補給して血流を良くし、元気づけてくれるからです。

そして、もう一種類の水はというと、未発見の「コファクター水」です。こちらも生きている水の形をとり、魂《ソウル》と精神《スピリット》の回復を助ける情報を含んでいます。

生の農産物にはハイドロバイオアクティブ水とコファクター水とが併存していますが、繊細な細胞レベルでは離れています。これは、ハチの巣に壁があって細かく仕切られているのとほぼ同じ構造です。クマがやってきて爪を振り降ろすとハチの巣は破れ、ハチミツが流れ出ます。リンゴなどをかじったときも、ミクロのレベルで同じことが起きています。ハイドロバイオアクティブ水とコファクター水とを隔てている細胞壁が破れ、果汁が流れ出るのです。それでも、私たちの体はこの二つを区別し、それぞれ別々に利用しています。

しかし、これはまだ科学では発見されていません。それは、研究室で果物や野菜を調べるときに使っている器具では、人間の歯で噛むのと同じように細胞壁を破壊してしまうからです。極小注射器でも同じことですから、果物と野菜の水分は一つのものとして測定され、食べ物のスピリチュアルな側面が医学の話題として具体的には取り上げられないので、私たちがいつも耳にすることはみな、物質的な栄養のことになります。科学者らが人体の血液とリンパ（つまり別々のものながら連携している）の働きを研究するのと同じように、生きている新鮮な植物性食物の水の研究に着手すれば、本当の意味で研究が前進するでしょう。

ここでわかっていただきたいのは、コファクター水はハイドロバイオアクティブ水と同じく重要であるということであり、その理由は、人をスピリチュアル的かつ情緒的に養ってくれる微量ミネラル、ミネラル塩、酵素、ファイトケミカルが含まれているからです。みなさんの魂を浄化して生き生きとした状態に維持することは、心臓を動かし続けるのと同じくらい大切です。つまりは、「聖なる四つの食物群」に含まれる、生きている水が、私たちをあらゆるレベルで育んでくれることを理解するのが不可欠なのです。

## 人生を豊かにする食の儀式

「聖なる四つの食物群」は、私たちがわかっていてもいなくても、口にすれば助けてくれます。人生のあらゆる側面を豊かにすることも、「聖なる四つの食物群」の目的と使命の一部であり、私たちがそのことに目覚めていてもいなくても、その役割を果たし続けてくれるでしょう。しかし、その食べ物がしてくれることを強化するため、そしてその食べ物の特性を引き出すために、みなさんがとるべき具体的な方法があります。

### 体を癒す食べ物を自分で育てよう

自分が食べるものを育てることは、自分自身に対してすること（物理的にも、スピリチュアル的にも、情緒的にも）の中でも最良のことです。ガーデニング（園芸）は、変化を起こしてくれる一種の瞑想です。私たちが母なる大地に触れ、魂を癒し、魂を浄化する方法です。そしてみなさんは間違いなくすでにご存知ですが、それは素晴らしいエクササイズであり、食べ物が最も新鮮な状態で手に入りますし、食べるものを化学物質とは無縁なものにすることができます。前章でも書きましたが、きわめて重要で崇高な生命に必要な物質を体に取り入れるチャンスでもあります。

その驚くべき利点に加え、ほかでは聞いたことのない秘密があります。それは、自分で食べるものを育てると、その人個人のニーズに合わせて育ってくれるということです。コリアンダーの葉一枚一枚、ラズベリー一粒一粒、キュウリ一本一本にあなたの名前が書き込まれて育つのです。ケールの種を植えると、そのケールは、まさにあなたが誰であるかということと、あなたが必要としているものをあらゆるレベルで知って育ちます。病気を抱えているとすれば、自覚症状に自分では病名がつけられなくても、さらには、病気であることに自分では気づかなくても、ケールが何の病気かを直観で見つけてくれます。植物の世話をする（水やり、施肥、草むしりをする）と、ケールはその人が誰かを理解し、その人が個人的に必要な栄養素を正しくブレンドして育ちます。最終的にその葉を摘んでサラダにすると、育てた人が食べるものとしては、その身体に対するオーダーメイドの栄養をもたらす最も癒《ヒーリング》し効果のあるサラダになります。

魂レベルのニーズについても同じことが言えます。魂が折れてしまったり、大変な時期を過ごしていたり、地球での目的を探求したりしているのであれば、育てている植物たちが気づいてくれます。植物たちは、みなさんが窮地を切り抜けるのを助けたいのです。ですから、成長するなかで、みなさんの感情を癒すのに適した要素やエネルギーを備えていくのです。自分のために育てている食べ物は、とても献身的にあなたを守ってくれるでしょう。

今この瞬間を必死になって楽しもうとしても、良くない時期の記憶が蘇ってリラックスできないことがあります。明確な解決策がないことが多く、ちゃんと話を聞いてくれる人、つまり身の上話に本当に耳を傾けてくれて、正しく答えてくれる人々が見つかるとは限りません。逆に相手を過去のことから立ち直らせることができるとも限りません。私たちに「できる」ことは、土に埋めた小さな種の世話をすることであり、その種は生命力の象徴である植物となり、食べられることによって、私たちが世話をしていることに対して感謝を伝えたいと思っています。

仮に、周囲に無視されている気がしてずっと悩まされているとします。そんなときに本書を読むと、「無視されたと感じるときにはジャガイモが助けてくれる」と書かれているのを目にします。そして春には、地元の市民農園にジャガイモの種芋を植えるのです。何か月も通って、有機肥料を与え、雨が降らなければ水やりをし、作物をダメにする虫がついていないか注意していると、そのジャガイモは、世話をしてくれている人の苦悩を感知します。そんな植物が一番の聞き手であり、親友です。無視されているという感覚の発端となった幼少期の経験と、大人になってから起きた、失望感を強める結果となる出来事の数々を感じ取ります。ついに、スコップを土に突き刺して、埋もれた宝物を掘り出すその日が来て、自宅で新ジャガを蒸して作る食事は、ほかの何にもできないほど、あなたの魂に栄養を与えてくれるでしょう。しかも、腸で早期に除菌しないとクローン病になる可能性もあるわずかな大腸菌への攻撃もしてくれるのです。その後数週間にわたって、そのジャガイモの料理を食べ続けていると、微生物の侵入から体を守り、スピリチュアルな傷も和らげ続けてくれます。それが、私が究極のソウルフードと呼んでいるものです。

## 食べるものは自分で作ろう

気候、時間的・空間的な制約など、諸々の理由により、自分が食べるものを自分で育てられるとは限りませんから、生産者や食料品店から食べ物を購入することになりますが、そんなときでも、最大限の癒し《ヒーリング》効果を得たいと思うものです。問題なのは、あなたの菜園で採れた食べ物はあなた個人に有益なものになるという原理は、そっくりそのまま、自分で育てていない食べ物は、ほかの人のエネルギーを感知しているということにもなるということです。

農場で種や台木を植えた労働者たちから、畑や果樹園の世話をする人たち、収穫する人たち、出荷する人たち、食料品店の青果物部門の社員たち、目の前に陳列されたその食べ物を漁《あさ》った買い物客たちまで、モモ一個にしても、ブロッコリー一株にしても、ローズマリーの若枝にしても、数々の人の手に取られています。その青果物はその人たち全員のニーズを感知することができるので、「その人たちの」癒し《ヒーリング》に対応します。その作用を無効にして、買ったものを自分のものにするには、愛と感謝をもって調理することはもちろんですが、それをはるかに超える方法がいくつかあります。それを習慣にすることによって、本当の意味で口にするものが最も効果的に、身体に対しても魂のレベルでもあなただけの苦悩に対応するものになります。自分が食べる分の青果物に対して次の三つ全部ができれば一番よいのですが、一つだけでも強力な作用が得られるでしょう。

- 一日二、三回、大切な青果物に手をかざします。キッチンカウンターで熟させている果物や、冷蔵庫で寝かせているものは、大切なペットのそばを通るときにするように、近くを通るときに一瞬だけ手で触ります。つながりや交流を持つことになります。
- 大切な人にするように、「私のために育ってくれたのね。一緒になる運命だったたね。少し遅れたけど、ついに一つになるね」などと、青果物に話しかけます。

・果物、野菜、ハーブ、スパイス、野生の食べ物のどれでも、カット（カットしないなら調理したり食べたり）する前に、30秒間手に持って、自分が何者で、何を必要としているかに波長を合わせる機会を与えます。

## 渇望を解釈する

私からみなさんにお伝えしたいと強く願っているのは、渇望というのは、今この瞬間に最も必要な食べ物が何かを伝える自分の身体からのメッセージだということです。ただ残念ながら、いつもそうだとは限らないのです。私たちの心と体は、長年にわたる広告、偽情報、食に関する社会的状況、不健康なスナック（訳注：軽食）や食によって条件づけされてきたので、私たちは自分自身を本当に養う方法との関わりが途切れています。ふつう渇望は、食べて有益なのは何かというよりも、渇望がある時点で感情的に何が起きているかということのほうが関わりが強いのです。ですが、渇望していると、「必要」なものと「欲しい」ものとの区別がつきにくいことがあります。

すでにお伝えした通り、感情に応じて食べることは実際には構いません。しかし、渇望の罠からは逃れなければならないので、まずは、心に本当に役に立つのは何かを頭で考えて学ばなければなりません（本書第2部）。渇望は思うほど直接的ではありません。それ独自の言葉があって、私たちはその言葉の解釈の仕方を学ばなければなりません。

たとえば、仕事で正しく評価されていないと感じているとします。午前中ずっと、自分こそふさわしいと思っているプロジェクトに自分が選ばれるかどうか、連絡を待っていました。午前11時、任命者が列挙されたメールが届き、そこに自分の名前はありません。お昼休みにならないうちから、ベーコンチーズバーガーを食べたくて仕方ありません。「強くなるには鉄分が必要だと自分の身体が言っているに違いないから、買いに行ったほうがいい」と自分に言い聞かせます。

そのような状況で、ベーコンチーズバーガーを食べても何もよくなりません。それどころか、脂肪分が多すぎて午後はずっと動きが鈍くなり、頭の回転も悪くなる可能性があり、午前中に失望した結果、仕事はますます憂うつになります。渇望の下に隠れた真の渇望に目を向けることが重要です。その食事に本当に望んでいるのは何でしょうか。通知簿で良い点数をもらったときに、両親とベーコンチーズバーガーを食べに行くことによって得ていた心地よさと優越感ではないでしょうか。

このような状況で本当に助けてくれる食べ物は、びっくりするかもしれませんし、ばかばかしいと思われるかもしれませんが、ブドウです。信じてください。拒絶に直面して、心の傷を和らげるには、ブドウの粒をいくつかポイポイ口の中に入れるという考えは、あまり重要でないと思われるかもしれないことは、わかっています。それはただ、果物の本当の価値を知るよう条件づけされてこなかったからです。第2部以降は、当たり前のように食べていた食べ物が何度も登場します。ブドウは一例でしかありません。ブドウは実際に、失望に対処するときに情緒面を支えるのにきわめて重要な微量栄養素を含んでいます。ブドウにはこのほか、新しい道を進み、自分自身のためにより良い機会を創造するのを助ける神からの情報も含まれています。

さらに、ブドウに含まれる生物学的に利用可能な果糖やブドウ糖は、脳にとっては素晴らしい存在です。私たちの脳は、天然の糖で成長しますから、ブドウは憂うつにするものではなく元気づけてくれるものとして役に立ちます。それは、ほかの一般的なほっとする食べ物と同じです。先ほどのようなつらい日の昼食に、ベーコンチーズバーガーではなく、ブドウと、イチジクと「山羊チーズ」のサラダ（第2部の「イチジク」のレシピ参照）の方を選べば、対処のための素晴らしい解決力を心身に与えることになります。プロジェクトに選ばれずにトラウマを感じるのではなく、希望の兆しを見つけるという、ずっとましな挑戦をすることになるでしょう。

考えてください。つらい役回りの出来事を経験したとき、本当に得たいのは心地よさでしょうか。むしろ承認や慰め、その状況に優雅に対処し、より良いものに変える手立てではないかと思います。「聖なる四つの食物群」はそれを助けてくれます。人生を変えるそれらの食べ物を食事にもっと取り入れて、情緒面の必要性に対するツールとして使い始めた人たちを、私は幾度となく見てきました。

## 砂糖を渇望する本当の意味

そこで砂糖に戻ります。甘いものがどうしても食べたくなるのは、最もよくある渇望のひとつです。朝一番に、午後の気力低下時に、うろたえるようなニュースを知ったあとに、私たちはよくクリームや砂糖がたっぷり入ったパイやタルト、キャンディー、ピザに手を伸ばします。こんなとき、その渇望は生物学的に特定のこと、つまり、脳が砂糖を欲しがっているということを知らせてくれているのです。砂糖を欲するのは悪いことのように思えるかもしれませんが、それは私たちが、砂糖は悪いものだと考えるように訓練されてきたからです。砂糖は悪いものではありません。お伝えしたように、健全な植物性食物から得られる自然で混ぜ物のない糖は、脳の機能にとても重要です。ストレスやトラウマを経験したときに、ブドウ糖が脳というエンジンを冷却して脳組織が傷跡を残さないようにするからです。砂糖を切望するのは、負担が大きくて助けてほしいと脳が伝えているのです。

私たちはただ、砂糖を渇望して手を伸ばした先にある物が、（小麦粉を使ったパンやパイやタルト、キャンディー、ピザではなく）健全な植物性食物から得られる自然で純粋な糖であることを確認しさえすればよいのです。もちろん、ピザが糖質の多い食べ物だと思えないのはわかります。しかし、ショ糖または高果糖のサトウキビシロップで甘み付けすることが多い乳製品とトマトソース、さらに生地に用いられる精白小麦粉を総合すると、ピザの糖質含有量は半端ではありません。乳製品の渇望は通常、乳製品には乳糖がとてもたくさん含まれていますから、砂糖の渇望なのです。問題なのは、乳製品には隠れ脂質がたくさん含まれていることが多く、脂質と糖の組み合わせが、インスリンを調節する体のメカニズムに対してダブルパンチになることです。砂糖をちょっと一口欲しいと感じたときには、デーツ、イチジク、メロン、ブドウ、柑橘類、生ハチミツなどの本当の脳に良い食べ物、さらにはココナッツウォーターを使ったスムージーが、真に身体が求めているものを与えてくれるでしょう。

## カフェインが必要だと思うとき

先ほどの脳に良い食べ物は、カフェインに代わる素晴らしい食べ物でもあります。カフェイン依存を減らそうとしているのであれば、カフェイン不使用のソフトドリンクがエナジードリンクやカフェイン入りソーダの代わりになります。もちろん、それは大きな一歩ですが、昔好きだった甘くて冷たい缶や瓶の飲料を飲むという行動に置き換わっているだけで、気力に関して言えば役に立ちません。気力を奮い立たせたくてそのような飲料に頼っていたのであれば、渇望しているものは搾りたてのフルーツジュースが与えてくれるでしょう。繰り返しになりますが、生物学的に利用可能なブドウ糖（と、その他の素晴らしい栄養素）が、脳を目覚めさせるのには重要なのです。血糖値が乱高下しやすい人であれば、果物と合わせてセロリのスティック、キュウリのスライス、葉物野菜を食べる（か、単にグリーンスムージーにする）と、血糖値の変動を回避するのに役立つでしょう。

## デトックス中の渇望

食事にさらに農産物を追加する場合、何らかのデトックスになっていることが多いのですが、そうなることこそみなさんに必要です。体から有毒重金属、病原体、ウイルスの副産物、放射線、蓄積した化学物質、不健康な食べ物によるダメージを除去することは、まさに健康への道です。果物と野菜を多くすると、体にはあまり良くない食べ物が減るということにもなるでしょう。しかし、なんとなく懐かしさのある不健康な食べ物を選ばないようにしていると、かなり強い喪失感に急に襲われる可能性があります。

デトックス中であれば、ベイクト・ズィーティ（訳注：パスタ料理の一種）やＢＬＴ（訳注：ベーコン・レタス・トマト）サンドのほか、ほっとできる食べ物に対する渇望が、降って湧いたように脳裏に浮かびます。何の脈絡もなく強烈な渇望なので、「今回だけは例外」と、街中の屋台で自分を呼んでいる揚げクッキーを食べても、たいしたことはないように感じられます。こんなときこそ、踏みとどまるべきです。一呼吸おいて、こんな場合のためにポケットに忍ばせておいた甘くネバネバしたデーツが入った袋に手を伸ばしてください。長い目で見れば報われるでしょう。

デトックス中に、体に良くないとわかっている食べ物をピンポイントで渇望するのは、道徳観が試されているからではなく、細胞がまさにその食べ物からの古い毒素を放出しているからです。毒素が放出されると、かつてそれを食べていたときに、食べることによって押し込めていた感情とともに、意識の中でシャボン玉が破裂するように感じられます（たとえば揚げクッキーには、高校生の頃、友だちにいじめられたときに慰められたかもしれません）。しかも、環境毒素や病原性毒素など、何に対しても、体が処理してその場で追い出そうとしていたのに、不毛な食べ物が優先的に処理されるためにそれができず、毒素が臓器の奥深くに埋もれたままになっているのです。

デトックス中の強烈な渇望は、体が最終的に古いベトベトしたものを完全に取り除くチャンスであることを意味していますから、その過程を妨害することは、一番やってはいけないことになります。デトックス中の渇望という波を上手く乗り越えるための方法を見つけられれば、あとになって、自分が新しく生まれ変わったことに気づくでしょう。その一方で、渇望は身体が本当に求めているということだと判断して食べることによって、そのチャンスを途中で断ち切ってしまうと、癒《ヒーリング》しや悟りからも自分を断ち切ることになります。私が本当に伝えたいのは悟りについてです。あなたという存在の情緒的、スピリチュアル的、物質的な側面は無限につながっています。「聖なる四つの食物群」なしに心が健康な状態を維持することはできません。

## 渇望との共存

渇望に対処するには、先に食事の計画を立て、健康に良いスナック（訳注：軽食）をできるだけたくさん手元に置いておくことです。衝動が起きてくるたびに、その解説者になってください。その衝動が本当に伝えたいことは何なのか。情緒的、スピリチュアル的に不足しているものがあって、それを特定できるのであれば、第2部「聖なる四つの食物群」各章のページをめくってください。その状況に役立つ食べ物が掲載されています。脳が燃料を求めて叫んでいるのであれば、アボカドクリームや甘く熟した果物にかぶりつきましょう。過去の経験に由来する食べ物を食べたくて仕方ないのであれば、それを乗り越えようとすることに努めつつ、代わりに、本書に掲載されているレシピのようにおいしくて健康に良いものを自分自身に与えてください。

勇気を出してください。健康に良い食事に切り替えれば、渇望も時間とともに変化します。体が毒素を十分に処理し、脳のグルコース予備量も元通りになり、「聖なる四つの食物群」の情緒的、スピリチュアル的な教えを経験する頃になれば、一番深いところの欲求につながっていることに気づくでしょう。消え去ってしまう渇望もあれば、遠ざかって何とかしやすく感じられるものもありますが、あなたの身体、魂、精神《スピリット》にふさわしいものを伝える本当のメッセージもあります。

## 立ち上がりましょう

灰になった場所を通り過ぎることになったとしたら、どう思うでしょうか。目に入ってくる唯一のものといえば黒くなった木の切り株くらいです。私なら、荒廃したところに出くわした、農家さんが育てた今年の作物がなんと不幸にも台無しになってしまったのだ、と思うでしょう。でも、ワイルドブルーベリーの畑だったのなら、まったく正反対です。野生の低木のブルーベリーが自然のままで成長する場所では、植物を管理するために畑全体を野焼きするのが普通なのです。ワイルドブルーベリーが焼けても生き残るだけでなく、力強く成長することを最初に発見したのは、ネイティブアメリカン（訳注：アメリカ先住民）でした。畑を焼き払った翌年、植物は以前にも増して健康になって再び生えてくるのです。

ですから、私たちにはワイルドブルーベリーのような「聖なる四つの食物群」が生きていくうえで必要なのです。魂がこの世界から試され、人生のどこかですべてが失われたかのように感じたことはないでしょうか。健康上のことだけでなく、逆境から立ち直るのに直観が必要だったことはないでしょうか。私たちは「加速の時代」の中を進んでいますから、ワイルドブルーベリーの復活の物語をきちんと把握しておかなければならないのです。今は、私たちという種にとって、そしてこの惑星の歴史上、きわめて重要な時代です。「聖なる四つの食物群」によって自分の身体と魂を養うために今日している選択は、今後のどの時代にも影響を及ぼすでしょう。体調がすぐれなくても、気持ちが押し潰されていても、危機に瀕していても、みなさんは孤独ではありません。すべてをひっくり返すのに、遅すぎるということはないのです。

# 第2部　「聖なる四つの食物群」

果物

野菜

ハーブとスパイス

野生の食べ物

# 序論
# 人生を変える食べ物

ここから紹介する食べ物からの恩恵を受けるには、何を常食としているかも、常食としているものがあるかどうかも関係ありません。私たちはみなそれぞれに異なっていますから、同じ食べ物の組み合わせでも、私たち一人ひとりにどう効くかは異なることになります。最終的には、みなさん個々人のニーズによります。帯状疱疹で悩んでいるのであれば、本当に良いのはジャガイモです。甲状腺を何とか元気づける方法を探しているのであれば、カリフラワーとその従兄弟のようなアブラナ科の植物の項目を読めば興味が湧くかもしれません。

果物を食べない食事法を取り入れていて、しかもカルシウム不足の人が、「オレンジには最も生物学的に利用可能な形のミネラルがいかにたくさん詰まっているか」について本書で読んだら、どうなるでしょうか。やはりみなさん個々人のニーズの問題ではありますが、オレンジを避けるよりも食べるほうがずっと体調が良くなります。そして、不眠を改善したいと思っているときに、(最高の睡眠補助食である) マンゴーやバナナを避けることとしている食事法があるからという理由だけで、マンゴーやバナナを食べないでいると、その効果を得るチャンスを逃すことになります。あなたは、どのような健康問題を抱えているでしょうか。あるいは、予防したいと思っているでしょうか。症状や病気は、身体からのお知らせであり、何が必要かを教えてくれているのです。身体が必要なものを教えてくれることによって、その人に最良の食べ物が決まります。特定の食べ物に関する信念体系が「奥の手」になることは決してありません。自分の身体に必要なものよりも食の信念体系を押し通すことはできないのです。

食べ物からの恩恵を受ける手段のひとつは、その食べ物を定期的にたくさん食べることです。わずかな量でも役には立つので、補助的に利用することにしても、もちろん構いません。早く結果を出したいなら、第3部の「人生を困難にする食べ物」の章に記載している食品を回避しつつ、丸一日、「人生を変える食べ物」だけで調理した食事をしてみてください。あるいは、1週間または1か月間まるごと、「人生を変える食べ物」だけの食事にしてみてください。私の最初の本『メディカル・ミディアム——医療霊媒』の「28日間デトックスプログラム」に関する情報が裏付けになってくれています。このプログラムをやってみた人たちが、驚きの結果を報告してくれています。

その食べ物がどんなことをしてくれるかを知るだけで、状況が一変します。果物が癌と闘い、野菜が酸を排出し、ハーブとスパイスが免疫系を構築し、野生の食べ物がストレスへの適応を助けてくれることを理解すれば、その食べ物を求めることが面倒な作業ではなくチャンスになります。

本書に掲載したもの以外に、人生を変える食べ物はもっとたくさんあります。カボチャ、ミント、トマト、ナッツ類、種子類など、大好きなのに本書に書かれていないものが無数にあって、がっかりする人もいることはわかっています。50種類（ひとまとめにしているものもあるため、実際には50以上）の人生を変える食べ物は始まりにすぎませんから安心してください。

ですから、これから学ぶ人生を変える食べ物一つひとつの恩恵は、「見どころ」でしかないことに留意してください。必然的に、細部に至るまで網羅することはできません。全貌を知っていただくには、一つの食べ物につき一冊分ぐらいになるからです。ですから、それぞれの健康効果について、一般的には未知のことや十分に理解されていないことを中心に書きました。

たとえば食べ物の色は、最近になって食に関する話題として人気になりました。色が重要なのは本当です。ワイルドブルーベリーの濃い青紫色の外皮には、抗酸化物質が高濃度で含まれていて、その抗酸化パワーを与えているファイトケミカルの色素は脳の健康にとって重要です。しかし、色だけで、果物、野菜、ハーブとスパイス、野生の食べ物を効果的にする食卓全体の特徴が決まるものではありません。心身の状態や症状によっては、色が重要なものもあれば、栄養素が重要なものもあります。私たちはすぐ「白い」食べ物は悪いと考えます。漂白して加工された小麦粉は健康を増進するものではないと習ったからです。しかし、人生を変える食べ物については、「白い」を「栄養がない」と解釈しないよう慎重を期さなければなりません。リンゴ、バナナ、ゴボウ、タマネギ、ジャガイモ、ラディッシュ、カリフラワーなどは、外側は色がついていてもカットすると内側は白いからです。そのような食べ物の一つひとつは、色がついていない部分があっても、隠れた癒し《ヒーリング》の力ではち切れんばかりです。ですから、該当する色については本書で詳しく説明しますが、本書は色のすべてを紹介する本ではありませんから、多くは割愛します。

## 心身の状態や症状に対するレッテル

この第2部は、前から順に読み進めるなり、ページを飛ばして予防したり緩和したりしたい特定の病態や症状を見つけて、そこに書かれている食べ物を見つけて読むなり、お好きなように使ってください。食べ物別の健康状態や症状の一覧は、それがすべてではないことに注意してください。それぞれの健康効果のように、とくに注目に値するものにスポットライトを当てています。

**健康状態の名前に関するメモ**：私の最初の本『メディカル・ミディアム――医療霊媒』を読まれているか、または、ライブイベントに参加してくださったり、ラジオ番組を定期的に聞いてくださったりしていれば、私が「ミステリー病」（不可解な病）と呼んでいるものに対する特定のレッテルが誤解を招く恐れがあることに、私が気づいていることをご存知でしょう。「ミステリー病」は医学的にはまだ理解されてはいない病気ですが、「ミステリー病」と言われたほうがわかりやすいと思われる方もいると思います。しかし、本書で私を初めて知った方のほうが多いかもしれません。あなたがそのお一人なら、「こちらの症状が全部そろっているとライム病と誤診されます」とか、「カンジダ菌の値が高くてもそれ自体は何の意味も成さないので、根本原因をまず明らかにしなければなりません」とかいう文言を目にしても、意味がわからず、「ライム」とか「カンジダ菌」だけが目に留まることでしょう。このような例はほかにもたくさんあります。それを目にしたら、特に私の著作をすでにご存じの場合は、私は間違ったレッテルについて立場を変えてはいないと理解してください。私は単に、人々が病気についてその主流の名前で憶えていることに敬意を表しているので、よく知られている言葉を使うことにしただけです。

**もうひとつのメモ：**複数の名前で通用している病気もあります。たとえば、本書のいたるところに出てくる慢性疲労症候群を表すＣＦＳは表記を短くするためですが、もちろん、みなさんが最もよく使っていると思われる用語、「筋痛性脳脊髄炎／慢性疲労症候群」（ＭＥ／ＣＦＳ）、「慢性疲労免疫機能不全症候群」（ＣＦＩＤＳ）または「全身性労作不耐症」（ＳＥＩＤ）にも敬意を表しています。複数の名前で知られている病状はどれも同じです。

## 炎症と自己免疫の混同

自己免疫疾患とは体が自らを攻撃している状態であるという間違った考えが広まっています。「自己免疫」という言葉自体が誤りなのです。この言葉は、あなたの免疫系があなた、つまり自分自身を追いかけると言っているのです。つまり「自己免疫」は、あなたとあなたの体を非難するタグにすぎません。「自己免疫」は誤用であり、永久に誤解が解けなくなってしまうことになります。体が自分自身を攻撃することなど決してありません。体は病原体を攻撃するものです。もっとふさわしい言葉があるとすれば、「ウイルス免疫」とか「病原体免疫」でしょう。それは、免疫系が、ＥＢウイルス、帯状疱疹ウイルス、サイトメガロウイルス（ＣＭＶ）、ＨＨＶ-６、その他のヘルペスウイルス、または特定の細菌といった侵入者を追跡しているからです。

この先を読み進めるにあたっては、このことを念頭に置いてください。病気に対するほかの愚かしいレッテルと同じく、本書では自己免疫疾患という言い方をしたり、「自己免疫」という言葉や、関節リウマチ（ＲＡ）、慢性甲状腺炎、狼瘡《ろうそう》など、医学界では自己免疫疾患であるとみなされているさまざまな病気の一般的な病名を使って疾患を表現したりすることもあります。しかし、そういった病名には、もっと深いストーリーがあることを知ってください。

「炎症」も、真実を理解することなくやたらと使われている言葉です。医学界では、癌から肥満や心疾患まで、あらゆるものの原因であると考えられ、包括的な言葉になっているため、もはや疑問にも思いませんが、私たちは疑問を呈することが必要です。炎症が実際にはないからではなく、その痛みと腫れを何とかしないといけない人なら誰でも証言するように、炎症は現実です。私たちが調べる必要があるのは、その炎症がなぜ起こるかです。炎症自体が何かを「引き起こす」ということはありません。炎症が損傷のせいではないとき、原因は病原体という侵入者にあります。炎症を特徴とする自己免疫疾患の場合、すでに書いたように、侵入者とはウイルスです。たとえば大腸炎は、大腸の内膜の奥深くに潜伏している帯状疱疹ウイルスに免疫系が反応し、侵入者であるウイルスを払いのけようとしているのです。また、慢性甲状腺炎は、私の最初の本『メディカル・ミディアム——医療霊媒』で明らかにしたように、EBウイルスが甲状腺組織に侵入した結果、炎症が起こり、ウイルスから甲状腺を守るために体が働いているサインなのです。一部の情報源によれば、自己免疫反応は、引き金となるもの（ウイルスやグルテンなど）から体が自分自身を防御しているときに、そのプロセスが混乱し、異物の存在と自らの組織との区別がつかなくなって起こるものだということになっています。引き金はそこではありません。これを解き明かしてみましょう。自己免疫疾患は、その人の体内にすでに存在しているウイルスに対する直接的な「エサ」が引き金を引くのです。体が混乱しているのでも、自分自身を破壊し始めたのでもありません。いかなる抗体の活動も、病原体を活発に攻撃しているのであって、あなたの体そのものを攻撃しているのではありません。そこが区別すべき重要なところです。

穀物など、炎症を起こすとされる食べ物が全責任を負わされていることに注意してください。特に、代替療法界では、穀物は炎症の直接原因に分類されているほか、自己免疫疾患自体を生み出すとまで言われています。穀物が問題である理由を説明するために、多数の情報源が「マイコトキシン」（穀類作物が感染する真菌によって産生される毒性物質）という専門用語らしきものを使っています。そうなると、穀物を食べて気分が良くなる人が多いことが問題になります。穀物と加工食品を食べて生きている90歳の人たちが、一度も健康に問題を来したことがないことについて、どう説明すればよいのでしょうか。

実際に何が起きているかというと、自己免疫疾患の人々は、ウイルスなどの病原体を体内に抱えているのであり、その病原体が穀物とマイコトキシンを食べて、さらに強力な神経毒素を生み出して、その毒素が炎症を引き起こしているのです。つまり、病原体が一切ない人は、穀物には反応しません。穀物（エサ）の奪い合いをする病原体がいないからです。ただし、慢性甲状腺炎、シェーグレン症候群、強皮症、多発性硬化症（ＭＳ）、線維筋痛症、狼瘡《ろうそう》、または関節リウマチ（ＲＡ）の人たちは、パンやベーグルを食べると、頭がボーッとしたり疲れを感じたりします。食べ物そのものが炎症を引き起こすのではなく、食べ物は引き金にすぎません。だからといって、小麦などの穀物が、誰の健康にとっても理想的な食べ物であると言っているのではありません（小麦粉が問題である理由については、第3部「人生を困難にする食べ物」の章でさらに詳しく説明します）。それでも、小麦粉に対して反応が起きるときに体内で何が起きているかを理解することは重要です。

ほかにも、ウイルスをはじめとする病原体を元気にしたり、人間の免疫系を弱らせたりする引き金があり、そこに不活発なウイルスが便乗してくることもあります。その引き金には、放射線をはじめ、DDTなどの殺虫剤、除草剤、気化した塗料、カビといったものへの曝露のほか、栄養不足、薬物乱用、虫刺され、体の負傷、有毒重金属への曝露、心的外傷があります。

健康増進のためには、病原体を元気にする食べ物を避けたり、ほかの引き金を回避したりするだけでよいのではありません。ウイルスや細菌のほか、その病原体を元気にする毒素を特に標的にして浄化する食べ物を取り入れることも重要です。自己免疫疾患や、何らかの炎症に悩まされているのであれば、あなたが抱えている特定の病気の名前が出てきたり、炎症反応を抑えると書かれていたりする食べ物を取り入れるところで終わりにしないでください。抗ウイルス作用や抗菌作用があるものとして挙げられている食べ物を取り入れれば、治癒の助けになるでしょう。根本的な問題に対処することは、炎症を緩和して自己免疫疾患を治すことになるからです。

## 果物恐怖症

果物を恐れるせいで、自分の健康を守れていない人があまりにも多くなっています。それはほぼ、果物に含まれる糖は、精製された砂糖や果糖たっぷりのコーンシロップと同じであるという間違った考えに由来しています。そんなことは断じてありません。果物や生のハチミツに含まれる天然の果糖やブドウ糖は、加工糖とは大きく異なります。「聖なる四つの食物群」に含まれる天然の糖は、健康維持に不可欠なレスベラトロールをはじめとするポリフェノールを含む抗酸化物質に結合します。一般的な通念とは反対に、果物はカンジダをはじめとする真菌、癌、ウイルス、細菌など、体に対して良い結果を生まないものの「エサ」になることはありません。果物はそのいずれとも「闘う」存在です。果物は消化が良く、果糖は食べてから数分後には胃から血流に入ります。つまり、腸に至ることすらないのです。

病気の「エサ」になるのは食事に含まれる多すぎる脂肪です。流行りものには流されてしまいかねませんが、脂肪を摂りすぎると肝臓と膵臓に負担がかかり、解毒作用が鈍くなり、糖尿病や脂肪肝の一因となり、浮腫や体重増加を促し、有毒重金属の酸化を早め、消化を遅らせ、病原体に「エサ」を与えることになります。脂肪は必要ないと言っているのではありません。摂る必要がありますし、本書に記載している人生を変える食べ物のうちの二つ（ココナッツとアボカド）には、特に価値の高い脂質が含まれています。ただ、脂肪が多すぎること、特に揚げ物の油のような質の悪い脂肪は体に良くないということなのです。

病気が本当に心配で、最高に健康だと感じたいのであれば、食事の脂肪を少し抑えて、人生を変える食べ物、特に果物と葉物野菜をたくさん食べてください。そして、それでもまだ果物を食べることについて疑問が残るのであれば、私の最初の本『メディカル・ミディアム――医療霊媒』の「果物恐怖症」の章をご覧になってください。

## 野生の恵み

本書に記載している食べ物はいずれも、体、情緒、スピリチュアルの各レベルで、みなさんを養ってくれます。最初の三つのグループ（つまり果物、野菜、ハーブとスパイス）が中心となります。この三つの柱が私たちを支え、元気づけ、癒し、教え、病気と闘い、私たちを生かし続けてくれるのです。

残りの一つである野生の食べ物は、前の三つのグループの働きのすべてをレベルアップしてくれます。本書に記載している野生の食べ物（アロエベラ、大西洋産海藻、ワイルドブルーベリーなど）は、極限状態を生き抜いてきました。プレッシャーを受けても旺盛に成長することに長けていて、私たちの元にたどり着いたら、その「専門的知識」を私たちに手渡してくれます。野生の食べ物は、過度のアドレナリンや、価値のない食べ物の影響のほか、特に「容赦なき四つの悪」によって引き起こされるダメージから見事に回復させてくれます。野生の食べ物というグループは空白を埋める存在であり、聖杯であり、再出発のためのカギとなります。強力なアンチエイジング食品であり、適応力促進物質《アダプトゲン》（つまり人生が私たちに投げかけてくるものに私たちの身体が適応するのを助ける）が詰まっています。野生の食べ物は、ビタミンやミネラルが自然のままのレベルに保たれているだけでなく、細胞の中にきわめて重要な生存情報が保存されています。私たちがそれを消化すると、その食べ物が野生だったときに強く生きることができたその叡智が、私たちの一部になるのです。

野生の食べ物というとなじみがない感じがするかもしれませんが、無関心はやめてください。ほかの人生を変える食べ物が効果を発揮するには、野生の食べ物を摂る必要があります。心配はいりません。野生のまま食べるために、手つかずの自然の中で探し回って時間を使い果たす必要はありません。野生の食べ物（または野生の状態にきわめて近く、効果が同じ食べ物）の多くは、実際に、地元の市場でみなさんを待っています。詳しくはあとで触れます。

## 最終メモ

本書に記載の50種類を超える食べ物について読めば、「奇跡」という言葉が何度も出てくることがわかるでしょう。それは、軽々しく使っているわけではありません。この言葉は、本書のどの食べ物にも当てはまるものであり、それは決して誇張ではありません。今、食べ物に備わっている利点について、科学的な理解による情報はわずかしかないのに対して、まだ得られていない知識は膨大な量に上ります。しかも、その食べ物に実際に含まれている数千ものファイトケミカルをはじめとする栄養素や、病気に対処できるように備わっている隠れたパワーが、いつの日か科学によって発見されたとしても、その食べ物がどうやって私たちをあらゆるレベルで癒してくれるのかという、さらに大きな謎に科学の手が届くことはないでしょう。なぜなら、食べ物一つひとつに、神や宇宙にのみ由来する奇跡をもたらす側面があるからです。数十年間にわたって、「聖なる四つの食物群」について、聖霊《スピリット》の癒し《ヒーリング》に関する叡智をお伝えしてきたなかで、私は食べ物の驚くべき特性が数多くの人々の人生を変化させるのを見てきました。だからこそ「人生を変える食べ物」と呼んでいるのです。それらの食べ物を生活の中に安定的にたっぷりと取り入れると誓うのであれば、みなさんにも奇跡が起こるでしょう。

# 第1章　果　物　Fruits

# リンゴ
## *Apples*

リンゴの力を決して甘くみないでください。リンゴには抗炎症作用がありますから、どんな病気になっても、まずリンゴを食べるべきです。脳炎（脳の炎症）、ＩＢＳ（腸の炎症）、神経炎などになる可能性のあるウイルス感染に対しては、リンゴの栄養がきわめて重要な役割を果たしますが、それはほんの一部にすぎず、リンゴは炎症を生み出すさまざまなウイルスや細菌の量を抑えて、体を落ち着かせるのです。

リンゴが正真正銘の脳に良い食べ物であるとされるのは、リンゴに含まれるファイトケミカルのおかげであり、ファイトケミカルがニューロンの栄養となって電気的な活動量を増やします。リンゴの赤い皮にはアントシアニンのほか、ごく微量ですがマルビジン（アントシアニンの一種）が含まれていて、それが赤い色として現れていたりもします。両色素とも抗肥満特性があり、消化を促進して体重減少を促す化合物です。リンゴには、ほかにもフラボノイド、ルテイン、そしてケルセチン（いずれも重金属や放射線をデトックスする役割を担ってくれるファイトケミカル）のほか、脳からグルタミン酸ナトリウム（ＭＳＧ）を排出するのに役立ってくれるグルタミンやセリンが含まれています。リンゴは、臓器から不純物を取り除いてきれいにしたり、リンパの循環を良くしたり、皮膚を修復したり、血糖値を調節したりしてくれます。

リンゴは究極的な大腸の清掃係でもあります。リンゴのペクチンが腸の中を通りながら、細菌、ウイルス、酵母菌、カビ菌といった微生物を集めて体から排出してくれます。また、腐敗したタンパク質やカスが腸のポケットのようなところに詰まって隠れていて、大腸菌やディフィシル菌などの有害な細菌コロニーの「エサ」になっているのを集めて排出してくれます。これが、リンゴがすぐれた抗増殖性を示して小腸内細菌異常増殖（ＳＩＢＯ《シーボ》）をはじめとする消化器疾患を治癒させるとされている所以です。リンゴはほかにも、深い細胞のレベルまで水を届けます。また、マンガンやモリブデンといった貴重な微量ミネラルのほか、電解質やきわめて重要なミネラル塩（ミネラルを含む自然な状態の塩）をもたらしてくれて、運動をしたあとや、さまざまなストレスを受けたあとの水分補給の助けにもなります。

## 病態

次のいずれかに該当すれば、生活にリンゴを取り入れてみてください。

偏頭痛、脳炎、一過性虚血性発作（ＴＩＡ）、耳鳴り、甲状腺疾患、肝疾患、腎疾患、尿路感染症（ＵＴＩ）、副腎疲労、小腸内細菌異常増殖（ＳＩＢＯ）、関節症、骨髄炎、痙攣《けいれん》性疾患、多発性硬化症

（ＭＳ）、筋萎縮性側索硬化症（ＡＬＳ）、ライム病、糖尿病、低血糖、糖尿病性ニューロパチー、肥満、にきび、帯状疱疹、カビへの曝露、ウイルス感染、不安症、心的外傷後ストレス障害（ＰＴＳＤ）、アルツハイマー病、強迫性障害（ＯＣＤ）、注意欠如・多動症（ＡＤＨＤ）、自閉症。

## 症状

次のいずれかに該当すれば、生活にリンゴを取り入れてみてください。

フケ、かすみ目、耳痛、リンリン・ブンブンという耳鳴り、めまい発作、回転性めまい、部屋がぐるぐる回る感覚、平衡感覚・水平感覚の異常、動悸、胃酸逆流、血糖値の低下など血糖値の不均衡、体の痛み、背部痛、肋骨痛、疼痛性肩拘縮《とうつうせいかたこうしゅく》（五十肩）、体のこり、倦怠感、体重増加、腹部膨満《ぼうまん》、ガス、便秘、ミネラル不足、体臭、更年期症状、月経前症候群（ＰＭＳ）の諸症状、神経質、不安感、ブレインフォグ（訳注：頭に靄《もや》がかかった状態）、錯乱（思考がまとまらない）。

## 情緒面のサポート

リンゴは古くからある食べ物であり、私たちを根源に立ち戻らせてくれます。私たちを元気づけてくれた最初の食べ物のひとつであり、神聖な場所にいる感覚にもしてくれます。つまり、抑うつ感、疎外感、病弱感、無力感、無用感、無価値感が生じたときに理想的な食べ物です。認められていないと感じる場合には、リンゴを食べると進路を変えるのを助けてもらえます。

リンゴはあなたの一部をオープンにし、自分の内側と周囲のエネルギーを変えて、幸せなことや希望を引き寄せてくれます。また、活力を取り戻して気分を上げ、あなたの霊的な部分を軽やかにして、元気にしてくれます。これは、数千年間にわたって、私たちが冬場をしのげるよう希望の光であるリンゴを守ってきた結果、リンゴが私たちに素晴らしい人生を送れるようにしてくれているからです。そのことが私たちの身体に染み込んでいて、外の世界が寒々としていても、リンゴ一個で私たちは、生命を取り戻し、生まれ変わり、日光を取り戻し、夏を取り戻すのです。

## スピリチュアルな教え

リンゴは私たちに、他人からの無感覚なよそよそしさにひどく怒らないよう教えてくれます。秋の温度でダメージを受ける作物とは異なり、リンゴは、霜に強い皮で守られているので、気温が下がる時期に成長し続けて成熟する品種が多いのです。友人や恋人、仲間から「寒冷前線」がやってきたら、リンゴの声に耳を傾けて、状況が改善するまで自分の周りに保護シールドを張ってください。

## ヒント

- 赤い皮のリンゴは色の濃いものがベスト。
- 1日3個食べてみてください。この習慣を守れば、予想もしなかった形で健康状態が改善するでしょう。
- 少なくとも1年間、自分で収穫させてもらえる有機農園に行ってください。最初の本『メディカル・ミディアム――医療霊媒』で詳しく述べた通り、新鮮で、洗浄しておらず、農薬もワックスも使っていない農産物の皮には、腸管と免疫系の健康にきわめて重要な微生物が多量に存在しています。果物をもぐという行為は、既存のものとしては最も強力なグラウンディング瞑想（訳注：地球とのつながりを意識する瞑想）のひとつでもあります。

## リンゴのカラメルディップ添え（1～2人分）

学校から帰ってきた子どもたちに食べさせるスナックとしては完璧です。くし切りにしたサクサクのリンゴに甘くてネバネバしたカラメルディップソースを添えて。気づいたらなくなっているくらいおいしいので、2倍量で作ってもよいでしょう。

**リンゴ**　大1個
**デーツ**　6個、種を取り除いておく。
**シナモン**　小さじ1／4

リンゴは薄めのくし切りにして皿に並べます。デーツとシナモンに少量の水を加えてよく混ぜ、なじませます（水を使わない場合、固いデーツはあらかじめ水に2時間浸けて柔らかくします）。ソースをカップに移し、リンゴの皿に添えます。

# アプリコット

*Apricots*

アプリコットは、システインやグルタミンなどのアミノ酸のほか、セレンやマグネシウムなどのミネラルが、生理活性（訳注：生体の生理機能に作用する性質）の最も高い形で含まれていて、驚くべき若返り効果がある食べ物です。アプリコットにはこのほか、40種類を超える微量ミネラルが含まれていて、その一部が「補因子」（訳注：酵素の働きを助けるタンパク質以外の物質）の微量ミネラルとしてお互いに結合し合い、科学ではまだ発見されていない生理活性のある天然合金（訳注：純金属に１種類以上の他元素を混ぜた金属）を生み出します。また、ファイトケミカルもあり、体内の深部にあるＤＤＴなどの化学分子に付着して結合し、数々の癌のリスクを抑えます。

アプリコットはビタミン$B_{12}$強化食です。これは、消化管の中で健全なビタミン$B_{12}$の産生を妨げる要素を取り除いてくれるという意味です。アプリコットを食べると、皮の部分がカビ、酵母菌、カンジダなどの体内の有害な真菌を集めて破壊するほか、皮には酵素と補酵素（訳注：酵素が作用するのに必要な物質）が多く、ＤＮＡを保護してくれます。アプリコットの果肉は、腸管がアンモニアを産生するのを妨げます。アンモニアは、腸管壁から染み出て、ブレインフォグ（訳注：頭に靄《もや》がかかった状態）から歯科の領域まで、体のいたるところで問題を起こす有害なガスです（この状態をアンモニア透過症といいますが、科学ではまだ知られていません。『メディカル・ミディアム――医療霊媒』に詳しく書いています）。

アプリコットは、体を温める食べ物であり、赤血球の増殖を高め、心臓を強くし、脳に栄養を与える気力安定剤としての役割もあります。むやみに頑張って余力がないと思ったら、アプリコットに目を向けてください。元気を取り戻す食べ物として際立っています。

## 病態

次のいずれかに該当すれば、生活にアプリコットを取り入れてみてください。

癌、喘息、にきび、胆石、胆嚢疾患、セリアック病（小児脂肪便症）、憩室炎、関節症、滑液包炎、線維筋痛症、慢性疲労症候群（ＣＦＳ）、体位性頻脈《ひんみゃく》症候群（ＰＯＴＳ）、レイノー症候群、糖尿病、低血糖、高血糖、高血圧症、貧血、アンモニア透過症、食物アレルギー、カビへの曝露、酵母菌感染症、カンジダの異常増殖、ライム病、寄生虫、うつ病。

## 症状

次のいずれかに該当すれば、生活にアプリコットを取り入れてみてください。

頭痛、立ちくらみ、鼻詰まり、歯肉痛、抑えられない咽の渇き、息切れ、慢性の吐き気、腹部膨満《ぼうまん》、結腸の痙攣《けいれん》、鼓腸《こちょう》、温度過敏、倦怠感、体の痛み、発汗異常（無汗または多汗）、皮膚の痒《かゆ》み、渇望、体重増加、ブレインフォグ（訳注：頭に靄《もや》がかかった状態）、気力の喪失。

## 情緒面のサポート

アプリコットは、ハートに命を吹き込むのを助けてくれます。私たちの心を開き、心やさしくしてくれて、疑り深い人の緊張感や不安感を和らげてくれます。脅威を感じたときに心を落ち着かせてくれたり、自己防衛しすぎるのを調節してくれたりします。また、私たちが、いつ守備体勢に入るべきか、いつ防御の手を緩めるべきかを知っているので、自分の直観に耳を傾けるように促してくれたりします。アプリコットなら、どんなシチュエーションでも、ひどくがっかりしたときに大いに慰めてくれます。

## スピリチュアルな教え

アプリコットは今世紀に入ると、もっと輝いていて、もっと派手で、もっとおいしい食品によって影が薄くなってしまい、ありがたみがなくなりました。アプリコットの（数々の食べ物を凌駕する）健康効果を理解すれば、今まで当たり前だと思っていた仕事の機会、友人、家族に対して目と心が開かれます。

ヒント

•アプリコットはエネルギーを切り替える力、変化を起こす力が強く、その恩恵を受けるには１個食べるだけで構いません。ただし、健康に問題があれば、サポートと癒《ヒーリング》しのために１日４個食べてみてください。

•アプリコットを１個食べて最大の効果が得られるのは、午後３時以降です。これは、アプリコットの栄養素の値が最大になる時間帯であり、生理活性も消化吸収力も最大となります。

•アプリコットが熟すのを辛抱強く待ってください。十分に熟すまで待ってから食べてください。若いままでは食べないでください。ジューシーさが失われるのではなどと心配しないでください。アプリコットの恩恵を受けるのに、果汁がしたたるものである必要はありません。

•生のアプリコットが旬でない場合、硫黄《いおう》不使用のドライアプリコットなら生に代わるものとして十分すぎるくらいです。どのドライフルーツにも価値があるわけではありませんが、アプリコットは水分が抜けると薬のような特性を十分に持つ性質があります。アプリコットはほかの多くの果物とは異なり、ドライフルーツにすると、実際にカリウムが増えるのです。

## アプリコットケーキ（2〜4人分）

日々普通に過ごしながら、さっと簡単に食べられるスナックを求めているのであれば、ご紹介するアプリコットケーキなら完璧です。甘くてしっかり詰まっていて、アーモンドの歯ごたえが少しあります。材料は4つだけ、数分あれば出来上がって、冷凍庫で1か月は保存できます。

**ドライアプリコット**　1カップ
**デーツ**　1／2カップ、種を取っておく。
**アーモンド**　1／2カップ
**ココナッツ**　1／4カップ

材料を全部フードプロセッサーに入れ、十分混ぜます。四角いケーキ型にクッキングシートを敷いて材料を流し入れ、1.5センチ程度の厚みになるようにします。冷凍庫で少なくとも30分冷やし固めてから、適当な大きさにカットします。カットしたものは冷蔵庫なら1週間まで、密閉容器に入れて冷凍庫で保管すれば1か月まで持ちます。

# アボカド

*Avocados*

アボカドは母なる果物です。好きでも嫌いでも、アボカドは食品庫に常備すべきものであり、交響曲の指揮者、鎖の中の最強の輪、ランドマーク、ほかのあらゆる食品の中心的存在であると認識することはきわめて重要です。アボカドの健康効果が近年注目されてきているのは素晴らしいことです。それでも、報告されている内容をはるかに超える効果があります。アボカドを知らずして果物のことは理解できません。

ほとんどのアボカドの皮は食べられませんが、未発見のファイトケミカル化合物が何百と含まれていて、その多くが成長とともにアボカドの果肉に移行していきます。そのファイトケミカルの一部がイソチオシアネートであり、黄緑色の果肉の色に関与していて、胃腸の壁を修復するのを助けてくれます。何らかの消化管疾患を患っているのであれば、アボカドが救ってくれます。消化しやすく、なめらかな果肉は、食物過敏症、クローン病、大腸炎、または過敏性腸症候群（ＩＢＳ）の人のための究極の腸管鎮静剤です。アボカドにはアスピリンのような性質の抗炎症化合物が含まれていますが、血液を薄めることはなく、消化管が狭まったり腫れたりするのを抑えます。アボカドにはポリープを抑える特性もあり、腸の壁にできる小さな増殖物を予防したり、取り除いたりしてくれます。

アボカドは、脳にも素晴らしい作用があります。健康に良いオメガ6脂肪酸の源であり、この脂肪酸が中枢神経系の修復を助け、アルツハイマー病などの認知症の緩和に役立ってくれます。ほかにも、アボカドを食べると、皮膚に対するアンチエイジング効果があり、乾燥を抑え、健康的なツヤを与えてくれて、目の下のクマを消すのに一役買ってくれます。植物エストロゲンのように働く抗放射線成分も含まれているので、（ヒトの体内で産生される）エストロゲンに起因する生殖器の癌や大腸癌の進行を止めることができると言えます。アボカドの効果は、ここには書き切れないほどあります。アボカドを日常に取り入れたくなるほど、と言えば十分でしょう。

## 病態

次のいずれかに該当すれば、生活にアボカドを取り入れてみてください。

脳卒中、てんかん、悪性脳腫瘍、飛蚊症《ひぶん》、甲状腺疾患、心疾患、腎疾患、副腎疲労、尿路感染症（ＵＴＩ）、大腸癌、大腸炎、クローン病、過敏性腸症候群（ＩＢＳ）、痔核、ポリープ、原因不明の不妊症、生殖器系の「電池切れ」状態（第3部第1章「生殖能力と私たちの未来」を参照）、子宮内膜症、子宮癌、卵巣癌、強皮症、硬化性苔癬《たいせん》、脱毛症、帯状疱疹、ヘルペス、ヒト免疫不全ウイルス（ＨＩＶ）、カンジダの異常増殖、慢性疲労症候群（ＣＦＳ）、体位性頻脈《ひんみゃく》症候群（ＰＯＴＳ）、線維筋痛症、三叉神経痛、放射線宿酔、食物アレルギー、食物過敏症、不安症、睡眠障害、不眠症、うつ病、アルツハイマー病などの認知症、注意欠如・多動症（ＡＤＨＤ）、自閉症。

## 症　状

次のいずれかに該当すれば、生活にアボカドを取り入れてみてください。

頭痛、浮動性めまい、回転性めまい、平衡感覚の異常、胃不全麻痺、腹部の差し込み痛、腹部膨満《ぼうまん》、ガス、筋痙攣《けいれん》、筋肉痛、背部痛、四肢のうずきやしびれ、坐骨神経痛、皮疹《ひしん》、倦怠感、衰弱、更年期症状、月経前症候群（ＰＭＳ）の諸症状、不安感、記憶力低下、パニック発作。

## 情緒面のサポート

真の自己として生きていないと感じたことや、そのために困難に立ち向かえたらと願っているのにそうできないと感じたこと、また、そのことによって自分と大切な人との距離ができていると感じたことはないでしょうか。アボカドは、私たちが自分自身に戻る道を見つけるのを助けてくれます。情緒的な強さと、本当の自分とのつながりが必要なとき、折れた心を癒す必要があるとき、アボカドは、私たちを強くして、人間同士の交流の鎖を強く結びつける存在にしてくれます。アボカドはいたわりと勇気を伝えるのを助けてくれるので、私たちは、貧困状態にある人や攻撃的な人、あるいは否定的な人（集団の中での結びつきが弱い人）に対して、誰も欠けることなくつながり合って、人生の試練に耐え抜く方法を教えることができます。

アボカドは、自責の念に苦しんでいるときにも、きわめて重要なツールになります。羞恥心や悔恨の気持ちを切り替える必要があるとき、アボカドが味方になってくれます。母の愛のようにあなたを育み、痛みを伴う感情を心と魂から抜き取るのを助けてくれます。

## スピリチュアルな教え

アボカドはまさに養育する果物です。すでに言及した通り、アボカドは母なる果物です。なぜでしょうか。それは、この惑星で母乳に一番近い食べ物だからです。つまり、アボカドは私たちの身体を助ける以外にも、スピリチュアル的にも私たちを母の育みの愛で満たしてくれます。他人の世話をする（たとえば、友人や大好きな人がつらい時期をやりすごすのを助けるなど）必要があるときは、アボカドを食べると、精神的なエネルギーを与えるのを助けてもらえます。また、自分が愛を必要としているとき、それが、周囲の人に気を配りながら前進し続けるためであっても、自分自身の人生が大きく変化しているからであっても、元気づけてくれる食べ物としてアボカド以上のものはありません。アボカドを無条件の愛の教師として生活に取り入れてください、その愛が自分自身に対するものであっても他人に対するものであっても、です。そして、相手を思いやる器が大きく成長するのを目の当たりにしてください。

## ヒント

- 目に見えてわかるほどの効果を得るには、アボカドを1日1個食べます。ものすごい効果を得るには、

１日２個食べます。

- 収穫から陳列までの流れの中で、いろいろな人がアボカドを手に取り、それを最終的にあなたがお店で購入します。そして、アボカドは、その人たち一人ひとりのエネルギーを取り込んでいます。買ってきたアボカドをカットする前に、30秒間手に持ってください。こうすることによって、アボカドは自分があなたのものであると認識し、自らの細胞をあなた個人のエネルギー、存在、魂、そしてDNAとつなげて、あなた個人のニーズに合った最高の栄養になります。
- 旅のお供といえば、パックに入ったスナック（訳注：軽食）、トレイルミックス、エナジーバー、ポテトチップス、クラッカーなどを思い浮かべることが多いものです。それでも、アボカドは旅のお供として素晴らしい食べ物なのです。今度旅行に行くときには、典型的な移動中のおつまみにありがちな、新鮮さがなく、油脂を使っていて水分のない食べ物ではなく、新鮮なアボカドをいくつかバッグに入れてみてください。お腹が減ったら、アボカドに切り込みを入れ、ねじって二つに割るだけです。あとはスプーンで果肉をすくって食べます。

## サルサのアボカド船盛り（2〜4人分）

見た目がよくてシンプルなアボカドの舟盛りは、前菜や間食として完璧です。クールでクリーミーなアボカドに、色鮮やかで大胆な味つけのお気に入りのサルサを詰め込みます。いつ急に食べたくなってもいいように、あらかじめ2倍量のサルサを作り置きしておきましょう。

**アボカド**　2個
**トマト**（さいの目切り）　1＋1／2カップ
**キュウリ**（さいの目切り）　1カップ
**タマネギ**（さいの目切り）　1／4カップ
**コリアンダー**（みじん切り）　1／4カップ
**ニンニク**　1片、みじん切りにしておく。
**ライム**　1個、果汁を搾っておく。
**ハラペーニョ**（みじん切り）　1／8カップ
**海塩**　小さじ1／8
**トウガラシ**　小さじ1／8（お好みで）

アボカドを半分に切って種を取り除く。小さめのボウルに残りの材料を全部合わせる。半分に割ったアボカドの真ん中にサルサを盛りつけて出来上がり！

# バナナ
## Bananas

バナナは最近、糖分が多いという理由で悪く言われています。実際はというと、ちゃんと熟したバナナの糖分は、サトウキビの糖分とも、クッキーやケーキやドーナツに含まれる加工糖ともまったく異なります。バナナの果糖はマンガン、セレン、銅、ホウ素、モリブデンなどの生命の維持に不可欠な微量ミネラルや、カリウムなどの多量ミネラルと結合しています。カリウムは、神経伝達物質の機能には最も重要な栄養素のひとつです。バナナはこのほかアミノ酸が多く、豊富な電解質産生の触媒となる、生物学的利用能が高いカリウムとともに働きます。バナナが砂糖の塊だと考えるのではなく、バナナは食物繊維、果肉、水分でできていること、そしてバナナには抗酸化物質、ビタミン類ほか、植物栄養素が豊富に含まれていて、私たちが病気と闘うのを助けてもらえるのは、果糖が含まれているからこそであることを思い出さなければなりません。

バナナは強力な抗ウイルス食品であり、レトロウイルスであるヒト免疫不全ウイルス（ＨＩＶ）の増殖を防ぐことができるほどです。また、トリプトファンが多く、睡眠障害を和らげ、鎮静をもたらし、不安を抑え、抑うつを和らげます。カンジダが心配な人もバナナを恐れる必要はありません。カンジダは究極的には真菌を破壊する菌であり、不要な細菌を取り除きつつ、腸管の善玉微生物の「エサ」になります。このことはビタミン$B_{12}$強化にもなります。というのも、腸管の細菌は回腸がビタミン$B_{12}$を産生する正しい過程を遮断することがあるためです。

消化を助けるという点では、バナナに優るものはありません。過活動大腸と過活動小腸に対する本物の鎮痙剤です。また胃痙攣《けいれん》やストレス性胃腸障害を緩和してくれます。

バナナは大腸炎、過敏性腸症候群（ＩＢＳ）、クローン病を治す秘密兵器です。素晴らしい血糖安定剤でもあります。またストレスを受けたときに支えてくれるファイトケミカルが含まれていて、一日を乗り切ることができるようにしてくれます。太っていても痩せていても標準的な体重でも、バランスをとるのを助けてもくれます。

## 病態

次のいずれかに該当すれば、生活にバナナを取り入れてみてください。

ベル麻痺、心疾患、胃食道逆流症（ＧＥＲＤ《ガード》）、大腸炎、過敏性腸症候群（ＩＢＳ）、クローン病、憩室炎、セリアック病（小児脂肪便症）、痔核、副腎疲労、胆嚢疾患、不妊症、生殖器系の「電池切れ」状態、自己免疫疾患、糖尿病、糖尿病性ニューロパチー、低血糖、高血糖、手根管症候群、腱《けん》炎、関節症、浮腫、帯状疱疹、食物過敏症、ヒト免疫不全ウイルス（HIV）、真菌感染症、カンジダの異常増殖、パーキンソン病、アルツハイマー病、不安症、睡眠障害、うつ病、双極性障害、心的外傷後ストレス障害（PTSD）、注意欠如・多動症（ADHD）。

## 症　状

次のいずれかに該当すれば、生活にバナナを取り入れてみてください。

頭痛、耳痛、視力障害、かすみ目、味や匂いを感じない、顎の痛み、顎関節の問題、一時的な無呼吸、頻脈《ひんみゃく》、腹痛、腹部の差し込み痛、腹部膨満《ぼうまん》、下痢、便秘、脾腫、紫斑、背部痛、筋力低下、うずき、しびれ、倦怠感、体重増加、体重減少、血糖値の不均衡、ハミングしているときのように体が振動している感覚、不安感。

## 情緒面のサポート

バナナは、自分は何者かという核の部分を強化してくれ、仮面を取って真の自己をさらすよう励ましてくれます。恐れで満ちた心の状態を逆転させるのを助けて（1日に3本以上食べるとPTSDを軽減してくれます）、生産的でありたいという真の願望を表明し、その過程で怠け癖などの非生産的な行動を克服するのを助けてくれます。友人がずっと憤っていると思うのであれば、その友人にバナナを差し出してください。そうすれば、悪意の解消に役立ってくれます。

## スピリチュアルな教え

スピリチュアルな成長を遂げるときに、私たちは自分が不滅の存在で、完全に今その瞬間に存在していると感じるでしょう。でも注意深くしていなければ、つまり前もって計画して、将来のために自らを強化していなければ、困難という強風に倒れてしまうでしょう。

そこで、バナナの草から学んでください。学術的に言えば木ではありません。バナナの草は地面に厚く広く根を張り、地下芯（茎）は途切れなく地表面を覆う吸収管となり、成長する準備ができています。バナナの「樹幹」は実際には木質ではなく、葉が何層にも重なってできているため、成長が速く、いつ天候によって茎が折れたとしても、すぐに別の新しい救いの枝が出てきます。

空に手を伸ばし、花が咲き、実を結ぶときに、自分自身の根を広く深く張ることを忘れないでください。一つひとつの教訓を自分のものにして、いつの日かあなたを救うスピリチュアルな枝としてください。

## ヒント

- バナナは硬くて緑色のものを好む人もいれば、柔らかくて茶色のものを好む人もいますが、最高の栄養状態のバナナを食べるなら、極限まで熟したときが最適です。バナナの皮がまだ緑色のうちは、酵素の働きによって栄養素がまったく吸収されません。また、皮全体が茶色ないし黒くなると熟しすぎで、果肉は一部発酵しています。最も安全にバナナを食べることができるのは、皮が黄色で茶色の斑点が入っている頃です（バナナを口に入れてみて、舌に毛羽だった感じがなければ確実です）。

- バナナは、長距離のドライブでも、フライトでも、街中で雑用をしてまわるにも、移動のお供に最適です。旅行の日が近づいてきたら、必要な頃にちょうどよい熟し加減になるように、あらかじめバナナを買っておきましょう。
- バナナは、運動時に食べるものとしても最強です。エクササイズ前後にバナナを1本食べれば、ほかのどんな食べ物よりも身体を満たしてくれます。

## バナナ「ミルクセーキ」（1～2杯分）

この「ミルクセーキ」は、子どもが大好きな定番の飲み物で、乳製品は入っていません。冷たく、クリーミーで完璧な飲み物ですから、見逃せません。新鮮なバニラビーンズをほんの少し入れ、シナモンを一振りすれば、文句なしです。

**バニラビーンズ**　鞘の長さ4センチ弱分
**冷凍バナナ**　2本
**バナナ**　4本
**デーツ**　2個　種を取り除いておく。
**ココナッツウォーター**　1カップ
**シナモン**　小さじ1／8（お好みで）

バニラビーンズの鞘から種を掻き出し、ミキサーに入れます。残りの材料もミキサーに入れ、なめらかになるまで混ぜて、召し上がれ！
種を取ったあとのバニラビーンズの鞘は取っておいて、スムージーやデザートを作るときに混ぜ入れます（完全に形をなくすには高速ミキサーが必要になります）。

# ベリー類

## Berries

ベリー類は救いです。その主な力は抗酸化物質に由来し、フリーラジカルに対する「奇跡の戦士」です。抗酸化物質とは生を意味し、酸化とは死を意味します。加齢（酸化）プロセスに対抗するには、そして健康に対して常にある脅威に向き合いながら生き続けるには、この抗酸化物質が必要です。ベリー類は、その濃い紫や青、黒い色によって自らの健康的価値を伝えていて、その色はアントシアニン（マルビジンを含む）やアントシアニジンなどとして知られるポリフェノールに由来します。また、ジメチルレスベラトロールも豊富で、ほかにも数十種類のファイトケミカル、アミノ酸、補酵素、そして科学ではまだ見つかっておらず、ほかのどの食べ物よりもベリー類に豊富に含まれていて、生物学的に利用可能な補助化合物が含まれています。

ベリー類は、鉄、マグネシウム、セレン、亜鉛、モリブデン、カリウム、クロム、カルシウムの摂取にもすぐれているほか、微量のオメガ３脂肪酸、オメガ６脂肪酸、オメガ９脂肪酸も含まれます。さらに、過剰なアドレナリンが臓器を傷つけるのを食い止める隠れた化合物もあります。このことから、ブラックベリー、ラズベリー、イチゴ、エルダーベリー、ゴミシ（五味子）などは、地上の生命にとってきわめて重要です（クランベリーは、クランベリー個別の特徴も参照してください）。ワイルドベリーは特に、アンチエイジング力、病気に対抗する力、生命を与える力がぎっしり詰まっています。

そして、ワイルドブルーベリーは特別な分類になるので、こちらについては「野生の食べ物」のところに書いています。可能な限り、栽培種のパック入り生ブルーベリーではなく、冷凍のワイルドブルーベリーを選んでください。青果コーナーで買い物したあとは、ワイルドブルーベリーが袋入りで用意されている冷凍食品コーナーに立ち寄るのを習慣のひとつにしてください。自分の身体に回復と治癒の最大のチャンスを与えることになります。

ベリー類は真の「脳に効く食べ物」です。ビタミン$B_{12}$を強化するだけでなく、脳の傷、すなわち病変、グレー領域、石灰化、重金属沈着、白色斑、瘢痕組織、結晶化、損傷して拡張した血管によってできた癒着を治す力があります。悪性脳腫瘍、筋萎縮性側索硬化症（ＡＬＳ）、アルツハイマー病などの認知症、パーキンソン病、脳卒中、動脈瘤、偏頭痛など、あらゆる脳の障害や疾患から守るには、ベリー類に目を向けてください。神経症状を伴う病気であればなんでも、ベリー類を食べるのが正解です。

心臓の健康を考える場合にも、ベリー類です。心臓弁や心室を保護したり、動脈や静脈の内側で硬くなった脂肪の沈着を溶かしてプラークを除去したりするのにベリー類に優るものはありません。地味なベリーは、心臓病専門医を不要にしてくれるという点では他を圧倒します。

さらに、ベリー類が生殖能力に対して持つ意味も無視することができません。近い将来、科学的な研究によって、生殖能力を特に促進する化合物群が発見されることでしょう。その「向生殖化合物」は、ポリフェノールの一種に由来するものであり、女性の生殖系が一定のバランスを維持する能力を担当し、原因不明とされる不妊症の数々の原因の背景にある「電池切れ」を起こしません（この現象に関する詳細は、第3部第1章「生殖能力と私たちの未来」を参照）。ベリー類は本当の意味で人類の未来の救済策です。

**病態**

次のいずれかに該当すれば、生活にベリー類を取り入れてみてください。

悪性脳腫瘍、良性脳腫瘍、脳炎、脳の病変、脳の癒着、脳卒中、脳性麻痺、てんかん、偏頭痛、飛蚊《ひぶん》症、耳鳴り、甲状腺の疾患と障害、甲状腺結節、心疾患、心房細動、動脈瘤、アテローム性動脈硬化症、肝機能低下、副腎疲労、前立腺癌、膀胱の感染症、子宮炎、子宮内膜症、子宮癌、子宮筋腫、卵巣炎、卵管炎、卵巣嚢腫、多嚢胞《のうほう》性卵巣症候群（PCOS）、卵巣癌、骨盤内炎症性疾患（PID）、原因不明の不妊症、生殖器系の「電池切れ」状態、骨髄炎、脊髄の病変、線維筋痛症、多発性硬化症（MS）、筋萎縮性側索硬化症（ALS）、ハンチントン舞踏病、トゥレット症候群、慢性疲労症候群（CFS）、糖尿病、低血糖、にきび、湿疹、乾癬、腺腫、浮腫、瘢痕《はんこん》組織、ホルモン失調、ライム病、ウイルス感染、カンジダの異常増殖、パーキンソン病、アルツハイマー病などの認知症、不眠症、ナルコレプシー、不安症、恐怖症、うつ病、強迫性障害（OCD）、心的外傷後ストレス障害（PTSD）、注意欠如・多動症（ＡＤＨＤ）、自閉症。

### 症状

次のいずれかに該当すれば、生活にベリー類を取り入れてみてください。

頭痛、浮動性めまい、かすみ目、耳痛、リンリン・ブンブンという耳鳴り、顎の痛み、嚥下《えんげ》の問題、胸痛、胸部の圧迫感、動悸、ほてり、頻脈《ひんみゃく》、子宮の肥厚、月経不順、倦怠感、疲労感、頸部《けいぶ》痛、背部痛、膝痛、疼痛性肩拘縮《とうつうせいかたこうしゅく》（五十肩）、うずき、しびれ、痙攣《けいれん》と引きつり、神経痛、有髄神経損傷、石灰化、ミネラル不足、コレステロール値の上昇、血糖値の不均衡、血行不良、腫脹、体重増加、ハミングしているときのように体が振動している感覚、不安感、無関心、ブレインフォグ（訳注：頭に靄《もや》がかかった状態）、パニック発作。

### 情緒面のサポート

気が散る、自信がない、集中力がない、こんがらがる、頭がどんよりする、混乱する、かすむ、ふらつく、目が眩《くら》む、困惑する、理解できない、などには、その緩和にベリー類が独特なパワーを持っています。前述の状態は意識的のことも無意識的のこともありますし、物質的なことも形而上学的（心と魂の問題）なこともあります。感覚と知覚が混乱している背景にある、あらゆる側面を自分で対処するつもりでベリー類を用いれば、問題は解消し、奇跡に遭遇することもあります。

## スピリチュアルな教え

豊かさを求めるのであれば、ベリーに学んでください。晩春から晩秋まで、ベリーの供給が途切れることは決してありません。イチゴ畑が終わっても、近くでブラックベリーの実が膨らみ始めるからです。つまり、常に補充されているので、ひとつの供給源が枯渇しても慌てることはありません。ベリーという宝石は、すぐ近くにどんどん見つかるからです。

ベリー類は無私です。高くて手の届かないところにあるということはありません。むしろ低く地面に近いところ、クマやシカ、人間、リス、鳥からネズミやウサギ、カタツムリまで、どんな動物にとっても取りやすいところで成長します。ベリー類はまさに分かち合いの精神で、みんなに行きわたるよう与えてくれます。ベリー類を生活に取り入れると、その親切さと物惜しみのなさが私たちの一部となり、私たちは豊かさの循環の中で、受け取るだけの者ではなく与える者になります。

## ヒント

- お好きなベリーを日の出後すぐに食べると、気力と生命力とが一日中強化されます。
- 食間に一つまみほど食べると、身体の周波数が上がり、ポジティブで穏やかな状態になれます。
- 有機農園や、自宅の裏庭、自然の中に生えている野生のものを摘み取って、洗わずに食べると、ベリーの高い生命力によって腸にとても重要な善玉菌が復活し、ビタミン$B_{12}$の全種類の補酵素を体が再び自己産生できるようになります。
- ベリーを摘み取るのは、グラウンディング（訳注：大地や地球とつながり心を安定させる）法として類のないものでもあります。木に実っているブルーベリーを摘み取ったり、棘のある枝からラズベリーを摘み取ったりする行為は、熟した果実だけを選ぶことに集中し、棘が刺さらないよう注意することになるため、強制的に「今にいる」ことになります。これは神なる存在の状態であり、ご先祖さまたちとつながり、今ここにさえずっている鳥やカサカサいう葉と一体になります。

- あらゆる善玉菌をはじめとする腸内微生物を育てることができる最強のプレバイオティクスのためには、ボウル1杯のベリーに生ハチミツをかけて食べます。
- 晴れた日にベリーを食べると副腎が強化されて、血糖のバランスをとるのを助けてくれます。曇りの日にベリーを食べると肝臓の浄化が進み、機能低下の解消を助けてくれます。
- 友人を誘って、大きめの器にベリーを入れて一緒に食べましょう。会話が尊く喜びが感じられるものになり、内容が深く、癒し《ヒーリング》につながって、自分も友人も傷ついた心が晴れて澄んでいくのを感じて驚くでしょう。そして最終的に幸せになります。

## ベリーのクリームのせ（2人分）

ベリーを器に盛ってクリームをのせると、美しい見た目で魅了され、ブランチにも、おもてなしにも、デザートにも文句なしです。ココナッツミルクを泡立てると、軽くフワフワのホイップクリームになり、少量のショウガとレモンの風味が仕上げになってくれます。美しく盛り付けられたベリーで大好きな人を感動させてみてください。

**ブルーベリー**　1カップ
**ブラックベリー**　1カップ
**ラズベリー**　1カップ
**イチゴ**　1カップ
**全脂ココナッツミルク**　400ミリリットル缶2本、冷蔵庫で冷やしておく。
**おろしショウガ**　小さじ1／4
**メープルシロップ**　小さじ1
**レモン汁**　約1／4個分
**バニラビーンズの鞘**　約5センチのもの1本、縦に割っておく。
**レモンピール**　小さじ1
**ミントの葉**　4枚、刻んでおく。

ベリー類は水で洗い、全部混ぜてからボウル2個に分け入れます。ココナッツミルクの缶は揺すらないよう気をつけながら開けます。ココナッツミルクは缶の中で自然に分離して、どろっとした層が上にできます。固まりになったクリームをすくい取って、小さめのボウルに入れます（クリームは1／2カップ必要になります）。残った薄い液は捨てます。フォークを使って、ココナッツクリーム、ショウガ、メープルシロップ、レモン汁、バニラビーンズの鞘から掻き出した種を混ぜます。材料が馴染んでなめらかになるまで、手早く混ぜます。クリームをたっぷりすくって、ボウルに盛り付けたベリーの上にかけます。その上に、風味付け用のレモンピールとミントを振りかけます。

種を取ったあとのバニラビーンズの鞘は取っておいて、スムージーやデザートを作るときに混ぜ入れます（完全に形をなくすには高速ミキサーが必要になります）。

# チェリー
## Cherries

今のこの時代、私たちの肝臓は、これまでの歴史で最も負担が大きくなっています。環境や食物に含まれていて、私たちの身体にストレスを与える毒素によって、肝機能低下と脂肪肝が蔓延しつつあります。肝臓をきれいにする方法がいくつか流行していますが、チェリーを一摑みほど食べる方がはるかに肝臓をきれいにしてくれます。チェリーは、肝臓に命を吹き込むには素晴らしい食べ物であり、肝臓をこれ以上ないほど元気づけ、きれいにして、若返らせてくれます。

チェリーはヘモグロビンの健全さを増進するほか、抗癌作用もあり、特に非ホジキンリンパ腫、メラノーマ、グリア芽細胞腫（脳腫瘍の一種）に効果を発揮します。また、腸を浄化（便秘の緩和にはプルーンよりもすぐれています！）することによって、思考をすっきりさせます。膀胱もきれいにしてくれますし、瘧性膀胱や膀胱脱の緩和にも役立ってくれます。しかも、チェリーは内分泌系機能を促進する食べ物のひとつであり、必要に応じて食欲を刺激したり抑えたりしてくれます。体重を減らしたい人にとって、チェリーは新しい親友になります。

ミネラルの世界の考え方では、多量ミネラルは私たちの体がそれを大量に必要としているものであり、微量ミネラルは身体の機能にきわめて重要ではあるけれども、必要なのは少量であるということになります。たとえばチェリーは、亜鉛や鉄といった微量ミネラルの素晴らしい摂取源です。貧血の人すべてに言えることですが、鉄は微量ミネラルだからという理由だけで、鉄不足は取るに足らないものということにはなりません。何はともあれ、きわめて重要なのです。

アミノ酸も同じ考え方ができますが、科学がまだこのことに注目していません。私たちに馴染みのあるアミノ酸のほかにも、微細で微量のアミノ酸があり、それは多量アミノ酸の補助因子になります。チェリーは（スレオニン、トリプトファン、リシンを含む）多量アミノ酸も微量アミノ酸も豊富で、特にホルモンであるメラトニンと連携して働いて、脳と身体に驚くほどのストレス軽減作用をもたらします。このように強化されると、メラトニンも抗酸化物質として作用し、アルツハイマー病などの認知症、脳腫瘍にならないよう脳を保護するのを助けます。

チェリーに含まれるファイトケミカルの化合物や成分は、放射線を除去し、有髄神経損傷を修復するという素晴らしい効果を発揮します。女性ならチェリーの浄化特性の恩恵を受け、子宮をはじめとする全生殖器系から毒素を取り除いて、筋腫や卵巣嚢腫を小さくするのを助けてくれます。

### 病態

次のいずれかに該当すれば、生活にチェリーを取り入れてみてください。

脳腫瘍、耳の感染症、にきび、甲状腺機能低下症、甲状腺機能亢進《こうしん》症、慢性甲状腺炎、心血管疾患、肝機能低下、脂肪肝、腎結石、副腎疲労、尿路感染症（ＵＴＩ）、膀胱癌、膀胱脱、前立腺炎、子宮筋腫、卵巣嚢腫、多嚢胞《のうほう》性卵巣症候群（ＰＣＯＳ）、骨盤内炎症性疾患（ＰＩＤ）、不妊症、生殖器系の「電池切れ」状態、乳癌、リンパ腫（非ホジキンリンパ腫含む）、メラノーマ、捻挫《ねんざ》、線維筋痛症、結合組織の損傷、骨や腺の結節、滑液包炎、糖尿病、グレーブス病（バセドウ病）、自律神経失調症、貧血、血液の障害、脱毛症、高コルチゾール、食物アレルギー、炎症、不安症、恐怖症、不眠症、うつ病、アルツハイマー病などの認知症、強迫性障害（ＯＣＤ）、自閉症。

### 症状

次のいずれかに該当すれば、生活にチェリーを取り入れてみてください。

立ちくらみ、回転性めまい、浮動性めまい、鼻血、虫歯、口内乾燥、口臭、咳《せき》、胸痛、食欲不振、食欲過剰、便秘、背部痛、有髄神経損傷、性交不能、倦怠感、疲労感、発熱、激しい痒《かゆ》み、紫斑、血液毒性（抗癌剤の副作用による血液細胞の減少）、渇望、記憶力低下、錯乱（思考がまとまらない）。

### 情緒面のサポート

友人や家族を元気づけたいとき、チェリーを少し食べてもらってください。そうすれば、大喜びしてくれるのがわかるでしょう。自分や知人が現状にまったく満足していないのであれば、チェリーの満たされるマジックにかかってください。あなたが無口なことをずっと気に病んでいるのなら、チェリーを食事に加えてください。会話が流れるのを感じるでしょう。空虚で見捨てられた感じがしているのであれば、チェリーがその感じ方の方向性を変えてくれます。チェリーが入った器を見るだけでも、その人そのものの中にすぐに喜びが入ってきます。チェリーは情熱に火をつけてくれ、ポジティブな興奮を生み出してくれます。気楽さを維持してくれる素晴らしい果物です。

## スピリチュアルな教え

チェリーは私たちに忍耐を教えてくれます。急いでチェリーを一粒口に入れると、慎重に噛むということをしないので、中の種をガリッとやって痛い思いをします。このように、チェリーは私たちに時間をとること、今に意識が集中している状態になること、そして、できるだけ間違ったり痛い思いをしたりしなくてすむよう、考えて行動することを教えてくれます。

## ヒント

- チェリーは浄化力が高く、数々の不純物の毒性を取り除くため、少量で最良の働きをしてくれます。チェリーを食べているときは、あまりのおいしさに夢中になって、限界の合図が耳に入らない、ということがないようにしてください。チェリーは一回にたくさん食べるのではなく、毎日少しずつ食べてください。

• マーケットや食料品店でレッドチェリーを選ぶ際には、一番色の濃いものを探してください。暗い色ほど癒し効果《ヒーリング》が高まります。レッドチェリーでも色が明るすぎるのは、チェリーの木が生えている土に最適なレベルのミネラルが含まれていないということです。

## スイート・チェリースムージー（2杯分）

このスムージーを飲むと、チェリーの甘さとバナナのクリーミーさが混ざり合い、レモンの酸っぱさがお口の中ではじけます。

**冷凍バナナ**　1本
**完熟バナナ**　2本
**冷凍チェリー**　1／2カップ
**レモン**　1／2個、皮を剥いておく。
**水**　1／2カップ

材料を全部ミキサーに入れてなめらかになるまで混ぜます。グラスに注いで召し上がれ！（放っておくとだんだん固まるので、液体のままが好みであればすぐに飲み、プリンのような硬さが好きなら冷蔵庫で30分冷やします）

# クランベリー
Cranberries

クランベリーは、尿路感染症（ＵＴＩ）や酵母菌感染に強い殺菌作用を示すことでよく知られています。その力はクランベリーが連鎖球菌と闘う能力に由来します。というのも、ほとんどの場合、そのいずれの感染症も慢性連鎖球菌感染症が背景にあるからです（酵母菌感染でも、問題の出所は真菌であるというのは誤診であり、実際に酵母菌は二次性、つまり酵母菌感染が起こる原因というものがあります）。しかも、これは小さくて強いクランベリー類が持つ働きとしてはまだ序の口です。感謝祭の食卓に上る食べ物のうち、クランベリーの料理は群を抜いて栄養価が高いのです。クランベリーソースがシロップたっぷりの缶詰であっても、クランベリーの治癒力は、添加材料のマイナス面を上回ります。

クランベリーは、胆嚢疾患を治す究極の食べ物のひとつです。胆石を何とかしたいのであれば、クランベリー以上に強力に溶かしてくれるものはありません。クランベリーはさらに、肝臓をきれいにする地球屈指の食べ物であり、腎結石を簡単に流そうとしている場合には非常に有用です。また、溜まった耳垢も取り除いてくれて、聴覚が回復します。

言うまでもありませんが、クランベリーは抗酸化物質（アントシアニンなど）が豊富で、心血管疾患や動脈硬化の治癒を助けてくれます。クランベリーには植物エストロゲン化合物も含まれていて、プラスチックや環境汚染物質、農薬をはじめとする合成化学物質など、外部由来の汚染物質を無害化してくれます。また、数々の女性の病気の原因となる毒性ホルモンを破壊してくれます。

クランベリーは、体から放射線を抜き取ってくれる化合物や物質が豊富で、結合組織を保護するアミノ酸、特に臓器の解毒をしてくれる酵素、そして、本人は不足していても気づかないかもしれない微量ミネラル50種類以上で満たされていて、さらには細菌、ウイルスのほか、体内で増殖しているかもしれない有害なものを増殖させない抗増殖化合物もあります。同時に、クランベリーは必要に応じて強力なストレス時の支えもしてくれます。

また、体重を減らそうとしているのであれば、クランベリーは最強の味方です。1日にクランベリーをボウル1杯分食べれば、食欲を抑え、余分な体重を落とすのを助けてくれます。

### 病態

次のいずれかに該当すれば、生活にクランベリーを取り入れてみてください。

偏頭痛、結膜炎、甲状腺機能低下症、甲状腺機能亢進《こうしん》症、心血管疾患、動脈硬化、高血圧症、肺炎（種類問わず）、裂孔ヘルニア、胆嚢疾患、胆石、腎臓の感染症、腎結石、腎不全、膀胱の感染症、流産、子宮頸癌、卵巣癌、白血病、貧血、糖尿病、手根管症候群、痛風、結節、瘢痕《はんこん》組織、帯状疱疹、炎症、季節性アレルギー、肥満、ライム病、酵母菌感染症、連鎖球菌感染症、ブドウ球菌感染症、ヒト免疫不全ウイルス（HIV）感染症、HHV-6、サイトメガロウイルス（CMV）感染症、不安症、躁病。

## 症　状

次のいずれかに該当すれば、生活にクランベリーを取り入れてみてください。

めまい発作、難聴、耳垢の蓄積、視力障害、爪噛み、腹部膨満《ぼうまん》、鼓腸《こちょう》、消化不良、不正出血、月経前症候群（PMS）の諸症状、体重増加、黄疸、足の痛み、筋痙攣《けいれん》、振戦《しんせん》、石灰化、紫斑、水疱、渇望、不安症、記憶力低下、錯乱（思考がまとまらない）。

## 情緒面のサポート

クランベリーは陽気な性格にしてくれます。霧が立ち込めているような気分になって、どう決断すべきかわからなかったり、人生の方向に戸惑ったりしている場合には、クランベリーを食べればいつでも道筋を照らしてくれます。混乱してイライラしたり、他人から見た自分が歪められていたり、道を邪魔される場合には、（規則正しく成長する）クランベリーが、物事を片付けて先へ進むのを助けてくれます。

クランベリーはこのほか、批判の矛先がニューロンや受容体に向けられてしまいがちな病気などにも役に立ってくれます。他人を批判しすぎているにしても、叱責を受ける側でも、クランベリーが助けてくれます。クランベリーを定期的に食べていると、拒絶感や屈辱感を和らげてくれます。ずっと疎外感を経験しているのであれば、クランベリーが方向転換を助けてくれて、仲間との関係をつなぎ直してくれます。

## スピリチュアルな教え

大人を長くやっていると、表に出て行動することが必ずしも安全ではないことがわかってきます。責任感から細心の注意を払い真剣でいる必要があることもあります。心を開いて真の自己をさらすと、仲間に付け入られることもあるからです。同じく、クランベリーの蔓《つる》には、地面の近くの低い所にとどまる本能があり、寒さや風といった気候条件から身を守っています。小さくて赤いベリーがこの自己保護モードにあると、お目にかかることすら難しいのです。

私たちがこの精神状態に陥って、楽しみのための時間をとることが、自分を甘やかしているのではないかとか、あまり一生懸命に働いていないことになるのではないかと思うことがあります。それでも、成長するということは、常に喜びを抑えるよう決められているということではありません。喜びは自分という存在には不可欠です。クランベリーが、実が熟して元気になる時期に、ちょうどよい暖かさと日の当たる時間を利用し、風になびき、光に照り輝くのと同じように、私たちは安心して真の生命力、本質、栄光を発揮することができる瞬間があるのを学ぶことができます。私たちには立ち上がって輝き、太陽の下で踊る日々が実際にやってきます。単にバランスの問題であり、このテーマに関する教師としては、クランベリーをおいてほかにありません。

**ヒント**

- クランベリーは、冷凍のものが一番手に入れやすいと思います。オートミールに入れたりスムージーに混ぜたりしてみてください。
- 生のクランベリージュースを自分で作らないのであれば、クランベリー100％（砂糖、保存料、その他添加物を一切使っていないもの）のジュースを探してください。
- クランベリーの酸っぱさが好きでなければ、一摑みのクルミと一緒に食べてください。
- クランベリーが本当に嫌いだとしても、クランベリーに活躍の場がないというわけではありません。週に一度、クランベリーをボウルに入れて家の中に飾ってください。キッチンカウンターに置いて見るだけで、ベリーの特性が形而上学的に取り込まれるため、あなた（とそばを通る人）が情緒面の恩恵を受け取るのを助けてくれるでしょう。毎日少しでも、指で撫でたり手のひらにのせたりしてクランベリーに触れれば、物理的な恩恵も受け取るでしょう。

## 生クランベリーの前菜（2〜4人分）

クランベリーといえば、感謝祭の夕食に出てくるゼリー状のソースを思い浮かべるかもしれません。ここで紹介する生クランベリーの前菜は飽きがきません。新鮮なクランベリーを少量のリンゴ、オレンジ、ココナッツシュガーとともにフードプロセッサーにかければ、クランベリーが持つ酸味が抑えられます。シンプルな副菜ですが、休日の食事には何にでも合いますし、サラダにトッピングして仕上げることもできる素晴らしい一品です。

**クランベリー**　1カップ
**リンゴ**（粗いさいの目切り）　2カップ
**オレンジ**（皮を剝いてほぐしたもの）　1／2カップ
**オレンジピール**（風味付け用）　小さじ1／4
**ココナッツシュガー**　大さじ4
**ミントの葉**　3枚

材料を全部フードプロセッサーに入れてざっくりと混ざる程度にします。冷蔵庫で30分はおいてから食卓に出します。

# デーツ
*Dates*

　デーツは驚くほど胃腸に良い食べ物です。地球上で最も抗寄生虫作用にすぐれた食べ物のひとつであり、寄生虫、酵母菌やカビをはじめとする真菌、重金属、無益な細菌、ウイルスなどの有毒な病原体に結合し、破壊して腸管から運び去ります。カンジダを殺菌する食べ物として最も効果が高いもののひとつであることが知られていますが、デーツはカンジダの「エサ」になるという誤った情報が出回っています（これに関する詳細は、最初の本『メディカル・ミディアム――医療霊媒』でひとつの章にまとめているので、そちらをお読みください）。デーツはほかにも、腸の蠕動《ぜんどう》の回復を助け、麻痺や機能不全を来したあとの腸管を正しく動かして、腐敗した食べ物を排出するように助けてくれます。

　一般に考えられていることとは逆になりますが、デーツはきわめて重要なブドウ糖を肝臓に運び、血糖の問題の原因である激しいブドウ糖消失に対処してくれるため、糖尿病や低血糖を抱える人たちにとって理想的な食べ物でもあります。また、カリウムや果糖の含有量が多く、運動時の力をブドウ糖に頼っている脳や筋肉への燃料補給には完璧ですから、アスリートをはじめとする冒険的で活動的な人たちにも理想的です。

デーツは70種類近くの生理活性ミネラルが豊富で（発表されているよりはるかに高い値です）、生きていく中で日々遭遇する難問に対処する副腎を支えてくれます。デーツは手に入るうちで最も心臓によい食べ物のひとつであり、未発見の記録的な量のアミノ酸が含まれています。バナナと同じく、デーツに含まれるロイシンなどのアミノ酸は、デーツに含まれるカリウムのポテンシャルを最大まで引き上げて、筋肉や神経を支えて強化するのを助けてくれます。この過程によって、ストレスを受けたときに体に乳酸が行きわたるのも食い止められます。

デーツは体を温める食べ物であり、脾臓や肝臓といった臓器から湿気を取ってくれますが、無益な乾燥を生むほどではありません。また、抗癌特性にも富み、疾患の予防と最適な健康状態を求めている人なら誰にとっても必須です。

## 病態

次のいずれかに該当すれば、生活にデーツを取り入れてみてください。

慢性副鼻腔炎、歯周病、酒皶《しゅさ》、甲状腺疾患、心血管疾患、高血圧症、動脈瘤、肺癌、胃食道逆流症（ＧＥＲＤ《ガード》）、副腎疲労、肥満、浮腫、糖尿病、低血糖、結核、小腸内細菌異常増殖（ＳＩＢＯ《シーボ》）、真菌感染症、カンジダの異常増殖、食物アレルギー、恐怖症、不眠症、摂食障害、心的外傷後ストレス障害

（ＰＴＳＤ）、自己愛性人格障害、強迫性障害（ＯＣＤ）、統合失調症、社交不安障害（あがり症）、自閉症、注意欠如・多動症（ＡＤＨＤ）。

## 症　状

次のいずれかに該当すれば、生活にデーツを取り入れてみてください。

頭部の痛み、頭痛、浮動性めまい、回転性めまい、耳痛、リンリン・ブンブンという耳鳴り、歯肉痛、動悸、息切れ、咳《せき》、便秘、粘液便、膣の痛み、尿意切迫、筋肉疲労、痙攣《けいれん》、振戦《しんせん》、チック、発汗、血糖値の不均衡、夜間の睡眠困難、不安感、注意力・集中力の欠如、ブレインフォグ（訳注：頭に靄《もや》がかかった状態）、パニック発作、錯乱（思考がまとまらない）。

## 情緒面のサポート

デーツを食べると、自分の周囲にシールドが張られ、自分に妬みを感じている人たちから保護してくれます。寝ている間は、自ら蓄積してきた有毒な感情、つまり、恐れ、羞恥心、困惑のほか、裁かれている、誤解されている、いじめられているという感覚を解放するのを手伝ってくれます。最終的には、目的意識を強化してくれるので、最も生産的で熱中できる自分になれます。

## スピリチュアルな教え

デーツは私たちに、利己的から無私へ変わる方法を教えてくれます。甘くて栄養豊富なデーツは良い意味で依存性があります。つまり、おいしくて、とても味わい深くて、独り占めしたいと思いがちです。教訓としては、自分の分のデーツを隠しておきましょう。一度に食べる量は少量にしましょう。そうすれば、ほかの人に気前よく与えることができます。友人や家族が、デーツの栄養を体に取り込んで笑顔になるのを見ていると、強欲さがぬぐい取られ、与える方向に向き直らせてくれます。最終的には、人に本来備わっている無私とつながることが、スピリチュアルな成功の不可欠な要素であるという真実を認識することに役立ってくれるでしょう。

**ヒント**

- デーツの恩恵を最大限体感するには、毎日4～5個食べます。
- 睡眠の質を上げる必要があるなら、就寝2時間前に1個食べます。
- 瞑想の種類を問わず深い経験を求めるなら、瞑想開始前に3個食べます。
- 旅行の荷造りをしているとき、道中の食事について時間も場所も手段も決まっていない場合、デーツを1個ラップに包んでポケットか荷物に忍ばせておきましょう。旅行中に実際に食べるというのではなく（緊急時には役立ちますが）、共に旅するデーツが幸運のお守りになって、空腹にならないよう助けてくれます。

## デーツの生グラノーラ（1～2人分）

このレシピは、動き回っている人には申し分ありません。多めに作って、瓶に入れて冷蔵庫で保存しておけば、いつでも間食として食べることができます。甘味と塩気の組み合わせは、家族みんなが気に入るでしょう。間食としてこれだけ食べてもよいですし、果物やスムージーのトッピングにしてもよいでしょう。

**デーツ**　2カップ、種を取り除いておく。
**ココナッツフレーク**　1／4カップ
**アーモンド**　1／4カップ
**海塩**　小さじ1／4

材料をフードプロセッサーに入れて、ざっくり混ざるまで攪拌《かくはん》します。出来上がったグラノーラは瓶に移します。冷蔵庫で最長2週間保存がききます。

# イチジク
## *Figs*

脳と腸管の健康に対する解決策を求めているのであれば、イチジク以外に探すものはありません。イチジクは、脳と腸管という、ウェルビーイング（心身の健康）に密接に関わる二つの臓器のバランスをとるための究極の手段なのです。イチジクには独特なファイトケミカルが含まれていて、生物学的に利用可能なカリウムやナトリウムなどのミネラルと結合し、脳のニューロンやシナプスを支えながら、特に神経伝達物質に栄養を与えたり、神経伝達物質を形成したりします。イチジクは、アルツハイマー病などの認知症、パーキンソン病のほか、筋萎縮性側索硬化症（ＡＬＳ）も含む神経学的疾患を強力に予防してくれる果物です。

腸に目を向けると、デーツと同じくイチジクは、この惑星で最も効果的に腸をきれいにする食べ物のひとつです。その果皮は善玉の腸内細菌の「エサ」になるほか、殺菌作用もあって、無益な腸内細菌、寄生虫、カビを殺したり、有毒重金属の作用をなくしたりしてくれますし、イチジクの種は腸の襞の間に入っていって、腸のポケット（憩室）に隠れた病気を引き起こす細菌、ウイルス、真菌を破壊します。イチジクの果肉と繊維は、腸壁をマッサージして腸管免疫系を強くし、つらい腹痛や腹部膨満《ぼうまん》を止めてくれます。さらに、憩室炎、虫垂炎、便秘、大腸炎、ディフィシル菌の合併症など、あらゆる種類の腸管の問題を緩和するのに効果的です。

イチジクはビタミンB群などのビタミン類が豊富で、そのビタミン類は特にファイトケミカルと結合して、体内の放射線を減らしてくれます。また、微量ミネラル、微量栄養素、抗酸化物質なども豊富で、あらゆる病気に効く驚きの食べ物で、絶対に見逃してはいけません。今度何か健康問題が起きたら、秘密兵器としてイチジクのことを思い出してください。

## 病態

次のいずれかに該当すれば、生活にイチジクを取り入れてみてください。

脳卒中、てんかん、心疾患、慢性下痢、小腸内細菌異常増殖（SIBO《シーボ》）、虫垂《ちゅうすい》炎、憩室炎、大腸癌、巨大結腸症、セリアック病（小児脂肪便症）、クローン病、A型肝炎、B型肝炎、C型肝炎、D型肝炎、肝臓の癒着、肝臓の瘢痕《はんこん》組織、胆石、尿路感染症（UTI）、卵巣癌、リンパ腫（非ホジキンリンパ腫含む）、多発性骨髄腫、骨腫瘍、湿疹、乾癬、ニューロパチー、三叉神経痛、神経炎、モルトン神経腫、体位性頻脈《ひんみゃく》症候群（POTS）、筋萎縮性側索硬化症（ALS）、大腸菌感染症、サルモネラ菌中毒、ウィルソン病、パーキンソン病、アルツハイマー病などの認知症、読み書き障害、注意欠如・多動症

（ADHD）、心的外傷後ストレス障害（PTSD）。

## 症状

次のいずれかに該当すれば、生活にイチジクを取り入れてみてください。

立ちくらみ、難聴、視力障害、副鼻腔の問題、副鼻腔の痛み、胸痛、息切れ、吐き気、直腸痛、便秘、坐骨神経痛、仙腸関節（S－I）痛、膝軟骨損傷、脾腫、痒《かゆ》み、出血、動静脈の詰まり、血液毒性（抗癌剤の副作用による血液細胞の減少）、ブレインフォグ（訳注：頭に靄《もや》がかかった状態）。

## 情緒面のサポート

イチジクは、締め出されているという感覚によって生じた心の傷の緩和に有益です。その一方で、自分の生活の中から締め出すべき人について賢い選択をするのを助けてくれます。また、悪意も減らしてくれますから、自分に敵意を持つのではないかと疑っている人に近づくときには、和解のための贈り物としてイチジクを持っていきましょう。ショックなニュースを聞いたり、激変を経験したりしたのであれば、イチジクがトラウマをくぐり抜けられるよう身体を支えてくれ、動転した余波を抑えてくれます。不機嫌になったり、憂うつになったり、失望したり、あるいは落ち込んだかと思ったら元に戻るのを繰り返したりして苦しんでいるのであれば、イチジクに頼ってください。重苦しい感情の軽減を助けてくれます。

## スピリチュアルな教え

急に怒り出したり、難しい状況に感情的に反応したりして、あとになって自分の言動を後悔するような人を見たことはありませんか。疑いや恐れに圧倒されて、しかるべき時に声を上げない人を見たことはありませんか。また、自分自身にそういった経験はありませんか。そのような状態、つまりこのスピリチュアルな脳と腸の分断を克服するためのカギとなるのが、イチジクの木が持つ平静さとつながることです。イチジクの木の根は枝と同じく力強くどこまでも伸びます。

イチジクの木は智慧のシンボルです。ほかの木とは異なり、受粉するのも栄養素を摂取するのも偶然性に頼るしかないために、実りが多かったり少なかったりします。イチジクの木それぞれに知性が備わっていて、いくつイチジクを実らせるかを決めたり、イチジクが実る木の順番を決めたりします。イチジクの木はとても賢いので、高く広く成長して、大勢の人の栄養になるために気前よく豊富に実をつけます。また地面の下ではイチジクの木の根は深くまで伸び、その根の周囲には強力に守ってくれる善玉微生物がたくさんいて、地中の根が伸びている深さまでの土のpHバランスをとって、根毛が栄養素を吸収できるようにしています。これは、ほかの木にはできないことです。

別の言い方をすれば、イチジクは単に私たちの脳と消化器系の身体的な健康バランスをとっているだけではなく、イチジクそのものが健康バランスのモデルでもあります。イチジクの果実が私たちの体に取り込まれると、脳と腸の形而上学的バランスをとってくれます。つまり、出した言葉は元に戻せないと考えることなく、頭に浮かんだことをそのまま口に出してしまう人たちにとっては、グラウンディング（訳注：大地や地球とつながり心を安定させる）になります。一方で、考えすぎて言葉を腹に収めてしまう人たちは、自分自身を表現するしかるべきタイミングを学べます。

ヒント

- イチジクが与えてくれるものすべてとつながるには、栄養的にも形而上学的にもイチジクの木が自身の果実を一つひとつ数えるように、食べるイチジクの数を数えてください。９（またはその倍数）で一日を終わらせてみてください。９は完了の数字であり、イチジクの栄養素を最大限吸収し終えた合図になり、イチジクの木から伝えられるスピリチュアルな知識を完全に受け取った合図にもなります。
- イチジクを1個食べるごとにセロリスティック（ミネラル塩が豊富）を１本かじるのが、栄養の組み合わせとしては完璧です。
- イチジクを食べながら、その実が目の前に生えている木から採ったものだと想像してください。こうすることによって、癒し《ヒーリング》とグラウンディングのパワーが増幅されます。

## イチジクと「山羊チーズ」のサラダ（2人分）

イチジクは熟すとはち切れるので、完璧な形を追求するには限界があるのですが、このサラダは、物事を改善する準備ができている時にはこの上ない一品です。イチジクと山羊チーズという定番の組み合わせを、生のマカダミアナッツをレア「チーズ」に見立てて再現し、新鮮なレモン汁のシャープさによって、新しいひとひねりを加えています。長い夏の夕暮れに、友人や家族とともにリラックスしながら、時間を超越したサラダを味わってください。

**ルッコラ**　4カップ
**新鮮なイチジク**　230グラム
**生のマカダミアナッツ**　1／2カップ
**レモン**　1個、搾っておく。
**オリーブオイル**　小さじ1／2
**ニンニク**　約2センチ大1片
**生ハチミツ**　小さじ2（お好みで）

ルッコラは二つに分けて別々の皿に盛ります。イチジクを薄切りにしてルッコラの上に並べます。マカダミアナッツ、レモン汁半量、オリーブオイル、ニンニクをミキサーに入れて、なめらかになるまで混ぜます。必要に応じて水を加えます（できるだけ少量）。サラダの上にマカダミア「チーズ」をほぐして散らします。レモンを搾りかけ、お好みで生ハチミツを少量たらします。

# ブドウ

*Grapes*

ブドウのことを炭水化物や糖が多く、カロリーが高すぎて体に良くないなどと誤解してはいけません。まったく反対です。バナナと同じで、ブドウは最高レベルの健康を促進してくれる一流の果物です。また、思っているほど甘くもなく、むしろ酸っぱさがあり、それが薬の特徴として重要なのです。その酸味は、腎機能にきわめて重要なファイトケミカルの存在を示しています。「クレアチニン値が高い」と言われたことがあるのであれば、それは腎臓が血中から老廃物を除去したり排出したりする機能が弱まっているということです。ブドウは究極の腎強壮剤であり、ブドウのファイトケミカルが、腎臓が濾過できない老廃物と結合します。

多くの人は肝臓の健康も気にしています。ブドウはチェリーと同じく、肝臓をきれいにしてくれる素晴らしい食べ物で、ブドウのファイトケミカルは、肝臓の小葉《しょうよう》を詰まらせる残り滓や消化された食べ物、副産物を除去することができます。また、ブドウの皮には強力な微量栄養素が含まれていて、寄生虫、カビをはじめとする無益な真菌を腸管から追い出してくれます。さらに、マルビジンをはじめとするアントシアニン（ブドウの青、黒、濃い赤、紫の色の元になっている）などの抗酸化物質は、ほとんどの癌と闘ったり予防したりするのを助ける力となっています。

また、第1部で説明した「容赦なき四つの悪」（放射線、有毒重金属、ウイルスの爆発的増加、DDT）と闘う素晴らしい食べ物でもありますから、体から放射線を排出してくれるほか、ヒスチジン、メチオニン、システインなどのアミノ酸がアントシアニンと協力して働いて、磁石のように肝臓、腎臓、脾臓をはじめとする臓器からDDTや有毒重金属を引き出してくれます。さらに、ウイルスの爆発的増加によって引き起こされる自己免疫疾患に対して、強力な抗ウイルス作用を発揮します。

最後に、ブドウはエネルギーフードとして突出しています。アスリートや、常に動いている人、頭をよく使う人、つまり一日中、知的作業（やマルチタスク）に従事していたり、何らかのプロジェクトでほかより秀でていようとしたり、次の大きなアイデアを思いつくために燃料が必要な人などにとっては、強力な追い風となってくれます。

**病態**

次のいずれかに該当すれば、生活にブドウを取り入れてみてください。

転移性脳腫瘍、脳の病変、黄斑《おうはん》変性症、ベル麻痺、風邪、気管支炎、細菌性胃腸炎、ピロリ菌感染症、痔核、大腸癌、膵臓癌、乳癌、脂肪肝、B型肝炎、C型肝炎、肝臓の瘢痕《はんこん》組織、高血圧症、高血圧関連

腎疾患、腎臓のクレアチニンの問題、腎結石、胆石、子宮内膜症、子宮筋腫、原因不明の不妊症、生殖器系の「電池切れ」状態、低血糖、糖尿病、敗血症、浮腫、貧血、炎症、食物アレルギー、食物過敏症、あらゆる自己免疫性の疾患や障害、結節、線維筋痛症、慢性疲労症候群（CFS）、多発性硬化症（MS）、神経障害、自律神経ニューロパチー、カビへの曝露、大腸菌感染症、細菌性感染症、単純ヘルペス1型（HSV-1）感染症、単純ヘルペス2型（HSV-2）感染症、睡眠障害、うつ病、注意欠如・多動症（ADHD）、自閉症。

## 症状

次のいずれかに該当すれば、生活にブドウを取り入れてみてください。

浮動性めまい、回転性めまい、かすみ目、難聴、リンリン・ブンブンという耳鳴り、鼻詰まり、咳《せき》、息切れ、胸痛、背部痛、吐き気、手汗、ほてり、倦怠感、体臭、抜け毛、脆弱《ぜいじゃく》爪、感情的摂食、月経前症候群（PMS）の諸症状、有髄神経損傷、血液毒性（抗癌剤の副作用による血液細胞の減少）、振戦《しんせん》、ハミングしているときのように体が振動している感覚、錯乱（思考がまとまらない）、ブレインフォグ（訳注：頭に靄《もや》がかかった状態）。

## 情緒面のサポート

ブドウは、心が折れたと感じるときに助けてくれ、気分を引き上げて、人生に対して陽気で気楽な見方ができるようにしてくれます。何かの間違いで犯罪行為を訴えられた場合にも、傷つかないように守ってくれ、社会的に締め出されたと感じたときに、癒《ヒーリング》しを促してくれます。特定のプロジェクトや仕事に選ばれずにがっかりしたら、ブドウを買いに行きましょう。着実に前進して、新しいチャンスをつくるのを助けてくれます。

変化に気後れしてチャンスを逸し、あとで後悔するタイプなら、ブドウを積極的に食事に取り入れてください。そして、勇敢になり、人生のここぞというときにうまくいったら、変われたのだと感じてください。最後に、打ち解けないと感じたり、途方に暮れていたり、独りよがりに思える友人や家族にブドウを勧めてください。時間の経過とともに方向性を変え、行動を改めるのをブドウが助けてくれます。

## スピリチュアルな教え

孤立を感じたら（人との交流がほとんどない生活だったり、内気なところに甘んじたりしつつも、自分を受け入れてくれるグループへの所属感に憧れているなど）、ブドウを生活の一部にしてください。覚えておいてほしいのは、ブドウは房になっているということです。一本の蔓《つる》にいくつか房が成長するとき、小さい房はお互いに密着し合ったままで、物理的にも形而上学的にも結びついています。ブドウの実は、全体が隙間なく収まるよう一粒一粒が調節し合います。ブドウを選んで食べるときには、この素晴らしさに注目してください。そうすれば神聖な意図が生まれ、意識的にも無意識的にも自分が属している集団を見つけられるようになり、本当に戻るべき場所がわかるようになります。

## ヒント

- 私たちはレーズンを見過ごしがちです。控えめな存在に騙されないでください。健康効果はレーズンの方がクコの実よりも強力なのです！
- 新鮮なグレープゼリーが食べたいなら、こちらのレシピを試してください。フードプロセッサーにコンコード種のブドウ、味つけ用の生ハチミツ、保存料としてレモンの搾り汁を合わせます。ハチミツの糖が、酸っぱくて薬効のあるブドウの皮から癒し《ヒーリング》効果のあるファイトケミカルを抽出し、そのファイトケミカルを生物学的に利用可能にして、重要な臓器の奥深くに届けます。
- オーガニックのブドウは、ただやさしく水洗いするだけで食べてください。オーガニックのブドウに残留しているものは、第１部第２章「適応」で紹介した「地面より上にあるバイオティクス」で満たされているので、実際には有益なのです。

## シャリシャリグレープ（2杯分）

キンキンに冷やしたこのドリンクは、簡単に作れてびっくりするほどおいしく、ブドウとココナッツウォーターが摂りたくて作るには文句なしです。きっとヘビーローテーションしたくなります。

**冷凍ブドウ**　4カップ
**ココナッツウォーター**　3カップ

冷凍ブドウとココナッツウォーターをミキサーに入れ、完全に混ぜ合わせるだけ。グラスに入れて召し上がれ。

冷たいものはいらないというのであれば、冷凍ブドウの代わりに新鮮なブドウを使っても構いません。その場合、ココナッツウォーターを2カップに減らします。

# キウイフルーツ

*Kiwis*

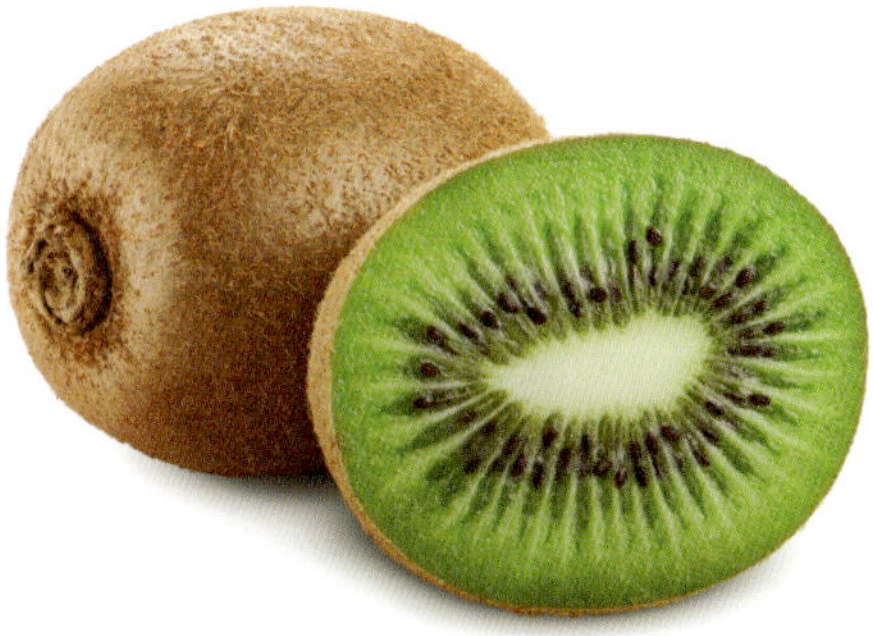

血糖管理が気になっているのなら、キウイフルーツに助けを求めてください。キウイフルーツは糖尿病、低血糖、高血糖にとても効果があります。血糖値が低すぎても高すぎても、キウイフルーツを食べるとほどほどの値に戻してくれると同時に、血中の脂質も抑えてくれます。血糖値が不安定だと、不機嫌になったり、強迫神経症（ＯＣＤ）やうつ病になったり、感情のコントロールが難しくなったりすることが多くなります。キウイフルーツは質の高い糖質、すなわち脳のニューロンの栄養になり、苦痛を和らげてくれる貴重で生物学的に利用可能なブドウ糖を与えてくれるので、そのような場合の最高の仲間なのです。キウイフルーツはストレス時の支えという点でも素晴らしい食べ物です。

また、40種類を超える微量ミネラルが含まれているため、栄養源としても素晴らしい食べ物です。ほかにも、イソチオシアネートやアントシアニンと結合する強力なビタミンCが含まれていて、アントシアニンはキウイフルーツの種に含まれるフェノール酸化合物とともに働いて、体から放射線を取り除き、ウイルスを阻害してくれます。

キウイフルーツはさらに、消化器の疾患や、胃酸逆流、バレット食道、ガス、腹痛、腹部膨満《ぼうまん》など（いずれも胃酸濃度の低さが関わっていることが多い病気や症状です）の不快症状を和らげるのを大いに助けてくれます。キウイフルーツに含まれる大量のアミノ酸（セリン、ロイシン、リシンなど）は、塩酸値を上げるというありがたい効果をもたらしてくれます。さらに、アミノ酸は酵素や補酵素と結合して、消化器系を強化するのを助けるので、無益な細菌、ウイルス、寄生虫、酵母菌、カビなどの破壊的な真菌を寄せつけないようにしてくれます。

## 病態

次のいずれかに該当すれば、生活にキウイフルーツを取り入れてみてください。

眼感染症、僧帽弁逸脱症、慢性気管支炎、バレット食道、胃炎、ピロリ菌感染症、小腸内細菌異常増殖（SIBO《シーボ》）、虫垂炎《ちゅうすい》、脾臓の炎症、副腎疲労、前立腺炎、子宮内膜症、膝滑液包炎、痛風、関節リウマチ（RA）、関節症、シェーグレン症候群、全身性エリテマトーデス、水虫、糖尿病、低血糖、高血糖、ニューロパチー、敗血症、神経炎、炎症、低コルチゾール、高コルチゾール、サルモネラ菌中毒、ヒト免疫不全ウイルス（HIV）感染症、強迫性障害（OCD）、うつ病、自閉症、注意欠如・多動症（ADHD）。

## 症状

次のいずれかに該当すれば、生活にキウイフルーツを取り入れてみてください。

フケ、リンリン・ブンブンという耳鳴り、舌の問題、動悸、げっぷ、胃酸逆流、胃酸の減少、腹部膨満《ぼうまん》、腹痛、鼓腸《こちょう》、腸痙攣《けいれん》、便秘、下痢、慢性の軟便、肛門の痒《かゆ》み、血尿、倦怠感、性欲減退、黄疸、体液貯留、発作、ピリピリ感、仙腸関節（S－I）痛、神経圧迫、不機嫌。

## 情緒面のサポート

感謝や思いやりをもっと示してほしい友人や好きな人に、キウイフルーツを差し出してください。そのような性質を自分に取り入れたいときにも、キウイフルーツは頼りになります。気分の変化がわかりづらくて付き合いにくい人と一緒に働く場合には、一緒に食べるおやつとしてキウイフルーツをいくつか持っておきましょう。自分一人で食べる場合であっても役に立ちます。キウイフルーツは熱心さや活発さを養ってくれて、同僚を感化して、その同僚の感情に圧倒されないようにしてくれるからです。

## スピリチュアルな教え

日々の生活に忙殺されるのは簡単です。私たちは目隠しをすることによって、周囲のことが感じられなくなり、本当の自分でいる感覚から遠ざかり、世界が薄っぺらなものになります。キウイフルーツはそのいずれをも打ち消してくれます。

今度、キウイフルーツを半分に切ったとき、中がどうなっているかをよく見てください。宇宙空間を見ているようです。キウイフルーツの雌木（雌木だけが実をつけます）は成長の過程で、宇宙エネルギーをチャネリングし、私たちを取り巻く偉大なものを写真に収めて、成長する一つひとつのキウイフルーツに溜めていくのです。世界の星々、惑星、神秘、そして奇跡を表した驚くべき絵（私たちの地球は本当に小さな一部でしかありません）を包含する食べ物はほかにありません。

キウイフルーツを味わっているときは、このことについて瞑想してください。この果物は、表向きは控えめですが、中を開けると銀河が現れ、私たちの心も開かれます。意識的にも無意識的にも、私たちは、窮地に陥って孤立してしまうような困り事から離れることができるのです。私たちは、宇宙がどれだけ広大か、自分自身をどれだけ抑え込んでいるかを思い出し、日常生活がいかに薄っぺらいかということにショックを受けます。そうして自分の目的を知り、存在の秘密につながることができるのです。

**ヒント**

- キウイフルーツの効果を十分に感じるには、1日3回、1週間にわたって食べます。キウイフルーツを感情、体、精神によいサプリメントだと思って、午前9時、正午、午後3時に摂取します。その7日間は、どんな変化が起きたかや、違いを感じたことや、急にひらめいたことなどあらゆる「お告げ」を日誌に記します。
- キウイフルーツを器に入れてナイトテーブルに置いておきましょう。すると、キウイフルーツが感情のさまざまな側面を強化してくれます。熟したキウイフルーツの傍で眠ると、あなたという存在と親しくなってくれますし、あらゆるレベルで効果が高まり、人生を変える最高の結果を出してくれます。

# キウイフルーツ串、イチゴとデーツのソース添え（2〜4人分）

このキウイフルーツの串刺しは簡単に作れて見た目もきれいで、子どもも大人も大好きになります。楽しく華やいだ気分にしてくれて、どんな場面にもピッタリです。イチゴとデーツのソースは、上からかけて甘みを付けるには完璧です。

**キウイフルーツ**　6個
**マンゴー**　1個、さいの目に切る。
**ラズベリー**　1カップ
**イチゴ**　1カップ
**デーツ**　1カップ、種を取り除いておく。

キウイフルーツは皮を剝いて、薄切りにします。お好みでキウイフルーツ、マンゴー、ラズベリーを並べて木串に刺します。イチゴとデーツをミキサーでなめらかになるまで混ぜて、ソースにします。

# レモンとライム

*Lemons & Limes*

レモンが存在しなければ、世界はまったく違った場所になっていたことでしょう。想像してください。レモネードのない幼少期を、喉が痛いのにハチミツレモンティーがないことを、夏にレモンの焼き菓子がないことを。それはライムも同じです。ワカモレ（訳注：メキシコのサルサソース）、キーライムパイ、ライムエード（訳注：レモネードのライム版）のない人生を思い浮かべてください。レモンとライムは、古代と現代とから織りなされた私たち人間という織物の基本部分です。それは私たちがとても好きな味というだけでしょうか。それとも、それ以上のものでしょうか。それは、年齢を問わず惹きつけてきたレモンとライムの顕著な癒し《ヒーリング》の力でしょうか。

レモンとライムの木の根は地中深くに伸び、数十種類の貴重な微量ミネラルを吸収していて、果実は私たちにその栄養素を渡してくれています。レモンとライムは、ミネラル塩と微量ミネラル塩が摂取できる食べ物としてはトップレベルであることから、水和作用（訳注：潤す作用）が非常に高く、電解質を産生します。レモンとライムに含まれる微量の生物学的に利用可能なナトリウムは、レモンやライムが私たちの身体に与えてくれている価値の原動力となっています。

レモンとライムに含まれるビタミンCは、同じ柑橘類の中でも最も吸収のよいものになります。また、人々がカルシウムをどこから摂ればよいか気にしているということをよく耳にしているでしょう。搾りたてのレモンやライムが、渇望している体に生理活性のあるカルシウムを与えてくれるので、レモンとライム以外のものを探す必要がありません。また、レモンとライムに含まれるリモノイドというファイトケミカルが、実際にビタミンCとカルシウムを結合させるので、一方（ビタミンCかカルシウム）が体のどこに行っても、もう一方（カルシウムかビタミンC）も付いて行きます。これにより、それぞれの生物学的利用能が強化され、体をアルカリ性にして、ほぼすべての癌の増殖を妨げるのを助けます。レモンとライムに含まれる抗酸化物質のフラボノイドも、疾患と闘ううえで味方してくれます。風邪、インフルエンザ、気管支炎、肺炎を何とかしたいとき、粘液を排出する効果が最も高いもののひとつがレモンです。レモンとライムはまた、肝臓、腎臓、脾臓、甲状腺、胆嚢をきれいにする作用も抜群です。私たちがプラスチック、合成化学物質、放射線、粗末な食生活にさらされて集めた数々の毒性物質を浄化してくれます。

何らかの解毒を行う場合、果物と野菜を食べる量を増やすにしても、レモン水やライム水を朝一番に飲むとよいのです。解毒しているときに水を十分に飲まないのは、ゴミを捨ててもゴミ回収業者が取りに来てくれないようなものです。解毒作用によって汚れが細胞や組織から出されたら（肝臓が一晩中、その作業の大半をしてくれています）、目が覚めたときに洗い流す必要があります。そうしないと、毒素が戻ってしまいます。洗い流すには、普通の水よりもレモン水やライム水の方が有益です。飲料水は濾過によって命を奪われてしまっていることが多いのですが、柑橘類のスター的存在のレモンやライムなら、水の癒《ヒーリング》し能力を再び活性化してくれるからです。

## 病態

次のいずれかに該当すれば、生活にレモンやライムを取り入れてみてください。

あらゆる種類の癌、偏頭痛、慢性の耳感染症、結膜炎、酒皶《しゅさ》、にきび、鼻風邪、連鎖球菌咽頭炎、気管支炎、肺炎、インフルエンザ、心房細動、腎疾患、腎結石、尿路感染症（ＵＴＩ）、副腎疲労、胆石、膵炎、Ｃ型肝炎、虫垂炎《ちゅうすい》、原因不明の不妊症、生殖器系の「電池切れ」状態、多発性硬化症（ＭＳ）、関節リウマチ（ＲＡ）、糖尿病、高血圧症、肥満、栄養分の吸収の問題、食物アレルギー、ブドウ球菌感染症、ヒト免疫不全ウイルス（ＨＩＶ）感染症、ヘルペス感染症、カンジダの異常増殖、不安症、不眠症。

## 症状

次のいずれかに該当すれば、生活にレモンやライムを取り入れてみてください。

頭部の痛み、頭痛、耳痛、視力障害、後鼻漏《こうびろう》、副鼻腔の分泌物、歯痛、口内乾燥、抑えられない咽の渇き、不整脈、咳《せき》、消化器系の不快感、胸やけ、げっぷ、吐き気、嘔吐、胃酸逆流、胃酸の減少、おりもの、粘液過多、脱水、発熱、体重増加、血糖値の不均衡、体液貯留、高コルチゾール、筋肉痛、振戦《しんせん》、神経質。

## 情緒面のサポート

レモンやライムは、難しいニュースにどぎまぎしている気持ちを落ち着かせるのに理想的です。また、悲しみ、苦痛、心配といった感情を変化させてくれ、気分を引き上げ、ハートに耳を傾け、問題が起きたときの憂うつな気持ちを元に戻すのを助けてくれる素晴らしい食べ物です。

## スピリチュアルな教え

レモンやライムの木の枝を見ると、棘があります。これは、木が極端に身を守っているからであり、本当にふさわしい人、慎重な人だけが、ゆっくりと時間をかけて果実を収穫できるようにしたいからです。無防備にレモンやライムの木から素手で果実を採ることはできず、１個ずつ注意して鑑賞しながら採ることになります。

同じことが人間関係にも当てはまります。人が警戒心を強めている（すぐにカッとなる）のを見たり、自分がそうだと言われたりしたことがあるかもしれません。レモンやライムの木の棘のように、この自己防衛は、他人が土足で踏み込んできたり、ただ利用されたりしないために用いる自然な防御システムです。私たちが本当に望んでいるのは、ただレモンやライムの木のように、お互いを尊重し、称賛し、周囲の人たちと共生するという実りある関係です。お互いに気をつけるよう、軽く突っついて思い出させることもあります。

**ヒント**

- 自分の人生に大切な人がいて、人間関係を発展させ続けたいのであれば、一緒に座ってレモンティーを飲みましょう。こうすることによって、会話が弾み、二人とも心を開いて情熱も高まります。
- 朝起きてすぐに、水５００ミリリットルを２杯（レモンかライム１／２個分の搾り汁をグラスごとに入れる）を飲みます。そうすると30分で肝臓がきれいになるので、そのあと朝食を摂ります。
- 傷口には柑橘類が触れないようにする必要があると思うかもしれませんが、小さな切り傷やすり傷であれば、そこに新鮮なレモンかライムを搾りかけると、強力な消毒作用、抗細菌作用が得られ、ブドウ球菌感染症の予防にもなります。
- レモンやライムの果汁は口腔衛生にもすぐれています。果汁を少量の水で薄めると、最良の抗細菌マウスウォッシュや歯肉洗浄剤になります。
- 眠れないときには、ぬるま湯に生ハチミツとレモンかライムの搾り汁を加えて飲むと、活発な電気インパルスや神経伝達物質を落ち着かせてくれて、十分な睡眠をとるのを助けてくれます。

## レモンシャーベット（3～4人分）

少量のハチミツとセージを添えたレモンシャーベットほど、気分をさわやかにしてくれるものはありません。このシャーベットは、とても簡単に作れ、冷凍庫で３週間はもちます。食後のお楽しみにもなりますし、いつでも口直しとして食べることもできます。

**ハチミツ** 3／4カップ
**セージの葉** 3枚
**水** 1と1／2カップ
**レモンの搾り汁**（新鮮なもの） 1カップ（レモン約6個分）
**レモンピール**（風味付け用） 大さじ1

ハチミツ、セージの葉、水１と１／２カップを小さめのソースパンに入れます。中火でハチミツが完全に溶けるまで加熱します。レモン汁とレモンピールを加えます。よく混ぜて、冷蔵庫で冷やします。セージの葉を取り出して捨てます。この材料をアイスクリームマシーンに入れてメーカーの取扱説明書に従って使用します。アイスクリームマシーンがなければ、ボウルに材料を入れて冷凍庫に入れ、お好みの硬さになるまで30分毎に混ぜます。

# マンゴー

*Mangoes*

寝つきをよくするには温めたミルク、と考えがちですが、実はあまり褒められた方法ではありません。実際には、ミルクに含まれる脂質と乳糖（糖の一種）の組み合わせは膵臓に負担をかけ、インスリン抵抗性の引き金を引いて、偽の眠気を引き起こします。ちょうど感謝祭のディナー後の反応と同じです。七面鳥の高脂肪とパンプキンパイの加工糖（七面鳥のトリプトファンではありません）との組み合わせは、食後に瞼を重くするのです。

本当に驚異的な睡眠補助剤はマンゴーです。寝る前にマンゴーを食べると、ファイトケミカルが、グリシン、グルタミン、システインといったアミノ酸とともに、果糖やブドウ糖と結合し、脳に運ばれて枯渇した神経伝達物質を素早く取り戻します。これにより、ほとんどの不眠症の人たちはようやく、夜間に本物の休息を得ることができます。

マンゴーはほかにも、実に多くの点で健康面に有益です。ストレス時の支えやウイルス防御に素晴らしい効果を発揮するマンゴーは、β-カロテンも豊富で、皮膚を強化したり支えたりして、あらゆる種類の皮膚癌の予防にも役立ってくれます。マンゴーは、低血糖、境界型糖尿病、２型糖尿病の改善に役立つ強力なツールです。マンゴーに含まれる生物学的利用能の高い微量マグネシウムは、ファイトケミカルのフェノール酸と結合して、中枢神経系を落ち着かせ、脳卒中、痙攣《けいれん》発作、心臓発作を食い止めてくれます。マンゴーの果肉は胃や腸壁を鎮静させて、便秘を改善します。マンゴーは運動時の食べ物としても素晴らしく、微量のナトリウム、本当に必要なブドウ糖、そしてマグネシウムを筋肉に与えて、「燃えている」感覚を抑えつつ、さらに長くハードなワークアウトを可能にしてくれます。

## 病態

次のいずれかに該当すれば、生活にマンゴーを取り入れてみてください。

脳炎、てんかん、ベル麻痺、緑内障、黄斑変性症、慢性甲状腺炎、甲状腺機能低下症、甲状腺機能亢進症、胃食道逆流症（ＧＥＲＤ《ガード》）、消化性潰瘍、胃癌、クローン病、大腸炎、腎不全、副腎疲労、肝機能低下、脂肪肝、腎結石、尿路感染症（ＵＴＩ）、子宮筋腫、原因不明の不妊症、皮膚癌、潰瘍、糖尿病、低血糖、パーキンソン病、グレーブス病（バセドウ病）、慢性疲労症候群（ＣＦＳ）、クッシング症候群、カンジダの異常増殖、日焼け、不安症、不眠症、うつ病、アルツハイマー病などの認知症、摂食障害、人格障害、季節性感情障害（ＳＡＤ）、心的外傷後ストレス障害（ＰＴＳＤ）、注意欠如・多動症（ＡＤＨＤ）。

## 症状

次のいずれかに該当すれば、生活にマンゴーを取り入れてみてください。

かすみ目、よく眠れない、いびき、消化不良、便秘、腹圧、結腸の痙攣《けいれん》、疼痛性肩拘縮《とうつうせいかたこうしゅく》（五十肩）、筋肉疲労、筋肉痛、筋痙攣、倦怠感、コレステロール値の上昇、血圧の上昇、不安感、認知の問題、記憶力低下、憂うつ、無関心、億劫《おっくう》、気分変動、ブレインフォグ（訳注：頭に靄《もや》がかかった状態）、錯乱（思考がまとまらない）。

## 情緒面のサポート

マンゴーは、精神衛生という点で人生を変えてくれます。気分を上げてくれるだけでなく、抑うつや季節性感情障害（ＳＡＤ）を和らげてくれます。マンゴーは、見捨てられ感、孤立感、孤独感、拒絶感、避けられている感覚、切り離されている感覚、心細さ、傷心、仲間はずれ感、失望感のある人に対して特に強力な癒し《ヒーリング》効果があります。それは、マンゴーには物事を顕現する力があるからです。マンゴーを食べると、方向を改めてくれて、喜びを経験するチャンスを広げてくれます。最終的に、自分の運命とつながるのを助けてくれるのです。

## スピリチュアルな教え

マンゴーは、ほかの果物とは異なり、熱を操ってくれます。極端な高温で焼けつくような太陽を浴びても、マンゴーは自分自身を保護する方法を知っています。マンゴーを生活の中に取り入れると、内なる冷静さを自分のものとすることができます。マンゴーは感情を高ぶらせることなく極端な状況に対処するのは可能であることを教えてくれます。とても大きなストレスに直面しても、落ち着きや平静さを保つ方法、つまり火がついたようなときに、短気になったり怒ったりしないよう思いとどまる方法が学べます。今度、緊張を強いられる状況に直面したときは、マンゴーをおやつに食べるか、冷凍マンゴーをスムージーに加えてみてください。マンゴーが体内に入ると、この強力なツールが今までにないようなつらい状況に向き合うのを助けてくれることを思い出すでしょう。

**ヒント**

- はっきりとわかる結果を得るには、マンゴーを1日2個食べます。
- 深い睡眠でスピリチュアル的意味合いの強い夢を見たいのであれば、寝る前にマンゴーを1個食べます。朝、啓示が来るのに備える最良の方法です。
- マンゴーだけを食べると睡眠を助けてくれますが、セロリスティックやサラダと一緒に食べると、そのエネルギーは反転します。マンゴーと緑色野菜との組み合わせを一日の終わりのほうに食べれば、仕事のプロジェクトのために夜更かしする必要があるときに、もうひと頑張りを与えてくれます。
- トレーニングの時間を長くしても回復しやすくするには、運動の種類に関係なく、運動前にマンゴーを食べます。
- 問題解決のために瞑想している場合、その前にマンゴーを食べてみてください。必要な洞察とつながるのを助けてくれるでしょう。

## マンゴーラッシー（1～2杯分）

このマンゴーラッシーは、舌にある味蕾《みらい》を喜ばせるには完璧です。ここで紹介するものは、ココナッツミルクとマンゴーの芳醇な組み合わせで、絹のようになめらかです。伝統的な飲み物に、カルダモンが確かなひとひねりを加えてくれますが、カルダモンの複雑な風味に慣れていないのであれば、ごく少量にとどめてください。

**マンゴー**（さいの目切り）　4カップ
**ココナッツミルク**　1／2カップ
**ミントの葉**　2枚
**冷凍バナナ**　1本
**カルダモン**　ひとつまみ（お好みで）

材料を全部ミキサーに入れて、なめらかになるまで混ぜます。グラスに入れて召し上がれ！

カルダモンはかなりはっきりした強い癖があるので、ごく少量を加えるか、好みでなければ入れなくても構いません。

# メロン
## Melons

メロンは、癒し《ヒーリング》過程には不可欠であり、健康問題に悩んでいて良くならないとき、その結末はまさに、メロンが食事の一部となっているかどうかにかかっています。スイカ（ウォーターメロン）、ハネージュメロン、マスクメロン、クレンショウメロン、カナリアメロン、サンタクロースメロン、ガリアメロン、シャランテメロン、カサバメロン、いずれも健康の殿堂へのカギです。過去1年間にメロンを何個食べたか自分に尋ねてみてください。数を言うのは難しいかもしれません。それは、メロンはすでにカットされたものを食べるのに慣れていて、しかもほかの食べ物に添えられていることが多いからです。ほとんどの人にとって、過去12か月間で食べたメロンはトータルでわずか1個あるかないか、くらいです。

これは大きな損失です。なぜかというと、メロンは神と母なる地球によって私たちのためだけに作られているからです。メロンは母乳のようなものであり、さらに言うと、メロンは消化しやすいのです。つまり、メロンの果肉はとても消化吸収されやすく、体内に入ったあと、私たちの消化器系はほとんど処理する必要がないということです。酵素と、科学では発見されていない酵素を強化する特定の補酵素がとても豊富だからです。メロンの果糖は1分と経たないうちに胃から出てしまい、残りは腸管に直接入って、すぐに体を強化したり補ったりします。メロンを食べることは、静脈栄養法を受けるようなものなのです。

生化学を含むどの学問分野的にも、メロンはまさに私たちの身体が求めているものです。メロンは本質的には精製水のボールです。この活性度の高い液体は、カビ、マイコトキシン、ウイルス性神経毒、未消化のタンパク質毒素、アンモニアガス、細菌性毒素など、体内に存在するあらゆる種類の毒素と結合し、洗い流して免疫系を立ち直らせます。さらに、電解質の含有量が多いことから、ストレス性の脳卒中、動脈瘤、塞栓症から脳神経系全体を保護するのを助けてくれます。メロンは血液をほどよく薄めて心臓発作のリスクを抑え、心疾患や血管の問題の予防に役立ち、肝臓や腎臓の疾患をも抑えてくれますから、肝臓または腎臓の機能障害で悩んでいるのであれば、メロンを食べるかどうかは死活問題となります。メロンに含まれる成分は、私たちの血液とほぼ同一であり、そこに含まれるナトリウム、カリウム、ブドウ糖も豊富で生物学的に利用可能です。口にできるものとしては、メロンが最も水和力の高い食べ物のひとつである所以です。この水和作用は、とりわけ高い血圧を抑えるのに役立つため、きわめて重要です。

メロンは最もアルカリ化作用の強い食べ物のひとつであり、生物学的利用能が高く、生理活性のある微量ミネラルの数が多いことから、電解質が正常値を上回るようにして、体内で使いやすくする役割を担っています。そのため、体の解毒過程が増幅され、微量のＤＤＴ、その他の農薬、除草剤、重金属を臓器の深部から追い出します。また、メロンはケイ素が豊富で、靭帯《じんたい》、関節、骨、歯、結合組織、腱《けん》を修復するのにすぐれています。メロンはブドウ糖のバランスをとってくれるものとしては最強の食べ物のひとつでもあり、インスリン抵抗性を予防し、高ＨｂＡ１ｃ値を下げる働きがあります。

## 病態

次のいずれかに該当すれば、生活にメロンを取り入れてみてください。

脳卒中、一過性脳虚血発作（ＴＩＡ）、てんかん、心臓発作、心疾患、塞栓《そくせん》症、動脈瘤、にきび、歯の問題、バレット食道、ピロリ菌感染症、消化性潰瘍、過敏性腸症候群（ＩＢＳ）、大腸炎、クローン病、乳癌、膵臓癌、膵炎、肝疾患、肝硬変、肝臓癌、腎疾患、尿路感染症（ＵＴＩ）、原因不明の不妊症、生殖器系の「電池切れ」状態、炎症、結合組織の炎症、腱《けん》炎、多発性硬化症（ＭＳ）、筋萎縮性側索硬化症（ＡＬＳ）、骨粗鬆《こつそしょう》症、敗血症、アシドーシス、シェーグレン症候群、アジソン病、糖尿病、低血糖、インスリン抵抗性、重金属中毒、カビへの曝露、大腸菌感染症、酵母菌感染症、ヘルペス感染症、食物アレルギー、食物過敏症、パーキンソン病、不安症、うつ病、心的外傷後ストレス障害（ＰＴＳＤ）、強迫性障害（ＯＣＤ）、注意欠如・多動症（ＡＤＨＤ）。

### 症状

次のいずれかに該当すれば、生活にメロンを取り入れてみてください。

かすみ目、胃の不調、慢性の吐き気、胃酸の減少、腹痛、便秘、肛門の痒《かゆ》み、腎臓の痛み、背部痛、関節痛、骨密度の問題、痙攣《けいれん》、ひきつけ、こむらがえり、体のこわばり、振戦《しんせん》、震え、発作、脆弱《ぜいじゃく》爪、皮膚の痒み、水疱、発熱、血行不良、血糖値の不均衡、慢性脱水症、衰弱、老化の進行、血液毒性（抗癌剤の副作用による血液細胞の減少）、不明瞭発語、ブレインフォグ（訳注：頭に靄《もや》がかかった状態）。

### 情緒面のサポート

怖がりだったり、悪いニュースを聞くとつらくなったり、繊細さやPTSDによって重荷を抱えているなら、メロンが神経質、物怖じ、不安感、窮屈さから抜け出させてくれます。良いニュースを待望しているのであれば、メロンがさらにサポートしてくれ、その過程で必要な忍耐強さを与えてくれます。我慢強くないなと思ったり、自分の判断や考えに躓《つまず》いていたりする友人や家族には、メロンを差し出してください。その贈り物により相手のエネルギーが落ち着いて話が通じやすくなり、相手を受け入れやすくなります。

### スピリチュアルな教え

メロンが持つ消化しやすさという奇跡は、私たちに、認識していなくても強力なプロセスが働きうることを教えてくれます。私たちは生活の中のあらゆる良いことを得るために、あらゆる手段を尽くす必要はありません。良いことは苦労しなくてもやってくることがあります。私たちの体、精神、魂の中では強力な癒し《ヒーリング》が起きていますから、私たちは、ただ成り行きに任せてさえいればよいのです。私たちのために用意された状況は自ずと現れますから、私たちがすべきことは、そのチャンスを掴みさえすればよいのです。日常生活にこの種の恩恵はあると思っておいてください。

**ヒント**

- メロンの恩恵を受け取るには、一日に少なくとも１／２個のメロンを食べてみてください。
- 消化しやすさゆえに、メロンを食べると胃痛を起こすことがあります。メロンは素早く消化管を通過しますから、密度の高い食べ物と一緒に食べたり、同じ日に重い食事をしたりすると、腸管でつかえて発酵し始める可能性があります。一日の最初の食事に、メロンだけ食べるか、新鮮な野菜ジュースを一緒に飲むのが一番です。
- メロンの種類によって、熟すまでの時間はさまざまです。甘い香りと、花がついている部分に少し弾力があれば、ほとんどのメロンは熟しているという合図です。

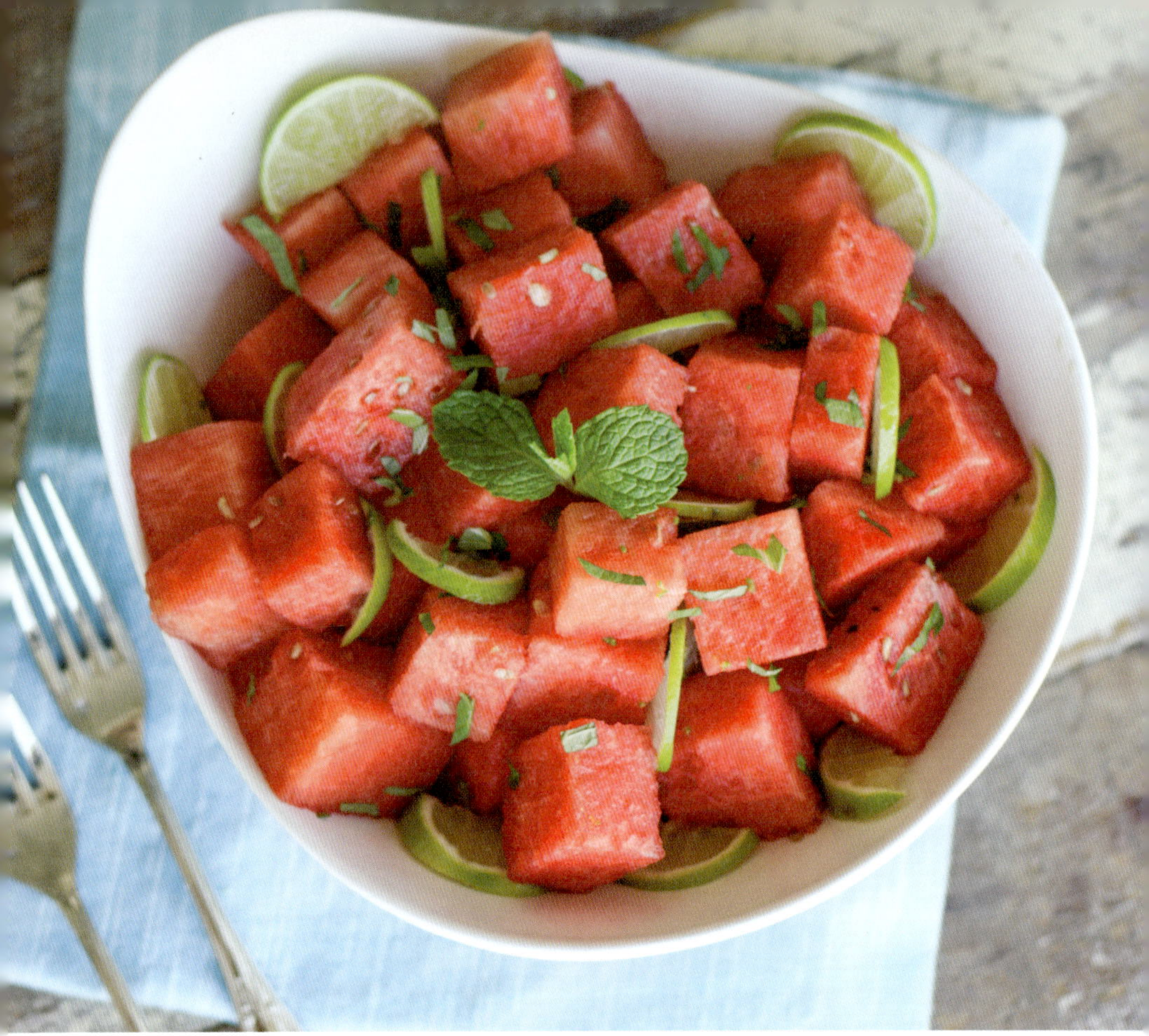

# スイカ（ウォーターメロン）の<br>ミントとライムあえ（2人分）

このスイカのサラダはシンプルなように見えて、フレーバーの組み合わせはこれ以上ないほど完璧です。スイカのほのかな甘さが、はじけんばかりのライムの果汁とともに音を奏でます。夏はこのメニューによだれが止まらないでしょう。

**スイカ**（角切り） 8カップ
**ライム**（果汁）約2個分
**ミントの葉**（細かく刻んだもの） 1／4カップ

スイカを深めのお皿に入れます。上からライムをやさしく搾りかけます。細かく刻んだミントの葉を散らして、出来上がりです。

# オレンジとミカン
## Oranges & Tangerines

歴史的に、北で暮らす人たちは、冬場にビタミンC、マグネシウム、カリウムが極端に不足していました。つまり、一年のある時期を過ぎると、乳製品、卵、穀類、そして少量の肉類で生きていかなければならず、野菜は残りものがわずかにあるだけで、果物はさらに少量でした。トラックによる青果物の配送が現代の頼みの綱になる前は、都会人は、「南の土地からオレンジという珍しいものを運んでいる」と噂された列車に群がっていましたが、柑橘類が乗せられていても、その大半は金持ちの家庭と町の行政委員のところに行っていました。迷子のオレンジをあまり恵まれていない町の住民が手に取っても、それは同じ重さの金と同等の価値があり、とても買えませんでした。ですから、当時の人々はオレンジを奇跡の果物として尊重していました。

今日では、オレンジは一般人の目には輝いて見えなくなりました。今の人は柑橘類アレルギーを心配

病態

していて、歯科医はオレンジの酸が歯のエナメル質に悪いと警告しています。一緒になってオレンジを踏みにじらないでください。オレンジ（とその仲間であるミカン）は補酵素グルタチオンに満ち溢れていて、フラボノイドとリモノイドの含有量が多いために、この補酵素が活性化するというのが真実です。医学ではまだこの関係に踏み込んでいませんが、オレンジとミカンが21世紀に蔓延した慢性疾患を癒すためのカギとなります。グルタチオン、フラボノイド、そしてリモノイドは共に闘ってウイルスを退け、体を放射線によるダメージから保護して、有毒重金属を不活性化します。

また、オレンジとミカンはある種の生理活性のあるカルシウムが豊富で、それはほかからは得られない成分です。しかも体はこのカルシウムを即座に吸収します。つまり、オレンジとミカンは、歯を破壊するのではなく歯の再生を助けるということです。オレンジとミカンに含まれる酸は破壊的なものではなく、むしろ腎結石や胆石を溶解して、良い方に働いてくれるのです。

今は、オレンジやミカンの真価を認めていた時代に再びつながる時です。この柑橘類は元気を与えてくれる果物であり、基本的に食べるべきものなのです。今度、ネーブルオレンジやブラッドオレンジ、バレンシアオレンジ、マンダリンオレンジ、ハニーマーコットオレンジ、クレメンタインオレンジ、ミネオラタンジェロのそばを通ることがあれば、１９００年代初頭の先祖たちにとってどんな意味があったろうかと思いを馳せ、進歩によって、甘い果汁が生活の中に取り入れられる機会が自分たちに与えられていることを喜んでください。

次のいずれかに該当すれば、生活にオレンジやミカンを取り入れてみてください。

歯周病、口唇ヘルペス、風邪、連鎖球菌咽頭炎、甲状腺機能低下症、甲状腺機能亢進《こうしん》症、慢性甲状腺炎、胃炎、胃腸の癌、胆石、腎結石、副腎疲労、尿路感染症（ＵＴＩ）、原因不明の不妊症、生殖器系の「電池切れ」状態、ホルモン失調、高血圧症、糖尿病、低血糖、骨粗鬆《こつそしょう》症、動脈硬化、慢性疲労症候群（ＣＦＳ）、滑液包炎、手根管症候群、腱《けん》炎、結節、線維筋痛症、多発性硬化症（ＭＳ）、筋萎縮性側索硬化症（ＡＬＳ）、食物アレルギー、にきび、狼瘡《ろうそう》、帯状疱疹、グレーブス病（バセドウ病）、ハンチントン舞踏病、リンパ腫（非ホジキンリンパ腫含む）、カビへの曝露、サイトメガロウイルス（ＣＭＶ）感染症、ＨＨＶ-6、ＨＨＶ-7、未発見のＨＨＶ-10とＨＨＶ-11とＨＨＶ-12、ＥＢウイルス／単核球症、ヒトパピローマウイルス（ＨＰＶ）感染症、単純ヘルペス1型（ＨＳＶ-1）感染症、単純ヘルペス2型（ＨＳＶ-2）感染症、不安症、うつ病、季節性感情障害（ＳＡＤ）、心的外傷後ストレス障害（ＰＴＳＤ）。

## 症状

次のいずれかに該当すれば、生活にオレンジやミカンを取り入れてみてください。

回転性めまい、耳痛、リンリン・ブンブンという耳鳴り、かすみ目、嚥下困難、咽喉痛、顎の痛み、呼吸困難、胃酸逆流、便秘、倦怠感、衰弱、血糖の問題、背部痛、体の痛み、体のこわばり、うずきとしびれ、移動するうずきと痛み、皮膚の変色、紫斑、水分貯留、脱水、ほてり、振戦《しんせん》、ハミングしているときのように体が振動している感覚、気力の喪失、無関心、憂うつ、気分変動、神経質。

## 情緒面のサポート

オレンジやミカンの果汁は、まるで液体の日光です。悲しくなったり、涙ぐんだり、陰気な気持ちになったり、落ち込んだりすることが多いのであれば、オレンジが憂うつさを切り開いて、生活に光を当ててくれます。太陽が当たらず孤独に感じ、何もない空虚さを埋めたいときに食べるには申し分ありません。オレンジは寒気を取り去って、代わりに暖かさで包んでくれます。

## スピリチュアルな教え

オレンジとミカンは、生活で一番大切な要素を見落としていることを思い出させてくれます。私たちは時々、考えないようにしていることや、見放していることについて考え、そのいずれもが低く見るだけのことであるのかどうか、考え直さなければなりません。オレンジやミカンの場合、オレンジジュースは時々しか飲まず（しかも飲むと罪悪感がある）、クレメンタインオレンジは年一回軽く食べる程度、オレンジマーマレードをトーストに塗ろうとすることは滅多にないかもしれませんが、オレンジとミカンはまさに食事の中心に据えるべきものなのです。生活の中でオレンジとミカンが占める部分を大きくしたうえで、周りを見回してください。ほかに見直す価値のあるものはあるでしょうか。

## ヒント

- オレンジとミカンの効用を最もよく認識するには、1日4個食べます。
- おやつとして食べるなら、オレンジかミカンの櫛切りに生ハチミツをかけます。ハチミツは、柑橘類のペクチンがカビ、酵母菌、ウイルスのほか、腸管の無益な細菌を殺したり除去したりする能力を１・５倍にします。

- 消化を助けるには、新鮮なオレンジやミカンをお好みのサラダや料理に搾りかけてみてください。消化のよさを最高レベルにしてくれるでしょう。

## スペイン風オレンジとオリーブのサラダ（2～4人分）

甘みの利いたジューシーなオレンジとたっぷりのオリーブとアボカドのサラダは、明るい気分にしてくれます。また、心を満たしてもくれるものを食べたいときには申し分ありません。しかも、元気な色味で、健康効果があって見栄えもよくて驚きです。このサラダはそのまま食べたり、サラダ菜と合わせたり、巻いて食べたりして楽しんでください。

**オレンジ**　6個、種類は問いません。
**グリーンオリーブ**（スライスしたもの）　1／4カップ
**パセリ**（細かく刻んだもの）　1／4カップ
**赤タマネギ**（みじん切り）　1／4カップ
**アボカド**　1個、角切りにする。
**黒コショウ**（お好みで）

オレンジは、ヘタと底の部分を切り落としてからまな板の上に置き、周りを切り落としていって、皮をすべて取り除きます。次に、水平にスライスして円盤状にして、お皿に並べます。残りの材料をトッピングして、出来上がりです。

# パパイヤ

*Papayas*

パパイヤは控えめなので、スーパーマーケットで近くを通っても、普通は素通りしてしまいます。パパイヤを避けることによって、チャンスを逃していることは、ほとんど知られていません。胃腸のさまざまな異常に悩んでいるなら、パパイヤ以上のものはありません。パパイヤは大腸炎、クローン病、過敏性腸症候群（ＩＢＳ）、潰瘍、憩室炎、胃炎、胃痙攣《けいれん》、肝疾患、膵炎を治してくれます。ピロリ菌、ディフィシル菌、大腸菌を打ちのめしてくれるだけでなく、ほかの不都合な細菌や蠕虫《ぜんちゅう》などの寄生虫を腸管から取り除いてくれます。小腸内細菌異常増殖（ＳＩＢＯ《シーボ》）を抱えているのなら、パパイヤは理想的な食べ物です。

　パパイヤは消化の良さではトップクラスです。パパイヤに含まれる５００種類を超える未発見の強力な消化酵素が膵臓を支え、消化を助け、腸の壁を修復し、炎症を抑え、瘢痕《はんこん》組織ができるのを防いでくれます。パパイヤのアミノ酸と酵素との組み合わせは、未発見の亜化合物のファイトケミカルを生み出して、これがウイルスを取り除いてくれます。パパイヤにはほかにも、未発見ながら強力な補酵素が含まれていて、腸管の内側のアルカリ度を高めてくれます。

　便秘の緩和を助けてほしいのであれば、パパイヤが効きます。胃痛や腸壁の炎症に悩んでいるのであれば、パパイヤがそうした疾患に関わっている神経の末端の炎症を癒すうえで、味方になってくれます。理由が断食であっても、食欲不振であっても、大病であっても、食事を摂らない時期があれば、その後の復食過程では、カロリーが豊富で、栄養も最も望ましく、消化にもすぐれているブレンドパパイヤ（ジュース）が魔法のように効いてくれます。

　パパイヤは皮膚にも驚くほど働きかけてくれます。ビタミン類、ミネラル類、そして何よりカロテノイドが大量に含まれているため、青春の泉のような力があり、シワにも効いてくれます。皮膚の再生を助けてくれるだけでなく、湿疹、乾癬、にきびも一掃してくれます。

## 病態

　次のいずれかに該当すれば、生活にパパイヤを取り入れてみてください。

偏頭痛、飛蚊《ひぶん》症、ベル麻痺、甲状腺機能低下症、甲状腺機能亢進《こうしん》症、慢性甲状腺炎、消化器疾患、胃炎、胃不全麻痺、ピロリ菌感染、大腸炎、過敏性腸症候群（ＩＢＳ）、クローン病、憩室炎、腸管皮膚瘻、潰瘍、肝疾患、肝うっ滞、胆嚢疾患、尿路感染症（ＵＴＩ）、ディフィシル菌感染症、大腸菌感染症、小腸内細菌異常増殖（ＳＩＢＯ《シーボ》）、ＥＢウイルス／単核球症、ライム病、寄生虫、蟯虫《ぜんちゅう》、あらゆる自己免疫性の疾患や障害、糖尿病、低血糖、血液の障害、中枢神経過敏症、グレーブス病（バセドウ病）、湿疹、乾癬、にきび、狼瘡《ろうそう》、帯状疱疹、慢性疲労症候群（CFS）、多発性硬化症（MS）、筋萎縮性側索硬化症（ALS）、線維筋痛症、うつ病、摂食障害。

## 症状

次のいずれかに該当すれば、生活にパパイヤを取り入れてみてください。

目の乾燥、目の下のクマ、顎関節の問題、消化器系の不快感、消化機能低下、胃痛、胃痙攣《けいれん》、胃酸逆流、腹痛、腹部膨満《ぼうまん》、便秘、下痢、ガス、鼓腸《こちょう》、肛門の痒《かゆ》み、膀胱痛、膀胱痙攣、失禁、皮膚の変色、皮膚の灼熱感、脆弱《ぜいじゃく》爪、抜け毛、疼痛性肩拘縮《とうつうせいかたこうしゅく》（五十肩）、関節痛、体の痛み、うずき、しびれ、筋硬直、倦怠感、衰弱、化学物質過敏症の症状、血液不均衡、不安感、ブレインフォグ（訳注：頭に靄《もや》がかかった状態）、記憶力低下。

## 情緒面のサポート

パパイヤは、自分自身であっても愛する人であっても、機嫌が悪い状態から素早く抜け出させてくれます。怒りっぽさ、強情さ、短気が忍び込んできたら分け与えられるよう、手元に置いておいてください。パパイヤは、自分を食べてくれた人に光を吹き込んで、ネガティブな傾向や暗さを追い出し、過去の善悪の判断、恨み、積み重なった失望感を一掃してくれます。

## スピリチュアルな教え

パパイヤの木は、細く脆弱《ぜいじゃく》であることが多いのですが、どの木も果物としては最も重いもののひとつである実を次々実らせます。物理的性質を克服し、何があってもバランスをとるのだというこの意志と決意は、超自然的と言えるほどです。パパイヤは私たちに、崇高な理由のために働いていれば、弱点のように思えることも克服できることを教えてくれています。見た目に何かの価値があるかどうかではなく、私たち一人ひとりの内側にある真の自己によって、私たちが本当に成し遂げられることが決まるのです。

パパイヤの実一つひとつに、薬としての真実が隠されています。パパイヤを食べると、私たちの身体は即座にその要素を特定して使えるようにし、自分を癒して最強の自己になれるよう身体を設計し直します。パパイヤの木と実は、癒すことも、成長することも、何かになることも、制限はないのだということを私たちに理解してほしいのです。疾患や身体の障害があるからといって、私たちは何も妨げられることはなく、最初は無理だと思っていた状況も変化させることができます。

## ヒント

- 便秘の緩和には、パパイヤを一日半分食べます。
- メキシコや中米のマラドールという種類のパパイヤを探してください。この品種は中～大サイズのパパイヤであり、ＧＭＯ（遺伝子組換え作物）が混ざっているハワイの品種よりも好ましいです（ハワイの自宅で、パパイヤを育てているのであれば、話は別です。ＧＭＯの影響を避けるため慎重に世話をするようにすればよいと思います)。

• スパイスがお好きなら、パパイヤの種を2個か3個、果肉とともに食べます。パパイヤの種を週に数粒食べると、寄生虫の除去に効果的です。腸の修復に最高なのは、パパイヤにセロリジュースを合わせたトニックを飲むことです。

## パパイヤスムージーボウル（2人分）

このパパイヤスムージーボウルは、かわいくて食べるのがもったいないくらいです。だからといって、食べるのをやめないでください。パパイヤとラズベリーは最高に相性がよく、バナナ、マンゴー、ミントを加えると、断トツのごちそうになります。自分自身のデザインを生み出して、このレシピを好きなようにカスタマイズするのを楽しんでください。選択肢は無限です。

**パパイヤ**（角切り）　6カップ
**デーツ**　4個、種を取り除いておく。
**ラズベリー**　2カップ、分けておく。
**マンゴー**（さいの目切り）　1カップ
**バナナ**　1本、輪切りにしておく。
**ココナッツフレーク**　大さじ1
**フレッシュミント**（みじん切り）　大さじ1
**ライム**　1/2個

パパイヤ、デーツ、ラズベリー1カップをミキサーでなめらかになるまで混ぜます。これをボウル2個に注ぎます。上にマンゴー、バナナの輪切り、残りのラズベリーを並べます。ココナッツフレークとフレッシュミントを散らし、ライムを搾って仕上げます。

# 洋ナシ
## *Pears*

リンゴは伝説級の食べ物ですが、その近縁種の洋ナシは、「面白味がない」と思われています。洋ナシといえば特徴のない缶詰や、コンポートにしたデザートを思い浮かべる人が多いですが、それ以上に、ほとんどの人は洋ナシのことを日ごろ思い出しません。頭の片隅で、洋ナシの存在を知ってはいますが、それだけです。

膵臓と同じで、その臓器があることを知ってはいても、問題が生じない限りそれがあることを心に刻みつけることはほとんどしません。同時に、膵臓は身体のストレスの多くを受けます。そして、揚げものや味の濃いもの、砂糖の多すぎるものや、高脂肪のデザートを合わせて食べることによって、知らず知らずのうちに膵臓を粗末に扱うことがあります。悲痛、失望、裏切りをはじめとする信頼の破綻のほか、何らかの恐れも膵臓に負担をかけます。膵臓の保護とストレス時の支えは、洋ナシに頼らなければなりません。軽視されている果物ですが、同じく軽視されて酷使されている膵臓の若返りを手伝ってくれたり、膵炎を緩和したり膵臓癌の予防に役立ってくれたりします。

洋ナシは、消化作用のその他の側面にも素晴らしい効果があります。鎮痙剤としても作用し、胃腸の内壁の鎮静を助け、善玉細菌の「エサ」となり、無益な細菌、寄生虫、真菌の「エサ」とはならずにやっつけてくれ、胃酸を増やし、胃腸の癌の予防を手伝い、粘液やピロリ菌などの病原体が作り出す悪い酸を減らしてくれます。また、細菌により損傷を受けて硬くなった腸管の内壁を修復してくれます。

洋ナシの果肉に含まれる小さい顆粒には、ファイトケミカルや微量ミネラルのほか、バリン、ヒスチジン、スレオニン、リシンといったアミノ酸がたっぷりです。微量ミネラルとアミノ酸は、体内のDDTなどの毒を捉えて離さず、体から排出します。微量ミネラル塩のおかげで洋ナシの果汁は電解質が豊富にあり、血糖値を安定させます。なおかつ、洋ナシは偉大な減量食でもあり、肝臓にとっては天与の食べ物で、きれいに掃除するのを助けて肝硬変を食い止めます。洋ナシを生活に取り入れてください。そうすれば、洋ナシを「つまらない食べ物だ」などと思わなくなるでしょう。

**病態**

次のいずれかに該当すれば、生活に洋ナシを取り入れてみてください。

偏頭痛、食道癌、胃癌、胃炎、胃食道逆流症（GERD《ガード》）、裂孔ヘルニア、腸の炎症、腸の瘢痕《はんこん》組織、癒着、小腸内細菌異常増殖（SIBO《シーボ》）、食中毒、ピロリ菌・大腸菌・サルモネラ菌・連鎖球菌・腸のカビ感染症、憩室炎、憩室症、虫垂《ちゅうすい》炎、膵炎、膵臓癌、肝機能低下、肝うっ滞、肝臓癌、肝硬変、A

型肝炎、B型肝炎、C型肝炎、D型肝炎、真菌感染症、帯状疱疹、ヘルペス感染症、皮膚炎、糖尿病、低血糖、インスリン抵抗性、食物アレルギー、強迫性障害（OCD）。

## 症　状

次のいずれかに該当すれば、生活に洋ナシを取り入れてみてください。

胃部不快感、胃の不調、胃酸逆流、腹部膨満《ぼうまん》、便秘、下痢、ガス、腸痙攣《けいれん》、肝熱、コレステロール値の上昇、体重増加。

## 情緒面のサポート

膵臓や肝臓へ負担やストレスがかかりすぎたり、オーバーヒートしたりする背景には、フラストレーション、苛立ち、不安感、平穏さの欠如などの不安定な情緒があることが多いものです。洋ナシは特に肝臓と膵臓の究極的な冷却剤であり、こんな状況を改善するために理想的な食べ物です。

## スピリチュアルな教え

洋ナシの気取らなさは、私たちみなへの教訓です。少しも複雑でなく、派手さがなく、珍しくもなく、見つけにくいわけでも、食べにくいわけでもありません。だからといって、そのパワーはこれっぽっちも減ることがありません。穏やかで、控えめで、地味な美しさがある洋ナシは、ほかの果物にはできない特別な方法で、身体を気遣ってくれます。また私たちに、大声で人の気を引いたり、注目してくれないと憤然としてうずくまったりする必要はないことを教えてくれます。私たちも、真の自己を持ち続けることができますし、見せつけなくてもちゃんと力はあります。

**ヒント**

- 洋ナシが熟す過程の各段階に価値があります。硬くて歯ごたえがある洋ナシは、繊維質が多く、悪玉コレステロールを抑えて粘液を洗い流してくれるほか、病原体をはじめとする残骸を腸管から洗い流してくれます。歯ごたえのある洋ナシのスライスは、サラダに加えると文句なしです。柔らかくてジューシーな洋ナシほど、ブドウ糖の値が高く、消化もしやすくなります。食中毒からの回復中や、その他の理由で食べることができなかった状況に置かれていた人には、熟した洋ナシをブレンダーにかけたものを飲むのが理想的です。
- 洋ナシを食べるのに一番よいのは、朝食と昼食の間か、午後遅い時間（夕食の少し前）です。食欲抑制剤にも消化剤にもなってくれて、スイーツを渇望したり、食べすぎたりするのを防いでくれます。
- リンゴの代わりとして、熟した洋ナシを新鮮な青汁に混ぜてみてください。

# 洋ナシの素焼きクルミのせシナモン焼き

（2～4人分）

温めたメープルシロップにしっかり漬け込んだ柔らかい洋ナシと素焼きのクルミ―寒い冬にぴったりの、ほっとできる一品です。オーブンで焼けるシナモンの香りが暖かさとともに家中に漂い、最後にはみなくつろいで満たされるでしょう。信じられないほど簡単に作ることができ、子どもにも大人にも大ヒットです。

**洋ナシ**（どの種類でも可） 4個
**メープルシロップ** 大さじ2
**クルミ**（刻んだもの） 1／4カップ
**シナモン** 小さじ1／2

オーブンは180℃で予熱しておきます。洋ナシは縦に半分に切り、種を取り除きます。切った面を上にして、天板に並べます。洋ナシの上からメープルシロップを流しかけ、表面をハケでなで、中央のへこんだ部分にメープルシロップが少し残るようにします。クルミを均等に分けて洋ナシの中央のへこみに詰め、シナモンを全体に振りかけます。洋ナシが柔らかくなり、火が通るまで20～30分間焼きます。オーブンから出して温かいうちに召し上がれ！

# ザクロ
*Pomegranates*

ザクロは人気があり、抗酸化物質が豊富であることが特によく知られています。十分に注目されていないところは、この果物が、胆石や腎結石、結節、石灰化、神経節嚢胞《のうほう》などの小嚢胞を溶解させるための天からの賜物だということです。抗腫瘍《しゅよう》特性もあります。ザクロの内側にあるたくさんの宝石のような瑞々《みずみず》しい果粒（専門用語では種衣《しゅい》といいますが、種としてのほうがよく知られています）の一つひとつに、宇宙があります。ザクロの種が（口の中やジューサーの中で）はじけると、小宇宙一つひとつの全パワーが解き放たれ、私たちを助けてくれるようになります。新鮮なザクロを食べると、（アントシアニンなどのファイトケミカルで満たされた）果物の酸が、胆汁、蓄積したタンパク質、そして有毒な形態のカルシウムから形成された健康によくない硬化物の類に触れるたびに、化学反応が起こります。直ちに崩れ始めるのです。多嚢胞性卵巣症候群（ＰＣＯＳ）に苦しんでいるのであれば、ザクロを定期

的に摂取することが特に有益です。

ザクロは、赤血球数も白血球数も増やしてくれる偉大な血液増強剤です。肝臓の貴重なグルコース予備量を取り戻すことによって、血糖値の調整にも重要な働きをしてくれるので、肝臓はこのグルコースを必要に応じて血流に放出することができます。このプロセスが結果として、副腎を保護することになります。というのも、何時間も食べずにいて、肝臓に予備のグルコースがない場合、それでもその状態を維持するため、副腎がコルチゾールなどのホルモンを血中に放出せざるを得なくなり、ひいては副腎が活発になりすぎて最終的には燃え尽きるからです。ですから、副腎のバランスと血糖値の安定化を求めているのであれば、ザクロに目を向けてください。ザクロの質の高いブドウ糖は脳の食べ物にもなり、注意力と集中力を支えてくれます。

さらに、ザクロには、鉄、マンガン、カリウム、クロムなど、生物学的利用能が高く、とても体に吸収されやすい微量ミネラルが含まれています。さらに、ザクロは、毛穴と毛包の汚れを取り除くのにも役立ち、必要な毛髪の成長が促され、皮膚と頭皮を全体的に助けます。ザクロは見事にホルモンを調節してくれます。それは、癌に関与する無益な汚染物質など、有毒なものを洗い流すためです。ザクロはまた、ＤＤＴをはじめとする殺虫剤の解毒を助け、筋肉に蓄積された無用な乳酸を取り除いて、耳垢を除去して、新しくできるのを最小限に抑えてくれます。

## 病態

次のいずれかに該当すれば、生活にザクロを取り入れてみてください。

飛蚊症《ひぶんしょう》、三叉神経痛、肝臓の瘢痕《はんこん》組織、胆石、腎結石、副腎疲労、多嚢胞性《のうほうせい》卵巣症候群（ＰＣＯＳ）、足底筋膜炎、結節、炎症、糖尿病、低血糖、モルトン神経腫、腫瘍、腺腫、蕁麻疹《じんましん》、脱毛症、カビへの曝露、ＥＢウイルス／単核球症、ライム病、レイノー症候群、不眠症、アルツハイマー病などの認知症、自閉症。

## 症　状

次のいずれかに該当すれば、生活にザクロを取り入れてみてください。

頭部の痛み（怪我によるものも含む）、フケ、抜け毛、耳痛、耳垢の蓄積、体の痛み、背部痛、疼痛性肩拘縮《とうつうせいかたこうしゅく》（五十肩）、肋骨痛、足の痛み、下垂足《かすいそく》、こむらがえり、筋痙攣《けいれん》、神経痛、有髄神経損傷、皮膚の痒《かゆ》み、肝熱、嚢胞、石灰化、血糖値の不均衡、空腹感の持続、体重増加、見当識障害、注意力欠如、ブレインフォグ（訳注：頭に靄《もや》がかかった状態）、記憶力低下、錯乱（思考がまとまらない）。

## 情緒面のサポート

ザクロは、日常的に短気になっていて、しかもそのことが問題だと思っておらず、むしろ悪いのはほかの人だと思っている人にとっては、きわめて重要な食べ物です。このような人をご存知なら、その人にザクロを提案しましょう。エネルギーが切り替わって、落ち着き、思いやり、我慢強さの方へと向かうでしょう。自分に対してキレていると感じたり、その相手のせいで調子を狂わされたりした場合には、ザクロを求めてください。落ち着きと集中力を維持するのを助けてくれます。

## スピリチュアルな教え

ザクロは飛び散りやすく、汚れが付きものです。できるだけ慎重にしていても、まさに最悪な瞬間に限って必ず種衣が破裂して、結果的にカーペット、服、調理台、壁、指などが赤く染まってしまうことになります。私たちはみな、ザクロをいじっているときはシルクのブラウスやネクタイはやめたほうがよいことを学んできました。ザクロを割るときには、古いデニムやボロボロのスウェットのシャツ、つまり、ペンキ塗りをするときと同じ創造的なウエアを着て、汚れてしまう（しかも十分報いに値する）とわかったうえでザクロを扱う必要があります。次は、この状況が創造性発揮の機会と、価値のある結果を提示してくれているのだと考えてください。汚れるからと敬遠することを考えていますか。それとも、何の準備もせずに頭から飛び込もうとしていますか。目の前に現れるものを最大限に活かしたいと思うのであれば、ザクロは、汚れに備えることも、それを受け入れることも私たちに教えてくれています。

## ヒント

- 最大の恩恵を得るには、ザクロを1日1個以上食べます。
- ザクロの利用方法に創造力を働かせてください。サラダ、フムス（訳注：豆と油をペースト状にした中東料理）、ワカモレ（訳注：メキシコのサルサソース）や、炒め物の上にも、小さな種子はどこに振りかけても構いません。
- 過度の空腹感や過食、体重増加が気になるのであれば、食前に食欲抑制剤としてザクロの種子を食べます。

## ザクロの小舟（4〜6人分）

ジューシーなザクロの種子とクリームチョコレートのなめらかな層の重ね技が、見た目に美しいおやつです。贈り物にしても、大好物を食べていい気分になりたい気持ちが強いときにも。

**チョコチップ**（カカオ60％以上のビタースウィートのもの） 280グラム
**ココナッツオイル** 1／4カップ
**メープルシロップ** 1／4カップ
**ザクロの種子** 2カップ

チョコチップとココナッツオイルをソースパンに入れ、溶けてなじむまで弱火で混ぜます。メープルシロップを加えます。バットにクッキングシートを敷き、その上に溶けたチョコレートを均一に伸ばします。その上にザクロの種子を並べ、チョコレートに食い込むようしっかり押さえます。冷凍庫で30分以上冷やし固めます。適当に割って召し上がれ！

# 第2章　野　菜　Vegetables

# アーティチョーク
*Artichokes*

今どきのスーパーフード談義において、アーティチョークはトップテン入りするはずです。アーティチョークは栄養素が最も豊富な食べ物のひとつであり、ルテインやイソチオシアネートなどのファイトケミカル、ビタミンA、E、Kなどのビタミン類、アミノ酸や酵素が豊富に含まれています。また、ビタミン$B_{12}$を強化する立役者であり、驚くほど腸内バランスを良くしてくれます。

アーティチョークはほかにも、シリカ（二酸化ケイ素）などのミネラルが詰まっています。シリカは私たちの身体が存在するための基本のミネラルのひとつです。アーティチョークに含まれるマグネシウム（鎮静作用がある）が注目されていますが、マグネシウムのほかにも鎮静作用のあるファイトケミカルが含まれていて、全身を落ち着かせるほか、ミネラルも鎮静作用があるものがまとまって入っています。これほどの高濃度のミネラルは、アーティチョークが育んでくれる、充実性（訳注：「中身が詰まった」という意味の医学用語）の臓器や腺（肝臓、脾臓、膵臓、脳、副腎、甲状腺など）に対応しています。そういった臓器の奥深くには基本的な栄養素が備蓄されていますが、アーティチョークは長寿にするための備えを補う食べ物のひとつなのです。

アーティチョークは膵臓には素晴らしい食べ物であり、糖尿病、低血糖をはじめとする血糖値の不均衡を抱える人々にとって理想的な食べ物です。腎結石や胆石のほか、体内の石灰化や瘢痕《はんこん》組織を減らすには最良の食べ物のひとつでもあります。アーティチョークは、X線撮影、癌治療、歯科治療のほか、一般的に曝露する放射線から体を保護する作用が顕著です。

アーティチョークは真剣に生活に取り入れるべきものであり、薬（土臭いけど、甘くておいしい薬）と考える必要があります。あまり見た目がよくなく、どう扱ってよいかわからないため、多くの人は新鮮なアーティチョークに関わろうとはしません。でも、アーティチョークの調理法を知ってしまえば、素晴らしく栄養価の高い料理が生活の中に取り入れられることでしょう。

### 病態

次のいずれかに該当すれば、生活にアーティチョークを取り入れてみてください。

視神経の異常、アフタ性口内炎、甲状腺疾患、胃潰瘍、大腸炎、膵臓癌、肝臓癌、肝硬変、脂肪肝、肝うっ滞、A型肝炎、B型肝炎、C型肝炎、胆石、腎結石、間質《かんしつ》性膀胱炎、原因不明の不妊、生殖器系の「電池切れ」状態、パパニコロウ塗抹検査異常（子宮頸部細胞の異常）、糖尿病、低血糖、全身性エリテマトーデス、内部瘢痕《はんこん》組織、骨髄炎、多発性骨髄腫などの血液細胞の癌、手根管症候群、骨折、アキレス腱損傷、内分泌系の障害、帯状疱疹、ヒト免疫不全ウイルス（HIV）感染症、ライム病、食物アレルギー、食物過敏症、不眠症。

## 症　状

次のいずれかに該当すれば、生活にアーティチョークを取り入れてみてください。

肋骨痛、腹痛、肝機能障害、脾腫、尿意切迫、神経痛、脆弱《ぜいじゃく》爪、ミネラル不足、血糖値の不均衡、電磁波過敏症の症状、骨密度の問題、骨量減少、石灰化、夜間の睡眠困難、感情的摂食。

## 情緒面のサポート

心にさまざまな感情を抱えている人、すなわち落胆した（心が落ち込んだ）人、悲嘆にくれる（心が壊れた）人、心根の曲がった（心がよこしまな）人、冷淡な（心が冷たい）人にとって、アーティチョークはきわめて重要です。アーティチョークは神聖なパイプ役であり、定期的に食べると、ハートチャクラを開いてくれて、癒《ヒーリング》しの火を灯してくれます。

## スピリチュアルな教え

私たちはときに、自分自身を守るために鎧《よろい》を着けます。傷ついたり、利用されたりという一つひとつの経験により、「私」という人間の核の部分と外の世界との間に一枚一枚層をつくります。それは自然から学んだ必要な行為、つまり生き残り戦術です。ただしアーティチョークのように、時間をかけて鎧を一枚一枚剝がしていけば、その下に、私たちはみなソフトで、屈しない心があることに気づきます。つながりはいつでも簡単にやってくるわけではなく、ときに棘《とげ》を一つひとつ外していく作業が必要ですが、自分自身にも相手にもある、やさしくて裏表のない誠実な中心に至る作業は価値があることをアーティチョークは教えてくれるのです。

**ヒント**

- 確実に結果を出したいのであれば、週に4回はアーティチョークを夕食で食べることを考えてください。
- アーティチョークの栄養素を最大限得るには蒸し料理です。一度調理して冷したら、蕚《がく》を剝がして、お気に入りの健康的なドレッシングをつけて、蕚《がく》の付け根の部分から肉厚の部分をかじって食べます。次に、フカフカの部分を削り取って芯の部分を味わいます。
- クエン酸などの保存料が使われている調理済のアーティチョークの芯の部分を購入するのであれば、一晩水に浸けて、この保存料（トウモロコシ由来の刺激物）を取り除きます（トウモロコシの問題に関する詳細は、第3部第3章「人生を困難にする食べ物」を参照）。
- アーティチョークを夕食に味わうと、寝ている間から早朝にかけて肝臓が自ら浄化するのを助けてくれます。最良の結果を得るには、アーティチョークを午後7時か8時に食べるようにしてみてください。
- アーティチョークをロメインレタスと一緒に食べるようにしてみてください。この二つが合わさって、胆石や腎結石を溶かすのを助けてくれます。

# 蒸しアーティチョークのハチミツレモンソース添え（2〜4人分）

アーティチョークの調理にひるんでしまうかもしれませんが、実際に必要なのはお湯と少しばかりの忍耐だけです。柔らかくなるまで蒸せば、あとはバラバラにして、ハチミツとオリーブオイルとセージとレモンのいい香りのソースに浸すだけです。

**アーティチョーク** 4個
**オリーブオイル** 1／4カップ
**ハチミツ** 1／4カップ
**レモン汁** 1／4カップ
**セージの葉** 3枚

アーティチョークは上1／4を切り落とし、茎の部分を取り除いておきます。ハサミを使って、残りの部分の萼《がく》の先端を切り落とします。大きめの鍋に7〜8センチの深さになるよう水を入れます。アーティチョークを蒸し籠に並べて鍋に入れます。アーティチョークの萼《がく》が柔らかくなって剝きやすくなるまで30〜45分間蒸します。

ディップソースは、小さめのソースパンに残りの材料を全部入れて火にかけます。ソースに少し粘り気が出るまで、約2分間混ぜ続けます。火からおろしてすぐに、火の通ったアーティチョークに添えます。

# アスパラガス
*Asparagus*

いつの時代も、人々は若さの泉を求めてきました。大地から湧き出て、健康を保ってくれる奇跡の泉を求めて、遠く広く旅をしてきました。この若さの源泉は神話ではなく、現実の大地からもたらされます。たまたま立ち寄った食料品店でも簡単に手に入るアンチエイジングの奇跡が、アスパラガスなのです。

あなたが最も調子が良かったのはいつですか。楽々と走れたり、海で泳いでも疲れなかったりしたのはいつですか。それは10年前、20年前、30年前、もっと前でしょうか。昨日だったかもしれませんし、今朝だったかもしれません。それがいつであったとしても、最高の瞬間を思い出してください。自分の中を貫く生命力を存分に感じていた頃を。土から芽を出して数週間のアスパラガスの若芽に含まれているのは、それと同じ力です。私たちが食べるアスパラガスの一本一本は、小さな木になる途中のものです。どの野菜にもそれぞれに価値がありますが、アスパラガスほど可能性を秘めたものはほとんどありません。アスパラガスの若芽を食べると、その精力的なエネルギーが私たちに移されます。そのエネルギーは私たちを若く保つだけでなく、神経の障害や症状を予防し、症状が現れても回復するのを助けてくれます。

アスパラガスには、クロロフィルやルテインといったファイトケミカル化合物が含まれていて、これらはきわめて重要な臓器洗浄剤として働きます。肝臓、脾臓、膵臓、腎臓などの臓器の深くに入っていって、毒素を見つけて洗い流します。クロロフィルは、グルタミン、スレオニン、セリンなどのアミノ酸と結合して、重金属解毒ルートを作ります。

さらに、アスパラガスに含まれるファイトケミカルの中には、毒素阻害物質もあります（科学ではまだ明らかにされていません）。これはつまり、ＤＤＴなどの殺虫剤や重金属といった毒素がいったん臓器の外に追い出されたあと、そのような特殊なファイトケミカルが居残って、新しい毒素が住み着くのを阻害するということです。この毒素阻害作用があるために、アスパラガスはどんな種類の癌とも闘う驚くべきツールと言えるのです。

大きなストレスを受けているときには、ビタミンＢ群が急速に失われる傾向にあります。アスパラガスにはとても吸収率のよいビタミンＢ群が豊富に含まれていて、重要な栄養素の量を正常に戻すのを助けてくれます。また、シリカのほか、鉄、亜鉛、モリブデン、クロム、リン、マグネシウム、セレンなどの微量ミネラルも豊富です。アスパラガスは、副腎への負担が大きいときに、最も副腎を支えてくれる食べ物のひとつであり、生気を取り戻すのにすぐれています。しかも、無益な酸を洗い流すことによって体をアルカリ化してくれるというすばらしい価値にも言及しなければなりません。私たちはかなり酸性に傾いた生活環境にいるので、病気にならずにいたいと思うのであれば、アスパラガスのように信頼できる友に助けてもらって、常にアルカリ状態を維持するようにしなければなりません。

### 病態

次のいずれかに該当すれば、生活にアスパラガスを取り入れてみてください。

一過性脳虚血発作（TIA）、偏頭痛、メニエール病、アフタ性口内炎、にきび、甲状腺機能低下症、甲状腺機能亢進《こうしん》症、慢性甲状腺炎、甲状腺癌、肺癌、乳癌、肝臓癌、腎結石、副腎疲労、膀胱癌、裂孔ヘルニア、セリアック病（小児脂肪便症）、子宮筋腫、骨盤内炎症性疾患（PID）、多嚢胞《のうほう》性卵巣症候群（PCOS）、卵巣嚢腫、不妊、生殖器系の「電池切れ」状態、慢性疲労症候群（CFS）、多発性硬化症（MS）、線維筋痛症、骨腫瘍、骨髄炎、痛風、滑液包炎、結合組織の損傷、グレーブス病（バセドウ病）、パーキンソン病、敗血症、糖尿病、低血糖、ニューロパチー、貧血、睡眠時無呼吸症候群、重金属中毒、炎症、癒着、EBウイルス／単核球症、単純ヘルペス1型（HSV-1）感染症、単純ヘルペス2型（HSV-2）感染症、帯状疱疹、ライム病、不安症。

### 症状

次のいずれかに該当すれば、生活にアスパラガスを取り入れてみてください。

回転性めまい、リンリン・ブンブンという耳鳴り、腹痛、腹部膨満《ぼうまん》、慢性の軟便、便秘、脾腫、月経前症候群（ＰＭＳ）の諸症状、更年期症状、尿意切迫、体臭、倦怠感、体重増加、体重減少、性欲減退、頸部《けいぶ》痛、肋骨痛、背部痛、関節痛、ひきつけ、筋痙攣《けいれん》、筋硬直、こむらがえり、うずきとしびれ、ピリピリ感、神経痛、不明瞭発語、モチベーションの欠如、気力の喪失、無関心、不安感。

## 情緒面のサポート

内気、自意識過剰、他人からどう思われているか気になる、自分の殻から出て他人に自分を見られるのが怖い、思い切って人前に出るのがとても怖い、などで苦労しているのであれば、アスパラガスはとても役に立つ食べ物です。この分野の助けが本当に必要であれば（つまり、もっと外向的に振る舞う必要があるなどと他人から言われていて、本人も内向的な今の自分でいることに居心地がよい、というわけではない人）、アスパラガスが力を貸してくれて、立ち上がって世界の中の自分の立場を主張する自信を与えてくれるでしょう。

## スピリチュアルな教え

アスパラガスは、成長途中のまだ芽の状態のときに収穫しますが、もし、種をつけるまでそのままにしておくと、木のようになって食べられなくなります。人間は長い時間をかけて、槍状のアスパラガスが食べ頃であるのを見極めることを学びました。それは私たち自身の生活に置き換えることができる教訓です。人々は時に、もっと成長することを目指し、何かを知ろうとして、極端な行動に出て、苦い結末を迎えることがあります。私たちは必ずしも、ひとつのサイクルを完了しなければならないとは限りません。プロジェクトやミーティング、会話がクライマックスを迎えたことを認識して、その時点で潔く終わらせることを学び、その最高潮の力を活かして、最良の最終結果を得ることができます。

**ヒント**

- アスパラガスの穂先は最も栄養素が多いので、そこが太く肉付きのよいものを探してください（ただし、どこを探しても細いアスパラガスの束しか見つからないという場合にも、それでも価値はありますから、敬遠しないでください）。
- 生のアスパラガスの茎を2、３本、セロリやキュウリなどほかのお好みの野菜と一緒に搾ってジュースにしてみてください。このような形でアスパラガスを摂取するのが特に有効です。
- 春の臓器デトックスで信じられないほどの効果を得るには、４月または5月の１か月間、アスパラガスを１日１束食べ続けてください。

## アスパラガスのスープ（2〜4人分）

このクリーミーなスープは、まだ肌寒いながら、この季節がもたらしてくれるあらゆる復活の期待が膨らむ春の夜に食べるものとしては完璧です。新鮮なアスパラガスが手に入らない場合、代わりに冷凍アスパラガスで作るのも、ほっとする食べ物としては申し分ありません。いずれにしても、ストーブの上で煮込んで匂いが広がったとたん、それを嗅いだ人は間違いなく虜になります。

**アスパラガス**（刻んだもの） 5カップ
**黄タマネギ** 1／2個、粗みじんにしておく。
**ニンニク** 2片
**鶏肉用シーズニング** 小さじ1／2
**海塩** 小さじ1／4
**オリーブオイル** 大さじ1
**アーモンド** 1／2カップ
**黒コショウ**（お好みで）
**水** 2カップ

アスパラガス、黄タマネギ、ニンニクをソースパンに入れます。水2カップを加え、蓋をして煮立たせます。アスパラガスが柔らかくなるまで5〜7分間煮立たせます。粗《あら》熱が取れたら、余分な水分を取ってミキサーに移します。残りの材料を全部加え、なめらかになるまで混ぜます。ミキサーの上部にたまった湯気を都度逃がします。

お好みでスティックミキサーを使っても構いません。その場合は、アスパラガスを鍋に入れたままで、残りの材料を全部加えて混ぜます。

# セロリ
Celery

セロリ（厳密にはハーブであり、野菜ではありません）は最も強力な抗炎症性の食べ物のひとつであり、体内に存在する有益ではない細菌、真菌（カビ、酵母）、ウイルスを餓死させ、その毒素と残骸を腸管や肝臓から洗い流してくれます。そのような病原体は、炎症の根本原因になることがとても多く、それらさえなければ人生で何が起きても、身体はもっとずっとうまく対処できるようになります。また、セロリは善玉菌の繁殖を助けます。

セロリを食べるのは、腸管をアルカリ化するのに最強の方法です。その理由のひとつに、セロリは生理活性のあるナトリウムが多いことが挙げられます。また、科学では明らかにされていない「補因子」としての微量ミネラル塩が含まれてもいます。セロリに含まれている時点ではナトリウムをはじめとする60種類以上の微量ミネラルですが、体内に入ると、その微量ミネラル間でも、セロリに含まれている普通のナトリウムとの間でも、共生的かつ組織的に協力し合って、身体のpH値を上げ（アルカリ化し）て、腸管を含め体の隙間という隙間から有毒な酸を取り除きます。この過程は理想的に腸壁をきれいにして修復してくれます。

同時に、セロリは酵素と補酵素を与えてくれ、それによって胃酸が増えて消化が楽になり、腐敗が起こらなくなります。これにより、数々の胃腸障害の予防にもなります。食事にセロリジュースを加えるのは、アンモニア透過症を解消するには最良の方法です。アンモニア透過症とは、まだ認識されていない病気であり、アンモニアガスが腸壁から漏れて、虫歯やブレインフォグ（訳注：頭に靄《もや》がかかった状態）などの健康問題を引き起こします（アンモニア透過症と誤解されている腸管壁浸漏、つまりリーキーガット症候群や腸漏れに関する詳細は、私の最初の本『メディカル・ミディアム——医療霊媒』をご覧ください）。

セロリは味気なく、つまらない食べ物のように思われていますが、決してそんなことはありません。前記以外にも、セロリは腎臓や副腎の機能を改善するだけでなく、電気パルス活動とニューロンの機能を支えます。注意欠如・多動症（ＡＤＨＤ）、ブレインフォグまたは記憶力低下に悩んでいるのであれば、セロリに含まれる重要なミネラル塩とともに、心や思考のパターンを落ち着かせることもできます。また電解質が豊富で、細胞の深いレベルが水和し、偏頭痛に悩むことも少なくなります。「容赦なき四つの悪」因子のそれぞれに対抗するにはセロリは理想的です。しかも、ストレス時の支えとなり、ＤＮＡ修復もしてくれます。あらゆる種類の病気に対するセロリジュースの恩恵については話が尽きません。セロリジュースは史上最強のヒーリング作用のある強壮剤です。

**病態**

次のいずれかに該当すれば、生活にセロリを取り入れてみてください。

偏頭痛、脳炎、鵞口瘡《がこうそう》、甲状腺の疾患と障害、甲状腺機能低下症、甲状腺機能亢進《こうしん》症、甲状腺癌、胃炎、小腸炎、大腸炎、過敏性腸症候群（ＩＢＳ）、クローン病、腸管壁浸漏《しんろう》、胆嚢炎、膵臓癌、膵炎、肝機能低下、脂肪肝、腎結石、腎疾患、副腎疲労、尿路感染症（ＵＴＩ）、膀胱癌、間質《かんしつ》性膀胱炎、骨盤内炎症性疾患（ＰＩＤ）、細菌性膣症、不妊、生殖器系の「電池切れ」状態、糖尿病、高血糖、低血糖、敗血症、高血圧症、睡眠時無呼吸症候群、湿疹、にきび、酒皶《しゅさ》、乾癬、狼瘡《ろうそう》、浮腫、脂肪腫、怪我、慢性疲労症候群（ＣＦＳ）、筋萎縮性側索硬化症（ＡＬＳ）、線維筋痛症、シェーグレン症候群、アジソン病、寄生虫、カビへの曝露、ライム病、酵母菌感染症、細菌性感染症、ウイルス感染症、カンジダの異常増殖、アンモニア透過症、低コルチゾール、高コルチゾール、炎症、アシドーシス、食物アレルギー、食物過敏症、不安症、不眠症、うつ病、強迫性障害（ＯＣＤ）、注意欠如・多動症（ＡＤＨＤ）、自閉症。

**症状**

次のいずれかに該当すれば、生活にセロリを取り入れてみてください。

頭痛、かすみ目、目の乾燥、舌苔《ぜったい》、胃酸逆流、胃酸の減少、吐き気、腹部圧迫感、腹部膨満《ぼうまん》、腸痙攣《けいれん》、鼓腸《こちょう》、ガス、嚢胞《のうほう》、関節痛、筋痙攣、こむらがえり、疼痛性肩拘縮《とうつうせいかたこうしゅく》（五十肩）、慢性脱水症、皮疹《ひしん》、腫脹、血圧の上昇、倦怠感、ミネラル不足、夜間の睡眠困難、不安感、記憶力低下、ブレインフォグ。

## 情緒面のサポート

私たちは、数々の恐れをお腹の中に溜め込みがちです。神経質になると、「胃がキリキリする」という感覚になったり、お腹を壊したりしますし、不安は神経系の深いところを通って、腸管を締めつけます。セロリは消化器系全体を修復してくれます。怯えているとき、パニックになっているとき、ショックを受けているとき、不機嫌なとき、イライラしているとき、怖がっているとき、自信がないとき、ビクビクしているとき、守りに入っているときには、落ち着かせる効果をもらうためにセロリを食べましょう。

## スピリチュアルな教え

私たちはたいてい、生活をあるべき状態よりも複雑にしていたり、反対に、本当は複雑な問題を簡略化しすぎたりしています。このちぐはぐさは、生活のあらゆる領域、特に健康に関して起きています。一方では、人々は健康問題のことを考えすぎて、解決策になりそうなものなら何でもやってみます。もう一方では、人々は、実際には多くの因子が繊細に影響し合っているような大きな健康問題であるのに、急に体調がおかしくなっただけだと思おうとします。

真の癒し《ヒーリング》を起こすには、私たちはシンプルなものもあれば複雑なものもあることを受け入れなければなりません。それをセロリが私たちに教えてくれています。セロリジュースを飲むのが一番シンプルな方法ですが、シンプルすぎて、人々は物足りないと思うことが多々あります。その人たちは、青汁にほかの材料をいくつか加えると、もっと栄養素が加わると考えます。青汁ブレンドはとても癒し《ヒーリング》効果が高いのですが（たとえば、次ページのレシピをご覧ください）、セロリ100％ジュースの単純な力に匹敵するものではありません。セロリ100％ジュースを口にすると、癒し《ヒーリング》、意識の変容、人生の変化がもたらされますが、それは複雑な構成の栄養素によるものであり、セロリの不思議な力を生かすには、セロリの栄養素の構成はそのままにしておく必要があります。そのことは生活のほかのあらゆる領域に対しても同様の注意を促すものとして重要です。いずれにせよ、最もシンプルな取り組みが最善であるという結論を導くために、状況を複雑に理解する必要はないのです。

**ヒント**

- 体のリセットボタンを押すには、セロリを単独でジュースにします。十分に効果を得るには、新鮮なセロリジュースを毎日、必ず胃が空のときに450グラム飲むと、最も効率よく胃酸を分泌させることができます。劇的な結果を出すには、新鮮なセロリジュース450グラムを1日2回飲みます。
- 水銀、アルミニウム、鉛、銅、カドミウム、ニッケル、ヒ素などの有毒重金属を体外に排出するという目標があるのであれば、セロリジュースを作るときに新鮮なコリアンダー1／2カップを加えます。
- セロリをもっと食事に取り入れる簡単な方法は、お好みのスムージーを作るときに、セロリ2、3本を加えることです。

## かんたん青汁（1〜2人分）

この青汁はすっきりした甘さで、緑の食べ物をプラスアルファで摂るには簡単な方法です。一日の始まりにはもってこいで、子どもたちも大好きになって驚くかもしれません。

**セロリ**　1株、茎は分けておく。
**リンゴ**　大1個、くし切りにしておく。
**レモン**　1個
**パセリまたはコリアンダー**　1／2束
**ミントの小枝**（新鮮なもの）　4本

材料を全部一緒に高速ジューサーにかけます。背の高いグラスに注ぎ、すぐにいただきます。

# アブラナ科の野菜

*Cruciferous Vegetables*

キャベツ、コラードの葉（訳注：キャベツの一種）、ブロッコリー、菜の花、カリフラワー、芽キャベツ、ケール、ルッコラ、カラシ菜などは、アブラナ科に属します。アブラナ科の野菜は、カリスマの中のカリスマのように輝く個性があり、しかも、仲間の最も良いところを引き出してくれます。その理由は、アブラナ科の野菜が持つ驚くべき特性に加え、のちほど示す通り、特定の組み合わせで食べた場合に、組み合わせ相手の食べ物の隠れた浄化能力と癒し《ヒーリング》能力を目覚めさせるという、未発見の奇跡の能力があるからです（詳しくは２５５頁「ヒント」参照）。

アブラナ科の野菜は最近、誤った情報により悪い意味で注目されています。「甲状腺腫誘発性」があるから甲状腺に悪いと聞いたことがあっても、ご安心を。それはまったく事実ではありません（これに関する詳細は、第3部第2章「有害な健康ブームと流行」を参照してください）。アブラナ科の野菜は、甲状腺の親友です。病院や歯科医院で被曝した放射線を甲状腺から排出してくれます。また、甲状腺疾患の原因としてとても多いウイルスの爆発的増加から守ってくれます。

アブラナ科の野菜は、乳癌、生殖器の癌（卵巣癌、子宮癌、子宮頸癌など）、悪性脳腫瘍、腸の癌、肺癌といったさまざまな癌を食い止めるのを助けてくれます。硫黄が豊富であることから、肺の健康には特にすぐれています。アブラナ科の野菜はどれも、肺組織を修復して成長を促します。硫黄は、「枝」を伸ばしてひとりでに形を変える（これは、科学ですでに表面的なレベルで発見されているものの、まだ十分に解明されていない化学的過程です）、類のないミネラルのひとつです。アブラナ科の野菜には二種類の硫黄が含まれていて、ひとつは多量ミネラルとしての硫黄、もうひとつは「随伴鉱物」（訳注：主成分の鉱物に付随している鉱物）である微量ミネラルとしての硫黄です。両方が相まって肺組織に浸透し、成長、再生、治癒を促進し、肺の瘢痕《はんこん》組織の修復と回復も行います。アブラナ科の植物は、ほかにもビタミンA、B群、C、E、Kなどのビタミン類が豊富です。

アブラナ科の野菜をいくつか詳しく見ていきましょう。

・**赤キャベツ**：この野菜を赤紫色にしている色素は、疾患と闘う色素としてはトップに君臨します。赤キャベツに含まれる硫黄は、その色素に含まれるファイトケミカルを肝臓にやすやすと運ぶことから、赤キャベツは肝臓の若返りに最も効果的な食べ物のひとつであるとされます。実際に、赤キャベツは肝臓の瘢痕組織化を遅らせたり、治したりするのを助けることができます。

・**ケール**：結合組織がウイルスの攻撃を受けたり、炎症を起こしていたり、過敏だったり脆弱だったりする場合、それは慢性疾患への最短コースのひとつとなります。結合組織の損傷、うずきと痛み、関節の炎症を何とかしようとしている人にとって、ケールは秘密兵器です。ケールに含まれる抗炎症化合物がウイルスの破壊を助ける一方で、生物学的に利用可能なファイトケミカルが細胞の成長と、健康な新しい結合組織の産生を促すのを助けるという二重の働きかけをしてくれます。

・**コラードの葉**：この野菜は、茎に抗菌作用のある栄養素が含まれています。コラードの葉を蒸したり、スープに加えたりすることによって、その抗菌成分が引き出されます。それを食べるとその栄養素は全身を移動して天然の抗生物質として作用します（おばあちゃんのチキンスープにコラードの葉が入っていたのであれば、まさにそういう働きをしてくれていたはずです）。

・**カリフラワー**：この野菜に含まれている微量ミネラルのホウ素は、内分泌系を助けることで知られていますが、いわゆる甲状腺腫誘発物質《ゴイトロゲン》が含まれているということで、悪い意味でも注目を集めています。カリフラワーはそんな喧伝とは正反対の働きをします。つまり甲状腺やほかの内分泌系（視床下部や副腎など）において、甲状腺炎などの問題の本当の背景であるウイルスの予防を助けてくれます。カリフラワーには生の状態で容易に消化吸収されるという、独特な力があります。生で食べれば、カリフラワーが持っている潜在能力を丸ごと利用する最良のチャンスが得られるのです。

**・ブロッコリー**：子どもの頃、親からブロッコリーを食べなさいと言われたなら、それは正解です。ブロッコリーには体に良い万能のマルチビタミンがあるばかりでなく、生物学的に利用可能な微量ミネラルをはじめとする栄養素が含まれていて、免疫系全体を含め全身を強化してくれます。自然はこのようにして、比類ないバランスを持ったブロッコリーを作り、体のあらゆる臓器、腺、骨、神経などにささやかな贈り物をしてくれます。

**・芽キャベツと緑キャベツ**：緑のキャベツは栄養豊富で、関節を支え、骨粗鬆症《こつそしょう》から回復させるのに素晴らしい効果を発揮してくれます。この野菜が好きなら、間違いなく食べる価値があります。ただし、栄養素が最大限詰まっているものを探しているのであれば、芽キャベツをお勧めします。栄養分は緑のキャベツの十倍です。芽キャベツは関節の働きを良くしてくれます。そのうえ、悪玉コレステロールを抑え、善玉コレステロールを増やし、肝臓のほか、脾臓などの中身の詰まった海綿状の臓器や血液をきれいにするのを助けます。

**病態**

次のいずれかに該当すれば、生活にアブラナ科の野菜を取り入れてみてください。

悪性脳腫瘍、偏頭痛、黄斑《おうはん》変性症、甲状腺機能低下症、甲状腺機能亢進《こうしん》症、慢性甲状腺炎、肺の瘢痕《はんこん》組織、慢性閉塞性肺疾患（ＣＯＰＤ）、肺癌、乳癌、腸の癌、生殖器の癌（卵巣癌、子宮癌、子宮頸癌など）、生殖器系の「電池切れ」状態、骨盤内炎症性疾患（ＰＩＤ）、肝機能低下、肝うっ滞、肝臓の瘢

痕組織、Ｃ型肝炎、肝硬変、副腎疲労、尿路感染症（ＵＴＩ）、高血圧症、高コレステロール血症、糖尿病、低血糖、神経炎、炎症、結合組織の損傷、骨や腺の結節、骨粗鬆症、にきび、湿疹、乾癬、蕁麻《じんま》疹《しん》、帯状疱疹、食物アレルギー、栄養分の吸収の問題、グレーブス病（バセドウ病）、カビへの曝露、単純ヘルペス１型（ＨＳＶ−１）感染症、単純ヘルペス２型（ＨＳＶ−２）感染症、ＨＨＶ−６、ＥＢウイルス／単核球症、不安症、うつ病、強迫性障害（ＯＣＤ）、注意欠如・多動症（ＡＤＨＤ）、自閉症。

## 症状

次のいずれかに該当すれば、生活にアブラナ科の野菜を取り入れてみてください。

リンリン・ブンブンという耳鳴り、嗅覚消失、いびき、動悸、息切れ、ほてり、更年期症状、月経前症候群（ＰＭＳ）の諸症状、倦怠感、体重増加、うずきと痛み、うずきとしびれ、関節炎、関節痛、膝痛、こむらがえり、リンパ節の腫れ、ヒスタミン反応、不安感。

## 情緒面のサポート

アブラナ科の野菜は、錯乱（思考がまとまらない）状態に陥っている人を支えてくれる素晴らしい食べ物です。当惑したり、うろたえたり、まごついていたり、混乱したりしているような人がいれば、一緒に座って、ケールと赤キャベツのサラダ、カリフラワースープか、ブロッコリーや芽キャベツの副菜を一緒に食べましょう。たとえ手間をかけてでも、友人の家にこれらの材料のいずれかを届ければ、その友人の情緒の状態は違ってきます。

## スピリチュアルな教え

愛情を込めて誰かの世話をしたり、その人の必要な物事に気を配ったり、養ったり、持っているもの以上のものを与えたり、支えたり、信じたり、その人を保護したりしたのに、最終的に裏切られた経験はないでしょうか。かつて大切に世話をしたことがあるまさにその人に、自分についてあらぬ噂を広められて、途方に暮れたり孤独だと感じたりしたことはないでしょうか。

そういう経験があれば、アブラナ科の野菜が友だちになってくれます。この野菜たちは最近、名誉を汚され、甲状腺に有害であるという嘘の理由で避けられていますが、実際には正反対です。この野菜は甲状腺をずっと支えてきたのです。今後数十年間、誤った情報が原因で、最も役に立つことができるこの食べ物から人々は背を向けるでしょう。そしていつの日か、甲状腺腫誘発性の食べ物という誤った理論は、最終的に間違いであることが証明されるでしょう。

ケール、ブロッコリー、カリフラワーをはじめとする同類の野菜は、自分自身にもほかの人たちにも、生活の中に我慢と感謝の余地を設けておくことを教えてくれています。自分がこれまでほかの人たちから突然攻撃されるような人間だったのであれば、自分は孤独ではないこと、逆境によって自分の真実が傷つけられることはないのだと理解して、自らを支えてください。私たちは自分の人生に、時間と労力、愛と導きを捧げてくれた人たちを尊敬することを忘れてはいけません。その人たちの努力を知らなかったとしても、あるいは私たちがその人たちがしてくれたことをすぐに忘れても、その人たちを尊敬してください。アブラナ科の野菜が私たちに気を配ってくれて、病気から守ってくれているように、私たちのために一生懸命に働いてくれている人たちのために光を灯《とも》してください。

ヒント

・カリフラワーと海藻との組み合わせは強力な解毒ツールになり、デリケートな内分泌腺から塩素、有害なフッ化物、放射線を取り除くのを助けてくれます。この組み合わせをおいしく食べる方法としては、生のカリフラワーをフードプロセッサーで細かくして、海苔巻きのご飯の代わりに使うというものがあります。

・リンゴと赤キャベツを同時に食べると、細菌、蠕虫《ぜんちゅう》などの寄生虫、ウイルスを、肝臓、脾臓、腸管から排除するのに特に効果的です。食べ応えのあるおいしい一品にするには、リンゴ、赤キャベツ、タヒニ（訳注：中東などのゴマペースト）、ニンニクをまとめてフードプロセッサーに入れて、材料が細かく均一になじむまで切り混ぜます。それを葉物野菜に包んだり、かけたりして食べます。

・ブロッコリーは、アスパラガスとともに食べると、アスパラガスに含まれる癌と闘う化合物を増やします。ほかにも、アスパラガスに含まれる、腎臓をきれいにするファイトケミカルを強化します。この二種類の野菜を一緒においしく食べる簡単な方法は、まとめて蒸し料理にすることです。

・コラードの葉とカボチャの種は、いずれも亜鉛が豊富です。しかも一緒に食べると、お互いの亜鉛が結合して生物学的利用能がさらに高くなり、最大の効率で体内に吸収されて利用されます。カボチャの種のパテを作って、コラードの葉に伸ばして、お好みの具をのせて、トルティーヤ巻きにして食べてみてください。

## ケールのアジア風サラダ（2人分）

このサラダの一番よいところは、冷蔵庫で寝かせるとどんどんおいしくなって、風味がよくなることです。ちょっと多めに作ってみてください。そうすれば、2日間は最高のランチになるでしょう。ケールサラダの秘訣は、ケールが柔らかくなるまで気合いを入れて揉むことです。一口目に頑張りがいを十分感じるでしょう。

**生タヒニ**　1／4カップ
**ハラペーニョ**　1／4個、種を取り除いておく。
**ライム汁**　1／4カップ
**ニンニク**　1片
**コリアンダーの葉**　1／2カップ
**デーツ**　2個、種を取り除いておく。
**ズッキーニ**（皮を剝いてさいの目切り）　2カップ
**カーリーケール**　2個、刻んでおく。
**赤キャベツ**（細かく切ったもの）　1カップ
**ワケギ**　3本、刻んでおく。
**ゴマ**（お好みで）

ドレッシング用に、上から7つの材料をミキサーに入れてなめらかになるまで混ぜます。なめらかさが足りない場合にのみ水を加えます。混ぜた材料をケールの葉に揉み込みます。ケールが十分に柔らかくなったら、赤キャベツ、ワケギを加えて、お好みでゴマ少々を振りかけます。

# キュウリ

## Cucumbers

慢性的な脱水状態なのに、それが体に及ぼす負の作用を知らないまま人生を過ごしている人があまりにも多くいます。キュウリはこの脱水状態を完璧に防御してくれます。また、若さの泉のような効果があり、細胞の一番深いレベルまで潤してくれます。しかも、キュウリには冷却作用があって若返りにすぐれ、熱を持った肝うっ滞に特に効果的です。キュウリを日常的に食べると、肝臓のダメージを改善することができ、毒素（重金属やＤＤＴなどの殺虫剤からのものを含む）に曝露されたり、粗末な食事をしたりしてきた時間を10～15年分巻き戻してくれます。また、この野菜（植物学上は果物）はむくみを抑える味方にもなってくれます。

新鮮なキュウリジュースは、世界で最良の若返りドリンクです。電解質である化合物が含まれていて、毒性物質の残骸を濾過《ろか》する作業を頑張ってくれます。また有毒な尿酸のせいでオーバーヒートするなど、働きすぎた副腎と腎臓に栄養分を与えてクールダウンするよう特別に調節してくれます。腎疾患を患っていたり、透析をしていたり、または腎臓が片方ない人は、キュウリジュースを毎日飲むのがとても有益です。腺や臓器に対して冷却作用があるキュウリは、子どもにも大人にも素晴らしい解熱剤となります。キュウリをジュースにすると、熱を発生させない魔法のような化合物と、火に水をかけるように熱を冷ます物質が解き放たれます。

キュウリにはアミノ酸であるグリシンとグルタミンが微量に含まれていますが、同時に酵素および補酵素の有効含有量がきわめて多く、しかも50種類を超える微量ミネラルが豊富に含まれています。そのためキュウリは、神経伝達物質である化学物質を全身に届けることにすぐれた食べ物なのです。不安症などの神経疾患を患っているのであれば、これは素晴らしいニュースです。またキュウリの皮には、ほかにもビタミンB群やビタミンA、ビタミンCと結合しているクロロフィルのように重要な栄養素が含まれています。そしてキュウリは、消化を助けてくれる未発見の補酵素を含んでいます。この補酵素はいずれ「タラフィン」と呼ばれるようになるでしょう。医学研究で発見されている酵素（エレプシンなど）と並んで、タラフィンは体がタンパク質を消化する過程を助けてくれるので、一緒に食べた物を最大限に生かすことができます。

## 病態

次のいずれかに該当すれば、生活にキュウリを取り入れてみてください。

一過性脳虚血発作（ＴＩＡ）、偏頭痛、風邪、インフルエンザ、肝うっ滞、腎疾患、腎不全、腎欠損、副腎疲労、原因不明の不妊、骨盤内炎症性疾患（ＰＩＤ）、生殖器系の「電池切れ」状態、湿疹、乾癬、狼瘡《ろうそう》、日焼け、糖尿病、低血糖、自律神経失調症、敗血症、食物過敏症、慢性疲労症候群（ＣＦＳ）、体位性頻脈《ひんみゃく》症候群（ＰＯＴＳ）、多発性硬化症（ＭＳ）、筋萎縮性側索硬化症（ＡＬＳ）、線維筋痛症、神経痛（三叉神経痛を含む）、アシドーシス、炎症、ＥＢウイルス／単核球症、サイトメガロウイルス（ＣＭＶ）感染症、ＨＨＶ–６、帯状疱疹、酵母菌感染症、大腸菌感染症、連鎖球菌感染症、不安症。

## 症　状

次のいずれかに該当すれば、生活にキュウリを取り入れてみてください。

頭痛、発熱、脱水、皮膚の乾燥・痒《かゆ》み、フケ、ほてり、胃痙攣《けいれん》、胃酸の減少、腹部膨満《ぼうまん》、体重増加、更年期症状、月経前症候群（ＰＭＳ）の諸症状、血液毒性（抗癌剤の副作用による血液細胞の減少）、背部痛、全ての神経症状（うずき、しびれ、痙攣、ひきつけ、神経の痛み、胸部圧迫感など）、不安感。

## 情緒面のサポート

「非常に冷静」ということを英語では「キュウリのように冷静」と表現するのには理由があります。あなた自身や大好きな人が怒りを抱えているのであれば、食事にキュウリを取り入れてください。激高しやすい人、不機嫌な人、意地の悪い人、気むずかしい人、イライラしている人、熱くなる人、露骨に敵意を示す人たちには、キュウリの薄切りを差し出してください。

## スピリチュアルな教え

緑色をしていてサラダにして食べることから、キュウリは野菜だと思いがちです。しかし、切って中を見てみると小さな種があって、キュウリは学術的には果物に分類されるものなのだと気づかされます。そのことから、本当の自分というものは、周りの人の思い込みと見た目によって作られるのではないのだと強く実感させられます。また、私たちには、見た目からは想像できない素質や性質や才能があることが多々あります。キュウリは私たちに、自分自身や相手の奥深くにまで目を向けて、誰もが持つ奇跡を見るようにすることを教えてくれています。

## ヒント

- 目に見える結果を得るには、キュウリを１日２本食べてみてください。
- 複数の野菜や果物でジュースを作るのではなく、キュウリだけのジュースを作ってみてください。セロリジュースのように、ストレートのキュウリジュースには、独特な癒し《ヒーリング》効果があります。日常的に１００％キュウリジュースを５００ミリリットル弱飲めば、人生を変える効果を得られます。
- 穀物抜きの食事をしようとするのであれば、ベジヌードルカッターや千切りカッターを使ってキュウリを麺にしてください。キュウリ麺は、一般的なズッキーニの麺より水和作用が高くて味わいもあります。麺としての仕上がりを求めるのであれば、舶来（イギリス）キュウリ（訳注：太くて水っぽい品種）を使ってみてください。
- 一般的な（農薬などを使うアメリカの慣行栽培の）キュウリを使うときは、食べる前に必ず皮を剝いて、表面にコーティングされている有毒なワックスを食べてしまわないようにしてください。

## キュウリ麺の椀物（2人分）

飾り気のない冷麺のお椀は、気持ちが軽くなってリフレッシュするでしょう。キュウリ、ニンジン、カシューナッツをアジアっぽいライムとゴマの風味で和えていて、配色が美しく、歯ごたえもよい一品です。このままでも口当たりのよい料理ですが、トウガラシのみじん切りを加えてお好みの風味に仕上げることによって、簡単にスパイシーにもできます。見た目も味も素敵な一品に仕上がるでしょう。

**キュウリ**　4本
**ニンジン**　大2本
**ゴマ油**　小さじ2
**ゴマ**　小さじ2
**ライム汁**　約2個分
**トウガラシ**（みじん切り、お好みで）
**コリアンダー**（刻んだもの）　1／2カップ
**バジル**（刻んだもの）　1／2カップ
**カシューナッツ**（刻んだもの）　1／2カップ

キュウリとニンジンは千切りカッター、包丁またはベジヌードルカッターで千切りにします。大きめのボウルに、キュウリとニンジンの「麺」とゴマ油、ゴマ、ライム汁、トウガラシのみじん切り（お好みで）を軽く混ぜ合わせます。最後に刻んだコリアンダー、バジル、カシューナッツを混ぜたものをトッピングして召し上がれ！

# 葉物野菜

## *Leafy Greens*

「野菜を食べなさい」とアドバイスされたら、ニンジン、ブロッコリー、エンドウ豆やサヤインゲンのような一般的な夕食に出てくる副菜を思い浮かべる人が多いと思います。これに対して葉物野菜は、ちっとも面白味のないものとして片付けられがちで、サラダの下敷きにされ、そこに加えられるほかの材料のほうがずっと興味を持たれています。実際のところ、レタス、ホウレンソウ、スイスチャード（フダンソウ）、ノヂシャ、クレソンなどの葉物野菜の健康を取り戻す力は、称賛に値します（ほかにも本書では数々の葉物野菜を取り上げているので、ケール、コラードの葉、カラシ菜、ルッコラは「アブラナ科の野菜」を、ラディッシュの葉は「ラディッシュ」を、タンポポの葉は「タンポポ」を、パセリ、コリアンダーは、それぞれの項目をご覧ください）。何の感動もないどころか、葉物野菜は野菜の王様なのです。

よくある誤解として、「繊維質の食物」というレッテルが貼られた葉物野菜は、生で食べると消化が良くないと言われます。ところが葉物野菜は、酵素の作用などで特に消化されやすく、消化器系への負担がとても少ないのです。実際には、葉っぱの部分が胃や小腸、大腸の内壁とこすれて、はまり込んで古くなった酵母菌やカビなどの真菌類、堆積物や老廃物が溜まったものが剥がれるので、排泄物が増えます。生のサラダを食べることによる不快感は通常、神経が敏感であるか、または腸管に炎症があるためか、あるいは単に繊維が「煙突掃除」のように消化管の内壁をこすっている感覚であることもあります。このことが当てはまる人は、日々の食事にバターレタスやサニーレタス、ホウレンソウのいずれか、または二つ以上を組み合わせたものを少量加えてください。

葉物野菜は、食べてから時間が経つと、腸の障害を癒してくれる素晴らしいヒーラーになります。葉物野菜を食べると、有益な塩酸の量が増えることによって、胃の組成のアルカリ度が高まり、胃食道逆流症（ＧＥＲＤ《ガード》）などの胃酸逆流の原因になる悪い酸を生み出す無益な細菌を死滅させます。葉物野菜が減らす細菌の種類のひとつに、胃潰瘍の原因になることが多いピロリ菌があります。

身体の系、特にリンパ系は、化学物質、酸、プラスチック、殺虫剤、重金属、病原体が次々と矢継ぎ早にリンパ管に入ってくるために最も酸度が高くなるのですが、葉物野菜はそれを真のアルカリ性にしてくれます。医学界では、血液、臓器、内分泌系、生殖器系、中枢神経系のアルカリ度が、リンパ系のアルカリ度に完全に左右されていることに気づいていません。葉物野菜はリンパ系から毒素を排出してきれいにするのを助けてくれるので、アルカリ性を維持することができます。このように、葉物野菜は、体を癒す過程に、本当はきわめて重要な役割を担っているのです。

葉物野菜には、ほかにも貴重かつ必須のミネラル塩が含まれていて、部分的には、生物学的に利用可能な微量のヨウ素、クロム、硫黄、マグネシウム、カルシウム、カリウム、シリカ、マンガン、モリブデンなどの塩化している「補因子」のグループから構成されています。この「補因子」は神経伝達物質とニューロンを支えるのにきわめて重要であり、電解質を構成する基礎の基礎でもあります。そのうえ、葉物野菜は、酵素、ビタミンA、葉酸などのビタミンB群、ヒーリングアルカロイド（疾患と闘う植物の化合物）、内分泌系を修復する微量栄養素、葉物野菜に特有な形のクロロフィルとカロテンが豊富です。このように独特な栄養素群が協力し合って、全身の臓器や組織を養うので、葉物野菜は私たちの健康の基となるものなのです。葉物野菜には抗ウイルス、抗菌、抗カビの作用があり、「容赦なき四つの悪」のいずれをも寄せつけないという点で素晴らしい食品です。私たちのエネルギー源となる炭水化物が含まれていませんが、私たちの生命を維持するために必要な、炭水化物にはない栄養素が含まれ、病気や慢性疾患を防いでくれています。

　タンパク質が十分に摂れないことを心配しているのであれば、もう悩まないでください。葉物野菜には、最も生物学的に利用可能で消化吸収もしやすく、体が容易に取り込めるタンパク質が含まれています。葉物野菜は、痛風、腎疾患、腎結石や胆石、胆嚢疾患、C型肝炎、リンパ浮腫、結合組織の損傷、骨減少症、骨《こつ》粗鬆《そしょう》症、変形性関節症、心疾患など、タンパク質が関わるあらゆる疾患を改善するのを助けてくれます。いずれの疾患もタンパク質が分解・吸収されずに生じ、かえって体を悪くしているのです。

　今度誰かが「サラダはウサギの食べ物だ」と言うのを耳にしたら、今読んだことを思い出してください。葉物野菜は決してひやかしで食べるものなどではありません。

### 病態

次のいずれかに該当すれば、生活に葉物野菜を取り入れてみてください。

偏頭痛、心疾患、甲状腺疾患、甲状腺癌、消化性潰瘍、胃食道逆流症（GERD《ガード》）、ピロリ菌感染、過敏性腸症候群（IBS）、セリアック病（小児脂肪便症）、憩室炎、C型肝炎、肝うっ滞、胆嚢疾患、胆石、腎結石、腎疾患、副腎疲労、骨盤内炎症性疾患（PID）、不妊、生殖器系の「電池切れ」状態、ホルモン失調、骨粗鬆症《こつそしょう》、骨減少症、変形性関節症、骨や腺の結節、痛風、リンパ浮腫、皮膚障害（湿疹や乾癬を含む）、帯状疱疹、にきび、貧血、内分泌障害、糖尿病、低血糖、アシドーシス、炎症、カビへの曝露、ライム病、筋萎縮性側索硬化症（ALS）、単純ヘルペス1型（HSV-1）感染症、単純ヘルペス2型（HSV-2）感染症、EBウイルス／単核球症、食物アレルギー、不安症、不眠症、うつ病、強迫性障害（OCD）、注意欠如・多動症（ADHD）。

### 症状

次のいずれかに該当すれば、生活に葉物野菜を取り入れてみてください。

浮動性めまい、平衡感覚の異常、耳垢の蓄積、虫歯、エナメル質損失、歯肉の後退、顎の痛み、不整脈、動悸、胸部圧迫感、胸やけ、消化不良、胃酸の減少、胃酸逆流、肝臓の炎症、腹部の差し込み痛、便秘、腎機能低下、体重増加、更年期症状、月経前症候群（PMS）の諸症状、肌荒れ、鱗《うろこ》状の皮膚、フケ、水疱、腫脹《しゅちょう》、体液貯留、石灰化、体の痛み、関節痛、膝痛、有痛性筋痙攣《けいれん》、無痛性痙攣、骨量減少、血小板減少、鉄不足、多量ミネラル不足、微量ミネラル不足、ブレインフォグ（訳注：頭に靄《もや》がかかった状態）。

## 情緒面のサポート

体が毒素にまみれている場合、感情面での毒素の蓄積にもつながります。とても多くの人たちが、行き詰まり感、停滞感、束縛感、喪失感など、人生が進まない感覚を感じています。葉物野菜は前へ進ませてくれます。体に溜まっているものを流し去るように、蓄積した有毒な感情を人生からなくしてくれるのです。食事にもっと葉物野菜を加えれば、信じられないほどの解放感が得られ、すっきりときれいな状態、つまり正しい状態に戻ったと感じられるようになります。

## スピリチュアルな教え

あなたはこれまでに何度、絶好のチャンスを逃したでしょうか。時間は気づかないうちに過ぎていき、友人に贈る誕生日祝いの言葉の時機を逸してしまったり、浜辺に着いたときには波が高すぎて楽しめなかったり。葉物野菜は私たちに、瞬間を逃さないことを教えてくれます。葉物野菜は日持ちしないことから、収穫後なるべく早く食べるほど、健康に良いと言えます。ほかのことも同じように捉えて、目の前にあることを認識する冷静沈着さがあれば、あっという間に過ぎていく人生の束の間の瞬間であっても、成長のチャンスに気づくようになります。

ヒント

- 曜日ごとにサラダ（やほかの料理）に異なる葉物野菜を使った献立を立てましょう。こうすることによって、楽しみながら確実に栄養素の恩恵を最大限得ることができます。
- 生野菜は噛み砕きにくいというのであれば、葉物野菜一種類にキュウリまたはセロリを加えて、ジュースにしてみてください。
- もう一つの栄養豊富な野菜の飲み物としては、搾りたてのオレンジジュースとホウレンソウをミキサーで混ぜるというものがあります。
- 野菜を自分で育ててみてください。強力な自然のプロバイオティクス（第1部第2章「適応」で、「地面より上にあるバイオティクス」に関する詳細を参照してください）を活かすチャンスが与えられるだけでなく、育てた人の名前が葉に刻まれるかのように、その人のための独特な恩恵がもたらされるように成長するという意味もあります。
- 自分で自分の野菜を育てているとき、成長する過程の早い段階で一部を摘み取って食べておくと、その野菜が十分に成長したときに得られる恩恵をあとからもっと受け取れるよう、体が準備を始めます。
- レタスの葉はトルティーヤの素晴らしい代替品になります。お好みの材料をタコス（トウモロコシを使ったトルティーヤ）やブリート（小麦粉を使った大きいトルティーヤ。ブリトーともいう）のようにレタスの葉で巻いてみてください。
- アボカドの食感が苦手でワカモレ（訳注：メキシコのサルサソース）を避けているのであれば、たっぷりのノヂシャを刻み、生ハチミツ大さじ1杯分を加えて作ってみてください。こうすれば、食感が変わると同時に野菜の風味の豊かさと、ハチミツの甘さが加わりアボカドの印象が変わります。このスペシャルワカモレを食べていれば、そのうちアボカド嫌いが変化して、単独でも味わえるようになるでしょう。

# 葉物野菜のサラダ
# レモンドレッシングかけ（2～4人分）

このシンプルなサラダは、風味豊かで職場での昼食には申し分ありません。ドレッシングは食べる直前にかけるようにすれば、仕事のデスクでも、おいしくて刺激的な昼食を楽しむことができます。できれば生のピスタチオを探してください。柔らかくて、イチゴの甘さとレモンの爽やかさと相まってこの上なく完璧な仕上がりになります。

**レモン汁**　1／2カップ
**オリーブオイル**　1／4カップ
**生ハチミツ**　大さじ2
**葉物野菜**　8カップ
**イチゴ**（カットしたもの）　2カップ
**生ピスタチオ**（無塩）　1／2カップ

レモン汁、オリーブオイル、ハチミツをなめらかになるまで混ぜてドレッシングにします。大きめのボウルに葉物野菜とドレッシングを入れて軽く混ぜ合わせ、ドレッシングが野菜に均一に混ざるようにします。サラダをお皿に小分けにします。イチゴとピスタチオをトッピングします。

# タマネギ

*Onions*

リーキ（西洋ネギ）、セイヨウアサツキ、ランプ（訳注：アメリカで自生するネギの一種）、ワケギ、赤タマネギ、黄タマネギ、白タマネギ、エシャロットなど、おいしいネギ類はどんなものも、自然の抗酸化物質です。残念ながら、タマネギを大量に食べることはあまりなく、月に一度スープに入っているか、週に一度サラダにスライスしたものがのっている程度かもしれません。タマネギの抗菌特性から本当に恩恵を得るには、もっと生活の中心に持ってくる必要があります。

タマネギを食べると消化不良を訴える人もいます。一般的にタマネギは刺激物だと言われますが、実は正反対で、タマネギは刺激物ではありません。むしろ、薬のような作用が高いのです。タマネギによる胃の不調は、消化管に無益な細菌が多いことを示しています。タマネギは除菌してくれていて、その結果生じた細菌の大量死が一時的な不快感となるのです。

最近、多くの人々が抱えているある特定の病態に小腸内細菌異常増殖（ＳＩＢＯ《シーボ》）があります。ＳＩＢＯは、医学界では大部分が明らかにされていません。この小腸内細菌異常増殖の原因菌は、たいていがＡ群連鎖球菌、Ｂ群連鎖球菌、さまざまな菌株の大腸菌、ディフィシル菌、ピロリ菌、ブドウ球菌や、さまざまな種類の真菌（私たちが生き延びるために必要な天然の真菌であるカンジダを除く）です。タマネギは、身体内での細菌の過増殖を抑えるのに、地球上で最も完成された食べ物のひとつであり、ＳＩＢＯを抱えている人にとっては主役級の食べ物です。このほか、体内でビタミン$B_{12}$が産生されるのを強化してくれます。消化管が敏感でタマネギを避けているのであれば、最初はごく少量から食事に加えてみてください。タマネギの浄化作用によって、そのうち量を増やしても大丈夫になるでしょう。

タマネギと友だちになるとよいと思います。タマネギに含まれる硫黄《いおう》（ファイトケミカルのアリシン、その他有機スルフィド、科学ではまだ見つかっていない硫黄化合物を含む）が、タマネギが天然の抗生物質たる理由のひとつになっています。ほかにも、被曝した放射線を体から取り除いたり、ウイルスを排除したり、ＤＤＴなどの殺虫剤、除草剤、有毒重金属を排出してくれたりもします。タマネギに含まれる硫黄は、関節の痛み・変性・不快の緩和や、腱と結合組織の修復にも素晴らしい効果を発揮します。タマネギに含まれる硫黄が鉄の喪失を緩やかにしてくれるので、鉄不足の人には大いに役立ちます。

タマネギは微量ミネラルの亜鉛、マンガン、ヨウ素、セレンが豊富で、皮膚を若返らせ、肺を保護してくれます。肌の見た目を若くしたいのであれば、タマネギを毎日食べるのがとても良い方法です。喫煙歴が長い場合や、肺のダメージを部分的に修復したい場合も同様です。タマネギは、気管支炎の原因になる風邪やインフルエンザにも、細菌性肺炎にもとても有用です。タマネギは腸の究極の抗炎症剤でもあり、潰瘍の治癒を助け、糞便から粘液を取り除き、腸管を整えてくれます。

古い民間伝承では、亡霊や食屍鬼（グール）を避けるためにニンニクが用いられていました。タマネギにも同じように疫病神を退散させるといういわれがあってしかるべきです。タマネギを食事に取り入れると、免疫力が著しくアップし、病原体から守られることになります。今度、咳シロップや鼻炎薬を買いに行くときには、複数の種類のタマネギを見繕ってください。薬と同じ売り場になくても、タマネギは本当に薬になってくれます。

## 病態

次のいずれかに該当すれば、生活にタマネギを取り入れてみてください。

一過性脳虚血発作（ＴＩＡ）、偏頭痛、結膜炎、麦粒腫《ばくりゅうしゅ》、耳の感染症、アフタ性口内炎、酒皶《しゅさ》、喘息、風邪、インフルエンザ、慢性閉塞性肺疾患（ＣＯＰＤ）、肺気腫、胃炎、胃食道逆流症（ＧＥＲＤ《ガード》）、憩室炎、小腸内細菌異常増殖（ＳＩＢＯ）、肝疾患、脂肪肝、尿路感染症（ＵＴＩ）、前立腺癌、乳癌、白血病、骨腫瘍、関節症、腱の炎症（特にアキレス腱炎）、レストレスレッグス症候群（下肢静止不能症候群、むずむず脚症候群）、炎症、瘢痕《はんこん》、白癬、高血圧症、ブドウ球菌感染症、酵母菌感染症、ライム病、単純ヘルペス１型（ＨＳＶ－１）感染症、単純ヘルペス２型（ＨＳＶ－２）感染症、ＨＨＶ－６、ＨＨＶ－７、未発見のＨＨＶ－10とＨＨＶ－11とＨＨＶ－12、ＥＢウイルス感染症。

## 症状

次のいずれかに該当すれば、生活にタマネギを取り入れてみてください。

浮動性めまい、目の問題、顎の痛み、口臭、息切れ、いびき、胸やけ、脾腫、肌荒れ、ほてり、手足の冷え、体のこわばり、体の鈍痛と疼痛、関節の違和感、関節痛、膝痛、あらゆる神経症状（うずき、しびれ、血行不良、痙攣《けいれん》、ひきつけ、神経痛、胸部圧迫感を含む）、振戦《しんせん》、ミネラル不足、鉄不足、衰弱。

## 情緒面のサポート

慢性的な欲求不満、怒り、腹立たしさを抱えているのであれば、それがほかの人に対するものであっても、出来事に対するものであっても、自分自身に対するものであっても、タマネギを食べるのを日課にすることがとても重要です。タマネギは、体から怒りを取り除いてくれ、憤慨、激怒、苛立たしさ、そして失望を緩めるのを助けてくれるので、自分の人生を自由に生きられるようになります。

## スピリチュアルな教え

タマネギは口臭を引き起こすと誤解されています。実際には正反対で、口臭を抑えるのに役立ってくれます。口臭の本当の原因は、口に上がってくる腸内の無益な細菌です。タマネギには抗菌作用があり、この問題と闘うのを手伝ってくれますから、息の臭《にお》いは時間が経つにつれて甘い匂いになっていきます。タマネギを食べた直後は臭いが残るかもしれませんが、これはタマネギに含まれる硫黄のせいであり、働いてくれているサインです。私たちは口臭対策にさまざまな歯磨き粉、マウスウォッシュ、口臭予防のミントに目を向けて、タマネギを敵視していますが、本当はタマネギは救済者なのです。

人生の中でこんな現象、つまり、問題を何とかしようと躍起になっているその人の問題が、実は誤解から生じているというような現象に出くわしたことはありませんか。雇ってあげているのに、その被雇用者から尊敬されない職場の監督をはじめとして、学期の成績をよくするには正しい答えを学ぶことが重要なのに、宿題の間違いを指摘すると子どもから逆切れされる親まで、そのようなことはいくらでも起きています。今度、他人をその場で非難しそうになったときのために、タマネギの苦境を覚えておいて、あらゆる角度から分析する時間をとってください。

**ヒント**

- タマネギを水ですすいだり浸けたりして臭いを抑えるという話を他所《よそ》で聞いても、この方法はとらないでください。このようなことをすると、細菌を殺し、免疫系を強化して健康を維持するタマネギの効力が薄められてしまいます。
- 健康的ではないと知っている食べ物を口にするときは、必ずタマネギがいくらか入るようにして、有害な作用を中和するようにしてください（これはオニオンリングを別途注文するということではありません。オニオンリングは悪いバターに浸けられて悪い油で揚げられているので、お勧めできません。どちらかというと、ホットドッグを食べるときに、生タマネギのみじん切りをのせるようにしてください）。

• レストランで外食する際にインフルエンザウイルス、ノロウイルス、食中毒などが気になるのであれば、タマネギが入っているものを注文してください。たとえば、サラダを注文するのであれば、タマネギが使われているものにしてください。汚染物質があれば殺してくれます。
• 市場でタマネギを選ぶとき、必ず硬いもの、強く握ってもへこまないものを選んでください。緑の新芽が出ているタマネギは避けるようにしてみてください（これは、緑の葉がまだ付いている採れたてのタマネギとは違います。採れたてのタマネギの緑の葉はとても有益です）。
• さまざまな種類のタマネギを使って、いろいろな料理を作って実験してください。ワカモレ（訳注：メキシコのサルサソース）にセイヨウアサツキを入れてみたり、フムス（訳注：豆と油をペースト状にした中東料理）にワケギを入れてみたり、サラダや炒め物に赤タマネギを入れてみたり、スープにリーキ（西洋ネギ）を入れてみたり、あるいは、黄タマネギや白タマネギを蒸し料理にしてみたりしてください。
• 副鼻腔のうっ血、風邪、またはインフルエンザを何とかしたいなら、ボウルにぬるま湯ないし熱湯を用意し、そこに刻んだタマネギを入れ、顔でボウルを覆うようにして頭からタオルをかぶってボウルごと覆い、蒸気を吸ってみてください。粘液を分解してうっ血を軽減する素晴らしい方法です。
• 体が冷えやすく、温まりにくくて、セーターを着なければならない人や、手足の冷えに悩んでいる人は、タマネギを摂ることを日課にしてみてください。血の巡りが良くなります。

# 焼きタマネギのマッシュポテトとマッシュルーム詰め

（4～6人分）

見た目の良いこの焼きタマネギは、レストランで出てきそうな一品なのに、びっくりするほど簡単に作れます。どこの席に出しても驚かれますし、パーティーにもふさわしい一品です。マッシュルームが好きでなければ、代わりにお好みの野菜をソテーするなど独創的にアレンジしてみてください。

**タマネギ**　大8個
**ジャガイモ**（さいの目切り）　8カップ
**オリーブオイル**　小さじ2
**ローズマリーの葉**（新鮮なもの）　小さじ1/2
**マッシュルーム**（刻んだもの）　8カップ
**ニンニク**　2片、みじん切りにしておく。
**海塩**　小さじ1
**鶏肉用シーズニング**　小さじ1
**松の実**　大さじ2

オーブンを180℃で予熱しておきます。タマネギは上1/4をカットしておきます。下側は並べたときにぐらつかないよう、根の部分をカットしておきます。皮は剝きません。大きめのオーブン皿にタマネギを並べ、深さ3センチ弱ほどまで水を注ぎます。時々確認しながら、タマネギに火が通るまで45～60分焼きます（タマネギが柔らかくなってよい匂いがしてきたら焼き上がりです）。オーブンから出して冷まします。タマネギの皮を剝き、フォークを使って内側をそっとくり抜き、外側の2層だけが残るようカップ状にします。くり抜いたタマネギはあとで使うように取っておきます。

炒め物用の鍋に深さ3センチ弱ほどまで水を入れ、沸騰させます。ここにジャガイモを入れ、蓋をして15～20分間蒸らします。あるいは、柔らかくなるまで時々かき混ぜ、鍋にくっつかないよう適宜水を足します。柔らかくなったジャガイモをフードプロセッサーに入れ、オリーブオイル小さじ1とローズマリーの葉を加えます。ジャガイモがなめらかになるまでプロセスし、置いておきます。

マッシュルームは、オリーブオイル小さじ1を鍋に引いて柔らかくしんなりするまでニンニクとソテーします。鍋にくっつかないよう適宜水を足します。ソテーしたマッシュルーム1カップ以外を全部フードプロセッサーに移し、海塩、鶏肉用シーズニング、くり抜いて取っておいたタマネギを2カップ分を測り取って加えます。ざっくり混ざるまで撹拌します。

タマネギのカップにマッシュルームのフィリング（詰めもの）とマッシュポテトを交互に層になるように詰めていきます。ソテーしたマッシュルームと松の実をトッピングして、召し上がれ！

# ジャガイモ
*Potatoes*

子どもの頃、誰かのいたずらのせいで厄介なことになった、つまり、連座で自分まで悪いと判断されたようなことがありませんでしたか。そういう経験があるなら、ジャガイモの苦境を理解することができるでしょう。ジャガイモは長い間、いわれのない非難を浴びてきました。誤った攻撃で「病気を生む」食べ物にされた犠牲者であるジャガイモは、自分が原因ではない病気の責任を押し付けられてきました。ジャガイモは、肥満、糖尿病、癌、カンジダの異常増殖など、数々の疾患の発生に関わると不当に責められたのですが、真実は違います。ジャガイモのような奇跡の塊茎《かいけい》野菜は、そのような病気を「元に戻す」ことができるのです。そうなのです。ジャガイモは実際には血糖値の安定に役立つので、糖尿病の人によい食べ物なのです。

よくある間違った考えのひとつに、ジャガイモはナス科植物だから有毒であるというものがあります。

ジャガイモ、トマト、ナスなどの可食ナス科植物が、関節炎などの疾患を悪化させることはありません・・・・・から、ジャガイモは炎症を起こすものという心配は脇へどけておいて構いません（これに関する詳細は、第3部第2章「有害な健康ブームと流行」を参照してください）。真実はというと、ジャガイモを揚げるときに使う有毒な油や、上にかけるチーズソース、さらにはマッシュポテトにするときに混ぜるバター、ミルク、クリームが、世界中の人たちに「ジャガイモは私たちにとって良くない」と確信させているのです。

実際には、揚げるという調理法や、高脂肪・高糖質の乳製品が、インスリン抵抗性やＨｂＡ１ｃ値を糖尿病とされるレベルまで煽っているのです。脂肪と乳糖という組み合わせは、あらゆる種類の癌の「エサ」にもなっています。ジャガイモが健康問題を引き起こしているのではなく、原因は一緒に使われるほかの材料にあるのです。

私たちは、穀類や加工食品を怖がることとジャガイモを一緒くたにしないよう注意する必要があります。白米や小麦粉、白砂糖、乳製品（ミルク、チーズ、ヨーグルト、クリーム）など「白い」食べ物を避けていても、ジャガイモまで切り捨てないでください。結局のところ、ジャガイモは全体的に見て、自然な状態では白くありませんし、栄養豊富な赤、茶色、金色、青、紫の皮に包まれています。アミノ酸、タンパク質、ファイトケミカルを含むジャガイモの皮は、地球上で最良の栄養源のひとつです。ジャガイモを切ってみると、中は白いことがわかりますが、それは価値がないということではありません。私たちはリンゴ、タマネギ、ラディッシュを切って中を見て色がついていなくも、白いから無駄だとは思っていません。また、栽培したブルーベリーの内側は色がついていません（これに対してワイルドブルーベリーは中も外もびっしりと色がついています）が、白い食べ物に分類することはありません。結局のところ、私たちは食べ物を全体像で捉えているのであって、ジャガイモのこともまさにそんなふうに捉える必要があるのです。

ジャガイモは丸ごと1個中身も皮も、健康にとって価値があって、有益です。ジャガイモという植物が大地から吸い上げるものの中には、最高濃度の多量・微量ミネラルがあります。さらに、ジャガイモは、カリウムが多く、ビタミン$B_6$も豊富で、しかもアミノ酸、特にリシン（リジン）を生理活性のある形で摂取することができる素晴らしい食べ物です。リシン（リジン）は、癌、肝疾患、炎症のほか、関節リウマチ、関節痛、自己免疫疾患などの背景にあるEBウイルスや帯状疱疹ウイルスに対して強力な武器となります。

何らかの慢性的な疾患と闘いたいと思っている人にとって、ジャガイモは味方になります。肝疾患を予防し、腎臓を強化し、神経や消化管を鎮静させるほか、クローン病、大腸炎、過敏性腸症候群（IBS）、消化性潰瘍を解消してくれます。抗ウイルス作用のほか、抗真菌作用、抗菌作用もあります。栄養素となる補因子や補酵素のほか、生理活性のある化合物と共に、健康を維持したり、ストレスを受けたときに助けたりもしてくれます。さらに、ジャガイモは脳を養う食べ物でもあり、グラウンディング（訳注：大地や地球とつながり心を安定させる）やセンタリング（訳注：自分の中心に戻る）を助けてくれます。

子どものとき、ジャガイモにつまようじを何本か刺して、コップの水に半分つかるようにして、窓際に置いて芽が出るのを観察するという理科の課題をやったことはないでしょうか。ジャガイモのように変化しながら成長し、目の前で食べ物として復活する植物は、ほかにどれくらいあるでしょうか。それがジャガイモの力、過小評価されるべきではない力であり、私たちは、その力を幼少時に直接目撃しているのです。大人になると、あの当時に目撃した奇跡を忘れさせようとするかのように、ジャガイモは弱くて栄養がなく、ばかげた食べ物だと教えられますが、なぜそうなるのでしょうか。私たちは本来、ジャガイモについて、「あなたがいなければ、私たちは存在していなかったかもしれない」と言うべきなのです。ジャガイモは、私たちが存在するためにきわめて重要なのです。

みなさんの中にはこの数年、ジャガイモについての誤った情報に関わらないようにしてきた人もいるかもしれません。そうであれば、身体はそのことに感謝していますし、今はジャガイモを正しく評価する理由が増えてきています。逆に、ジャガイモはお腹周りが太るデンプンでしかないと信じるに至ったのであれば、これまでとはまったく違う観点でこの根菜を見るときです。大衆食にありがちな調理法で食べるのではなく、ジャガイモだけを味わう勇気が十分にあるのなら、地上最高のギフトのひとつを受け取ることになるのです。

## 病態

次のいずれかに該当すれば、生活にジャガイモを取り入れてみてください。

ベル麻痺、アフタ性口内炎、口唇ヘルペス、耳の感染症、眼感染症、甲状腺機能低下症、甲状腺機能亢進《こうしん》症、慢性甲状腺炎、心疾患、慢性閉塞性肺疾患（COPD）、胃炎、消化性潰瘍、小腸炎、大腸炎、大腸癌、過敏性腸症候群（IBS）、クローン病、セリアック病（小児脂肪便症）、小腸内細菌異常増殖（SIBO《シーボ》）、その他の腸疾患全般、痔核、乳癌、膵臓癌、肝臓癌、肝疾患、胆嚢炎、腎疾患、腎臓癌、前立腺癌、子宮内膜症、子宮炎、卵巣炎、卵管炎、原因不明の不妊症、生殖器系の「電池切れ」状態、あらゆる自己免疫性の疾患や障害、糖尿病、糖尿病性ニューロパチー、低血糖、肥満、関節症（関節リウマチを含む）、グレーブス病（バセドウ病）、アジソン病、中枢神経過敏症、レストレスレッグス症候群（下肢静止不能症候群、むずむず脚症候群）、ヘルペス感染症、帯状疱疹、真菌感染症、カンジダの異常増殖、炎症、食物アレルギー、不安症、不眠症、うつ病。

## 症状

次のいずれかに該当すれば、生活にジャガイモを取り入れてみてください。

浮動性めまい、リンリン・ブンブンという耳鳴り、難聴、疼痛性肩拘縮《とうつうせいかたこうしゅく》（五十肩）、うずき、しびれ、痙攣《けいれん》、ひきつけ、倦怠感、疲労感、皮膚の変色、性欲減退、寝つきが悪い、無関心、不安感、ブレインフォグ（訳注：頭に靄《もや》がかかった状態）。

## 情緒面のサポート

ジャガイモは、私たちがぼんやりしたり、めまいがしたり、思考が混乱したり、当惑したり、迷ったりするときに、よりどころと力強さを与えてくれます。エゴに振り回されているのであれば、内側の控え目な自信をジャガイモがうまく引き出してくれて、本当に重要な人生の成功を妨げている有毒な感情をなくすことができるようになります。ジャガイモは私たちを再教育し、経験を通して喜びや感謝を感じるのを助け、エゴに基づく選択ではなく、本当の意味でグラウンディング（訳注：大地や地球とつながり心を安定させる）して安定している状態で選択をするよう導いてくれます。

## スピリチュアルな教え

自分には貢献できることがたくさんあるのに、周囲からは自分の存在が認められていないように感じたことはないでしょうか。ジャガイモは、可能性に満ちているのに、ずっと見過ごされたり（時に文字通りに）踏みつけられたりしています。ジャガイモは私たちに、才能や人生の目的や素質など、日々の生活という名のこの世の雑踏に隠され抑えられて、揉み消されたものを全部思い出させてくれます。

ジャガイモのつつましい強さは、ほかのジャガイモたちに囲まれて大家族のように育つ成長の仕方によるところもあります。少人数の家庭出身の人や、困難な生い立ちの人であれば、ジャガイモは精力的にグラウンディング（訳注：大地や地球とつながり心を安定させる）をもたらしてくれたり、家族からの幅広い支援を受けて育つことによって得られる身内意識を与えてくれたりするでしょう。愛に溢れた大家族出身の人であれば、ジャガイモは絆を維持するのを助けてくれるでしょう。ジャガイモがたくさん実をつけるのには理由があります。それは、大切な人たちで構成された「軍隊」のように、あなたのために闘えるようにするためなのです。

自分は何をすべきか、自分はどう在るべきかを決める信念がないまま生きているように感じたら、ジャガイモが持つ智慧と基礎知識につながってください。自分という人間の大部分は地面の下に隠れて見えないこと、自分は支えられ見守られていること、そして、自分には、本当の自分を地上に現して、それを世界と共有する価値があることを思い出してください。

**ヒント**

- ジャガイモは、できればオーガニックのものを求めるのが間違いなく最善です。
- ジャガイモを調理して食べるとき、癒《ヒーリング》し効果を最大限引き出し、栄養素が損なわれない一番良い方法は、蒸すことです。普段ジャガイモにバター、チーズ、サワークリームなどをつけて食べているのであれば、乳製品の代わりにアボカドをさいの目切りにしたり潰したりしてトッピングしてみてください。
- ジャガイモをまとめて蒸し終えたら、蒸し器から出して冷まします。さらに冷蔵庫で冷やした後、薄切りかさいの目切りにして、ホウレンソウかケールにのせてサラダにします。ジャガイモ由来の酵素が、葉物野菜に含まれる癒《ヒーリング》し効果のあるアルカロイドを強化し、このサラダの効果が最大限引き出されます。
- 口唇ヘルペスを何とかしたいなら、生のジャガイモを薄切りにして患部に貼り付けてみてください。症状が緩和されます。
- ジャガイモは、ワイヤレスインターネット信号や、携帯電話の信号やエミッション（機器から発せられるもの）など、電磁場（EMF）のマイナス作用を吸収して小さくすることができます。また、日中に拾って家に持ち帰ってしまうネガティブな感情のエネルギーを吸い取って中和することもできます。ジャガイモのこの特徴を利用するには、1個選んでボウルに入れ、自宅のキッチンカウンターなどに置いておきます。5～7日ごとにジャガイモを捨て（食べない）、新しいものに替えてください。
- お祝いのときはいつでも、食事の一部にジャガイモを使ってください。結婚や婚約、誕生日、卒業や進級などのお祝いや、祝祭日などの行事のときも、食事にジャガイモが含まれていると、楽しい感情を強めたり、その日以降もその感情を持続させたりするのに役立ってくれます。

**ニンジン**（粗みじん）　2カップ
**セロリ**（粗みじん）　2カップ
**マッシュルーム**（粗みじん）　2カップ
**赤ピーマン**（粗みじん）　2カップ
**クミン、鶏肉用シーズニング、ニンニクパウダー、チリパウダー**　各小さじ2
**海塩**　小さじ1
**トウガラシ**（粗みじん）　小さじ1（お好みで）
**トマトペースト**　大さじ2
**トマト**（角切り）　2カップ
**アボカド**　1個、角切りにしておく。
**ハラペーニョ**　1個、刻んでおく。
**コリアンダー**（刻んだもの）　1／4カップ

**サワークリーム風カシューナッツ：**
　**生カシューナッツ**　1カップ
　**レモン**　1／2個、搾っておく。
　**デーツ**　1／2個、皮を剥いて種を取り除いておく。
　**ニンニク**　1片
　**水**　1／2カップ

オーブンを220℃に予熱しておきます。ジャガイモにフォークを突き刺して、何カ所か穴を開け、柔らかくなるまで45〜60分間焼きます。

豆の水を切って4リットル鍋に入れ、豆の上2〜3センチくらいまで水を入れます。一度煮立ててから、火を弱めて豆が柔らかくなるまで1時間煮込みます。適宜水を足して、豆が完全に水につかっている状態にしておきます。煮えたら水気を切って、置いておきます。

チリコンカンは、大きめの鍋にココナッツオイル大さじ1を入れて加熱し、タマネギとニンニクを加えます。タマネギが透明になって匂いが立ってくるまで強火でソテーし、こびりつかないよう適宜水を足します。ニンジン、セロリ、マッシュルーム、赤ピーマン、スパイス類、海塩、（使うのであれば）トウガラシのみじん切りを加えます。火にかけたまま、時々かき混ぜながら、野菜がしんなりするまで約15分間炒めます。豆、トマトペースト、トマトを加え、よく混ぜます。蓋をして中火で15分間煮込み弱火にします。

サワークリーム風カシューナッツは、材料が全部なめらかになるまでブレンダーで混ぜ、水1／2カップを（材料を動かし続けるのに十分なように）ゆっくり加えます。

焼きあがったジャガイモは半分に切ります。チリコンカン、サワークリーム風カシューナッツ、アボカド、ハラペーニョ、コリアンダーをのせて出来上がりです。

＊お好みで、缶詰の無塩豆6カップを使っても構いません。

# チリコンカンのせベイクドポテトのサワークリーム風カシューナッツ添え（6～8人分）

このチリコンカンは、心のこもった温かい食事として寒い季節には申し分ありませんが、年中とてもよく食べられています。材料を切るなど、少し時間がかかりしますが、出来上がったものはボリューム満点で、大勢の人の空腹を満たし、1週間は保存がききます。もう少しピリ辛味が欲しいなら、遠慮なくチリコンカンを追加してください。

**ジャガイモ**　6個
**黒豆またはインゲン豆**　450グラム、一晩水に浸けておく。*
**ココナッツオイル**　大さじ1
**タマネギ**（粗みじん）　4カップ
**ニンニク**　4片、刻んでおく。

# ラディッシュ
*Radishes*

ラディッシュは、アブラナ科の野菜としては異彩を放っていて、脚光を浴びるに値します。「薬になる食べ物」という言葉が当てはまるものがあるとすれば、それはラディッシュです。ラディッシュがほかのアブラナ科の植物とは異なりユニークな理由は、さまざまな特徴がある部位が二つあることです。

まず、私たちがラディッシュそのものだと思っているラディッシュの根は、免疫系を元気にしてくれます。ラディッシュを食べると、ラディッシュに含まれる硫黄が、あらゆる種類の病原体を撃退し、腸の蠕虫《ぜんちゅう》をはじめとする寄生虫を全滅させる駆虫剤の働きをしてくれます。ラディッシュに含まれる有機硫化物は、動脈や静脈をきれいに保ち、血管内部に保護バリアを生み出して内壁に垢のようなものが付着しないようにしてくれます。ラディッシュは心臓にとても良い食べ物で、善玉コレステロールを増やして悪玉コレステロールを減らすなど、心臓や血管の問題を抑えるのに見事に役立ってくれます。同時に、ラディッシュの皮はあらゆる種類の癌を撃退してくれることから、疾患の予防に役立つ頼りになる食べ物なのです。しかも、ラディッシュは腎臓、肝臓、膵臓、脾臓を回復させる能力がとても高いことを忘れてはいけません。

もうひとつの特徴ある部位は葉で、ラディッシュの葉は食べられるものとしては最強の癒《ヒーリング》し効果があるもののひとつであるのに、捨てられているのが現状です。ラディッシュの葉には、現存するものとしては（ワイルドブルーベリーに次いで）二番目に強力なプレバイオティクスが含まれています。さらに、緑の葉にはビタミン類、ミネラル類、抗酸化物質、ファイトケミカル、癌と闘うアルカロイドなどの栄養素が大量に含まれているほか、抗菌作用と抗ウイルス作用があります。

また、栄養素を吸収する能力が失われた大腸をはじめとする腸管の各部位を修復してくれます。最も機能不全を来した消化管であっても、ラディッシュの葉は酵素が際立って多いおかげで、ほかのどの食べ物よりもよく栄養素が消化吸収されるからです。緑の葉には、まだ科学的には証明されていませんが、さまざまな酵素が含まれていて、栄養素の取り込みをよくしてくれます。

ラディッシュは、庭で栽培しても農家の畑で栽培しても、その葉は野生の食べ物と言えるほどのものを与えてくれます。ラディッシュの葉は、「容赦なき四つの悪」のすべてを体から取り除くのに役立ちます。特に、重金属を極限まで浄化して、水銀、鉛、ヒ素、アルミニウムを体外に排出してくれます。同じ働きをするコリアンダーと同じぐらいのパワーがあります。ラディッシュの葉は、多発性硬化症（ＭＳ）、筋萎縮性側索硬化症（ＡＬＳ）、ライム病などあらゆる神経疾患になりにくくするのに役立ちます。ラディッシュの葉には、健康に良い強力な成分があるのです。

## 病態

次のいずれかに該当すれば、生活にラディッシュを取り入れてみてください。

脳腫瘍、悪性脳腫瘍、てんかん、甲状腺疾患、甲状腺癌、喘息、気管支炎、肺炎、重症急性呼吸器症候群（SARS）、乳癌、皮膚癌、胃食道逆流症（GERD《ガード》）、腎疾患、骨盤内炎症性疾患（PID）、高血圧症、炎症、食物過敏症、栄養分の吸収の問題、パーキンソン病、関節症、関節リウマチ（RA）、多発性硬化症（MS）、筋萎縮性側索硬化症（ALS）、線維筋痛症、単純ヘルペス1型（HSV−1）感染症、単純ヘルペス2型（HSV−2）感染症、腸の蠕虫《ぜんちゅう》などの寄生虫、ライム病、不眠症。

## 症状

次のいずれかに該当すれば、生活にラディッシュを取り入れてみてください。

浮動性めまい、平衡感覚の異常、耳痛、難聴、リンリン・ブンブンという耳鳴り、目の下のクマ、鼻詰まり、歯肉痛、咳《せき》、呼吸困難、胸部圧迫感、胸やけ、疼痛性肩拘縮《とうつうせいかたこうしゅく》（五十肩）、関節痛、頸部《けいぶ》痛、運動痛、体の内部または表面の灼熱感、倦怠感、血圧の上昇、神経質、皮疹《ひしん》、栄養不足、高コルチゾール、ハミングしているときのように体が振動している感覚、夜間の睡眠困難、気力の喪失、憂うつ、ブレインフォグ（訳注：頭に靄《もや》がかかった状態）。

## 情緒面のサポート

「うまくいかない」と感じているとき、自分自身のことを落伍者のように思っていても、誰かが自分のことを裏切っていても、病気になって身体が思うように動かなくても、ラディッシュは奇跡のように憂うつさから解放してくれます。ラディッシュを食べるとすぐに結果が現れ、絶望の淵から抜け出すことができます。

## スピリチュアルな教え

ラディッシュを栽培するとき、葉も根も、若く柔らかいうちに収穫する必要があります。このタイミングが、ラディッシュのどこを食べても最高の栄養素をもたらしてくれるピーク時なのです。皮や果肉の繊維が硬くならず、葉が茂りすぎない時期に収穫するのは、本能的に「今だ」と思ったときに土から引き抜かれる準備ができているその植物と息が合っている必要があります。ただし、一気に収穫しないといけないということではありません。種子を蒔くのを連続して順次行い（つまり、毎週新しい種を蒔く）、しかるべき収穫のタイミングが次々と訪れるようにするのです。

ラディッシュはこのようにして、重要な会話や意思決定に適した時期を選択するという価値を私たちに教えてくれます。物事を延々と先延ばしにして、気づけば恩恵を得る機会を逸していたということにならないようにしてください。ラディッシュは同時に、私たちにたゆまず努力することを教えてくれています。道すがら新しい種を蒔き続けていれば、常に新しいチャンスを摑むことができるのです。

## ヒント

- 農家のマーケットで黒ラディッシュを探してください（あるいは種を購入して自分で育ててくださ

い)。黒ラディッシュはラディッシュの中でも最強です。ラディッシュの根とその葉の価値について前に述べたことが全部、ひとつ上のレベルになります。

- 自分でラディッシュを育てる場合、十分に成長しきっていないうちに収穫するようにしてみてください。この成長しきっていないうちというのが、健康増進が早まる最良のチャンスなのです。少なくとも1日3個は食べてみてください。
- ラディッシュ、セロリ、タマネギを組み合わせてスープを作ると、信じられないほどの癒し《ヒーリング》効果が得られます(肺炎や気管支炎を患っている人には特にすぐれた効果があります)。
- ラディッシュの葉は生で食べても火を通して食べても構いません。扱い方はほかの葉物野菜と同じです。ラディッシュの葉をおいしく食べるには、刻んでサラダに散らすのがお勧めです。

## ラディッシュサラダ（2人分）

土の香りがするラディッシュと消化の良いキュウリをハーブ、オリーブオイル、レモン汁と和えただけのシンプルなサラダですが、健康効果が詰まっています。海塩を散らして仕上げると、人が集まるブランチにもランチにも合う華やかな一品になります。好評を得るには、ラディッシュは必ず最も新鮮で、最も美しいものを使ってください。そして、ラディッシュの葉を取っておいてジュースやスープなどにするのをお忘れなく！

**ラディッシュ**（薄切り） 2カップ
**キュウリ**（薄切り） 2カップ
**タラゴン**（刻んだもの） 大さじ2
**ディルの葉**（刻んだもの） 大さじ4
**オリーブオイル** 大さじ2
**レモン** 1／4個、搾っておく。
**海塩** 小さじ1／8

ラディッシュとキュウリの薄切りをボウルに入れ、海塩以外の残りの材料全部と和えます。これを冷蔵庫で15分ほど冷やしてから、海塩で仕上げて食べます。

# スプラウトとマイクログリーン

## *Sprouts & Microgreens*

スプラウトとマイクログリーンには、成長しきった野菜と同じく、ビタミンA、ビタミンB群、多量ミネラル、微量ミネラル、疾患を改善する化合物をはじめとするファイトケミカルなどの栄養素が詰まっています。しかも、若芽のうちに食べると、成長した後の野菜として食べるよりも消化吸収の過程が数分の一になります。

スプラウトとマイクログリーンが担う最も重要な役割は、他人のことでいつも疲弊している人々の生命力を取り戻すことです。何事もまごころを込めて行えば、家でも職場でも、スプラウトとマイクログリーンが独特な能力で支えてくれます。

スプラウトとマイクログリーンは生殖能力に効く素晴らしい食べ物です。疲弊した生殖器系を蘇らせたり、赤ちゃんの世話で十分な睡眠がとれていない新米のお母さんに、新しい活力を与えたりしてくれます。スプラウトとマイクログリーンは植物エストロゲンが豊富で、プロゲステロン、エストロゲン、テストステロンなどのホルモンバランスや分泌量を正常に戻したり、出産後の女性の副腎、甲状腺や、ほかの内分泌系のホルモン産生を再生させたりするのにきわめて重要です。

スプラウトとマイクログリーンは神経伝達物質の産生に関わるミネラル塩が豊富です。また、豊富なアミノ酸や酵素で脳をサポートして、脳の有毒重金属を取り除いたり、ニューロンを若返らせ強化するのを助けたりして、最終的にはアルツハイマー病などの認知症、ブレインフォグ（訳注：頭に靄《もや》がかかった状態）、記憶力低下を改善するのに役立ちます。スプラウトとマイクログリーンは皮膚の修復作用にすぐれ、鉄、ヨウ素、セレン、亜鉛、銅、マンガン、硫黄、マグネシウム、クロム、モリブデンなど、60種類以上もの微量ミネラルが豊富に含まれています。また、増殖抑制剤のように感染や望ましくない細胞増殖（癌など）を抑えます。さらに、体内でビタミン$B_{12}$が産生されるのにきわめて重要な「地面より上にあるバイオティクス」の摂取源としては最高です。成長の初期にあるスプラウトとマイクログリーンには、数千種類のファイトケミカルが含まれていて、それが体にふんだんに蓄えられます。

スプラウトを食べるのは、一人ひとり性格が異なる友だちを選ぶようなものです。すごい人物だとは思っていても、棘々《とげとげ》しくて、あまり一緒にはいたくない男性の友人はいないでしょうか。その人はブロッコリーのスプラウトのような人です。ブロッコリーのスプラウトは一口かじると味が強いのですが、（胃の）塩酸値を上げて消化力をものすごく高めてくれます。

それから、激しやすく爆発しやすい性格の女性で、あなたが話し終わらないうちに、急いであなたを擁護するようなことを言い始めることがわかっているので、その人には何でも包み隠さず話すわけにはいかないと思っているような友人はいないでしょうか。その人はラディッシュのスプラウトのような人です。ラディッシュのスプラウトは、肝臓（元来激しやすい臓器である）をきれいにする能力が際立っています。

とてもやさしく、のんびりとしていて、話は何でも聞いてくれて、励ましの言葉を言ってくれる友人はどうでしょうか。それはムラサキツメクサのスプラウトのような人です。ムラサキツメクサのスプラウトは鎮静作用にすぐれ、リンパと血液をやさしくきれいにしてくれて、私たちの体から毒素を取り除いて浄化してくれます。

さらには、とても感情的で、うれしいことでも悲しいことでもすぐに泣く友人は、フェヌグリーク（葫蘆巴《ころは》）のスプラウトのような人です。フェヌグリークのスプラウトは、まさに心のよりどころであり、ハート、魂、そして脳に束縛されて自由にならない感情と内分泌系の両方を完璧にサポートしてくれます。フェヌグリークのスプラウトは、副腎のコルチゾール産生や、甲状腺のホルモン産生を調節するには特に有用です。

そして忘れてはいけないのが筋肉質の友人で、呼ぶと荷台付きのトラックに乗って現れ、家の引っ越しを手伝ってくれるレンズ豆のスプラウトのような人です。レンズ豆のスプラウトはエネルギーが密集し、消化がよく、体を鍛えてくれるタンパク質が豊富であるほか、やるべきことは何でもやり抜くのを助けてくれる主成分の炭水化物を与えてくれます。レンズ豆のスプラウトは、自らの野生的な強さを人に与えるのがとても好きなのです。レンズ豆のスプラウトを食べるのは、感謝祭のディナーの強化版を食べるようなものであり、とてつもないエネルギーがあとまで続き、ソファーで眠りたいと思わなくなります。

まだまだ続きますが、ほかにも、緑豆やヒマワリのスプラウト、豆苗、そしてマイクロケールもみなさんを守ってくれますから目を離さないでください。人生で支えとなってくれる人々と同じく、さまざまな種類のスプラウトやマイクログリーンはどれも特殊な性質があります。そのことは、その野菜について知ればわかるでしょう。

## 病態

次のいずれかに該当すれば、生活にスプラウトとマイクログリーンを取り入れてみてください。

あらゆる種類の癌、連鎖球菌咽頭炎、甲状腺機能低下症、甲状腺機能亢進症《こうしん》、慢性甲状腺炎、甲状腺疾患、胃炎、セリアック病（小児脂肪便症）、肝うっ滞、副腎疲労、不妊症、流産、生殖器系の「電池切れ」状態、子宮筋腫、パパニコロウ塗抹検査異常（子宮頸部細胞の異常）、多嚢《のう》胞《ほう》性卵巣症候群（PCOS）、糖尿病、低血糖、貧血、食物アレルギー、栄養分の吸収の問題、湿疹、乾癬、グレーブス病（バセドウ病）、ライム病、ヒトパピローマウイルス（HPV）感染症、EBウイルス／単核球症、単純ヘルペス1型（HSV-1）感染症、単純ヘルペス2型（HSV-2）感染症、HHV-6、HHV-7、不安症、不眠症、うつ病（産後うつを含む）、アルツハイマー病などの認知症、注意欠如・多動症（ADHD）、自閉症。

## 症状

次のいずれかに該当すれば、生活にスプラウトとマイクログリーンを取り入れてみてください。かすみ目、虫歯、歯肉後退、エナメル質損失、咽喉痛、げっぷ、胃酸逆流、粘液便、倦怠感、体重増加、あらゆる神経症状（うずき、しびれ、痙攣《けいれん》、ひきつけ、神経痛、胸部圧迫感など）、骨盤痛、こむらがえり、筋痙攣、骨量減少、鉄不足、ほてり、寝汗、体液貯留、脆弱《ぜいじゃく》爪、紫斑、黄疸、血糖値の不均衡、エネルギー不足、甘いものの渇望、夜間の睡眠困難、不安感、無関心、記憶力低下、ブレインフォグ（訳注：頭に靄《もや》がかかった状態）。

## 情緒面のサポート

仕事、友人、目的などを失った喪失感や深い悲しみがあるとき、スプラウトとマイクログリーンが大いに役立ちます。希望を伝えるこの小さなメッセンジャーたちは、悲しみの思考習慣から抜け出し、新しい生命と新しい機会の種を蒔くのを助けてくれます。

## スピリチュアルな教え

スプラウトとマイクログリーンには適応力を高めてくれる効果があります。スプラウトとマイクログリーンを根付かせて完全に成長させるためには、種子にたっぷりの土と空間、日光、雨、新鮮な空気を与えなければなりませんが、完璧な環境は必要ありません。キッチンカウンター菜園で栽培するのであれば、生き延びるのに十分な光と水があれば、瓶やトレーでひしめき合ってなんとか成長します。必要なのは、若芽が環境に馴染むためのちょっとしたルーティンだけです（スプラウトは定期的に水ですぐ必要があり、マイクログリーンは定期的に霧吹きで水を与える必要があります）。そうすることがスプラウトとマイクログリーンの幸せであり、もし顔があれば、一つひとつが笑顔を見せることでしょう。

この明るい適応性が、それを食べた私たちにもたらされます。必要最低限のものがあって、正常な生活を送るためのちょっとしたルーティンを自らに課している限り、これ以上ないほどの困難な状況下にあっても、私たちは小さな友だちから力を得ることができ、強く生きる方法を見つけることができます。

**ヒント**

- 目に見える効果を得たいなら、スプラウトを1日2カップ食べます。
- スプラウトを自分で栽培する場合、小動物を飼っているようなものと思ってください。つまり、成長には人との交流が必要です。スプラウトは、自身の環境のエネルギーにも、周囲の話の内容にも気づいています。いつも幸せな気持ちでスプラウトに接してください。話しかけたり、励ましたり、前を通り過ぎるときは頭をなでてあげてください。第1部第3章「魂に効く食べ物」の章で書いた通り、食べ物を自分で育てれば、その食べ物があなた個人のニーズに気づいて、可能な限り最善の方法であなたを養おうと栄養素を調節してくれます。スプラウトとマイクログリーンは特に、適応力を高める効果が大きいため、栽培してくれる人の健康に必要な条件に沿うことに熟練しています。
- スプラウトから最大限の効果を得たいのであれば、火は通さないでください。スプラウトとマイクログリーンは、腸の健康とビタミン$B_{12}$の産生にきわめて重要な微生物である「地面より上にあるバイオティクス」の驚異的な摂取源となります。スプラウトとマイクログリーンを生で食べれば、「地面より上にあるバイオティクス」を生きたまま取り込むことができます（そして、自分で育てたスプラウトとマイクログリーンの「地面より上にあるバイオティクス」であれば、腸内細菌に有益となるよう調節されます）。

- 自宅で育てているスプラウトとマイクログリーンに、水に溶かした海洋ミネラルを毎日噴霧することによって、成長過程でミネラルを与えることができ、自分の健康のための底上げにもなります。
- ラディッシュ、ブロッコリー、フェヌグリーク、ケール、ヒマワリなどのスプラウトとマイクログリーンは昼食に食べます。その理由は、日中のエネルギーレベルを支えてくれるからです。インゲンやレンズ豆のスプラウトは、夕食に食べます。その理由は、夜間に神経系を静めてリラックスさせてくれるからです。
- キュウリ、豆苗、ヒマワリのスプラウトのジュースは、時間はかかりますが、夜間視力を向上させることができます。

# スプラウトたっぷりのコラード巻き、マンゴーとトマトのソース添え（1～2人分）

新鮮でカラフルなコラード巻きは、野菜尽くしの一日にするには素晴らしい一品です。昼食に、切った野菜をトレーに並べ、各自が手巻きにして食べると楽しいです。さらに、本書のほかのレシピを使ってディップソースにバリエーションをもたせてもよいでしょう。コリアンダーのペストソース（328ページ）、ニンニクのタヒニサラダドレッシング（334ページ）、海苔巻き用のアボカドのディップソース（380ページ）をお試しください。

**コラードの葉**　大６枚
**ピーマン**　１個、お好きな色で。
**アボカド**　１個
**赤キャベツ**　１／４個
**マジョールデーツ**　２個、種を取り除いておく。
**スプラウト**　２カップ
**マイクログリーン**　２カップ
**マンゴー**（角切り）　１カップ
**トマト**（角切り）　１カップ
**ショウガ**（薄切り）　10円玉サイズ１枚
**ハラペーニョ**（刻んだもの）　１／４個分（お好みで）

コラードの葉は水ですすぎ、茎の部分を切り取って、スープかスムージー用に取っておきます。ピーマン、アボカド、赤キャベツを細長く切ります。マジョールデーツは細かく刻んで潰し、ペースト状にします。コラードの葉は茎側が自分の方に向くようにして、右側に切った野菜、スプラウト、マイクログリーンをのせます。葉の上部を折りたたみながらブリート（小麦粉で作られたトルティーヤに具材をのせて巻いた料理）のように左側へと巻いていきます。マジョールデーツのペーストをコラードの葉の左縁に糊のように塗って貼りつけます。同じ要領で、ほかのコラードの葉も具材をのせて、巻いて、ペーストを塗ります。

ディップソースは、マンゴー、トマト、ショウガ、（使うのであれば）ハラペーニョをなめらかになるまでミキサーで混ぜます。

# サツマイモ
## Sweet Potatoes

ジャガイモは、いつも誤って極悪非道なものにされていますが、鮮やかさも派手さもジャガイモの上を行くサツマイモは、それ相応の好評を博しています。しかし、本書で紹介しているほかの人生を変える食べ物と同じく、サツマイモは、もっと信頼に値するものであり、みなが思っている以上に私たちにとって良い食べ物なのです。

まず、サツマイモは胃、小腸、大腸の善玉菌を増やしつつ、同時に、同じく胃、小腸、大腸に居座っている無益な細菌やカビなどの真菌類を追い出します。サツマイモは、後者のような微生物を寄せ付けないことによって、際立って（腸内細菌による）ビタミン$B_{12}$産生を強化します。また、サツマイモは巨大結腸症と言われる状態（ディフィシル菌、連鎖球菌、ブドウ球菌、大腸菌、ピロリ菌、クラミジアといった細菌の増殖により大腸が拡張するもの）の予防にも役立ちます。さらに、このスーパーフードは、クローン病や大腸炎といった慢性的な炎症により腸管が狭まるのを緩和するのに役立ちます。

オレンジ色の果肉のサツマイモは、ビタミン類、ミネラル類などの栄養素が豊富で、β－カロテンやリコピンといったカロテノイドが詰まっていることが特に称賛されていますが、まさにその通りです。そんなファイトケミカルは、とてもパワフルです。肌の色の白い人がサツマイモを毎日食べると、ほどなくして、まるで太陽に照らされたように皮膚に輝きが出るでしょう。リコピンは、サツマイモの豊富なアミノ酸と組み合わさることによって、放射線を体から排出してくれます。しかも、サツマイモに含まれる抗癌作用のあるファイトケミカルは、皮膚癌、乳癌、生殖器の癌、食道癌、胃癌、腸の癌、直腸癌から守ってくれます。

このほか、サツマイモには植物エストロゲンが含まれており、これが体内に取り込まれると、癌を引き起こしたり体のホルモン機能に干渉したりする有害なエストロゲンを取り除くというきわめて重要な働きをします。この有害エストロゲンは、プラスチック、医薬品、食品、環境毒素に含まれているほか、（エストロゲン産生食品が多い食事のせいで）体内で過剰に産生されることもあります。体が使用できる量を超えたエストロゲンは、不活性化して臓器に蓄積し、内分泌系にマイナスの影響を及ぼします。サツマイモは、この過剰なエストロゲンを取り除くことによって、健全なエストロゲンが入り込む余地を作ってくれるのです。サツマイモはこのほか、毛髪の成長の調節にも重要であり、必要に応じて発毛を促したり、多毛症など適切でない場所に毛が生えるのを防いだりします。

不眠症などの睡眠障害で悩んでいるのであれば、サツマイモはとても有用です。グリシン、ドーパミン、ＧＡＢＡ、セロトニンなど、いずれも熟睡を支えてくれる神経伝達物質の産生を刺激するとても重要な形のブドウ糖をもたらしてくれます。オレンジ、黄色、白、ピンク、または紫色のいずれかのサツマイモが好きであれば、食べてください。どの種類も、薬のような性質があり、一生涯にわたって力を与えてくれます。

### 病態

次のいずれかに該当すれば、生活にサツマイモを取り入れてみてください。

脳の病変、てんかん、心疾患、裂孔ヘルニア、食道癌、胃癌、腸の癌、直腸癌、皮膚癌、乳癌、卵巣癌、子宮頸癌、大腸炎、過敏性腸症候群（ＩＢＳ）、腸管ポリープ、巨大結腸症、セリアック病（小児脂肪便症）、クローン病、腎疾患、副腎疲労、尿路感染症（ＵＴＩ）、多嚢胞《のうほう》性卵巣症候群（ＰＣＯＳ）、子宮内膜症、パパニコロウ塗抹検査異常（子宮頸部細胞の異常）、クラミジア、慢性疲労症候群（ＣＦＳ）、脱毛症、多毛症、日焼け、湿疹、乾癬、帯状疱疹、強皮症、硬化性苔癬《たいせん》、瘢痕《はんこん》組織、乾癬性関節炎、ニューロパチー、食物過敏症、不安症、睡眠障害、不眠症、うつ病、心的外傷後ストレス障害（ＰＴＳＤ）、社交不安障害（あがり症）、離人症、アスペルガー症候群（自閉スペクトラム症）、注意欠如・多動症（ＡＤＨＤ）。

### 症状

次のいずれかに該当すれば、生活にサツマイモを取り入れてみてください。

目の乾燥、顎関節の問題、動悸、ほてり、胸やけ、消化不良、腸の不快感、結腸の痙攣《けいれん》、腹部の差し込み痛、下痢、体重増加、腫脹、シミ、鱗《うろこ》状の皮膚、フケ、筋痙攣、老化の進行、不安感。

## 情緒面のサポート

焼き芋ほど人をほっとさせる食べ物はありません。油っこいものや、揚げ物、砂糖をたっぷり使って加工した「ほっとする」食べ物は、お腹が張ったり、だるくなったり、抑うつがひどくなったりしますが、サツマイモはそういうものとは異なり、実際には周囲の世界が活動を停止してしまったような感覚を与える特性があります。この働きは、ハグしてくれる人がいなくてもハグされているような安心感と落ち着きが得られ、つらい時期に対処する強さを引き出すことができるので重要です。

## スピリチュアルな教え

サツマイモを焼いて、自然の糖分の気泡がふつふつと出てきて周りにこぼれる様子を目にしたことはないでしょうか。サツマイモは何も足さなくても、みなさんが求めるどんなものにも劣らないほど豊かですが、私たちはそれでは飽き足らないようです。人気のサツマイモレシピには、バター、クリーム、黒砂糖、マシュマロを必要とします。サツマイモが十分すぎるくらい甘くても、私たちはこのような材料を追加し、自然のままの性質をわかりにくくしてしまい、食べすぎてしまうのです。

人生の中で、余分なトッピングを不必要に積み上げていることはありませんか。サツマイモは、たとえば純粋で完璧なギフトを手渡されながらも、恐れから、あるいは真価を知らずに、そのギフトが十分ではないように感じるような状況を正しい目で見ることを私たちに教えてくれます。

**ヒント**

- サツマイモの効果を最大限に得るためには、１日１本食べるようにしてみてください。
- サツマイモにクリーミーな付け合わせがどうしても欲しいのであれば、新鮮なアボカドをスプーンですくい取り、潰してバターのように使います。
- サツマイモをいくつかまとめて調理したら（蒸したり焼いたりするのが一番健康的な調理法です）、一部はあとで使うために冷蔵庫に入れておきます。細かく刻んでサラダに散らすと、葉物野菜の栄養素の消化吸収をよくするのに役立ってくれます。夜中に眠れないときに何口か食べると、身体が休まります。
- 生のサツマイモをひとかけ用意し、傷痕《きずあと》にこすりつけてみてください。治癒を促す薬理作用があり、皮膚の調子を整え、瘢痕《はんこん》組織を減らすのを助けます。
- 目の下のたるみを取るためにキュウリの薄切りを使うことがよくあります。その変化版として、火を通したサツマイモの薄切りを冷ましてから代わりに使ってみてください。こうすることにより、目の下の組織にβ－カロテンが染み込み、お顔の見た目に元気が戻ります。
- ヒリヒリしたり、水ぶくれができたりするほど日焼けしたらサツマイモを食べてみてください。回復が早まります。
- 過去に何回も手術を受けて内部瘢痕《はんこん》組織がたくさんある場合、毎月最初の１週間はサツマイモを１日２本、その後３週間にわたって、１日１本食べ続けるというのを状態が改善するまで続けてください。
- ホラーやアクションの要素がある映画を見る予定なら、事前にサツマイモを１本食べてください。スクリーン上で興奮、恐怖、冒険の場面を経験したときに、副腎（のアドレナリン産生）を支えてくれます。

# サツマイモの炒めキャベツ詰め（2〜4人分）

週に一度の素敵な一品。サツマイモと詰め物はそれぞれ事前に用意しておき、食べる直前に合わせます。事前にサツマイモを焼き、キャベツを調理しておけば、冷蔵庫で４日はもつので、数分でお手軽に夕食が用意できます。最高の出来にするには、食べる直前にソースを作り、熱々のままスプーンでサツマイモに回しかけます。

**サツマイモ**　４本
**ニンニク**　4片、潰しておく。
**タマネギ**　1個、角切りにしておく。
**ココナッツオイル**　大さじ1
**赤キャベツ**　1玉、千切りにしておく。
**海塩**　小さじ1／2
**レモン**　1／2個

ソース：
**オリーブオイル**　大さじ1
**生ハチミツ**　大さじ1
**レモン汁**　大さじ1
**ショウガ**（新鮮なもののすりおろし）　大さじ1

付け合わせ：
**パセリ**（みじん切り）　大さじ4

オーブンを200℃に予熱しておきます。ベーキングシートにサツマイモを並べて45〜60分間、あるいはフォークがすっと通るまで焼きます。

大きめの鍋にココナッツオイル大さじ1を引いて、ニンニクとタマネギを入れ、中火〜強火で5〜10分間、時々かき混ぜながら、タマネギが透明になって柔らかくなるまでソテーします。キャベツと海塩を加え、水1／2カップを加えます。蓋をして30〜40分間、キャベツがしんなりするまで中火にかけ、時々かき混ぜながら、必要に応じて少量の水をかけて水分を補います。

サツマイモは二つに割って開き、両面をフォークで少し潰します。潰したところに炒めキャベツを入るだけ詰めます。

ソースは食べる直前に作ります（4人分は材料を2倍にします）。ソースパンに材料を全部入れます。中火〜強火にかけて軽く沸騰させます。ソースがよく混ざり、粘り気が出るまで1〜2分間かき混ぜながら加熱します。サツマイモに流しかけ、パセリを添えて召し上がれ！

# 第3章　ハーブとスパイス　Herbs & Spices

## 芳香ハーブ
# オレガノ・ローズマリー・セージ・タイム
*Oregano, Rosemary, Sage & Thyme*

芳香ハーブのオレガノ、ローズマリー、セージ、タイムには、互いに補い合う性質があります。それぞれに得意分野が異なり、この4種類全部を定期的に使っていると（食事に入れたりサプリメントにしたり、あるいは組み合わせたり）、疾患と闘うファイトケミカルと、多種類で高濃度のミネラルが、病原体からバランスよく強力に防御してくれます（パセリも本書で扱う芳香ハーブのひとつですが、個性が強く、独特な特徴があります）。

芳香ハーブは野生にとても近いため、栽培でも力は強くなります。根付かせるための世話をほとんどしなくてもよく成長しますし、放っておいても、私たちに与えるために必要な高レベルの栄養素を奇跡のように吸収します。芳香ハーブが、その根からミミズが大好きな抗真菌化合物を放出することは、科学界ではまだ知られていません。この抗真菌物質はミミズの健康に良いので、ミミズが芳香植物の根に集まるのです。さらに、ミミズは根の周囲の土に空気を与え、比類ないほどの栄養豊富な肥料ができます。この共存によって、芳香ハーブに独特な癒《ヒーリング》し効果がもたらされます（ハーブをポットで栽培したり、庭にミミズがいなかったりする場合、必ずミネラル液と十分な有機肥料を使ってください）。

傑出した芳香ハーブをひとつずつ詳しく見ていきましょう。

- **オレガノ**：ピロリ菌、連鎖球菌、大腸菌といった無益な細菌に対して素晴らしい殺菌作用があり、小腸内細菌異常増殖（SIBO《シーボ》）、消化性潰瘍、連鎖球菌咽頭炎、耳の感染症、副鼻腔炎の発症を抑えられます。オレガノ油には素晴らしい抗菌効果があり、特に憩室炎や憩室症を引き起こす大腸菌を殺してくれます。白癬にも効果的です。

- **ローズマリー**：もうひとつの抗菌剤であるローズマリーは、病院に定着している抗生物質抵抗性細菌と闘うことが特徴的です。巨大結腸症、重度の感染症などの疾患や、場合によっては死に至ることもある細菌（ディフィシル菌や多剤耐性の黄色ブドウ球菌、メチシリン耐性黄色ブドウ球菌感染症〔MRSA〕など）を抱えているのであれば、このハーブを食事に取り入れると形勢が一変します。

- **セージ**：このハーブは、真菌と闘うことに向いています。セージを摂取することは、水虫やいんきんたむしといった内側からくる真菌感染症に素晴らしく効くほか、腸管の真菌の変異株にも対応してくれます。有毒なカビに曝されたら、セージに解毒を手伝ってもらってください。セージはこのほか、腸管から有毒重金属を取り除くのを助けます。

- **タイム**：この抗ウイルスハーブの主な仕事は、インフルエンザ、腸内ウイルス、ノロウイルスなどのウイルスや、自己免疫疾患やライム病の原因となるヘルペスウイルス全般を殺すことです（ライム病に関する詳細は、私の最初の本『メディカル・ミディアム――医療霊媒』に詳しく書いた章があるので、そちらを参照してください）。タイムは血液脳関門を通過することができ、すでに脳や脊髄を攻撃し始めている（結果的に神経症状が起きている）ウイルスに対抗する秘密兵器となっています。

### 病態

次のいずれかに該当すれば、生活に芳香ハーブを取り入れてみてください。

偏頭痛、眼感染症、耳鳴り、耳の感染症、副鼻腔炎、歯肉感染症、呼吸器感染症、連鎖球菌咽頭炎、連鎖球菌感染症、インフルエンザ、消化性潰瘍、ピロリ菌感染症、小腸内細菌異常増殖（ＳＩＢＯ《シーボ》）、虫垂炎、憩室炎、憩室症、巨大結腸症、骨盤内炎症性疾患（ＰＩＤ）、慢性疲労症候群（ＣＦＳ）、多発性硬化症（ＭＳ）、関節リウマチ（ＲＡ）、乾癬性関節炎、線維筋痛症、白癬、狼瘡《ろうそう》、帯状疱疹、浮腫、アンモニア透過症、食物アレルギー、Ｂ細胞疾患、カビへの曝露、細菌性感染症、大腸菌感染症、腸内ウイルス、ノロウイルス、コレラ、ディフィシル菌感染症、メチシリン耐性黄色ブドウ球菌感染症（ＭＲＳＡ）、ＥＢウイルス／単核球症、サイトメガロウイルス（ＣＭＶ）感染症、ライム病、ライム病の全補助因子（ボレリア菌、バルトネラ菌、バベシア菌、マイコプラズマなど）、単純ヘルペス１型（Ｈ

SV−1）感染症、単純ヘルペス2型（HSV−2）感染症、HHV−6、HHV−7、HHV−8、HHV−9、未発見のHHV−10とHHV−11とHHV−12。

## 症状

次のいずれかに該当すれば、生活に芳香ハーブを取り入れてみてください。

頭痛、浮動性めまい、回転性めまい、平衡感覚の異常、耳痛、耳の詰まり、鼻詰まり、顎の痛み、咳《せき》、吐き気、胃痛、腹痛、鼓腸《こちょう》、肛門の痒《かゆ》み、膀胱痛、あらゆる神経症状（うずき、しびれ、痙攣《けいれん》、ひきつけ、神経痛、胸部圧迫感など）、坐骨神経痛、発熱、倦怠感、分泌物（帯下、目やになど）、粘液過多、水疱、痒み、皮疹《ひしん》、不安感。

## 情緒面のサポート

生きていく中でストレスの多い時期には、情動反応が強くなるのは無理からぬことです。しかし、強い情動反応が慢性的になり、過剰反応のサイクルから抜け出せなくなったら、オレガノ、ローズマリー、セージ、タイムに頼ってください。いずれのハーブも、過剰に刺激されっぱなしの感覚のサイクルを断ち切るのを助けてくれて、落ち着きが得られるようになります。

## スピリチュアルな教え

ここで紹介している芳香ハーブは、形や種は変われど、人類の始まりから常に傍にいてくれています。

芳香ハーブは今までずっと、私たちのすぐ傍にいて、私たちが変化に適応できるようにと、自らが変化する世界に適応してきました。オレガノ、ローズマリー、セージ、タイムは、そういう意味で重要な教師であり、私たちに、自分が何者で、自分は何になれるのかを思い出させてくれます。長く続く趣味であれ、長く続く人間関係であれ、人生の中で気が散るものを断ち切り、最も重要な自己とのつながりを取り戻すために、常に頼ることができるものは芳香ハーブ以外に何かあるでしょうか。

**ヒント**

- これらの芳香ハーブを日々の料理に使うことを忘れないでください。オレガノ、ローズマリー、セージ、タイムを散らすことによって恩恵が得られるようになるメインディッシュがいかに多いか、実験してください。
- 心身や魂の浄化に、これらのハーブの精油を日常生活に取り入れてみてください。たとえば、ローズマリーの精油をお風呂に入れれば、お湯の浄化プロセスが勢いづきます。

## 根菜のハーブフリッター（3〜4人分）

野菜のオーブン料理としては、今まで食べたことがある中でこれが一番かもしれません。根菜を茹で、力いっぱいシェイクしてから焼くのがコツです。ハーブとニンニクを具材にふんだんにまぶして、角が少し取れるぐらいにしておくと、オーブンで焼いたときにカリカリになります。時間に追われているのであれば、余分な手順を省略して、オーブンに入れても構いませんが、このひと手間が、本当に素晴らしい結果をもたらします。たくさん作ったらシェアしましょう。あまり日持ちしませんから！

**根菜各種（ジャガイモ、サツマイモ、パースニップ、ニンジン、セロリの根など）** 約1.3キログラム
**ココナッツオイル**　大さじ2
**海塩**　小さじ1
**ニンニク**（細かく刻んだもの）　大さじ2
**セージ、オレガノ、ローズマリー、タイム**（細かく刻んだもの）　各大さじ1

オーブンは200℃に予熱しておきます。根菜は皮を剥き、短冊切りにします。野菜を大きめの鍋に移し、ひたひたの水を入れて沸騰させます。火は通りつつ、柔らかくならない程度に5〜7分間茹でます（茹ですぎないよう注意して見ておきます）。湯切りして、ココナッツオイル、海塩、ニンニク、ハーブを加えて、さっとかき混ぜます。蓋をして、具材がよく混ざって野菜の角が少し取れるまで力いっぱいシェイクします。

天板にクッキングペーパーを敷き、野菜を重ならないように並べます。オーブンに入れて20〜25分間焼き、途中で裏返します。野菜の縁がカリカリのきつね色になったら取り出します。

# キャッツクロー

## Cat's Claw

長引く不調には炎症も関わっていることが指摘されていますが、この炎症がそもそもなぜ存在するのかという本当のところは、医学研究ではまだわかっていません。ですから、現代世界ではウイルスの爆発的増加のせいにされることが多いのです。非常にたくさんの人たちの苦しみの背後には、ＥＢウイルス、帯状疱疹、ＨＨＶ-６などのヘルペスウイルスのさまざまな株や変種、さらには細菌や寄生虫が存在します。これほどまで蔓延している炎症をはじめとする慢性的な不調の消耗性症状をなくすには、病原体を取り除かなければなりません。そこで、キャッツクローの登場です。キャッツクローはスペイン語名の「uña de gato」でも知られていて、21世紀の原因不明の慢性不調の流行を治すための手段としては最強です。

キャッツクローは、神経症状から消化器症状まで、ほとんどどんな症状も軽減させるのに役立ちます。

キャッツクローの癒し《ヒーリング》効果はそこそこ注目されてきましたが、科学ではまだ解明されていません。このハーブには、生理活性があり、合成医薬品の座を奪うほどの薬理化合物が含まれています。たいていは、ライム病など特定の疾患には抗生物質が使用されます。キャッツクローが抗生物質に代われば、この世界はまったく違ったものになるでしょう。病名に関係なく、その病気の頻度は低下し、回復は早まるでしょう。もちろん、医薬品の抗生物質にも役割や目的がありますが、細菌などの病原体は抗生物質に耐性を持つことがあります。しかし、キャッツクローに対しては耐性ができません。その点で、キャッツクローは独特です。

バベシアなどの寄生虫や、バルトネラ菌などの細菌は、キャッツクローの怒りを前にしてはひとたまりもありません。このハーブはほかにも、抗生物質を使用したときによくみられる、いわゆるヘルクスハイマー反応（訳注：原因菌が大量に死ぬことによって発熱などが起こること）が現れることなく、前述の微生物などを取り除きます。この反応が起きないのは、ハーブに含まれる生理活性のある薬理化合物が、病原体の破壊を個人レベルで耐えられるように調節するからです。さらにキャッツクローは、信じられないくらいウイルスと闘ってくれます。いずれは医学研究で抗ウイルス性の適応力促進物質《アダプトゲン》（訳注：ストレスへの適応力を高める働きがある植物・菌類など）のグループが発見され、キャッツクローがそのリストの筆頭に挙げられることを科学者たちは知るようになるでしょう。このハーブは、小児自己免疫性溶連菌感染関連性精神神経障害（ＰＡＮＤＡＳ《パンダス》）、筋萎縮性側索硬化症（ＡＬＳ）、連鎖球菌咽頭炎、多発性硬化症（ＭＳ）、原因不明のうずきと痛み、などと闘う究極の秘密兵器です。

キャッツクローは、ほかにも、酵母菌感染症やカンジダと誤診されることが多い、悪名高い連鎖球菌の大多数を取り除く能力に長《た》けています。尿路感染症（ＵＴＩ）を引き起こす連鎖球菌は抗生物質に耐性を示すことがとても多いのですが、抗生物質や抗真菌剤に走る女性が数知れず、それは問題を悪化させるだけです。キャッツクローは問題なく連鎖球菌を減らすので、尿路感染症を緩和させるのに欠かせない究極のハーブと言えます。

　ただし、妊娠中や、子どもを授かりたいと思っている場合には、キャッツクローをリストから外してください。

## 病態

　次のいずれかに該当すれば、生活にキャッツクローを取り入れてみてください。

あらゆる種類の癌、リンパ腫（非ホジキンリンパ腫を含む）、偏頭痛、一過性脳虚血発作（ＴＩＡ）、ベル麻痺、喉頭炎、連鎖球菌咽頭炎、クラミジア肺炎、胃炎、過敏性腸症候群（ＩＢＳ）、小腸内細菌異常増殖（ＳＩＢＯ《シーボ》）、潰瘍、炎症、腎臓の感染症、尿路感染症（ＵＴＩ）、骨盤内炎症性疾患（ＰＩＤ）、モルトン神経腫、レストレスレッグス症候群（下肢静止不能症候群、むずむず脚症候群）、ジスキネジア、乾癬性関節炎、足底筋膜炎、関節リウマチ（ＲＡ）、多発性硬化症（ＭＳ）、筋萎縮性側索硬化症（ＡＬＳ）、結節、にきび、白斑、帯状疱疹、カンジダの異常増殖、ライム病、ライム病の全補助因子（ボレリア菌、バルトネラ菌、バベシア菌、マイコプラズマなど）、酵母菌感染症、ＥＢウイルス／単核球症、ＨＨＶ-6、ＨＨＶ-7、ＨＨＶ-8、ＨＨＶ-9、未発見のＨＨＶ-10とＨＨＶ-11とＨＨＶ-12、単純ヘルペス1型（ＨＳＶ-1）感染症、単純ヘルペス2型（ＨＳＶ-2）感染症、小児自己免疫性溶連菌感染関連性精神神経障害（PANDAS《パンダス》）、睡眠障害。

## 症　状

次のいずれかに該当すれば、生活にキャッツクローを取り入れてみてください。

頭痛、浮動性めまい、平衡感覚の異常、リンリン・ブンブンという耳鳴り、顎関節の諸問題、顎の痛み、嚥下《えんげ》の問題、ろれつが回らない、神経性動悸、消化不良、頸部《けいぶ》痛、疼痛性肩拘縮《とうつうせいかたこうしゅく》（五十肩）、関節痛、うずき、痛み、しびれ、移動性の体の痛み、筋攣縮《れんしゅく》、痙攣《けいれん》、ひきつけ、チック、振戦《しんせん》、筋肉の緊張、筋力低下、四肢の衰弱、体内と体表面の灼熱感、ピリピリ感、神経質、発作、皮疹《ひしん》、寄生虫と細菌の感染、ブレインフォグ（訳注：頭に靄《もや》がかかった状態）。

## 情緒面のサポート

すぐに人や物を裁いたり、責任のなすりつけをしたりするとき、まずはそれをしている本人が自覚することが第一歩です。次に、キャッツクローの出番です。キャッツクローは切迫感を抑えるのにとても役に立つハーブです。状況に機械的に反応するのではなく、起きた問題を冷静に考え、処理して、取り組む時間をとることができるようにしてくれます。

## スピリチュアルな教え

人々は絶えず健康の聖杯を探し求めています。新しいトレンドがヒットするたびに、私たちはこれこそが解決策であり、待ち望んでいた守り神であり、人生を変える発見であってほしいと思います。その一方で、奇跡の薬キャッツクローは健康食品店の棚に置かれていますが、私たちはその前を通り過ぎています。あるいは、ハーブの「道具箱」に加えたまま使うのを忘れています。キャッツクローは熱帯のジャングルが原産地なので、そのエキゾチックなところにそそられるかもしれませんが、今は手に入れやすすぎて、本物なのかと疑ってしまうほどです。私たちが実際にキャッツクローを使ったら、本当に魔法のようなヒーラーであることがわかるでしょう。

人生を通して、同じような救いを私たちは見過ごしています。キャッツクローは私たちに、それを見直すことを教えてくれています。人や、資源、もの、あるいは機会を過小評価して、あとになってから、人生のギフトを拒んでしまったのだと悟ったということはありませんか。今そこにあって、あなたが受け入れれば助けてくれるものは何でしょうか。キャッツクローは、求めているものは手が届く範囲にあることを私たちに教えてくれています。私たちはただ冷静になって、私たちに歩み寄ってきている日々の奇跡に気づけばよいのです。そうすれば、それを摑むことができます。

**ヒント**

- キャッツクローのチンキ剤を選ぶ場合、必ずアルコールを基剤としていないことを確認してください。アルコールはキャッツクローの有益な作用を打ち消してしまいます。
- 旅行用の救急セットにキャッツクローのチンキ剤のボトルを入れておきましょう。道中、思い出したときに少量飲んでください。免疫系を守り、マラリアや細菌性感染症から保護する素晴らしいツールです。

• どんな健康問題であっても、キャッツクローで対処しようとするなら、治癒効果が最も効率よく働く夜に、お茶かチンキ剤を飲んでください。

## キャッツクロー茶（4杯分）

身体が持つヒーリング能力を活性化させるには、月が昇るのを見ながらこのキャッツクロー茶を1杯飲むことに優るものはありません。早朝にヨガやピラティスをしたあとも有用です。

**キャッツクロー**　大さじ2
**レモン**　1／2個、薄切りにする。
**生ハチミツ**（お好みで）

水4カップを沸騰させます。1杯あたり、熱湯1カップにキャッツクロー小さじ1を使います。5分以上浸します。お好みで薄切りにしたレモンを添えたり、生ハチミツを加えたりします。
濃いめのお茶や、薬用茶として飲みたいのであれば、熱湯1カップあたりキャッツクロー小さじ2を入れます。

# コリアンダー

*Cilantro*

コリアンダーは、パクチーや香菜（シャンツァイ）ともいい、重金属の解毒に頼れるハーブです。脳の重金属を排出するコリアンダーの不思議な力は、葉や茎に含まれる生きた水にあります。この水がどうやって血液脳関門を通過できているかがきわめて重要な要素となりますが、この生きた水には、強力なファイトケミカルと結合しているナトリウム、カリウム、塩化物などのミネラルから成るミネラル塩が含まれています。その貴重な塩類は、体内に入ると、血液やリンパ液、脊髄液を流れるほかのミネラル塩の主要通路に加わります。途中でアミノ酸のグリシンやグルタミンに出合うと、ミネラル塩はそれらと結合し、究極の神経伝達物質を形成します。脳は磁石のようにミネラル塩を引き寄せる力があり、コリアンダーに由来する貴重なミネラル塩化合物を引き寄せるとき、びっくりするようなものがセットで付いてきます。それはファイトケミカルで、それが脳から有毒重金属を慎重に取り除いて、有毒重金

属で酸化した残留物からニューロンを解放し、最良の状態で機能できるようにしてくれます。
コリアンダーの濃厚で食欲をそそる香味が好きな人が多い反面、口にするたびに不味いと感じる人もいます。コリアンダー嫌いは遺伝子と関係があると論じる風潮に囚われないでください。この考え方は十分に研究されたものではありません。もし研究されたとしても、コリアンダー嫌いになるかどうかを決める遺伝子はないということになるでしょう。特定の食べ物を食べないように伝える遺伝子はありません。

コリアンダー嫌いにさせるものは何でしょうか。急に強烈な香味を知覚したとき、それは体内の重金属の酸化速度が速まっているということなのです。その人の体内に有毒重金属が多いということではありません。そうではなく、その人の体内の重金属（この場合、通常はアルミニウム、ニッケル、銅のいずれか二つ以上が量に関係なく組み合わさっています）が急速に腐食しているということです。腐食とは、毒素が流れ出し、リンパ系と唾液に入るということです。コリアンダーが口内に接触した瞬間に、コリアンダーに含まれるファイトケミカルが酸化した流出物と出合って結合するので、その人の唾液に酸化物が大量にあれば、不快に感じる可能性があります。言い換えると、コリアンダー嫌いであれば、それは必要なチャンスが来たということなのです。

コリアンダーはまた、体の組織や臓器、特に肝臓から重金属などの毒素を取り除いてくれるとても価値の高い食べ物です。実際に、コリアンダー自体が素晴らしい肝臓の解毒剤です。副腎をサポートする最良のハーブのひとつでもあり、血糖値のバランスをとってくれたり、体重増加、ブレインフォグ（訳注：頭に靄《もや》がかかった状態）、記憶力の問題が生じないようにしてくれたりするのも素晴らしいところです。

しかも、コリアンダーは十分な明るさとひらめきをもたらしてくれるのかと思っていたら、それだけではなく、抗ウイルス作用もあり、ＥＢウイルス、帯状疱疹、ＨＨＶ‐６、サイトメガロウイルス（ＣＭＶ）など、ありとあらゆる形のヘルペスウイルスのほか、ヒト免疫不全ウイルス（ＨＩＶ）も抑制してくれます。抗菌作用もあり、実質的にどんな細菌もやっつけてくれ、細菌の排泄物を体から流し去ってくれたりもします。あなたがコリアンダーの味が好きかどうかに関係なく、寄生虫は間違いなくコリアンダーの味が嫌いなので素晴らしい虫よけになります。慢性疾患やミステリー病に対しては、誤診も含めて診断の有無に関係なく、コリアンダーは必需品です。

## 病態

次のいずれかに該当すれば、生活にコリアンダーを取り入れてみてください。

偏頭痛、メニエール病、甲状腺疾患、肝炎、肝うっ滞、潰瘍性大腸炎、尿路感染症（ＵＴＩ）、子宮筋腫、あらゆる自己免疫性の疾患や障害、パーキンソン病、アジソン病、クッシング症候群、慢性疲労症候群（ＣＦＳ）、体位性頻脈《ひんみゃく》症候群（ＰＯＴＳ）、レイノー症候群、三叉神経痛、線維筋痛症、多発性硬化症（ＭＳ）、筋萎縮性側索硬化症（ＡＬＳ）、湿疹、乾癬、帯状疱疹、怪我、炎症、重金属中毒、ＥＢウイルス／単核球症、ＨＨＶ‐６、サイトメガロウイルス（ＣＭＶ）感染症、食物アレルギー、食物過敏症、不安症、不眠症、うつ病、アルツハイマー病などの認知症、強迫性障害（ＯＣＤ）、心的外傷後ストレス障害（ＰＴＳＤ）、注意欠如・多動症（ＡＤＨＤ）、自閉症。

### 症　状

次のいずれかに該当すれば、生活にコリアンダーを取り入れてみてください。

頭痛、浮動性めまい、回転性めまい、リンリン・ブンブンという耳鳴り、顎の痛み、頸部《けいぶ》痛、背部痛、神経痛、坐骨神経痛、関節痛、有髄神経損傷、垂れ足（下垂足《かすいそく》）、無痛性痙攣《けいれん》、筋痙攣、ひきつけ、しびれ、うずき、ピリピリ感、ほてり、便秘、ミネラル不足、血液毒性（抗癌剤の副作用による血液細胞の減少）、体重増加、不安感、神経質、夜間の睡眠困難、記憶力低下、ブレインフォグ（訳注：頭に靄《もや》がかかった状態）、錯乱（思考がまとまらない）。

### 情緒面のサポート

すぐに落ち込んだり、人生の選択に直面すると軽いめまいを感じたり、人生の目的がわからなくなったり、他人の行動に当惑したりしたら、コリアンダーに頼ってください。コリアンダーは強力なハーブで、物事を明確にしてくれるので、自分の道を見つけられるようになり、ほかの選択肢や他人の行動に気をとられることなく、うまく軌道に乗ることができます。

### スピリチュアルな教え

コリアンダーは私たちに、人生は取り除く作業の繰り返しであることを教えてくれます。コリアンダーが私たちの体から重金属を取り除くように、私たちもまた、一生を通して、友人や家族が大変な時期にあるときに、何の判断も下さずにただ耳を傾けることで助けることがありますが、あなたは大切な人のどのような痛みを取り除くのを助けることができるでしょうか。友人のどんなネガティブな独り言を止められるでしょうか。私たちは、もう役に立たない信念や記憶にしがみつくことがあり、それを手放すのには特別な支えが必要です。コリアンダーが多様な文化の料理に取り入れられているのは、感情のデトックスは万人に必要だからです。今度コリアンダーを食べるときは、人生の中で親身に話を聞いてくれそうな人のことを考えてください。そういう人と心を通わせて、自分の意見を押し付けずに、大切な人が気兼ねなく話をできるようにしてあげてください。

### ヒント

- 体から有毒重金属を除去するには、コリアンダーは新鮮である必要があります。
- たいていは、コリアンダーは付け合わせとしてだけ用いられます。一度に一枝以上使うことに慣れてください。結果を得たいなら、1日に2回以上食事に取り入れるのがベストです。ほかの生野菜とともにジュースにしても構いませんし、スムージーに一摑み入れたり、チョップドサラダ、スープ、サルサ、ワカモレ（訳注：メキシコのサルサソース）に加えたりしても構いません。コリアンダーは多く使えば使うほど、恩恵も大きくなります。

## コリアンダーのペストソース（1〜2人分）

コリアンダーを使うことで、ひとひねり加わったペストソースになります。このペストソースは、サラダドレッシングにも、お好みの野菜のディップソースにもなります。これは何にでも合います。コリアンダーの癒し《ヒーリング》の恩恵を日常に取り入れるには素晴らしい方法です。

**コリアンダー**　ぎゅっと押さえて2カップ
**クルミ**　1／4カップ
**レモン**　1／2個、搾っておく。
**ニンニク**　2片
**オリーブオイル**　大さじ2
**海塩**　小さじ　1／8

材料を全部フードプロセッサーに入れ、よく混ぜ合わせます。出来上がったペストソースは、すくって小さめのボウルに移し、ディップソース、サラダドレッシング、ソースとして使います。

# ニンニク
## Garlic

ニンニクが好きでも、極力避けていても、確かなことがひとつあります。ニンニクは、今の世界では薬として称賛されるに値します。ニンニクは古くから体力をつけるのによいと言われていますが、今は私たちの心身の幸福にとって、これまで以上に重要だとされています。ニンニクを適正に評価するには、それだけで一冊本が書けるほどです。あえて言うなら、親戚のタマネギと同じく、ニンニクには人の健康を守るうえでさまざまな面と役割があり、人のために役立つことは多岐にわたります。ニンニクには抗ウイルス、抗菌、抗真菌（抗カビを含む）、抗寄生虫の作用があり、ファイトケミカルのアリシンや、疾患を予防する硫黄化合物が豊富に含まれています。

誤って伝わっていますが、ニンニクが腸管の生産的な細菌を殺すことはありません。プラス《ポジティブ》の周波数で動く無益な細菌だけを殺します。グラム陽性《ポジティブ》（訳注：グラム染色法で紫色に「染まる」ことを英語でポジティブと言う）という言葉と混同しないでください。実際には電荷（プラス電荷、マイナス電荷）のことを言っているのではありません。グラム陽性菌もグラム陰性《ネガティブ》菌も、人間に危害を及ぼすものはプラス《ポジティブ》の周波数で動きます。その一方で、生産的で有益な細菌は（グラム陽性かグラム陰性かに関係なく）マイナス《ネガティブ》の周波数で動きます。人間と同じ周波数なのです。マイナスの好ましくないエネルギーと取り違えないために言うと、このマイナスの電荷は良いものであり、私たちがグラウンディング（訳注：大地や地球とつながり心を安定させる）するときの源となるものです。無益な細菌、蠕虫《ぜんちゅう》などの寄生虫、真菌、そしてウイルスはみなプラスの電荷で動きます。それが体に根付くと、バッテリーを消耗させ、私たちはグラウンディングができなくなります。そこで、プラスの電荷を帯びていて、病原体と闘う特性があるニンニクの登場です。同じもの同士が闘う形で、危害を加える病原体を私たちの体から追い出してくれます。腸管の有益な細菌をはじめ、私たちに恩恵をもたらす微生物は、マイナスの電荷を帯びていてグラウンディングしているので、ニンニクがそれを拭い去ることはないのです。

ニンニクには確かに研磨剤のような側面がありますが、それは私たちの益になる研磨性です。ニンニクが、壊してはいけないものを壊すことはなく、あなたを傷つけたりはしませんから、安心してください。それどころか、風邪、インフルエンザ、連鎖球菌咽頭炎、肺炎の原因菌、ウイルス関連の癌と完璧に闘ってくれます。さらに、大腸から有毒な重金属を排出して、免疫系を強化してくれます。

## 病態

次のいずれかに該当すれば、生活にニンニクを取り入れてみてください。

偏頭痛、ベル麻痺、飛蚊症《ひぶん》、麦粒腫《ばくりゅうしゅ》、耳の感染症、副鼻腔感染症、慢性副鼻腔炎、アフタ性口内炎、風邪、喉頭炎、インフルエンザ、慢性気管支炎、細菌性肺炎、睡眠時無呼吸症候群、甲状腺疾患、甲状腺結節、甲状腺癌、乳癌、食道癌、胃癌、腸の癌、前立腺癌、リンパ腫（非ホジキンリンパ腫含む）、肝うっ滞、副腎疲労、潰瘍性大腸炎、小腸内細菌異常増殖（ＳＩＢＯ《シーボ》）、虫垂炎、不妊症、生殖器系の「電池切れ」状態、骨盤内炎症性疾患（ＰＩＤ）、尿路感染症（ＵＴＩ）、乾癬性関節炎、湿疹、乾癬、浮腫、炎症、免疫不全、ライム病、カンジダの異常増殖、酵母菌感染症、ブドウ球菌感染症、ピロリ菌感染症、ＥＢウイルス／単核球症、単純ヘルペス1型（ＨＳＶ−1）感染症、単純ヘルペス2型（ＨＳＶ−2）感染症、ＨＨＶ−6、連鎖球菌咽頭炎、膣連鎖球菌感染症、連鎖球菌性ざ瘡、その他Ａ群とＢ群の連鎖球菌が関わる病態。

## 症状

次のいずれかに該当すれば、生活にニンニクを取り入れてみてください。

頭痛、耳痛、後鼻漏《こうびろう》、副鼻腔の痛み、鼻詰まり、口臭、咳《せき》、息が詰まる、胸痛、頸部《けいぶ》痛、背部痛、消化不良、脾腫、リンパ系の腫脹、全ての神経症状（うずき、しびれ、痙攣《けいれん》、ひきつけ、神経痛、胸部圧迫感など）、粘液過多、発熱、倦怠感。

## 情緒面のサポート

職場、自宅、新しい人間関係で、心が壊れそうで無防備だと感じたら、ニンニクに頼ってください。

保護や避難が必要なときに、生活に取り入れるべき食べ物です。

## スピリチュアルな教え

ニンニクは、収穫できるようになるまで、たっぷり時間をとって休ませる必要があります。ニンニクはガーデンベッドの土で覆って、そっと静かに置いている間に力強く成長し、必要な栄養素を吸収することができます。ニンニクは、カビをはじめとする真菌、蠕虫《ぜんちゅう》、虫などの病原体に対抗する自らの免疫系を強化し、植物としての生命を終えたあともその免疫系の強さが残ります。ニンニクの免疫系は成長期に強くなり、その強さを私たちに渡してくれるのです。ニンニクからヒントを得てください。そして毎年、自分自身の巣ごもり期間をとってください。身体的な蓄えを増やし、精神面での免疫系を増進させるには、汚染物質、病原体、ストレス、そして私たちのエネルギーを奪う人たちから離れる時間を定期的にとる必要があります。その結果生まれ変わった私たちは、自らの成長期にうまく備えることができます。

## ヒント

- ニンニクの球根を見てみてください。一つひとつが完璧に包まれているのが小球根です。神と母なる自然はこのような形で、健康を維持するために摂りやすい薬をあなたに与えてくれているのです。ニンニクの球根を、あらかじめ測り取った医療用サプリメントのように扱い、決まった間隔で1日1片を消費してみてください。1片の大きさがそれぞれ違っていても心配しないでください。小さいほど栄養素は濃縮しているので、「1回分」の効果は同じです。

- ニンニクは炙《あぶ》っても、ほかの方法で調理しても、おいしさと栄養価は変わりませんが、最も効果的なのは生で食べることです。お好きなディップソース、サラダドレッシング、冷製スープなどの料理に生ニンニクを混ぜてみてください。
- 咽喉痛、風邪、インフルエンザなどに罹《かか》ったと感じたら、生のニンニク1片を細かく刻み、アボカド半分、バナナ1本、火を通したジャガイモ1個に混ぜ込みます。これを調子が良くなるまで1日3回食べます。

## ニンニクのタヒニサラダドレッシング（1〜2人分）

このサラダドレッシングは作りやすく、多めに作っても冷蔵庫で１週間は持ちます。オリーブオイルとタヒニ（訳注：中東などのゴマペースト）の伝統的な地中海風の味わいがニンニクとよくなじみ、デーツの甘みがわずかに感じられます。手近な青物野菜にかけたり、お好きな野菜のディップソースにしたりして召し上がってください。

**生タヒニ**　1／4カップ
**オリーブオイル**　大さじ1
**ニンニク**　2片
**デーツ**　中2個（または大1個）、種を取り除いておく。
**水**　1／2カップ

材料を全部ミキサーに入れ、なめらかになるまで混ぜます。お好きなサラダ、野菜にかけて召し上がれ。

# ショウガ
Ginger

この世界では、私たちは何かに反応しながら生きています。何らかの目標を持って一日が始まり、気がつけば電話が鳴っていて、それがちょっとした緊急事態に関するもの、つまり設備の故障やクライアントからの急ぎの要望だったりします。私たちは突然、非常事態に陥って、その状況からその日一日抜け出せないこともあります。ある問題が解消したとたん、それに代わる次の問題が起きるからです。毎日一日中、私たちは大小さまざまな火を消して回っているのです。私たちがこんなふうに反応するのは、「加速の時代」を生き延びるために必要なことなのです。同時に、まったく緊張を緩めないでいると、反応が過剰になることがあります。それは、サッカーの練習を終えた子どもを車で迎えに行くときに、すでに遅刻が決まっているようなもので、前の車が黄色で止まったことに対して無意識のうちにクラクションを鳴らしてしまうのに似ています。

ショウガは、何かに過敏な状態から息抜きできるツールとして、最も重要なもののひとつです。朝から晩まで時速100キロ近くで走行していると、最後には心も感情も壊れ始めますが、肉体は激しい興奮状態で反応し続けることが多いのです。こうやって、副腎疲労、胃酸逆流、睡眠時無呼吸症候群、痙性膀胱、不眠症、痙攣《けいれん》性結腸や胃炎といった消化器の問題、慢性的な筋肉痛などのストレス性の疾患が起こるのです。ショウガは究極の鎮痙剤です。ショウガ茶を1杯飲むと、胃の不調が落ち着いて、ほかの緊張した部分も最長で12時間ほどリラックスします。神経の強壮剤というよりは、臓器や筋肉の強壮剤として作用し、身体に対して、何かを手放しても構わないこと、何もかもがコントロールされていることを教えてくれます。

しゃべりすぎたり大声を出しすぎたりしたとき、あるいは言いたいことを抑えて喉の筋肉がこわばったとき、ショウガがその筋肉を驚くほど緩めてくれます。緊張性頭痛を緩和してくれたり、過剰な乳酸を筋肉組織から血流へと流し、体外に排出してくれたりします。乳酸の放出を引き起こすのは激しい運動だけではなく、ストレスも原因となるからです。ストレスを抱えたまま一日中机に向かっていると筋肉に乳酸が送り込まれますが、体を動かさないので、乳酸は通常の道筋を流れるままになり、出口が必要になるのです。

ショウガの鎮痙作用は、60種類を超える微量ミネラル、30種類をゆうに超えるアミノ酸（未発見のものが多い）、そして500種類を超える酵素と補酵素に由来し、全部が協力して過敏性を抑えます。また、抗ウイルス剤、抗菌剤、抗寄生虫剤として、健全な免疫システムを促進することは、あらゆる称賛に値します。ショウガはほかにも、ストレス時の支え、DNAの修復、体内でのビタミン$B_{12}$産生能の強化などに理想的な食べ物です。ショウガが実際にどうやって私たちを守ってくれているのかが研究によって明らかになるまで百年はかかるでしょう。

## 病態

次のいずれかに該当すれば、生活にショウガを取り入れてみてください。

あらゆる種類の癌（特に甲状腺癌と膵臓癌）、偏頭痛、耳の感染症、慢性副鼻腔炎、アフタ性口内炎、喉頭炎、風邪、インフルエンザ、甲状腺疾患、睡眠時無呼吸症候群、裂孔ヘルニア、胃炎、小腸内細菌異常増殖（ＳＩＢＯ《シーボ》）、痙攣《けいれん》性結腸、セリアック病（小児脂肪便症）、膵炎、胆石、副腎疲労、痙性膀胱、骨盤内炎症性疾患（ＰＩＤ）、パパニコロウ塗抹検査異常（子宮頸部《けいぶ》細胞の異常）、足底筋膜炎、乾癬性関節炎、筋萎縮性側索硬化症（ＡＬＳ）、関節リウマチ（ＲＡ）、レイノー症候群、リンパ浮腫、湿疹、狼瘡《ろうそう》、乾癬、帯状疱疹、神経節嚢胞《のうほう》、放射線被曝、ＥＢウイルス／単核球症、ＨＨＶ‐６、真菌感染症、ヒトパピローマウイルス（ＨＰＶ）感染症、食物アレルギー、食物過敏症、不安症、不眠症。

## 症状

次のいずれかに該当すれば、生活にショウガを取り入れてみてください。

頭痛、浮動性めまい、立ちくらみ、副鼻腔の痛み、顎関節の問題、咳《せき》、胃の不調、げっぷ、消化不良、慢性の吐き気、胃酸逆流、胃痙攣、腹部膨満《ぼうまん》、腹痛、下痢、結腸の痙攣、胆嚢痙攣、筋痙攣、筋肉の緊張、筋肉痛、背部痛、骨盤痛、頻尿、失禁、尿閉、うっ血（特に胸部や副鼻腔）、倦怠感、体重増加、ミネラル不足、コレステロール値の上昇、夜間の睡眠困難、不安感、ブレインフォグ（訳注：頭に靄《もや》がかかった状態）。

## 情緒面のサポート

ショウガは、言うべきことを抑えざるを得ないと感じている人にとって理想的です。何も言わせてもらえないとき、とりあえず声を上げることが正しい行動であると感じる場合と、正しい意見であっても、自分が発言することによって状況を悪化させると感じる場合とがあります。ショウガが効くのは後者です。本当の気持ちを抑えると、排除され、抑圧されていると感じ、筋肉が痙攣《けいれん》することすらあります。その緊張を完全に緩めるために、ショウガは素晴らしい仕事をしてくれます。

## スピリチュアルな教え

ショウガは、自分の役に立たないものを手放すために、必ずしも洞察や打開策、解決策を持っておく必要はないことを私たちに教えてくれます。私たちは何もかもを処理する必要もなければ、それを追体験してイライラする必要もありません。私たちは反応する必要がないのです。反応を必要とする状況は他にいくらでもあり、必要以上に反応しても意味がありません。筋肉のこりや、胃の締めつけにはショウガが頼りになるのと同じく、魂に対してもショウガの魔法のような鎮痙作用が働くと、私たちがほかに何もしなくても、傷やダメージがなくなります。

**ヒント**

- ショウガは一日中再利用することができます。同じショウガを使って何杯分もお茶を淹《い》れて大丈夫です。
- 満月のときにショウガ茶を飲むと、その効果が1・5倍になります。
- 人生に関わる重大な決定を下さなければならないときには、ショウガを摂ってください。
- 湯治湯《とうじゆ》に入る直前には、ショウガ水またはショウガ茶を飲んでください。入浴による癒し《ヒーリング》の力が強化されます。

## ジンジャーライムエード（2〜4人分）

このジンジャーライムエードは良い気分転換になります。カフェイン入りのエナジードリンクから抜け出そうとしている人にとっては、特に有用です。新鮮なショウガ汁のわずかな熱が、何回でも飲みたくさせます。

**ハチミツ**　1／4カップ
**水**　4カップ、分けておく。
**ショウガ汁**　大さじ1
**ライム汁**　1カップ（約10個分）
**ミントの葉**（新鮮なもの）　1／4カップ

小さめの鍋にハチミツ1／4カップと水1カップを入れて火にかけ、ハチミツが完全に溶けたら、火から下ろして冷まします。大きめのピッチャーにショウガとライムを搾って入れます。残りの水3カップを加えて混ぜます。冷ましたハチミツ水と新鮮なミントの葉を加えてかき混ぜ、冷蔵庫で冷やします。

# レモンバーム
## *Lemon Balm*

レモンバームは、その学名 *Melissa officinalis* からメリッサとも呼ばれ、神経、特に消化に関与する神経を落ち着かせるのに必須のハーブです。多くの人がさまざまな腸の過敏症、合併症、誤診に悩んでいます。そういった問題の背景によくあるのが、消化器の周囲にある神経末端が過敏になっていることです。現代人が経験している消化器系の苦痛の多くには、神経が何らかの関与をしています。たとえば、横隔神経（横隔膜を制御しているため、胃に影響を及ぼす）と迷走神経（横隔膜の中を通って胃と消化を支配している）の炎症が、消化器の過敏症の背景にあることがあります。背骨と消化管とをつなぐ神経も同じです。

特に思い当たる理由もなく胃腸が刺激されている場合、普通は神経過敏が原因です。よくあるのは、食べ物（とても消化しやすいものであっても）が腸管の内壁をこすって、神経過敏な人が不快感を覚えるというものです。神経過敏症は、吐き気や食欲不振、緊張して急に尿意や便意を催すといった症状の引き金を引くこともあります。レモンバームは、この神経がすり減る世界で生きるために、神と母なる自然から贈られた物であり、前述のどの状況に対処するにも、素晴らしい鎮静作用を発揮してくれます。この作用は、未発見のアルカロイドなど、生理活性のあるファイトケミカルに由来するもので、消化管の神経受容体を落ち着かせ、神経が過剰反応しなくなり、炎症が抑えられます。このことから、レモンバームはストレス時の支えになるハーブとして価値があります。

しかも、これだけにとどまりません。レモンバームは何に対しても癒し《ヒーリング》作用があり、身体のほとんどの部分に対しても大いに貢献してくれます。ホウ素、マンガン、銅、クロム、モリブデン、セレン、鉄といった微量ミネラルがとても豊富で、多量ミネラルのシリカも大量に含まれています。しかも、レモンバームはビタミン$B_{12}$を保護します。つまり、ビタミン$B_{12}$の貯蔵量をモニタリングして、体が使い果たさないよう保ってくれるのです。抗寄生虫、抗ウイルス、抗菌の作用があり、ＥＢウイルス、帯状疱疹のほか、ＨＨＶ-６などのヘルペスウイルスと闘います。連鎖球菌による炎症である扁桃腺炎にも素晴らしくよく効きます。さらに、肝臓、脾臓、腎臓の解毒をしてくれたり、膀胱炎を抑えるのを助けてくれたりするので、間質《かんしつ》性膀胱炎や尿路感染症（ＵＴＩ）を緩和するのにすぐれています。

## 病態

次のいずれかに該当すれば、生活にレモンバームを取り入れてみてください。

一過性脳虚血発作（ＴＩＡ）、脳炎、偏頭痛、耳の感染症などの耳の問題、メニエール病、甲状腺疾患、扁桃腺炎、連鎖球菌咽頭炎、喉頭炎、胃炎、裂孔ヘルニア、ピロリ菌感染症、小腸内細菌異常増殖（SIBO《シーボ》）、副腎疲労、間質性膀胱炎、尿路感染症（UTI）、多嚢胞《のうほう》性卵巣症候群（PCOS）、栄養分の吸収の問題、高血圧症、ニューロパチー、酒皶《しゅさ》、白癬、帯状疱疹、炎症、骨や腺の結節、骨減少症、筋萎縮性側索硬化症（ALS）、ライム病、酵母菌感染症、EBウイルス／単核球症、HHV-6、ブドウ球菌感染症、単純ヘルペス1型（HSV-1）感染症、単純ヘルペス2型（HSV-2）感染症、不安症、うつ病、自閉症、注意欠如・多動症（ADHD）。

## 症状

次のいずれかに該当すれば、生活にレモンバームを取り入れてみてください。

歯痛、鼻血、動悸、ほてり、寝汗、胃が弱い、消化機能低下、食欲不振、胃痛、神経性の胃の痛み、腹痛、腹部膨満《ぼうまん》、ガス、下痢、尿意切迫、頻尿、疼痛性肩拘縮《とうつうせいかたこうしゅく》（五十肩）、四肢の衰弱、発熱、（脳卒中やてんかんなどの）発作、倦怠感、体重増加、微量ミネラル不足、ヒスタミン反応、よく眠れない、神経質、不安感。

## 情緒面のサポート

私たちは、ストレスと不安で、先が見えないことに恐怖感を覚えることがよくあります。夜、ベッドに入って、自分と家族にこれから何が起こるのだろうと考えることがあります。未来が自分や周りの人たちに何を用意しているのかが心配なのであれば、レモンバームが不安感を拭い去り、満ち足りた気持ちにさせてくれます。

**スピリチュアルな教え**

レモンバームは万能で、私たちも同じく万能であることを教えてくれています。私たちはそれぞれ、たったひとつの理由だけでここにいるのではありません。一回の人生の中でさまざまな経験をします。ひとつのことだけに注目して生きる必要はなく、さまざまな才能に気づいたり、さまざまな目的を果たしたりするチャンスはたくさんあります。道の途中で気がつくこともあれば、自分がどのように変化しているかを知らずに生きていくこともあります。

**ヒント**

- ピッチャーに水を入れ、そこに新鮮なレモンバームを浸し、明るい直射日光を二、三時間当てて、「サンティー」を作ってください。太陽がレモンバームの癒し《ヒーリング》効果を引き出し、さらにアップグレードして、癒し《ヒーリング》に役立つ栄養素を一通り強化してくれます。
- レモンバームの葉を料理用ハーブとして少量使ってみてください。鉢植えで窓際栽培すれば、いつでも少量採って、刻んでサラダの風味付けにでき、良薬にもなります。
- 就寝前にレモンバームを摂取すると、神経が落ち着いて、寝つきが良くなります。

## レモンバームティー（2〜4杯分）

このレモンバームティーは刺激が少なく気持ちが落ち着きます。レモンがハーブの良さを壊すことはありません。レモンのパンチが欲しければ、レモン汁の量を増やしたり風味付け用のレモンピールを追加したりして、レモン風味をもっと増やしてください。

**レモンバーム**　大さじ2
**レモンピール**　小さじ1
**タイムの葉**（新鮮なもののみじん切り）　小さじ1／2
**レモン汁**　小さじ1

小さめのボウルでレモンバーム、風味付け用レモンピール、タイムを混ぜ合わせ、茶葉とします。水4カップを沸騰させます。カップ1杯あたり茶葉を小さじ1杯分使います。5分以上浸します。最後の仕上げとしてレモン汁小さじ1／2をそれぞれのカップに加えます。

強めの薬用茶にしたいのであれば、カップ1杯につき茶葉を小さじ2、または大さじ1にします。

# カンゾウ根

*Licorice Root*

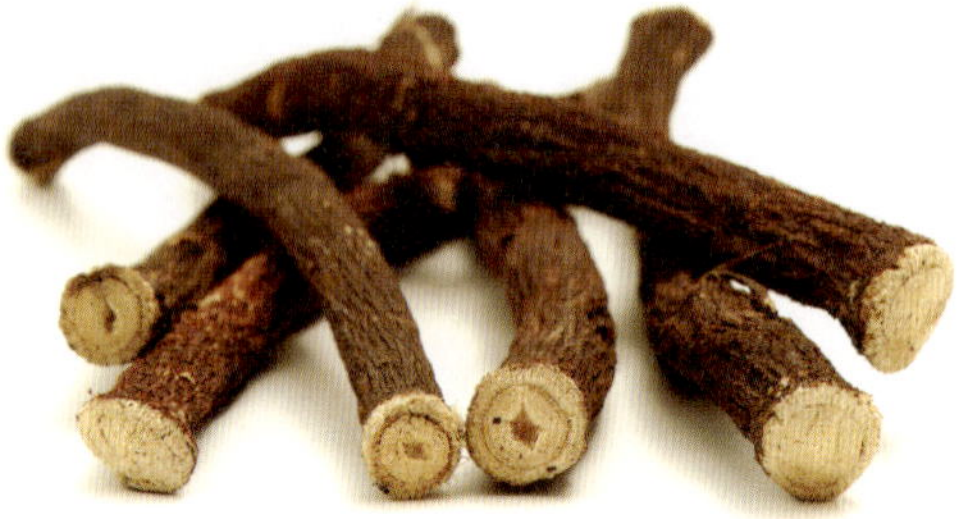

カンゾウ（甘草）根は救済者です。現代の世界で最も重要なハーブのひとつであり、慢性的な病気という砂漠の中であなたを運んでくれるラクダです。なぜそんなにカンゾウが重要なのでしょうか。それは、カンゾウがウイルスの爆発的増加に対する究極の武器だからです。第１部第１章「自分の身を守る」でみた通り、ヘルペスウイルス（ＥＢウイルス、ＨＨＶ－６、サイトメガロウイルス、帯状疱疹を含む）は、線維筋痛症、慢性疲労症候群、ライム病、メニエール病、副腎疲労といった原因不明の病気のほか、回転性めまい、浮動性めまい、うずきや痛み、顎・首・肩の神経痛といった諸症状の原因になっていることが多々あります。「自己免疫疾患」のレッテルを貼られている関節リウマチ（ＲＡ）や慢性甲状腺炎などは言うまでもありません（ここで言及した病気については、私の最初の本『メディカル・ミディアム――医療霊媒』で詳しく扱っています）。

体が自分自身を攻撃することはありません。体を攻撃しているのは前述のヘルペスウイルスやその変異体ですから、私たちに味方してくれる強力な抗ウイルス剤が必要なのです。そこで必須となる抗ウイルス剤がカンゾウ根です。カンゾウ根のファイトケミカルと抗ウイルス特性が、ウイルスが子孫を作れなくなるようにします。同時に、体の組織をできるだけウイルスが住み着くのに適さないようにして、ウイルスを体から追い出します。「自己免疫」に惑わされる21世紀にあって、カンゾウ根は私たちが自由に使える最強ツールのひとつです。

カンゾウ根は、低血圧の人にとっても素晴らしい存在です。また肝熱を抑えることによって肝臓を鎮静させます。カンゾウが現代の最強の副腎修復剤であることは言うまでもありません。ロディオラ（イワベンケイ）、ホーリーバジル、朝鮮人参、さらにはアシュワガンダ（訳注：ナス科の常緑低木）といったなじみのあるハーブにも内分泌腺に対する働きはありますが、カンゾウと比べれば数分の一にも満たないのです。とはいえ、カンゾウ以外の前述のハーブも、副腎のところまで行って支えるので有用ですから、不活発な副腎がそれ以上悪くならないレベルに保ってくれます。また、カンゾウ根には副腎にとって充電器のような働きがあり、副腎の疲労を取り去ってくれたり、あなたのためになるよう副腎の働きを高めてくれたりします。

カンゾウについては、数々の勘違いも含め、相反する見解があることに注意してください。否定的な見解に引きずり込まれないようにしてください。騙《だま》されて癒し《ヒーリング》の機会が奪われてしまいます。

## 病態

次のいずれかに該当すれば、生活にカンゾウ根を取り入れてみてください。

脳炎、偏頭痛、ベル麻痺、アフタ性口内炎、メニエール病、甲状腺機能低下症、甲状腺機能亢進《こうしん》症、連鎖球菌咽頭炎、喉頭炎、消化器疾患、胃炎、胃食道逆流症（GERD《ガード》）、憩室炎、憩室症、虫垂《ちゅうすい》炎、潰瘍（消化性潰瘍を含む）、脾臓の炎症、肝うっ滞、副腎疲労、間質性膀胱炎、尿路感染症（UTI）、にきび、帯状疱疹、骨髄炎、あらゆる自己免疫性の疾患や障害（特に慢性甲状腺炎、狼瘡《ろうそう》、関節リウマチ）、慢性疲労症候群（CFS）、線維筋痛症、ニューロパチー、グレーブス病（バセドウ病）、ライム病、EBウイルス／単核球症、食物アレルギー、不眠症、うつ病。

## 症状

次のいずれかに該当すれば、生活にカンゾウ根を取り入れてみてください。

頭痛、浮動性めまい、回転性めまい、リンリン・ブンブンという耳鳴り、顎関節の諸問題、顎の痛み、嚥下《えんげ》の問題、動悸、吐き気、胃酸逆流、胃酸の減少、腹痛、便秘、頸部《けいぶ》痛、肩の痛み、疼痛性肩拘縮《とうつうせいかたこうしゅく》（五十肩）、うずきと痛み、うずきとしびれ、手足の冷え、神経痛、痙攣《けいれん》、坐骨神経痛、骨盤痛、膣の灼熱感、膣の痛み、性欲減退、倦怠感、更年期症状、月経前症候群（PMS）の諸症状、チック、不安感、ブレインフォグ（訳注：頭に靄《もや》がかかった状態）。

## 情緒面のサポート

カンゾウ根は、頭で考えるのではなく本能的に感じる人にとっては素晴らしい存在です。カンゾウは、ちょっとした誤解によるストレス性の胃炎、お腹の緊張状態、情緒的な不安、緊張による動悸などの予防や緩和に役立ってくれます。

## スピリチュアルな教え

カンゾウは、正しく用いれば、長い間病気で苦しんできた人を健康な状態に戻してくれます。体調を崩したことがある人は、癒し《ヒーリング》が神聖な奇跡であることを知っています。これに対して、苦しんだことのない人は、他人の回復を見ても、ただ元に戻ったとしか思わないかもしれません。しかし、みなさんなら、「正常」は奇跡であるということや、心身が満たされた状態（ウェルビーイング）を取り戻す働きをするものはすべて、それ自体が奇跡であるということをご存知でしょう。カンゾウは私たちに、そのような小さな奇跡が私たちを取り巻いていても、目隠しされているとそれが見えないことを教えてくれています。人生の中で、ありふれているように見えても、実は宇宙の驚異であるというものはカンゾウのほかに何かあるでしょうか。

## ヒント

- カフェインを抜こうとしているのであれば、カンゾウ根茶に替えてみてください。朝一番に飲めば、信じられないほど気力を高めてくれます。
- 食べ物の消化に問題を抱えていたり、レストランでひどいものを食べてしまったりしたのであれば、カンゾウ根茶を飲んで消化を助けてください。
• カンゾウは、ハーブティーやノンアルコールのチンキ剤として、気軽に飲んでください。

## シナモン・カンゾウ根茶（4杯分）

よい香りのお茶の濃厚な風味はきっと、暖かい感覚を呼び覚ましてくれます。一口飲むたびに、甘いカンゾウ飴をなめている子どものような気持ちになってください。心が軽くなって、うれしい気分になるでしょう。

**カンゾウ根**（乾燥）　大さじ2
**オレンジの皮**（風味付け用）　小さじ1
**シナモンパウダー**　小さじ1
**ホールクローブ**　小さじ1／2

小さめのボウルに材料を全部入れて混ぜて茶葉とします。水4カップを沸騰させます。カップ1杯分につき、熱湯1カップとこの茶葉を小さじ1杯分使います。5分以上浸けておきます。

強めの薬用茶にしたいのであれば、カップ1杯につき茶葉を小さじ2、または大さじ1にします。

# パセリ

Parsley

パセリは、厳密に言えばほかの芳香ハーブに分類されますが、体の組織全体をアルカリ化することができるので、独立した部類になります。体の酸度とアルカリ度の概念についてはきっと聞いたことがあると思います。体が酸性に傾くと病気になるという話です。つまり、パセリが売られているということは、「何よりもまずアシドーシス（訳注：体内のpHが酸性に傾く、つまりpH値が小さくなること）と闘いなさい」という合図であるはずです。通常、アルカリ化食品には、身体の一つか二つの組織のアルカリ度を高める力しかなく、それ以外の組織は酸性のままです。パセリは定期的に正しく摂取すれば、全身をアルカリ化することができます。体の組織を巡って、全身から酸を追い出してくれるのです（考えがちなことですが、pHリトマス試験紙では体の酸度はわかりません。これに関する詳細は、第３部第２章「有害な健康ブームと流行」を参照してください）。パセリがアルカリ化食品である理由の大部分はミネラル塩

にあります。パセリの特殊なミネラル塩は、体内の無益な酸性のものと結合して、これを追い出します。このようなアルカリ化の力があることから、パセリはあらゆる種類の癌を予防したり闘ったりするのに有用であるとされています。

パセリは病原体と闘う万能のファイターであり、細菌、寄生虫、真菌を寄せ付けません。また、口腔の無益な微生物の増殖を防ぐため、歯周病、虫歯、口内乾燥といった口腔関連のトラブルには何にでも素晴らしく効きます。パセリは素晴らしい抗DDT兵器でもあります。キレート作用にすぐれ、知らないうちに体に溜め込まれ隠されていた大量の除草剤やDDTなどの殺虫剤を取り除いてくれます。

パセリは、葉酸、補酵素型ビタミン$B_{12}$などのビタミンB群、ビタミンA、ビタミンC、ビタミンKなどの栄養やミネラルが豊富です。特に微量ミネラル不足の人にとっては、再石灰化にすぐれた食品であり、マグネシウム、硫黄、鉄、亜鉛、マンガン、モリブデン、クロム、セレン、ヨウ素、カルシウムを補給してくれます。パセリは実質的には野生の食べ物ですから、あまり世話をしなくてもよく育ち、食べられるようになります。気温が低くても適応するので、食べた人の適応力を高める性質もあるということになります。パセリを食べると、生き延びて繁栄しようというパセリの意志が受け継がれます。パセリは、消耗して疲弊したときに元に戻してくれるすぐれたハーブです。カンゾウ根と同じく、一般には副腎強化剤としては上位にはランクされていませんが、パセリのその作用は最高であることは間違いありません。

## 病態

次のいずれかに該当すれば、生活にパセリを取り入れてみてください。

あらゆる種類の癌（特に多発性骨髄腫などの血液細胞の癌）、脳の病変、偏頭痛、鵞口瘡《がこうそう》、歯周病、唾液管の問題、甲状腺疾患、心血管疾患、心房細動、動脈硬化、慢性閉塞性肺疾患（COPD）、C型肝炎、脂肪肝、脂肪肝予備群、副腎疲労、尿路感染症（UTI）、子宮炎、卵巣炎、卵管炎、脊髄の病変、軟骨骨折、関節症、筋萎縮性側索硬化症（ALS）、シェーグレン症候群、アジソン病、アシドーシス、内分泌系の障害、白癬、ライム病、EBウイルス／単核球症、ヒト免疫不全ウイルス（HIV）感染症、パーキンソン病、アルツハイマー病などの認知症、恐怖症、不安症、うつ病、双極性障害、自己愛性人格障害。

## 症状

次のいずれかに該当すれば、生活にパセリを取り入れてみてください。

頭痛、立ちくらみ、浮動性めまい、鼻血、嗅覚消失、味覚消失、歯痛、虫歯、歯肉痛、歯肉後退、口内乾燥、息切れ、吐き気、腹痛、疲労感、体重増加、血行不良、あらゆる神経症状（うずき、しびれ、痙攣《けいれん》、ひきつけ、神経痛、胸部圧迫感を含む）、振戦《しんせん》、ミネラル不足（微量ミネラル不足を含む）、化学物質過敏症の症状、記憶力低下。

## 情緒面のサポート

感情のジェットコースターに乗っている気分であれば、パセリに頼ってください。パセリは、外側の茎と葉が先に成熟し、続いて中心部分が新たに成長するので、中心軸がしっかりあり、センタリング（訳注：自分の中心に戻る）作用があるハーブでもあります。他人の感情のジェットコースターに引きずられているように感じるのであれば、その人にパセリを使った料理を出してください。このハーブを十分に摂れば、心と存在（頭と体）のバランスが良くなることに気づくでしょう。

## スピリチュアルな教え

風味が好きではないという理由で、パセリの健康効果を逃している人が多すぎます。そういう人たちはアレルギーでも過敏症でもなく、既知のものと好きなものしか食べないと決めているだけです。嫌いなものがあるとき、それが体に良いとわかっていても避けがちです。結局は役に立ってくれるのに、人生の中で回避している経験、会話、状況、責任、行動はないでしょうか。逃してしまっている価値のある教訓はないでしょうか。食わず嫌いを止めて、いつも嫌だと思っているものをチャンスだと思って食べてみれば、どのような恩恵を受けるでしょうか。

## ヒント

- パセリから恩恵を受けるすぐれた方法のひとつは、セロリと一緒にジュースにすることです。パセリとセロリに含まれるミネラル塩は協力し合って作用します。パセリの塩《えん》が体内の乳酸などの酸と結合してそれを追い出す一方で、セロリの塩はほかの種類の毒素と結合しつつ、栄養素となって神経伝達物質（医学研究ではまだ解明されていない実にさまざまな種類の化学物質）の形成を助けます。

- 生のパセリや乾燥パセリをお茶にすることもできます（生のほうが好ましいです）。パセリの内側深くに隠れている微量ミネラルやファイトケミカルをの最大量を引き出して栄養素を吸収することができるようにするには、煎じるのが最適です。
- 最大の効果を得るには、フラットリーフパセリを求めてください（カールリーフパセリも価値は高いので、フラットリーフが手に入らないなら、カールリーフでよしとしてください）。
- パセリが好きかどうかに関係なく、何にでもパセリを足すことを習慣にしてください。ある時期が来ると、継続的な習慣となって、最終的には、最低でも1日1食はパセリを使うようになるでしょう。パセリが嫌いなら、受け付けられる摂り方が見つかるまで、いろいろな方法（ジュースにする、刻んでサラダに散らす、スムージーに混ぜる、お茶にするなど）で実験してみてください。そうすれば、身体組織にあってはいけないものを排出してもらいつつ、パセリの栄養効果を受け取ることができます。

## パセリのタブーラ（中東のサラダ）（1〜2人分）

このサラダは、家族や友人らと食卓を囲んで楽しむときのご馳走に追加するには完璧な一品です。フムス（訳注：豆と油をペースト状にした中東料理）や焼きカリフラワーの盛り合わせとも最高の相性です。タブーラは、昔から柔らかいレタスの葉に包んで食べられています。大きなボウルに入れたものを手で取って、レタスのカップにのせて食べます。この素晴らしい食事を囲んで集まる伝統を楽しんでください。

**アーモンド**　1／4カップ
**パセリ**　ぎゅっと押さえて4カップ
**ミント**　1／8カップ
**トマト**（4分割にしたもの）　2カップ
**キュウリ**（4分割にしたもの）　2カップ
**赤タマネギ**（刻んだもの）　1／2カップ
**海塩**　小さじ1／4
**オリーブオイル**　小さじ1
**レモン**　1／2個、搾っておく。

アーモンドをフードプロセッサーに入れ、粗《あら》みじんにします。取り出して置いておきます。
パセリ4カップをフードプロセッサーに入れ、パルス機能（訳注：手動で一時的に高速ブレンドする）を使って細かくします。取り出して置いておきます。
残りの材料を全部フードプロセッサーに入れ、パルス機能を使って細かくなるまでよく混ぜます。混ざったら、大きめのボウルに移します。パセリとアーモンドを投入してさらに混ぜます。テーブルに出して召し上がれ！

# ラズベリーリーフ

*Raspberry Leaf*

私たちがラズベリーという植物のことをよく考えるのには理由があります。おいしくて健康を増進するベリーを実らせるからです。しかし、その葉も同じくらい信頼されるべきなのです。女性の生殖器を安定させるのに、ラズベリーリーフに優るものはありません。生殖器系を立て直して保護するものとしては理想的です。ラズベリーリーフはまた、ホルモン全体のバランスをとってくれます。エストロゲン、プロゲステロン、テストステロンの副腎での産生を維持し、甲状腺に必要な栄養素を補給します。さらに、内分泌系全体のホルモン産生を助けます。

前述のように、ラズベリーリーフには生殖器系とホルモンに対する働きがあるので、ラズベリーリーフを煮出したお茶は不妊対策になったり、女性の体を妊娠に備えさせたりする最強の強壮剤のひとつです。流産予防にも役立ち、出産や産後うつによる倦怠感に対する秘密兵器にもなります。また、ラズベリーリーフは、母乳の産生を促進することがわかっています。あまり注目されていないのですが、ラズベリーリーフは母乳のビタミン類やミネラル類を強化し、赤ちゃんにとって栄養価の高いものにしてくれます。

ラズベリーリーフは男性にも効果があります。主として血液をきれいにし、全身の解毒をしてくれます。アントシアニンを含むポリフェノールなどの抗酸化物質のように、ラズベリーリーフのファイトケミカルは、特に臓器や腺に対する万能の抗炎症剤です。鉄欠乏症の人にも驚くほど良く、毛髪の成長を助けます。また膵臓の強化を助けるので、膵炎を抱えている人はこのハーブで良い効果を得ることができます。ラズベリーリーフには適応力を高める性質もあり、最高の適応力促進物質《アダプトゲン》として分類されるべきです。

## 病態

次のいずれかに該当すれば、生活にラズベリーリーフを取り入れてみてください。

歯周病、甲状腺疾患、甲状腺機能低下症、慢性甲状腺炎、胃炎、膵炎、尿路感染症（ＵＴＩ）、膀胱脱、子宮脱、子宮ポリープ、子宮筋腫、パパニコロウ塗抹検査異常（子宮頸部《けいぶ》細胞の異常）、子宮炎、卵巣炎、卵管炎、卵巣嚢腫、多嚢胞《のうほう》性卵巣症候群（ＰＣＯＳ）、不妊症、流産、生殖器系の「電池切れ」状態、細菌性膣症、ホルモン失調、産後うつ、食物アレルギー、貧血、内分泌系の障害、グレーブス病（バセドウ病）、ヒトパピローマウイルス（ＨＰＶ）感染症。

### 症状

次のいずれかに該当すれば、生活にラズベリーリーフを取り入れてみてください。

胸やけ、倦怠感、ほてり、母乳不足、不正出血、おりもの、膣の灼熱感、攣縮《れんしゅく》、鉄不足、抜け毛。

### 情緒面のサポート

安心感、落ち着き、思いやりの心、安らぎ、暖かさ、愛情、そしてちょっとした称賛を求めている人にとって、ラズベリーリーフは素晴らしいハーブです。心身を落ち着かせるのに使ったり、困っている友人に勧めたりしてください。

### スピリチュアルな教え

庭の一部に生えているラズベリーに手を加えなければ、庭全体にラズベリーが広がってしまいます。少しの時間と忍耐力があり、刈り込むべき茎について教えてもらっていれば、制御はできます。結局のところ、この知識とひと手間によって健康的で実り多い植物になるのです。私たちは人生の中で、混沌に似た状況に遭遇します。なかには制御できないものもあります。ラズベリーという植物は、私たちに、苦難を恐れずに識別する目があれば、未然に防ぐことができること、それを注意して見るようにすることを教えてくれています。あなたの人生の中で、今育てれば、やがては好結果をもたらしてくれそうなものは何でしょうか。

**ヒント**

- 日中、最悪な状態だと感じたら、ラズベリーリーフティーを1杯用意します。気持ちを落ち着かせてくれます。
- 生殖器系やホルモンバランスの回復に最強の効果を得たいのであれば、ラズベリーリーフとネトルリーフの葉を合わせたお茶にします。
- 満月の日にラズベリーリーフティーを多めに飲んでください。ラズベリーという植物は満月の日に成長率が25％アップして、お茶の作用が強められます。葉は乾燥させても、茎から摘み取られる前のリズムを覚えているので、効果は弱まりません。

## ラズベリーリーフティー（4杯分）

このお茶は、種、葉、花びらが揃ったおいしいお茶です。一口すすると、自分自身が整っている様子が心に思い描かれ、生殖器系もそれ以外の全身も整います。

**ラズベリーリーフ**　大さじ2
**カルダモンの鞘**　8個
**バラの花びらまたは蕾**　小さじ1

材料を全部、小さめのボウルで混ぜ合わせて茶葉とします。水4カップを沸騰させます。お茶1杯あたり熱湯1カップに茶葉小さじ1を使います。5分以上浸します。

強めの薬用茶にしたいのであれば、カップ1杯につき茶葉を小さじ2、または大さじ1にします。

# ターメリック（ウコン）

*Turmeric*

ターメリック（ウコン）は、心身の幸福のあらゆる側面において素晴らしい食品です。ターメリックは、抗炎症作用のあるファイトケミカルであるクルクミンが含まれていることで有名で、狼瘡《ろうそう》など、侵入者（狼瘡の場合、ＥＢウイルス）がいなくなっても体が習慣的な反応サイクルから抜け出せない病態に特に効果があります。慢性的な病気の炎症は、ウイルスなどの異物に対する体の免疫応答によるものであって、多くの情報筋が誤って伝えているような、体が自分自身に敵対している（自己免疫）というものではないことに注意してください。それでもいったん反応のサイクルが始まると、そのパターンに割って入って断ち切ってくれる協力者を必要とすることがあります。ターメリックはこの作業をするには理想的です。というのも、ターメリックにはクルクミン由来のとても有益な天然のステロイド化合物が含まれているほか、病原体に対する過剰な炎症反応を抑えるという、きわめて重要な側面があるから

です。

そのためにターメリックは、神経から関節や脳まで、体内で炎症による痛みを引き起こしているものであれば何にでもよく効くとされています。脳の炎症について言えば、悪性度の低いウイルス性脳炎（検査では見つからない、ごく小規模の脳の腫脹）があっても、医師の診断を受けていない人は多いのですが、その症状から筋痛性脳脊髄炎／慢性疲労症候群（ＭＥ／ＣＦＳ）であると診断される人もいます（この診断は、ＥＢウイルスによる脳の炎症が引き起こす原因不明の病気に対する常套手段です）。このような脳炎により、説明がつかない頭蓋内圧亢進《こうしん》、浮動性めまい、深部頭痛、眼鏡を処方しても治らないかすみ目、錯乱（思考がまとまらない）、重度の不安、パニックが起きます。そういうとき、ターメリックは究極の解毒剤となります。

ターメリックは、炎症に対応すると同時に、その強力な成分や化合物が、循環を強化する必要がある体の領域に対して血液供給量を増やします。そのため、慢性的なヒスタミン反応や肝機能低下、血行不良による毒血がある人にとって、ターメリックは理想的なスパイスとなります。ターメリックに大量に含まれるクルクミンと結合したマンガンは、心血管系に対して素晴らしい働きをします。悪玉コレステロールを抑えて、善玉コレステロールを増やし、腫瘍や嚢胞《のうほう》を抑制し、あらゆる種類の癌、特に皮膚癌を予防します。しかもマンガンは、クルクミンが体から有毒重金属を排出する能力をさらに活性化させます。

## 病態

次のいずれかに該当すれば、生活にターメリックを取り入れてみてください。

あらゆる種類の癌（特に皮膚癌）、腫瘍（脳腫瘍を含む）、リンパ腫（非ホジキンリンパ腫を含む）、脳炎、脳性麻痺、偏頭痛、緑内障、副鼻腔の問題、甲状腺機能低下症、甲状腺機能亢進《こうしん》症、慢性甲状腺炎、慢性気管支炎、風邪、インフルエンザ、心疾患、細菌性肺炎、肺気腫、小腸内細菌異常増殖（SI《シー》BO《ボ》）、セリアック病（小児脂肪便症）、肝機能低下、副腎疲労、子宮内膜症、子宮筋腫、多嚢胞《のうほう》性卵巣症候群（PCOS）、慢性疲労症候群（CFS）、多発性硬化症（MS）、関節リウマチ（RA）、筋萎縮性側索硬化症（ALS）、関節症、手根管症候群、レイノー症候群、神経炎、炎症、低コルチゾール、グレーブス病（バセドウ病）、パーキンソン病、ホルモン失調、高コレステロール血症、肥満、アレルギー、重金属中毒、電磁波過敏症（EHS）、湿疹、蕁麻疹《じんましん》、乾癬、狼瘡《ろうそう》、滑液包炎、脂肪腫、寄生虫、蠕虫《ぜんちゅう》、ライム病、酵母菌感染症、EBウイルス／単核球症、不眠症、不安症、離人症、季節性感情障害（SAD）、摂食障害。

## 症状

次のいずれかに該当すれば、生活にターメリックを取り入れてみてください。

深部頭痛、頭蓋内圧、浮動性めまい、かすみ目、フケ、副鼻腔の痛み、顎の痛み、咽喉痛、咳《せき》、胃酸の減少、疼痛性肩拘縮《とうつうせいかたこうしゅく》（五十肩）、頸部《けいぶ》痛、背部痛、膝痛、足の痛み、うずき、体のこわばり、筋痙攣《けいれん》、筋硬直、こむらがえり、坐骨神経痛、ジスキネジア、うっ血、血行不良、嚢胞、皮疹《ひしん》、石灰化、脾腫、肝熱、化学物質過敏症の症状、粘液過多、ミネラル不足、ヒスタミン反応、断続的な不正出血、更年期症状、体重増加、感情的摂食、怒りの噴出、見当識障害、パニック、錯乱（思考がまとまらない）。

## 情緒面のサポート

自己価値を認めにくい人にとって、ターメリックは理想的なスパイスです。プロジェクトや人間関係において、自分で自分の貢献を低く見ているなと思ったり、いつも自分を厳しい目で見ていたり、褒め言葉を受け入れにくかったりするのであれば、生活にターメリックを取り入れて、自分は価値のあるすぐれた人間で、常に良いことをしているのだときちんと認めるのに役立ててください。

## スピリチュアルな教え

ターメリックの抗炎症作用はとても強力で、私たちの人生の中で、鎮静に用いることができるものがほかにあるだろうかと、はたと考えさせられます。炎症は身体レベルだけで起こるのではありません。私たちは精神的にも、情緒的にも、さらにはスピリチュアル的にも炎症を起こす可能性があります。これが良し悪しの判断力の低下、非難、激怒、収まらない不満となって現れ、体の炎症と同じくとても不快に感じられます。最初に苦痛を感じた原因はとうになくなっているのに、習慣的なフィードバックループにはまり込んで、痛みを感じては和らげる、ということを繰り返しているのかもしれません。今度、また炎症が起きたと感じたら、その反応を引き起こした過去の経験がどんなものであっても、そういう経験をしたことを誇らしく思ってください。そして、ターメリックからヒントを得て、緩やかに反応のサイクルを終わらせようとしてみてください。

**ヒント**

- うっ血、咳《せき》、咽喉痛、風邪、インフルエンザ、副鼻腔の諸問題を抱えているのであれば、新鮮なターメリックとショウガを合わせて搾り、少量の濃縮漿液《しょうえき》を作ってみてください。一日何回にも分けて、ちびちび飲みます。この搾り汁は去痰剤として作用し、治癒過程の促進に役立ってくれます。
- トレーニングや重労働のあとは、ターメリックを摂取してみてください。どんな形でも（料理のスパイス、ジュース、お茶、サプリメントなど）、体内にいくらか取り込みさえすればよいのです。ターメリックは、運動後の筋肉、靭帯《じんたい》、関節の回復期間を短縮することができます。そして自分では気づかなくても、放っておくと問題になることもあるごくわずかな損傷に対して、抗炎症剤としても作用します。

## ターメリックとショウガのショット（2〜4人分）

このショットは、ヒリヒリする免疫賦活《ふかつ》剤であり、前述のターメリックとショウガの漿液《しょうえき》で、風邪の最初の兆候が現れたときに頼れる一品です。このショットは、攻撃してくるものに対して体が応戦するのを助けてくれるでしょう。

**ターメリック**　約10センチ
**ショウガ**（新鮮なもの）　約10センチ
**オレンジ**　2個
**ニンニク**　4片

材料別にジューサーにかけて、汁を別々にしておきます。小さめのグラスに、ターメリックの汁小さじ1、ショウガの汁小さじ1、ニンニクの汁小さじ1／4、オレンジの汁1／4カップを合わせます。かき混ぜてすぐに飲みます。

＊注：材料の必要量は、使用するジューサーによって大幅に変わります。

# 第4章　野生の食べ物　Wild Foods

# アロエベラ

*Aloe Vera*

アロエベラは、やけど、切り傷、擦り傷、打撲、虫刺されのほか、特に日焼けに外用すると、鎮静作用が得られることで有名です。新鮮なアロエなら、内服により効果の幅が広がります。浣腸や結腸洗浄に魅力を感じるのであれば、アロエベラを生活の一部としてください。アロエベラを摂取すること自体が結腸を洗浄することになります。アロエは素晴らしい便秘解消剤なのです。

アロエベラにはまた、未発見の「薬用合金」に分類される70種類超の微量ミネラルが含まれています。その合金は、ファイトケミカルであるアロインとともに作用して、腸管の炎症を抑え、過敏性腸症候群（ＩＢＳ）やクローン病など、結腸に対する最高の助けとなってくれます。この抗炎症作用は、虫垂《ちゅうすい》のほか、回腸（消化器系が正常に機能しているときにビタミン$B_{12}$を産生する、腸管の中でもきわめて重要な部分）を若返らせます。それだけではありません。アロエによって回腸が修復されると、生物学的利用能の高い形のビタミン$B_{12}$がもたらされることにもなります。アロエは万能のビタミン$B_{12}$強化剤であるとも言えるのです。

アロエベラは、抗ウイルス作用、抗菌作用、抗真菌作用（抗カビ作用を含む）、抗寄生虫性（抗虫性を含む）があります。大腸癌、胃癌、直腸癌を引き起こす病原体を殺すほか、ピロリ菌を除去したり、膵臓を助けたりするなど、驚くほど有用です。また、ポリープや痔核の成長を抑える独特な力がありま す。放射線に曝露したと心配するのであれば、アロエに頼ってください。β-カロテンがリグニンと結合して放射線を体内から取り除いてくれます。

## 病態

次のいずれかに該当すれば、生活にアロエベラを取り入れてみてください。

連鎖球菌咽頭炎、バレット食道、裂孔ヘルニア、胃潰瘍、胃癌、ポリープ、憩室炎、虫垂《ちゅうすい》炎、過敏性腸症候群（IBS）、腸炎、クローン病、大腸炎、その他の炎症性腸疾患、小腸内細菌異常増殖（SIBO《シーボ》）、巨大結腸症、痔核、直腸癌、膵臓癌、肝疾患、肝うっ滞、脂肪肝、脂肪肝予備群、A型肝炎、B型肝炎、C型肝炎、D型肝炎、尿路感染症（UTI）、細菌性膣症、あらゆる自己免疫性の疾患や障害、足底筋膜炎、筋萎縮性側索硬化症（ALS）、モルトン神経腫、日焼け、打撲、切り傷、擦り傷、にきび、湿疹、乾癬、帯状疱疹、炎症、ホルモン失調、食中毒、大腸菌感染症、ディフィシル菌感染症、ピロリ菌感染症、EBウイルス／単核球症、単純ヘルペス1型（HSV-1）感染症、単純ヘルペス2型（HSV-2）感染症、ヒトパピローマウイルス（HPV）感染症、メチシリン耐性黄色ブドウ球菌感染症（MRSA）、小児自己免疫性溶連菌感染関連性精神神経障害（PANDAS《パンダス》）、食物アレルギー。

## 症　状

次のいずれかに該当すれば、生活にアロエベラを取り入れてみてください。

目の下のクマ、胃の不調、胃痛、胃酸逆流、胃酸の減少、腹部膨満《ぼうまん》、腹部圧迫、腹部の差し込み痛、便秘、肝機能障害、肝熱、黄疸、坐骨神経痛、倦怠感、不安感。

## 情緒面のサポート

アロエは、新居への引っ越しなど、大きな変化を経験した直後に、空虚感、郷愁、孤独感、ちょっと途方に暮れた感じに陥っている人には申し分ありません。この野生の食べ物は、周囲の環境に安らぎを感じるのに役立ってくれます。

## スピリチュアルな教え

アロエは、古くから私たちの世界に存在していますが、私たちはその使い方を把握していないことが多々あります。アロエをよく知るようになれば、周りの世界を見直そうという気になります。私たちがアロエのあらゆる面を開拓し、可能性を切り開けば、アロエほど人生の中でさまざまに役立ってくれるものはほかにないことがわかるでしょう。

ヒント

- 料理用アロエの大きな葉は、多くの食料品店で手に入ります。家に持って帰ったら、葉の中央から長さ10センチほどのところをカットして（葉の根元と先端は捨てます）、面取りをして、緑の皮を取り除いて透明なゼラチン質の葉肉をスプーンなどですくい取ります。それをそのまま食べても構いませんし、水に混ぜてもスムージーに加えても構いません。
- 食料品店で購入したり、庭や窓際で栽培したりしたアロエでも、その野生の性質は損なわれずに残っています。
- 目の下のクマを何とかしたいと思っていたり、お肌の状態に不満で、若々しい輝きを取り戻したいと思っていたりするのであれば、生のアロエを毎日摂取してください。アロエは徹底的にお肌の役に立ってくれます。
- ペットには、引っ掻いてできた皮疹《ひしん》、ダニやノミの刺し傷、脱毛部分に対して、生えているアロエから得られた（つまり、加工されておらず、保存料も使われていない）新鮮なアロエゲルを塗ると、驚くほどよく効きます。

## アロエクーラー（1杯分）

このドリンクは、オレンジジュースとココナッツウォーターの風味にアロエゲルが加わって、おいしくて色鮮やかなカクテルに仕上がります。朝一番に飲んでください。水分補給と、少しばかりの柑橘系の明るさで全身を目覚めさせてくれます。

**オレンジ**　2個
**ココナッツウォーター**　1カップ
**アロエベラの葉**　1／4枚

オレンジを切って搾り、1カップ分としてミキサーに移します。そこにココナッツウォーターを加えます。アロエベラの葉を切って二つに割り、透明な葉肉を大さじ2杯分取って、オレンジとココナッツウォーターの入ったミキサーに入れます。なめらかに泡立つまで混ぜます。グラスに注いですぐに召し上がれ。

# 大西洋産海藻
## *Atlantic Sea Vegetables*

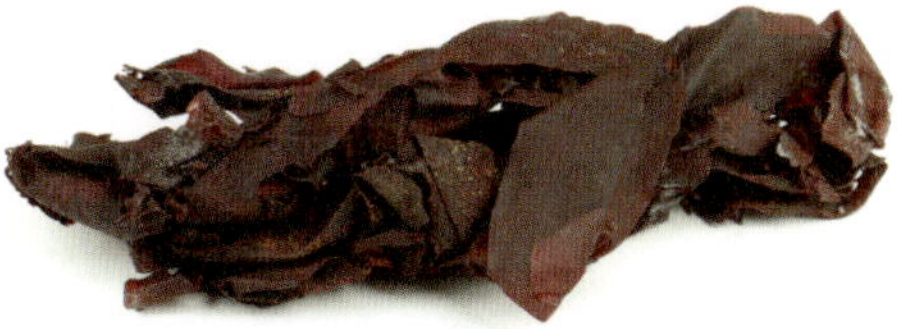

大西洋で採れる海の野菜（つまり海藻、ダルス）は、有毒な重金属を体から取り除く力が半端ではありません。特定の重金属が私たちの体にはとても有害である理由のひとつに、その重金属に神経拮抗作用（訳注：神経に対抗する働き）があり、電気的な神経インパルスを混乱させたり拡散させたりして、神経そのものを劣化させるというものがあります。この重金属の働きにより、神経伝達物質が燃え尽きて、電球のように切れてしまい、それによって不安や抑うつが生じるのです。

海の中での海藻の役割は、有毒な重金属や放射線などの毒素を吸収し、それを無害化することです。ダルス、ブラダーラック、昆布、アラリア、アオサ、海苔、アイリッシュモス、ロックウィードが海水中で毒物に遭遇すると、その毒物を吸収し続けて、破壊的な周波数を無力化して海水に戻します。海藻によって不活性化されたかつての汚染物質はもう、私たちに危害を加えることはありません。

海藻は私たちの体内でも、奇跡のような吸収力を発揮して、私たちのために働いてくれます。その働きはひねりが利いていて、有害な重金属、放射線、ダイオキシン、ＤＤＴなどの殺虫剤などの毒物を吸収して毒性を取り除いて不活性化した後に体に戻すのではなく、海藻に含まれる生理活性作用のあるフアイトケミカルが、毒素をがっちりと捉え、海藻が体内にある間はそれが全身に散ってしまうのを許さないのです（体内と自然界とは環境が異なるため）。海藻が微量でも毒素を抱えたまま私たちの体内に入ったら、その毒素を抱えたままでさらに毒素を集めていき、体内には一切汚染物質を残さずに出ていきます。また、緊急バックアップの役割もあり、大腸でコリアンダーなど解毒作用があるほかの食品が金属を運んでいる場合、その金属の種類を問わずしっかり摑んで、確実に体外に排出してくれます。

大西洋産海藻が毒物を排出する際に、私たちの体に唯一残していくのは栄養素であり、具体的に言えば、50種類の健康増進に役立つミネラルです。どのミネラルも生物学的利用能がとても高く、吸収しやすく、体の組織にどれが不足していても補給してくれます。そのミネラルは体のバランスを整えるのに役立つと同時に、ストレス時の支えのための電解質も生み出しています。

この野生の食べ物は、あらゆる種類の病気に有用です。損傷を受けたＤＮＡを修復し、海洋でグラウンディング（訳注：大地や地球とつながり心を安定させる）する性質が私たちに移って、あらゆる種類の疾患を改善してくれます。海藻は、甲状腺機能低下症（甲状腺の活動低下）や、視床下部、脳下垂体、松果体の不調の原因にもなる放射線を吸収してくれるので、特に内分泌系にとっては素晴らしい存在です。しかも、海藻は活性ヨウ素の摂取源としてすぐれていて、放射線やＥＢウイルスなどから甲状腺を守ってくれます。ほかにも海藻は、骨、腱《けん》、靭帯《じんたい》、結合組織、歯に特に有益で、アルツハイマー病、注意欠如・多動症（ＡＤＨＤ）、てんかん、ブレインフォグ（訳注：頭に靄《もや》がかかった状態）など、有毒重金属が原因となっているあらゆる病気や症状の助けになります。

**病態**

次のいずれかに該当すれば、生活に大西洋産海藻を取り入れてみてください。

悪性脳腫瘍、偏頭痛、てんかん、緑内障、ベル麻痺、甲状腺機能低下症、慢性甲状腺炎、甲状腺癌、肺癌、胃癌、肝臓癌、腎臓癌、膀胱癌、生殖器の癌（卵巣、子宮、子宮頸部）、白血病、骨腫瘍、胆嚢・胃・小腸・大腸の全部またはいずれかの炎症、腸管ポリープ、肝機能低下、胆嚢症、子宮内膜症、子宮炎・卵巣炎・卵管炎の全部またはいずれかの炎症、内分泌障害、貧血、骨減少症、骨粗鬆《こつそしょう》症、骨折、怪我、狼瘡《ろうそう》、グレーブス病（バセドウ病）、放射線被曝（歯科処置、Ｘ線撮影、癌治療など）、化学物質過敏症（ＭＣＳ）、免疫系の欠損、パーキンソン病、不安症、うつ病、双極性障害、強迫性障害（ＯＣＤ）、季節性感情障害（ＳＡＤ）、アルツハイマー病などの認知症、アスペルガー症候群（自閉スペクトラム症）、自閉症、注意欠如・多動症（ＡＤＨＤ）。

**症状**

次のいずれかに該当すれば、生活に大西洋産海藻を取り入れてみてください。

頭痛、吐き気、平衡感覚の異常、かすみ目、あらゆる神経症状（うずき、しびれ、ひきつけ、神経痛、胸部圧迫感を含む）、チック、痙攣《けいれん》、振戦《しんせん》、大発作、抜け毛、便秘、ミネラル不足、ブレインフォグ（訳

注：頭に靄《もや》がかかった状態）、記憶力低下、怒り爆発。

## 情緒面のサポート

行動の予測がつかない人、感情の起伏が激しかったり、熱しやすく冷めやすかったりする人には、海藻が素晴らしいツールになります。過敏であったり、動揺しやすかったり、情緒不安定な人はたいてい、グラウンディングできていません。大西洋産海藻は、グラウンディング力が最も高い食べ物です。それを食べると、大海原を泳ぐ、グラウンディング力の高い海藻のエッセンスが得られます。

## スピリチュアルな教え

生きていると、周りの人の不安や恐怖など、ストレスのかかる情動を吸収しがちです。無防備でいると、そのような有毒な感情が私たちを徐々に蝕んで、心身の幸福が損なわれます。海藻が私たちに教えてくれるのは、エネルギー的に有毒なものを捕らえ、無力化してエーテルに戻す形で処理するという、誰も傷つけずに済む奇跡のような方法なのです。

## ヒント

- 食事からもっとグラウンディングする感覚を得るには、昆布1片を炊飯器に入れたり、スープの鍋に足したりします。そのほか、食欲をそそる一品とともに食べるようにします。
- 毒素を除去する特効薬としての力をさらにアップさせるには、ワイルドブルーベリー、コリアンダー、スピルリナ、大麦若葉粉末で作ったスムージーに大西洋産海藻を一摑み入れます。

# 海苔巻きと<br>クリーミーアボカドディップソース添え

（1～2人分）

作るのが楽しくて、いくらでも食べられる美しい海苔巻きです。臆することなく台所に立って、自分で巻いてみてください。材料欄の野菜以外にも、思いついた野菜をたっぷり巻いてください。海苔はきつめに巻くと、出来栄えがよくなります。クリーミーなアボカドのディップソースと合わせて、ランチに、おやつに、軽めの夕食にもうってつけです。

**ニンジン**　4本
**ズッキーニ**　3本
**ヒカマ**（クズイモ）　1個、皮を剝いておく。
**ワケギ**　1束、先端と根の部分を切っておく。
**大西洋産海藻**　1／2カップ、ちぎっておく。
**海苔**　8枚

ソース：
**アボカド**　1個
**ライム**　1個、搾っておく。
**コリアンダー**　1／4カップ
**ハラペーニョ**　1／4個
**マジョールデーツ**　1／2個
**水**　1／2カップ

ニンジン、ズッキーニ、ヒカマを、千切りピーラー、ベジヌードルカッターまたは包丁で薄い短冊切り、または「ヌードル」状にします。海苔の下の方にニンジン、ズッキーニ、ヒカマ、ワケギ、大西洋産海藻をまとめて並べます。しっかりと押さえながら海苔を巻きあげていきます。指を水に少し浸して、海苔の上端にそって濡らして、海苔が付きやすくします。お好みで一口サイズにカットします。
ソースは、材料を全部、ミキサーでなめらかになるまで混ぜ合わせます。海苔巻きにかけて召し上がれ！

# ゴボウ

*Burdock Root*

ゴボウは、自然の力で肝臓を再生させます。ゴボウにはグラウンディング（訳注：大地や地球とつながり心を安定させる）する力があり、その力は地中深くに伸びる性質に由来しています。肝臓がＥＢウイルス、帯状疱疹、ＨＨＶ-６、サイトメガロウイルス（ＣＭＶ）などのウイルスや、無益な細菌、蠕虫《ぜんちゅう》、真菌、その他の病原体で一杯になっていると、肝臓がグラウンディングした状態ではなくなります。病原体はプラスの電荷を臓器から引き出して動くため、マイナスの電荷を帯びます（プラスの電荷とマイナスの電荷に関する概念の詳細は、「ニンニク」の項を参照してください）。ほかの根菜の50倍もグラウンディングさせる力があるゴボウは、肝臓がグラウンディングする仕組みを建て直して肝臓を強化し、病原体を追い出せるようにします。

長い間ケアを怠ると、肝臓はスポンジのような能力を失い、密で硬くなってしまいます。ゴボウの密な性質は、密になって滞った肝臓を柔らかくするのに必要なのです。ゴボウに含まれるファイトケミカルも、肝臓が嚢胞の成長や癒着の進行を抑えたり、瘢痕《はんこん》組織を修復したりするのを助けます。また、肝小葉を浄化する力は、ほかに比べるものがありません。ゴボウにはこのほか、肝臓の奥の奥まで解毒し、金属、プラスチック、除草剤、殺菌剤などの異物に由来する有毒なホルモンを除去する能力があります。最終的には、肝臓が一息つく機会を与えます。

ゴボウの栄養素には、ほぼすべての微量ミネラル、微量のビタミンB群、ビタミンA、ビタミンC、ビタミンKまでが含まれます。この野生の食べ物には、リンパ系と血液を浄化する独特な力もあります。白血球とキラー細胞を強化して、病原体や癌細胞を死滅させる働きができるようリンパ節を強くします。しかも、ゴボウに含まれる酵素は活性が強く、豊富なアミノ酸とともに重金属の解毒剤として働きます。

## 病態

次のいずれかに該当すれば、生活にゴボウを取り入れてみてください。

偏頭痛、歯周病、甲状腺癌、肺癌、乳癌、肝臓癌、リンパ腫（非ホジキンリンパ腫を含む）、胸膜炎、肝疾患、肝臓の瘢痕《はんこん》組織、肝臓の癒着、肝うっ滞、肝機能低下、C型肝炎、胆石、腎結石、腎臓の感染症、副腎疲労、セリアック病（小児脂肪便症）、虫垂炎《ちゅうすい》、糖尿病、食物過敏症、食物アレルギー、痛風、にきび、狼瘡《ろうそう》、湿疹、乾癬、滑液包炎、炎症、あらゆる自己免疫性の疾患や障害、慢性疲労症候群（CFS）、線維筋痛症、多発性硬化症（MS）、慢性的な感染症、酵母菌感染症、蠕虫《ぜんちゅう》、ライム病。

## 症状

次のいずれかに該当すれば、生活にゴボウを取り入れてみてください。

頭痛、消化器系の不快感、腹痛、腹部膨満《ぼうまん》、腹部の差し込み痛、便秘、脾腫、肝臓の病変、肝臓嚢胞《のうほう》、胆嚢痙攣《けいれん》、背部痛、神経痛、軟骨骨折、有髄神経損傷、ハミングしているときのように体が振動している感覚、血液毒性（抗癌剤の副作用による血液細胞の減少）、化学物質過敏症の症状、血糖値の不均衡、ミネラル不足（微量ミネラル不足を含む）、老化の進行。

## 情緒面のサポート

体、心、魂、さらには環境を過去の経験という亡霊から浄化したいと思っているのであれば、ゴボウを生活に取り入れて、感情を浄化してください。

## スピリチュアルな教え

結実期のゴボウに軽く触れると、靴下、ズボン、靴ひも、セーター、髪など、引っかかりやすいものにトゲトゲがくっついてくることがあります。ゴボウのトゲトゲは旅の最後まで付いてきます。ゴボウが未来を見据えて、遠く離れても根付くよう、通行人に種を託すのです。つまり、ゴボウは私たちに、出会いがあるたびに自身の希望の種を送り届けることと、他の人が私たちに拡散するよう送り届けてきたメッセージを受け止めるようにと教えてくれているのです。人生という旅をする大切な人や知人に、いつかその世界に植えるようにと、どのような種子を渡すことができるでしょうか。そして私たちはこれまで、どんな種子を拡散するようにと渡されてきたでしょうか。

**ヒント**

- マッサージの後のリンパドレナージュ（訳注：老廃物の排出）強化のために、ゴボウ茶かゴボウスープを飲んでください。
- 新鮮なゴボウをすりおろして搾り、他の野菜と合わせてお好みの野菜ジュースを作ってみてください。甘みがあって、土の味わいがあり、搾りたてを飲むとミネラルが体内にすぐに取り込まれます。
- ニンジンをポリポリ食べるのが好きなら、ゴボウも同じようにしてみてください。ピーラーで皮を剝いて、短冊切りにして軽食にします。ゴボウの抗菌作用と繊維質が歯をきれいにして、口の中に無益な細菌がいない状態を保って、歯周病を予防してくれます。
- 精神的にも身体的にも毒素を抱えていて、浄化が必要な友人には、ゴボウ茶を1杯、飲んでもらってください。

## ゴボウスープ（2〜4人分）

　このスープは、静かな午後にも早朝にも申し分ありません。全身がやさしく包み込まれているような感じがします。温かくて澄んだこのスープの作り方はとてもシンプルです。週のはじめに多めに作っておいて、1週間かけて飲んでください。マグカップなどに入れて少しずつ飲んで、体と魂へのギフトとして楽しんでください。

**ゴボウ**（スライス）　2カップ
**ニンジン**（スライス）　2カップ
**マッシュルーム**（スライス）　2カップ
**チンゲン菜**（スライス）　2カップ
**黄タマネギ**　1個、さいの目切りにしておく。
**ニンニク**（刻んだもの）　大さじ1
**おろしショウガ**　大さじ1
**海塩**　小さじ1／2

　材料を全部、大きめの鍋に入れ、水をひたひたになるまで加えて沸騰させます。煮立たない程度に火を弱くして、野菜が柔らかくなるまで30〜40分間加熱します。

# チャーガ
## Chaga Mushroom

チャーガは、生涯にわたって誰もが必要とする免疫力を鍛えてくれます。チャーガは学術的な分類ではキノコですが、マッシュルームになる前の成長段階にあるもので、免疫系を強化する栄養素があります。毒素、ウイルス、細菌のほか、酵母菌やカビなどの真菌類の侵入と身体が闘うことができるように、リンパ球、単球、好中球、好塩基球、好酸球の産生を増やして白血球数を回復させます。この素晴らしい野生の食べ物は、赤血球や骨髄を強化して、血小板を安定させ、病原体や毒素に対する過剰反応で起きるサイトカインストーム（訳注：免疫細胞を活性化させるサイトカインが嵐〔ストーム〕のように大量に分泌されること）を食い止めます。この種の反応は、免疫系が競って「火」を消そうとするために起こります。本当の火を消すときの緊急対応には費用がかさむのと同じく、サイトカインストームが起こると、血管の拡張（出血に至ることもある）、蕁麻疹《じんましん》、皮疹《ひしん》、発熱が生じます。もしチャーガが傍にいてくれれば、

病原体や毒素に対処する能力が体に備わることになります。

チャーガは、今世紀最高の治療薬のひとつであり、総合的な強壮剤のひとつでもあります。チャーガのファイトケミカルは、癌と闘い、血糖値を調節し、副腎を元気づけつつ、内分泌系を調整し、バイオフィルム（特定のウイルスや真菌の副産物であるゼリー状物質。詳しくは「ローズヒップ」の項を参照）を分解して溶かし、腸管の無益な真菌を破壊するという、素晴らしい力を持っています。真菌と言えば、体内に取り込まれると過増殖するという恐れから、キノコなどの食べられる真菌は体に悪いという誤った概念が広まっています。これは、まったくの見当違いです。キノコは体内の無益な真菌と闘ってくれる最高の戦士でもあるのです。

## 病態

次のいずれかに該当すれば、生活にチャーガを取り入れてみてください。

偏頭痛、飛蚊《ひぶん》症、ベル麻痺、歯肉感染症、鵞口瘡《がこうそう》、甲状腺機能低下症、甲状腺機能亢進《こうしん》症、慢性甲状腺炎、肺炎、肝うっ滞、肝機能低下、脂肪肝、脂肪肝予備群、肝臓癌、副腎疲労、セリアック病（小児脂肪便症）、小腸内細菌異常増殖（ＳＩＢＯ《シーボ》）、膀胱癌、前立腺癌、乳癌、卵巣癌、白血病、骨腫瘍、自己免疫疾患と自己免疫障害、免疫不全、慢性疲労症候群（ＣＦＳ）、高血圧症、貧血、炎症、多発性硬化症（ＭＳ）、筋萎縮性側索硬化症（ＡＬＳ）、手根管症候群、腱《けん》炎、滑液包炎、線維筋痛症、狼瘡《ろうそう》、酒《しゅ》皶《さ》、乾癬、湿疹、手足の爪水虫《つめみずむし》、帯状疱疹、グレーブス病（バセドウ病）、化学物質過敏症（ＭＣＳ）、電磁波過敏症（ＥＨＳ）、カビへの曝露、ライム病、ヒト免疫不全ウイルス（ＨＩＶ）感染症、ＥＢウイルス／単核球症、膣連鎖球菌感染症。

## 症　状

次のいずれかに該当すれば、生活にチャーガを取り入れてみてください。

頭痛、頭部の痛み、目の下のクマ、顎の痛み、咽喉痛、肩の痛み、疼痛性肩拘縮《とうつうせいかたこうしゅく》（五十肩）、頸部《けいぶ》痛、背部痛、足の痛み、関節痛、関節炎、筋肉疲労、身体のこわばり、あらゆる神経症状（うずき、しびれ、痙攣《けいれん》、ひきつけ、神経痛、胸部圧迫感を含む）、神経痛、坐骨神経痛、発熱、腫脹、皮疹《ひしん》、蕁麻疹《じんましん》、紫斑、体液貯留、血行不良、鉄不足、体内真菌、肝熱。

## 情緒面のサポート

何かを失ったように感じたり、人生の方向性に行き詰まりを感じたり、気分がどんよりして自分の感情がわからないと感じたり、意思決定ができない（選択肢が一つしかなく、その選択肢を選びたくない場合にも）と感じたりする人には、チャーガは計り知れないほど貴重なツールです。未来に望むものや、それをどうやって実現するのかを思い描くのを助けてほしいときは、チャーガを生活に取り入れてください。

## スピリチュアルな教え

チャーガは、自らが育つ木と調和して生きています。チャーガはいったん木に住み着くと、宿主の木を困らせないよう、とても緩やかに成長します。嵐のときや、寒いとき、チャーガは強い忠誠心の周波数を宿主の木に与えてを強くします。チャーガがその木を力づけることになります。チャーガには生き延びるための忍耐力と知性があり、宿主の木が倒れたら、自分も倒れることを知っています。私たちはみな、この野生の食べ物から忠誠について学ぶことができます。誰かのことや何かを信じているのであれば、それを手放さないようにとチャーガが教えてくれています。大切な存在が生き延びたり成功したりするのを助けるには、チャーガを見習わなければなりません。できれば、自分を支えてくれるチャーガの性質について、一生懸命に瞑想してみてください。チャーガと木の関係と同じく、私たちはみな、大きな良きことのために、お互いに強くあらなければなりません（チャーガが宿主の木に危害を加えるという噂を聞いたことがあるのなら、それはチャーガのせいではなく、チャーガの乱獲が木を傷つけていることが多く、最終的には両方ともだめになるというのが真相です）。

**ヒント**

- 細かい粉末になっているチャーガを探してください。栄養を吸収するにはこれが最良の形です。スムージーにチャーガ粉末を入れたり、チャーガ粉末でお茶を作ったりすることもできます。
- チャーガ茶を作るには、お湯に粉末を溶かします。最高の効果を得るには、生ハチミツを加えます。生ハチミツは、チャーガの薬効を体の奥深くまで送り届け、身体組織の機能を強化するのに役立ってくれるでしょう。チャーガ・ハチミツ茶は、素晴らしい元気づけの一杯となります。
- チャーガに敬意を表してください。摂取する前に、チャーガの忠誠心と、それに由来するストイックな性質を尊敬してください。こうすることによって、免疫を強化するファイトケミカルを体が受け取る力が強まります。

## チャーガティーラテ（2杯分）

ここでご紹介するチャーガティーは、温かくてクリーミーで、力強さと安心感の両方を必要とするときにぴったりです。おいしく味わいながら、チャーガが身体のためにしてくれることを一つ残らず考えてください。チャーガが潜在力を出し切って、生きるのを助けてくれます。

**チャーガ粉末**　小さじ2
**シナモン**　小さじ1／2
**生ハチミツ**　小さじ1
**ココナッツミルク**　1／8〜1／4カップ

水2カップを沸かします。チャーガ粉末とシナモンをそれぞれ二等分してティーカップに入れます。お湯を1カップずつティーカップに注ぎます。さらにお好みでハチミツを入れて混ぜます。ココナッツミルクをカップに入れて混ぜるか、泡立て器で泡立ててトッピングします。

# ココナッツ
Coconut

ココナッツ、特にココナッツウォーターとココナッツオイルは、ここ数年、脚光を浴びています。第二次世界大戦中、負傷した兵士にココナッツウォーターをよく静脈注射していたという話や、ココナッツオイルを食事に取り入れることによって人々が経験した健康に関する奇跡的な話を耳にします。どこを見ても、ココナッツについては良い話しかないようですし、実際にそうなのです。

では、まだ明らかになっていないことについて見ていきましょう。ココナッツは、接触したものすべての力を強化します。ココナッツの力の及ぶ範囲は計り知れません。体を癒す食べ物であれば、何であっても、ココナッツはその食べ物と連携して効果を大幅にアップさせます。たとえば、パセリを使ったスムージーにココナッツウォーターを加えると、身体から無益な酸を50％取り除くパセリの能力が増大し、有益なパセリの微量ミネラルの効果が劇的に向上します。あるいは、ココナッツの果肉をサラダに加えると、サラダのほかの材料、つまりキュウリ、レタス、トマト、ホウレンソウなど、癒し効果《ヒーリング》がある食べ物の栄養価を軒並み増加させ、人生を変える効果も増すのです。ココナッツは、アミノ酸やビタミン類をはじめとする栄養素に「火」をつけることによって、ある食べ物が最高の目的を果たすのを後押しし、それを食べた人が人生の目的、さらには「目的＋《プラス》」を果たすことができるよう、栄養を与えてくれます。

ココヤシの木を見て、人間と共通するところが多いとは思わないでしょうが、私たちは思っている以上にココヤシの木とつながっています。ひとつには、静脈注射の話が教えてくれているように、ココナッツウォーターは人の血液ととてもよく似ています。もうひとつは、ココヤシは熱帯の植物であり、暖かさを必要とします。人間は地球のあらゆるところに散らばっていますが、実際には熱帯を起源とする存在です。雪が降る地域で、体を保護する衣服等を身に着けず、熱源もなしに生き延びることができる人はいません。ココナッツは、私たちが何者かという本質に触れさせてくれます。

ココナッツウォーターは、生命維持に不可欠なブドウ糖と、カリウムやナトリウムといったきわめて重要なミネラル塩を血流にもたらしてくれます。これは、神経伝達物質を産生する根幹に関わることです。必要な神経伝達物質がなければ、不眠症、神経性の睡眠時無呼吸症候群をはじめとする睡眠障害になってしまいます。そういった問題を回避するためには、ココナッツウォーターを飲んで、神経伝達物質を支えることが最良の方法です。

不妊をはじめとする生殖器系の障害に苦しんでいる人は、ココナッツウォーターの微量ミネラルと電解質が生殖組織に栄養を与えてくれることを知っておいてください。ココナッツウォーターは、糖尿病など、低血糖をはじめとする血糖障害のある人や、副腎が過活動または低活動の人々に対して、きわめて重要な働きをします。脳や神経の障害を持つ人にも良い食べ物で、パーキンソン病に大きな効果があり、アルツハイマー病などの認知症の人にも不可欠です。発作の予防に大いに役立ってくれるほか、目を特にサポートしてくれます。

ココナッツの果肉（とそこから採れる油）には、ラウリン酸をはじめとする抗酸化物質が含まれていて抗病原体作用がありますから、抗菌・抗ウイルス作用がある食べ物が必要なときにはココナッツに頼ってください。ココナッツは胃から腸に下るとき、途中で触れた病原体を一掃してくれます。しかも、ココナッツの中鎖脂肪酸はほかの脂質を分解し、体外に排出してくれます。

## 病態

次のいずれかに該当すれば、生活にココナッツを取り入れてみてください。

偏頭痛、視神経の異常、緑内障、ベル麻痺、甲状腺疾患、甲状腺結節、甲状腺癌、心房細動、クラミジア肺炎、細菌性肺炎、膵炎、副腎疲労、尿路感染症（UTI）、不妊症、生殖器系の「電池切れ」状態、体位性頻脈《ひんみゃく》症候群（POTS）、アジソン病、レイノー症候群、糖尿病、低血糖、高血圧症、痙攣《けいれん》性疾患、パーキンソン病、手根管症候群、結合組織の炎症、帯状疱疹、日焼け、寄生虫、ライム病、マイコプラズマ感染症、ヒトパピローマウイルス（HPV）感染症、ノロウイルス感染症、小腸内細菌異常増殖（SIBO《シーボ》）、EBウイルス／単核球症、HHV-6、HHV-7、HHV-8、HHV-9、未発見のHHV-10とHHV-11とHHV-12、食物アレルギー、アルツハイマー病などの認知症、不安症、不眠症、うつ病、双極性障害、注意欠如・多動症（ＡＤＨＤ）、自閉症、アスペルガー症候群（自閉スペクトラム症）。

## 症状

次のいずれかに該当すれば、生活にココナッツを取り入れてみてください。

頭痛、かすみ目、耳痛、リンリン・ブンブンという耳鳴り、顎の痛み、嚥下《えんげ》困難、呼吸困難、動悸、不整脈、頻脈《ひんみゃく》、血圧の上昇、大発作、疼痛性肩拘縮《とうつうせいかたこうしゅく》（五十肩）、背部痛、足の痛み、坐骨神経痛、あらゆる神経症状（うずき、しびれ、痙攣《けいれん》、ひきつけ、神経痛、胸部圧迫感を含む）、倦怠感、疲労感、脱水、尿意切迫、血小板減少、体重増加、化学物質過敏症の症状、ミネラル不足、夜間の睡眠困難、神経質、無関心、不安感、ブレインフォグ（訳注：頭に靄《もや》がかかった状態）、記憶力低下、錯乱（思考がまとまらない）。

## 情緒面のサポート

何にでも反射的に「これが私とどんな関係があるのか」という反応をしながら人生を旅している人をご存知ですか。ご存知なら、その人にココナッツを差し出してください。どんな形でも構いません。ココナッツはそんなナルシストで、自分に夢中で、独自の非凡な世界観に完全に浸っている人のためにあります。ココナッツはその人の感情のチャンネルを開いて、自己への執着を手放し、自分と同じように他人のニーズや価値を重視するようにしてくれます。

## スピリチュアルな教え

ココヤシは嵐になると、さっさとココナッツを落とします。これは、木が生き延びるための智慧によるものです。ココヤシは、ココナッツを木に付けたまま風が激しく打ち付けたときに倒れるリスクを負うのではなく、ココナッツを手放して、自らあまり傷つかないようにすることができるのです。それは、私たちが肝に銘じておくべき教訓です。人生において嵐が来たとき、自分にとって一番大切なものを手放さなければならなくなることがあり、それは世界の終わりのように感じられます。ココナッツの木は私たちに、最終的には太陽が戻ってくること、そして一番大切なのはあなたが大丈夫であるということを教えてくれているのです。

## ヒント

- ココナッツウォーターを買うときは、透明かごくわずかにピンク色をしているものに限ってください。濃いピンクや赤みがかったココナッツウォーターが健康に良いというのは間違った考えであり、実際には、このような色は酸化が進んで、悪くなっているサインです。また、天然香料、クエン酸、アガベシロップや白砂糖などの甘味料が入っているココナッツウォーターも避けてください。
- 若い緑のココナッツが手に入ったら、冷蔵庫には入れずに数日で消費してください。冷蔵庫で長期間保存すると、破裂は免れず、壁や天井にココナッツウォーターが飛び散ることになります。
- 新鮮なココナッツにありつけないのであれば、瓶詰めのココナッツバターや、サラダなどの料理に使う若いココナッツの冷凍果肉などが最良です。火を使う料理には、ココナッツオイルを用います。

・水泳や海・川・湖などの野外水域が怖いのであれば、ココナッツを生活に取り入れてください。ココナッツの木は、海岸に生えていることが多く、水辺に傾いてココナッツを海中に落とします。ココナッツは泳ぎが上手で、長時間水に浮いて、大海原を何十キロ、何百キロも移動して、浮きながら海の知識を身に付け、最終的には新しい海岸に到達して根付くのです。ココナッツを摂取すると、この水の上で生きるための自然の本能を受け継ぐので、水に対する不安を和らげてたくましくしてくれます。
・夕方のココナッツは、満月のときに睡眠障害がある人に理想的です。ココナッツが、神経伝達物質と電気インパルスにミネラル塩と電解質を多めに供給してくれます。それは、満月のときにわずかに月の重力に引っ張られるのを防ぐのに役立つのです。

## ココナッツのイエローカレー（6〜8人分）

濃厚で複雑な味のカレーで、家族や友人らと食卓を囲むディナーに申し分ありません。このレシピは大人数分になりますから、お腹をすかせたスタッフにも十分な量ですし、残っても1週間は食べられます。イエローカレーはマイルドで体が温まり、ココナッツミルクで煮込んだショウガ、ニンニク、ターメリックの香りが混ざり合った中に、ジャガイモ、ニンジン、カボチャが詰め込まれています。このカレーは、ヘビーローテーションのお気に入りになることでしょう。

**カボチャ**（小ぶりのもの）　1個
**ジャガイモ**　8個
**ニンジン**　8本
**ココナッツオイル**　大さじ1
**タマネギ**　3個、さいの目切りにしておく。
**ニンニク**　8片、みじん切りにしておく。
**おろしショウガ**　大さじ2
**イエローカレー粉**　大さじ2
**ココナッツミルク**　3カップ
**ハチミツ**　小さじ2
**塩**　小さじ1と1／2
**コリアンダー**　1／2カップ
**ライム**　1個
**赤トウガラシ**（お好みで）

大きな鍋にカボチャを入れ、ひたひたになるまで水を入れます。沸騰させて、少し柔らかくなるまで5〜7分煮込みます。湯切りして冷ましておきます。ジャガイモとニンジンは角切りにしておきます。カボチャが手で触れられるくらいまで冷めたら、半分に切って種を取り、角切りにして、ニンジン、ジャガイモとともに鍋に戻します。鍋に深さ5〜6センチのところまで水を入れて沸騰させます。蓋をして蒸し、ときどきかき混ぜます。必要に応じて水を足します。野菜に十分火が通るまで蒸します。

大きめの鍋でココナッツオイルを温めます。タマネギを入れ、柔らかくなって香りが漂ってくるまで強火で炒めます（約5分)。鍋につかないよう、必要に応じて水を足します。タマネギを炒めた鍋に、ニンニク、ショウガ、カレー粉を加え、1分ほどこまめに混ぜます。さらにココナッツミルク、ハチミツ、塩を加えて、混ぜ続けます。野菜を加えて弱火で煮込みます。野菜が柔らかくなるまで10〜15分間煮込みます。お好みでコリアンダー、ライム汁、赤トウガラシをトッピングします。

# タンポポ

*Dandelion*

タンポポは、ちょうど私たちの体が大掃除をする時期である春先に芽を出します。タンポポを食べるときの際立った特徴は苦味であり、そこにこそタンポポの「修復する」という性質があります。この苦味は、植物の酸と癒し《ヒーリング》効果のあるアルカロイドに由来する薬です。タンポポは人を冬眠状態から揺り起こし、血液を送り出して循環させたり、臓器から放射線、有毒重金属、ＤＤＴなどの毒を排出したりして体をきれいにしてくれます。

タンポポの独特なところは、植物丸ごと、つまり根、葉、花、そして茎まで利用できることです。苦味の程度は部位ごとに異なりますが、さまざまな種類の浄化を必要とする体の各部位に対応しています。花は少し苦いですが、最後にはやや甘みがあり、胃腸、胆嚢、膀胱、肺、子宮、心臓など、中空臓器をきれいにします。

タンポポの葉には血液を浄化するファイトケミカルが含まれ、それは血液を体の隅々まで送り届ける働きもあるので、血行不良などの循環の問題には不可欠です。葉の苦味はリンパ系から毒素を排出するのに適しているので、非ホジキンリンパ腫、リンパ節の腫れ、浮腫には理想的です。

タンポポの茎は、花や葉よりも苦味が強く、役に立たなくなった胆汁を排出して、脾臓、肝臓、脳などの実質臓器（中身の詰まっている臓器）を浄化してくれます。私はタンポポの緑の部分に注目して食べ続け、必要だと言われた脾臓切除をせずにすんでいます。

タンポポの根は、実質臓器の奥の方まで解毒してくれます。タンポポの根は各部位の中で一番苦く、臓器に強く働きかけて一番深いレベルで異物を排出し、強力に浄化します。しかし、タンポポの根は気弱な人の解毒には向きません。

タンポポは単なる浄化のハーブではありません。高級ホテルのハウスキーピングサービスのように、片付けてゴミを集めたあと、枕の上にミントキャンディーを置いていくようなものです。タンポポの置き土産はキャンディー以上で、ビタミンA、ビタミンB群、マンガン、ヨウ素、カルシウム、鉄、マグネシウム、セレン、シリカ、クロロフィルといった必須栄養素を残していき、それらは私たちを元気づけ、疾患を予防するのに役立ちます。タンポポは、あらゆる病気を予防する働きがあり、特に前立腺には素晴らしい効果があります。

## 病態

次のいずれかに該当すれば、生活にタンポポを取り入れてみてください。

偏頭痛、消化器疾患、胃炎、小腸炎、大腸炎、セリアック病（小児脂肪便症）、虫垂炎《ちゅうすい》、肝機能低下、肝うっ滞、脂肪肝、脂肪肝予備群、肝硬変、C型肝炎、胆嚢炎、腎疾患、腎結石、尿路感染症（UTI）、前立腺炎、リンパ腫（非ホジキンリンパ腫を含む）、浮腫、蕁麻疹《じんましん》、白癬、酒皶《しゅさ》、にきび、皮膚癌、肥満、筋萎縮性側索硬化症（ALS）、血液の障害、血球の疾患。

## 症　状

次のいずれかに該当すれば、生活にタンポポを取り入れてみてください。

鼻詰まり、消化器系の不快感、消化機能低下、胃酸逆流、腹部膨満《ぼうまん》、腹痛、便秘、血圧の上昇、血行不良、体液貯留、リンパ節の腫れ、粘液過多、体重増加、血液毒性（抗癌剤の副作用による血液細胞の減少）、脾腫、肝嚢胞《のうほう》、ヒスタミン反応。

## 情緒面のサポート

自分の一部がなくなったように感じたり、感情のままに行動したり、発言したことを後悔したり、そもそもなぜそんなことを言ったのかよくわからなかったりすることがあります。これは往々にして、魂、精神、そして体がひとつになって働いていないからです。完全な状態を感じたいのであれば、タンポポなら根から花まで本当に一体化しているので、取り入れれば、あなたのことも完璧に統一してくれます。

**スピリチュアルな教え**

私たちは、一番になることによって自分の力を示すのにこだわりがちで、それが自尊心に影響を及ぼしています。この頑張り屋の精神状態は、一番に列に並んだり、一番に手を挙げたり、一番に役割を与えてもらったり、一番にバスに乗ったりと、早くも幼少期から始まります。こうやって自分の力を示さないと、他人からの承認やチャンスを永久に逃してしまうように感じる人もいます。

タンポポは春に成長し、夏の暑さにやられたあとも、植物として終わることはなく、秋に再び現れることがよくあります。タンポポは一周回って戻って来るのです。不完全だとか、その場面で一番でないとか劣っているとか感じるのであれば、これは心に留めておくべき重要な教訓です。タンポポは私たちに、必ずしも一番でなくても、新しいチャンスはすぐそこにあり、満足と慰めを見出すことができると教えてくれているのです。

**ヒント**

- タンポポの苦味が嫌いなら、根を煎《い》ってお茶にしてみてください。煎ることによって苦みが少しやわらぎ、素晴らしいデトックス剤となります。
- タンポポの花は冷たいお茶にとても向いています。新鮮な花を摘んで冷たい水に一晩浸すと、ミネラル、ビタミン類、植物栄養素（訳注：自然が作り出し、植物に含まれる有益な栄養成分）が溶け出します。甘み付けには生ハチミツを使います。気分が良くなって、とても元気が湧いてくる飲み物です。
- 機会があれば、野生のタンポポの葉（たとえば、農薬不使用の自宅の芝生に生えているものや、ハイキング中に見つけたもの）を一枚引き抜いて、生のまま食べてください。野生のタンポポの葉には細かい毛が生えていて、私たちは気づきませんが、「地面より上にあるバイオティクス」などの良い微生物にとっての聖地です。実際に、野生のタンポポの葉は、体の役に立つ「地面より上にあるバイオティクス」の濃度が最も高いもののひとつです。

- 新鮮なタンポポが手に入らないからといって、健康食品店にあるタンポポの葉を敬遠しないでください。お店のものでも、野生のもののように心身に有益です。
- 昔やったように、タンポポの綿毛を吹き飛ばしてみてください。これは本当に深い瞑想となります。

## タンポポ青汁（1〜2人分）

刺激の少ない柑橘類を使ったこの青汁なら、タンポポの葉や茎の強い味が和らげられます。タンポポの葉や茎を日々すんなり取り入れる方法として、この飲み物を味わって気分転換してください。

**セロリの葉**　1株分、軸の部分は分けておく。
**キュウリ**　2本
**オレンジ**　中サイズ1個、皮を剥いておく。
**タンポポの葉**　10枚（茎も使うのであれば付けておく）

材料を全部、高速ジューサーにかけます。タンポポを加えながら味を調節します。グラスに注いで召し上がれ！

# ネトルリーフ〔セイヨウイラクサ〕

*Nettle Leaf*

ネトルリーフ（セイヨウイラクサ）が適応力を高めるハーブとして他所《よそ》で言われることはあまりないのですが、ネトルリーフは主役級の適応力促進物質《アダプトゲン》であり、ストレスを受けているときに私たちの体を支えるものとして理想的です。ネトルリーフには、未発見のファイトケミカルが７００種類以上も含まれています。生命力を与え、寿命を延ばしてくれるネトルリーフには、疲弊した臓器に対する素晴らしい抗炎症作用もあります。科学的研究ではまだ発見されていませんが、癒し《ヒーリング》効果のあるアルカロイドも含まれています。

女性の健康に関して、生殖ホルモンを産生する卵巣が大いに注目されています。検査で女性のホルモンが欠乏レベルにあることがわかると、医療の専門家は生殖器系、特に卵巣に原因があるとして、結果的に不要なホルモン補充療法が行われることになります。実際のところ、女性のエストロゲン、プロゲステロン、テストステロンを産生する役割は、副腎も同程度に担っています。検査でホルモンの値が低いと、副腎が過活動状態にある（このため、過剰なアドレナリンによる消耗が実際の検査値に干渉している）か、低活動状態にある（このため、性ホルモンの産生が追いついていない）かのどちらかであるとされます。生殖器の働き具合をみるホルモン検査で正確な値となるのは、副腎が健全な状態でバランスよく機能している場合のみです。20代、30代の女性の多くが、閉経周辺期に入ったと言われていますが、不調の本当の原因は副腎疲労です。女性の生殖器に問題があるとされる場合、助けるべきは副腎であることが実際には非常に多く、そこでネトルリーフの出番となるのです。

また、抗放射線作用があるネトルリーフは、負担が大きすぎ、働きすぎ、疲れすぎの副腎をはじめとする内分泌系の仲間の臓器をいたわるには、素晴らしい野生の食べ物です。卵巣も内分泌系の一部であることから、ネトルリーフが、数あるホルモン攪乱《かくらん》の原因を一度にまとめて対処してくれます。ネトルリーフは常に生殖に役立つ究極のハーブであり、特に女性に適しています。卵胞刺激ホルモンを支えることによって卵子の産生を強化するほか、プラスチックや農薬など外部から侵入する有毒なエストロゲンも取り除きます。

ネトルリーフには、骨を作り保護するシリカなどの成分が豊富に含まれています。また、生理活性があり、生物学的に利用可能で、消化吸収可能な状態で含まれている微量ミネラルは40種類を超えます。さらに、ネトルリーフは強力な鎮痛剤であると同時に、私たちが成長する力を強化してくれるものでもあります。

### 病態

次のいずれかに該当すれば、生活にネトルリーフを取り入れてみてください。

喉頭炎、尿路感染症（UTI）、間質性《かんしつ》膀胱炎、膀胱脱、生殖器の癌、乳癌、卵巣癌、子宮体癌、子宮頸癌、不妊症、生殖器系の「電池切れ」状態、多嚢胞性《のうほう》卵巣症候群（PCOS）、膣連鎖球菌感染症、生殖ホルモン失調、内分泌系の障害、あらゆる自己免疫性の疾患や障害、貧血、浮腫、炎症、瘢痕《はんこん》組織、にきび、湿疹、乾癬、帯状疱疹、脱毛症、関節リウマチ（RA）、低コルチゾール、EBウイルス／単核球症、食物アレルギー、不安症、うつ病、心的外傷後ストレス障害（PTSD）。

### 症状

次のいずれかに該当すれば、生活にネトルリーフを取り入れてみてください。

頭痛、食欲不振、腹部膨満《ぼうまん》、腹部の差し込み痛、月経痛、月経不順、月経前症候群（PMS）の諸症状、おりもの、膣の痒《かゆ》み、膣の灼熱感、更年期症状、低活動・過活動の副腎、副腎ホルモンの不均衡、失禁、老化の進行、手足の冷え、腫脹、皮疹《ひしん》、気分変動、不機嫌、不安感。

### 情緒面のサポート

ネトルリーフは、注意散漫になりやすい人には、素晴らしいセンタリング効果（訳注：自分の中心に戻る）のあるハーブです。

## スピリチュアルな教え

ネトルが春に芽を出すとき、私たちは、庭の植え込みや畑に生え始めた他の植物と同様に、「草が出てきたなぁ」とは気づいても、それ以上のことは考えません。その後突然、ネトルは縦にも横にも成長し、存在感を示します。注意していないと、そばをかすめて通ったときに、小さな棘でその存在を知らせようとします。このような痛い出合い方をしたことがある人は、ネトルを雑草だと思いがちで、シーズンのはじめにネトルがポツポツ現れると、ちょっと怖くなります。しかし、敬意を表してネトルに近づくことを学んでいる人や、数々の利点があることを知っている人は、新しいネトルが出てくるのを見るとちょっとワクワクします。それは、長い間会っていなかった友だちとの再会のようなものなのです。ネトルは私たちに、感謝という小さな宝石がないか、あらゆる方向に目を凝らしておくことを教えてくれています。あなたの人生の中で、本当は、素直になること、協力すること、そして、本質を知ることを学べばよいだけなのに、無視してしまったことはほかにないでしょうか。

## ヒント

- ネトルリーフの効力には周期があり、乾燥したものであってもその周期で力を発揮します。最大の効果を得たいのであれば、午後にネトルリーフ茶を飲んでください。
- 蚊などによる虫刺され、擦り傷、軽いやけどには、布にネトルリーフ茶を染み込ませて、患部に当てます。
- 深いセンタリング（訳注：自分の中心に戻る）を経験するには、瞑想前にネトル茶を飲んでください。

## ミントとショウガのネトル茶（3〜6杯分）

ネトルリーフに備わっている適応力を高める性質は、私たちが直観につながるのを助けてくれます。爽やかなこのお茶をすするときには、直観力について、過去にどれだけ役に立ってくれたか、今何を伝えてくれているかを省《かえり》みてください。

**ネトルリーフ**　大さじ2
**ミント**（刻んだ新鮮なもの）　大さじ2
**おろしショウガ**　小さじ2

小さめのボウルに材料を全部入れて混ぜて茶葉とします。水カップ4を沸かします。お茶1杯あたり熱湯1カップに茶葉小さじ1を使います。5分以上浸します。
強めの薬用茶にしたいのであれば、カップ1杯につき茶葉を小さじ2、または大さじ1にします。

# 生ハチミツ

## Raw Honey

奇跡には縁がないと感じているのであれば、ハチミツと再び馴染んでください。生の未加工ハチミツは、まさに神と大地による奇跡です。ハチミツは飢餓の時代に人の命を救ってきており、私たちを生き延びさせる食べ物として、未来に再び重要になるでしょう。とはいえ、ハチミツからの恩恵を得るために、悲惨な状況に身を置く必要はありません。この野生の食べ物の本当の姿、つまり甘い露について考える時間をとってください。それは液状の金《ゴールド》であり、私たちの人生を好転させることができるのです。

「ハチミツは単なる純粋な糖なので、避けなければならないのではないか」と恐れている人がいたら、心配はいりません。ハチミツに背を向けるのは、その素晴らしい健康効果を逸しているようなものです。ハチミツに含まれる糖は、加工糖とは似て非なるものなので、グラニュー糖や高果糖のコーンシロップなどと混同しないでください。蜂が広く飛び回って植物から集めてくるハチミツに含まれる果糖やブドウ糖は、20万種類を超える未発見のファイトケミカルのほか、病原体を殺す物質、放射線のダメージから守ってくれるファイトケミカルや、抗癌作用のあるファイトケミカルなどで一杯なのです。抗癌作用のあるファイトケミカルは、癌腫や嚢胞《のうほう》に取り込まれると癌の増殖を抑制します。つまり、生ハチミツは癌の進行を止めることができるのです。ハチミツは、その吸収性の高い糖とビタミン$B_{12}$補酵素のおかげで、現代において脳に最も良い食べ物のひとつとされています。しかも、生ハチミツはカルシウム、カリウム、亜鉛、セレン、リン、クロム、モリブデン、マンガンといったミネラルが非常に豊富で、DNAを修復します。

私たちの免疫系は、どんな種類の微生物に遭遇しても常に適応しています。ですから、地球で最も適応力を高める存在のひとつであるミツバチによって作られる生ハチミツは、免疫を支えるのにとても重要なのです。生の状態のハチミツは、感染性の病気に対する秘密兵器です。免疫力が弱まっていて、風邪、インフルエンザ、ノロウイルスなどによる胃腸風邪、そして特に食中毒に罹《かか》りやすいと思っているのなら、生ハチミツが、好中球やマクロファージを病原体と闘えるように強化し、防御の最前線を強い状態に維持して、体を支えてくれます（好中球やマクロファージなどの白血球が、免疫を刺激するファイトケミカルを「エサ」にしていることは、医学ではまだ証明されていません）。生ハチミツは、その特性によって、病原体が子孫を作るのを阻害し、それにより炎症を拡大させる毒素の放出が阻害されるため、炎症を抑えることにもなります。ハチミツはまさに地球のための薬です。

### 病態

次のいずれかに該当すれば、生活に生ハチミツを取り入れてみてください。

あらゆる種類の癌、眼感染症、麦粒腫《ばくりゅうしゅ》、飛蚊症《ひぶんしょう》、耳の感染症、副鼻腔感染症、アフタ性口内炎、鵞《が》口瘡《こうそう》、呼吸器感染症、風邪、喉頭炎、インフルエンザ、気管支炎、小腸内細菌異常増殖（ＳＩＢＯ《シーボ》）、副腎疲労、原因不明の不妊症、生殖器系の「電池切れ」状態、糖尿病、低血糖、アレルギー、あらゆる自己免疫性の疾患や障害、炎症、メチシリン耐性黄色ブドウ球菌感染症（ＭＲＳＡ）、ブドウ球菌感染症、ノロウイルス感染症、寄生虫、食中毒、不眠症、心的外傷後ストレス障害（ＰＴＳＤ）、アルツハイマー病などの認知症、双極性障害、注意欠如・多動症（ＡＤＨＤ）。

### 症状

次のいずれかに該当すれば、生活に生ハチミツを取り入れてみてください。

頭痛、めまい発作、目の乾燥、耳の鈍い痛み、耳の鋭い痛み、後鼻漏《こうびろう》、副鼻腔の問題、咽喉痛、息切れ、胃痛、腸管の細菌性感染症の症状、発熱、ほてり、体臭、肌荒れ、性欲減退、倦怠感、関節痛、嚢《のう》胞《ほう》、あらゆる神経症状（うずき、しびれ、痙攣《けいれん》、ひきつけ、神経痛、胸部圧迫感を含む）、夜間の睡眠困難、気力の喪失、記憶力低下。

### 情緒面のサポート

ハチミツのべたつく性質は、単なる物理的な性質ではなく、感情レベルにも当てはまります。ハチミツが生活の中にあれば、何か良い経験をしたら、つまり気分が上がったり魂の栄養になったりするようなことを経験したら、その記憶がずっと残って、ネガティブな経験をしても取り乱すことがなくなります。

## スピリチュアルな教え

ルーツを遡《さかのぼ》れるところまで遡ると、ご先祖さまたちがハチミツを食べて生きていたことがわかります。生ハチミツは、もっと良い食べ物が手に入るまで人々が生き延びるのをサポートしてきましたが、サバイバル食というわけではありません。むしろ、昔も今も、信じられないほどの薬効がある滋養物であると言えます。ハチミツは私たちの血筋に刻み込まれています。私たちの魂もＤＮＡも、ある意味でハチミツに由来しているのです。ですから、私たちがハチミツを避けると、人の命の起源につながっている自分自身の一部を完全に切り離していることになるのです。私たちをハチミツから切り離す風潮は、私たちが実際にライフラインを止められるようなものです。ハチミツとつながることは、自分とのつながりを回復するということなのです。ハチミツは、私たちを今の私たちたらしめているもので、私たちが白い目で見てきたものは、ほかに何があるかを問うように促しています。再評価するに値するものは、ハチミツ以外に何があるでしょうか。

## ヒント

- ハチミツのバイオフラボノイドを強化し、飲み物に免疫賦活《ふかつ》作用を追加したいときには、レモン水に生ハチミツを加えてください。

- 病気かもしれないと感じたら、就寝前に生ハチミツを小さじ1杯食べてください。夜の寝つきをよくするためにもよい方法です。
- 普段使っている加工糖をはじめとするあらゆる甘味料の代わりに生ハチミツを使ってください。できれば、野生の花のハチミツを探してください。
- ハチミツは、小さい傷なら外用すると素晴らしい治癒効果を発揮して、皮膚に新しい力を与えてくれます。早く治したい瘢痕《はんこん》に塗ってみてください。
- 瞑想前にハチミツを摂取すると、心が強化され、全身に幸福感をもたらしてくれます。

## ハチミツとココナッツのアイスクリーム（2〜4人分）

真面目な警告：このアイスクリームは、危険なほどおいしいです。アイスクリームメーカーを使えば作るのに数分しかかからず、1時間もしないうちに、お店で買うよりもはるかにおいしくて混ぜ物のないアイスクリームが出来上がります。おまけとして、アーモンドミルクが少し残るので、スムージーに使ったり、冷蔵庫から出して冷たいまま飲んだりすることもできます。

**アーモンド**　1カップ
**デーツ**　2個、種を取り除いておく。
**バニラビーンズ**　5〜6ミリ、縦に割っておく。
**ココナッツクリーム**　1と1／2カップ（冷蔵の全脂肪ココナッツミルク400ミリリットル缶2個程度）
**海塩**　1／8カップ
**生ハチミツ**　1／8カップ
**アーモンド**（刻んだもの）　1／4カップ（お好みで）

まず、水2カップにアーモンド、デーツ、バニラビーンズから取り出した種子を入れてミキサーでなめらかになるまで混ぜて、アーモンドミルクを作ります。これをナッツミルクバッグまたは布で濾して、置いておきます。次に、ココナッツミルクの缶を揺すらないようそっと開けます。分離したクリームの部分だけを取り出します（やり方は、ベリー類のレシピ「ベリーのクリームのせ」を参照してください）。中ぐらいのボウルに、ココナッツクリームとアーモンドミルク1カップ、海塩、生ハチミツを入れてよく馴染むまで混ぜます。アイスクリームメーカーのボウルに注ぎ入れ、メーカーの説明通りに作ります。できたアイスクリームにお好みで刻んだアーモンドをトッピングし、生ハチミツを少量たらします。

アイスクリームメーカーがなければ、混ぜた材料をボウルに入れたまま冷凍庫に入れて、30分ごとにかき混ぜながら冷やして固めます。

# ムラサキツメクサ

*Red Clover*

価値のあるものというのは、希少で入手困難なものだけではありません。たとえば日光や空気のような資源は、簡単に手に入るからこそ奇跡であると言えます。ムラサキツメクサもそのような素晴らしい存在のひとつであり、「王様」として称えるべきなのに、ありふれた雑草であると考えられています。ムラサキツメクサは寛大であるうえに、共感力もあり、自分を食べてくれる人を大切に思っています。

ムラサキツメクサは、リンパ系を支えて、リンパ液をきれいにするハーブの中では最強で、あらゆる種類の癌にも効果的に働きます。この寛大な野生のハーブは、花にも葉にも利尿作用があります。白血病、多発性骨髄腫のほか、膵臓や肝臓が正しく機能していないために全身の血液が汚れているものまで、あらゆる種類の血液の障害や疾患に悩んでいる人にとって、究極の「血液増強剤」です。ムラサキツメクサには、栄養素も、疾患と闘うアルカロイドも豊富に含まれています。家にあるどのようなマルチビタミン剤よりも、ムラサキツメクサのほうが有用なのです。医者から栄養不足だと言われたり、その自覚があったりする場合、ムラサキツメクサのお茶を1日3杯飲んでください。ミネラルの補給としては究極の方法であり、モリブデン、マンガン、セレン、鉄、マグネシウム、ビタミンA、ビタミンB群、ビタミン類の補助因子（医学研究ではまだ探知されていない植物栄養素）などなどの不足を驚くほどに補ってくれます。しかも、ムラサキツメクサのアルカロイドは、同じくそこに含まれるアミノ酸と緊密に連携して働いて、蓄積された不要な脂質を分解して還元し、体外に排出しやすくしてくれます。つまり現代における減量のための究極の推進力のひとつと言えます。

ムラサキツメクサにはこのほか、体を元気づける働きもあり、消耗した、疲労した、枯渇したと感じる人にとっては主役級のハーブです。新鮮な果物、野菜、スーパーフードの粉末で作ったスムージーは最高ですが、ムラサキツメクサ茶1杯に含まれる栄養素とは比べものになりません。また、有毒重金属や、ＤＤＴなどの殺虫剤を浄化する力もあるので、ムラサキツメクサは本当に今世紀を生き延びるにはなくてはならないハーブです。

### 病態

次のいずれかに該当すれば、生活にムラサキツメクサを取り入れてみてください。

一過性脳虚血発作（ＴＩＡ）、唾液管の問題、セリアック病（小児脂肪便症）、肝疾患、肝機能低下、肝うっ滞、A型肝炎、B型肝炎、C型肝炎、D型肝炎、副腎疲労、不妊症、生殖器系の「電池切れ」状態、ホルモン失調、血球の疾患、血液毒性（抗癌剤の副作用による血液細胞の減少）、白血病、多発性骨髄腫などの血液細胞の癌、貧血（鎌状赤血球貧血を含む）、Ｂ細胞疾患、食物アレルギー、にきび、湿疹、乾癬、蕁麻疹《じんましん》、帯状疱疹、ライム病、ＥＢウイルス／単核球症、単純ヘルペス1型（ＨＳＶ－1）感染症、単純ヘルペス2型（ＨＳＶ－2）感染症。

## 症状

次のいずれかに該当すれば、生活にムラサキツメクサを取り入れてみてください。

頭痛、消化機能低下、慢性の下痢、慢性の軟便、便秘、脾腫、月経前症候群（ＰＭＳ）の諸症状、更年期症状、血尿、血圧の上昇、血行不良、肌荒れ、皮疹《ひしん》、紫斑、脆弱《ぜいじゃく》爪、石灰化、血糖値の不均衡、リンパ節の腫れ、ヒスタミン反応と過敏症の症状、化学物質過敏症の症状、体内真菌、体重増加、甘いものへの渇望、憂うつ。

## 情緒面のサポート

ムラサキツメクサは、過去のことばかり考えていたり、自身が受けた被害のことばかり考えたりして生きている人たちに向いています。往時の幸福感や満足感を懐かしんで、ずっと昔の日々を追体験しようとしていることに気づいたら、ムラサキツメクサに頼ってください。このハーブは、そんなずっと残っている感情を今の感情として感じるのを助けてくれて、今の生活に喜びと満足を感じられるようになります。

## スピリチュアルな教え

ムラサキツメクサは農業で輪作（訳注：同じ耕地に複数種類の作物を交代で繰り返し栽培すること）をするときに用いられますが、芝生や庭に生えているのを見たら、たいていは雑草だと思ってしまいます。ムラサキツメクサは気高い存在であるのに、ほとんどどこでも成長することができ、踏まれても大丈夫です。寛大な植物で、旺盛に成長し、粘り強さもあります。刈り取っても、踏みつけても、切り倒しても、何度でも生えてきて、希望と豊かさを与えてくれます。かつて人生のどこかで、逆境に打ちのめされてしまったことはないでしょうか。それでもなお自分には十分に価値があると思えているでしょうか。ムラサキツメクサは私たちに、前に進み続けることを教えてくれています。

## ヒント

- 浄化を求めているときには、夕方にムラサキツメクサ茶を１杯飲んでみてください。このハーブの癒《ヒーリング》し効果と浄化特性が、一晩中働いて、体内にある毒物を見つけて排出し、朝のとても早い時間に肝臓がそれをすぐに処理できるようにします。
- ムラサキツメクサは通常、密集して咲き、一度に５～20個程度の花をつけます。ムラサキツメクサの薬効を存分に得るには、５～20日間連続で、毎日ムラサキツメクサ茶を１杯飲むという方法で、自然のリズムに合わせてください（20日間以上続けても問題ありません。新たに密集した花の塊ができるようなものです）。

## ムラサキツメクサ・カモミールティー（4杯分）

朝目が覚めて、新たな始まりを求めているのであれば、午前中にこのお茶を1杯飲んでください。新たな一日の始まりが、どんなに輝きを増すかがわかるでしょう。

**ムラサキツメクサの花**　大さじ2
**カモミールの花**　大さじ1
**ラベンダーの花**　小さじ1／4

材料を全部小さめのボウルで混ぜて茶葉とします。水4カップを沸騰させます。1杯あたり、熱湯1カップに茶葉小さじ1を使います。5分以上浸します。
濃い目のお茶や、薬用茶として飲みたいのであれば、熱湯1カップあたり茶葉を小さじ2、または最大で大さじ1まで入れます。

# ローズヒップ

*Rose Hips*

私たちは、風邪を治そうとしているとき以外には、ビタミンＣのことを忘れがちです。船乗りが長い航海で新鮮な果物を食べられずに、よく壊血病に罹っていたという話を歴史の本で読んで、ビタミンＣ不足の問題について知ってはいても、ＤＤＴや水銀などの危険物と同じく、過去の情報として心の中にしまい込んでしまっているのです。実は、ビタミンＣ不足は依然として現実に起きていることであり、ほとんどどんな疾患にも一枚嚙んでいる可能性があります。ビタミンＣは、私たちが地球でどう生き延びるかに関わるきわめて重要なものですから、生活の中にローズヒップを取り入れる必要があるのです。

ローズヒップに含まれるビタミンＣは、体内で合成されるビタミンＣとの同一性が最も高く、最も生物学的に利用可能な形をしています。つまり、私たちの体が最も使いやすい形のビタミンＣなのです。しかも、ローズヒップに含まれるビタミンＣには、ほかの食品から摂取したビタミンＣの粒子を大きく良質にする力があります。ビタミンCには抗炎症作用がありますが、ローズヒップのビタミンCの抗炎症作用は、ほかのどのビタミンCよりもすぐれています。また、体内の好中球、好酸球、好塩基球、マクロファージを強化することによって、白血球数を増やすのを助け、ウイルス、細菌、酵母やカビなどの望ましくない真菌に対する免疫力を高めてくれます。ローズヒップは、事実上あらゆる種類の感染症との闘いの引き金になるものとして特に有用です。

エプスタイン・バール（EB）などのウイルスが体内で活発になっているとき、有害な神経毒素や皮膚毒素を放出することが多く、その過程で死んだウイルスからバイオフィルムというゼリー状の物質が形成されます。このバイオフィルムは、体内の細菌などの無益な微生物にとってはシャーレのような増殖の温床になるだけでなく、ネバネバした性質によりきわめて重要な臓器の働きを阻害することがあります。肝臓はこのバイオフィルムをスポンジのように吸収して体を守ろうとしますが、バイオフィルムの一部は血液中に逃れます。そして肝臓から多くの血液を引き入れている心臓の僧帽《そうぼう》弁などの弁に、このネバネバしたゼリー状の滓《かす》が挟まることがあります。これが原因不明の動悸、頻脈《ひんみゃく》、心房細動、不整脈の隠れた原因です。ローズヒップに含まれるビタミンCは、このようなことが起こるのを防ぎます。ローズヒップのビタミンCは、堆積したバイオフィルムを分解する作用があり、最終的には不整脈に悩む人にとっての救済策となります。

ローズヒップは尿路感染症（UTI）を緩和する作用と、皮膚病を癒す作用にすぐれ、UTIに対する作用はクランベリーをはるかに凌ぎます。また、体を癒すほかのどのような食べ物よりも抗酸化物質の割合が高く、ビタミンCのほかにも、実にさまざまな抗酸化物質（その多くは未発見です）を含んでいます。バラの根は、ほかの多くの低木よりも地中深くまで伸びます。粘土層やローム層へも入って行けるほど深く伸びるため、きわめて重要なシリカなど、ほとんどすべての種類のミネラルを吸い上げます。裏庭でバラを育てていても、結果として得られるローズヒップは野生の食べ物です。接ぎ木しても、掛け合わせても、栽培しても、野生性を失うことはなく、その力は決して揺らぎません。

## 病態

次のいずれかに該当すれば、生活にローズヒップを取り入れてみてください。

脳の病変、麦粒腫《ばくりゅうしゅ》、眼感染症、耳の感染症、副鼻腔炎、アフタ性口内炎、歯の問題、歯周病、歯肉膿瘍、喉頭炎、連鎖球菌咽頭炎、慢性気管支炎、風邪、インフルエンザ、心房細動、肝機能低下、肝うっ滞、副腎疲労、憩室炎、憩室症、小腸内細菌異常増殖（ＳＩＢＯ《シーボ》）、痔核、尿路感染症（ＵＴＩ）、あらゆる自己免疫性の疾患や障害、慢性疲労症候群（ＣＦＳ）、痙攣《けいれん》性疾患、糖尿病、乾癬性関節炎、内部細菌感染症、皮膚感染症、にきび、白斑、手足の爪水虫《つめみずむし》、ブドウ球菌感染症、メチシリン耐性黄色ブドウ球菌感染症（ＭＲＳＡ）感染症、単純ヘルペス２型（ＨＳＶ‐２）感染症。

## 症状

次のいずれかに該当すれば、生活にローズヒップを取り入れてみてください。

めまい発作、目の乾燥、視力障害、リンリン・ブンブンという耳鳴り、咽喉痛、咳《せき》、動悸、頻脈、頸《けい》部《ぶ》痛、肩の痛み、疼痛性肩拘縮《とうつうせいかたこうしゅく》（五十肩）、あらゆる神経症状（うずき、しびれ、痙攣、ひきつけ、神経痛、胸部圧迫感を含む）、体の痛み、便秘、発熱、ほてり、肌荒れ、疲労感、皮膚の痒《かゆ》み、皮疹《ひしん》、水疱、粘液過多、ミネラル不足、神経質、無関心。

## 情緒面のサポート

誰かから嫌がらせを受けているように感じたことはないでしょうか。サイキックアタックを受けたようなこととか。他人のネガティブな意見によって、心の状態が影響を受けることはありませんか。ローズヒップは、この手の悪意から守ってくれるとても重要な存在です。自然な方法（自然分娩や長期にわたる母乳哺育など）を追求したり、職場でルールを守るように主張したり、相手の望み通りにすると自分のモラルを曲げることになると感じて良心に従ったりするときに、周囲の人々が動揺しても、反対者には目もくれずに自分の道を追求することができるよう、ローズヒップを取り入れてください。

## スピリチュアルな教え

バラの美しさははかなく、人々から注目されます。花が散るときはどうでしょうか。それは憂うつの元となるものではなく、私たちがいかに時間のなすがままになっているのかということの現れでもなく、祝福すべきことです。大きくて人目を引く、香りのよい花は、お誘いにすぎず、バラの花が色褪せ始め、その実であるローズヒップが熟し始めてからが、パーティーの本当の始まりです。人々にも同じことが当てはまります。歳を取ることを嘆く理由はありません。若さは始まりにすぎないのです。年齢を重ねるにつれて、私たちの経験は増し、自分の本当の価値を得ます。年齢を重ねることは、お互いに成長するために共有することができる実りある叡智を得ることです。人生の中で、終わったものとして片付けているることはほかに何かないでしょうか。本当は、それは始まりなのです。

**ヒント**

- ローズヒップはバラの魂です。ローズヒップティーを淹《い》れる前に、これから使おうとしている乾燥ローズヒップの茶葉を5分間（それ以上はしない）日光に当てます。こうすることにより、ローズヒップに最も強く残っている記憶、ある8月の晴天の日に風に揺られて日向《ひなた》ぼっこをしていた記憶が呼び覚まされ、それがバラの魂を強くして、飲む人に最大の効力を渡してくれます。
- 自分のお茶は自分で淹れて、搾《しぼ》ったレモンと生ハチミツを少々加えてください。ビタミンCの働きが高まります。

## ローズヒップとオレンジのアイスティー（2杯分）

ゆっくりする時間ができたら、ローズヒップを思い出し、この甘くて、さっぱりしていて、気分がさわやかになるアイスティーを淹《い》れてみてください。一人ででも、気の合った人と一緒でも、時間をかけて味わいながら、アイスティーの恩恵と、栄養を与えてもらっているというシンプルな喜びに浴してください。

**乾燥ローズヒップ**　小さじ2
**オレンジジュース**　1／2カップ

沸かしたお湯1と1／2カップに、ローズヒップを5分以上浸します。その後、冷蔵庫で冷やします。冷えたら、オレンジジュースを加えます。氷を入れて召し上がれ！

濃いめのお茶や、薬用茶として飲みたいのであれば、1杯あたり茶葉小さじ2、または最大で大さじ1まで入れます。

# ワイルドブルーベリー

## *Wild Blueberries*

体を癒す究極の食べ物は熱帯の荒地のどこかに隠れているという考えには、簡単に心を奪われてしまいます。私たちは、奇跡の根っこやベリーを求めてジャングルを探し回る研究者の話を読んだり、食料品店で「スーパーフード」と銘打つパッケージで異国のドライフルーツが販売されているのを目にしたりします。いつの日か、人類を救ってくれる真のミラクルフードも、つまり根っこもベリーもハーブもナッツも、熱帯雨林で発見されることになると、思い込んでいます。熱帯雨林は、もちろん強力な「薬」を提供してくれますが、私たちを救う最も価値ある食べ物を科学者らが見つける場所はそこではありません。世界で最強の食べ物は、見つけやすい状態で低い灌木《かんぼく》に隠れています。私が話しているのは、ワイルドブルーベリーのことです。ワイルドブルーベリーが予防できない癌はなく、人間が知っている疾患で、ワイルドブルーベリーが防げないものはありません。

ワイルドブルーベリーと、その親戚である大粒の栽培種とを混同しないでください。後者は健康にとても良くても、その力はワイルドブルーベリーの数分の一もありません。栽培種とワイルドブルーベリーとの違いは、養殖のサケと天然のサケとの違いや、工業的なグレインフェッド（訳注：穀物肥育）の牛と、放牧飼育のグラスフェッドの牛との違いと同じです。栽培種のブルーベリーを生活に取り入れることは、紙コップで何かを飲むようなものであり、ワイルドブルーベリーを生活に取り入れることは、イエス・キリストがかつて使った金の杯（聖杯）で飲むようなものです。

ワイルドブルーベリーは、生き延びることに関して、天からもたらされた何万年も前からの神聖な情報を持っています。ワイルドブルーベリーは、数千年間にわたって気候が変動するたびに適応してきて、生まれつき持っている知性によって、単一栽培を受け入れませんでした。その代わりに、未来に何があっても、絶滅することがないよう、見た目は似ていても遺伝子構成が異なる百種類超の品種とともに育ちます。ほかの食用植物は、火災が起きたとき、種が生き残っていれば再び根付いて生命をつなぎますが、ワイルドブルーベリーは全焼しても以前よりも強くなって復活します。地球に、このような過酷な条件下でも繁殖する力がある食べ物はほかにありません。ワイルドブルーベリーはナンバーワンの適応力促進物質《アダプトゲン》であり、そこに議論の余地はありません。適応力を高める食べ物であると一般にはまったく認識されていなくても、そうなのです。

現在、ワイルドブルーベリーは抗酸化物質の値がとてつもなく高いことが、栄養の専門家によって認められています。しかも、抗酸化物質の含有率は、地球上のあらゆる食べ物の中で最も高いのです。そのうえ、この小さな宝石には未発見の性質がたくさんあります。ひとつは、科学ではまだわかっていない何十種類もの抗酸化物質と、既知の抗酸化物質であるポリフェノール、アントシアニン、アントシアニジン、ジメチルレスベラトロール、さらには未知の「補因子」である適応力を促進するアミノ酸を備えていることです。ワイルドブルーベリーを食べると、その生まれながらの知性が食べた人の体をリーディングし、疾患がないかどうか探して、ストレスレベルや毒性レベルをモニタリングしてくれます。そして最善の癒し《ヒーリング》の方法を明らかにしてくれるのです。これほどまでのことができる食べ物はワイルドブルーベリーだけです。

ワイルドブルーベリーは、最も効果的に重金属を解毒する食べ物のひとつであると同時に、「容赦なき四つの悪」の残り三つの因子（訳注：放射線・ＤＤＴ・ウイルスの爆発的増加）を除去する力に長けています。またワイルドブルーベリーは、最強の脳に良い食べ物であり、最強のプレバイオティクスであり、肝臓の修復には主役級の働きをしてくれます。基本的にこの果物は、体のあらゆる部位に対して、ほかからは得られない恩恵をもたらしてくれます。一本のワイルドブルーベリーの木には、インターネット全体よりも多くの情報があります。研究者たちに、ワイルドブルーベリーの内部に何があるか、それを残らず使うにはどうすればよいかを解明するテクノロジーがあれば、どんな疾患に対する治療法も開発できることでしょう。今から百年後の医学では、病気を治す方法のカギとしてワイルドブルーベリーを用いることになるはずです。

ワイルドブルーベリーは、今まであらぬことを経験してきて、再び立ち上がるのを支えてくれるものを必要としているときに、生活の中にあってほしい食べ物です。体を元気づけるものが必要だったり、スポーツを頑張ったりしている人なら誰にとってもふさわしいものです。体内にワイルドブルーベリーが取り込まれているかどうかは、危険にさらされているロッククライマーの生死を分けるほどの意味を持ちます。ワイルドブルーベリーは地球において、崇高なもの、聖なる源、宇宙の力をすべて備えた比類ない食べ物です。天使たちは、ブルーベリーはこれからの時代に人類を存続させる要となるものとして、畏《おそ》れ多いとすら感じています。ワイルドブルーベリーは何よりも復活の食べ物なのです。

## 病態

体に何らかの異常があり、特にそれが癌のようなものであるか、脳や神経に関わるものであれば、ワイルドブルーベリーを生活の中に取り入れてみてください。

## 症状

情緒的、スピリチュアル的、身体的のいずれかに関係なく、何らかの症状があれば、ワイルドブルーベリーを生活の中に取り入れてみてください。

## 情緒面のサポート

ワイルドブルーベリーは、地球で最高のモチベーショナルスピーカー（訳注：人にやる気を起こさせる内容の講演活動などをする人）をも上回るほどのインスピレーションを私たちに与えてくれます。私たちを感情レベルで修復してくれるからです。ワイルドブルーベリーは、処罰されたり、拒否されたり、軽蔑されたり、辱《はずかし》めを受けたり、踏みにじられたり、体面を傷つけられたりすることがないよう、私たちという存在の根幹を強化してくれます。批判されたり、見くびられたり、信用を傷つけられたり、虐待されたり、無視されたりして苦しんでいるのであれば、ワイルドブルーベリーは体を癒す神聖な食べ物になります。

## スピリチュアルな教え

　きっと誰しも、人生の中で打ちのめされた経験があると思います。病気であっても、人間関係のトラブルであっても、悲劇であっても、参ってしまって、茫然自失してしまうようなことが。ワイルドブルーベリーは、その人がこれまで経てきたことを理解します。あなたが誰であるかも、受けてきたダメージも、そして、そこから立ち直るのを助ける方法も知っています。ネイティブアメリカンの人たちはずっと昔から、野火が発生したあとに唯一成長する植物はワイルドブルーベリーであることを観察して知っています。実際にワイルドブルーベリーは以前よりも強く健康になって復活するのです。焼け跡から蘇るだけでなく、その灰を利用することがワイルドブルーベリーの力の源となっています。

　ワイルドブルーベリーは凍らせても、真の適応力促進物質《アダプトゲン》ですから、一部の果物や野菜のようにその栄養価を失うことはなく、むしろ栄養素は増えます。凍結過程を持ちこたえるという困難により、ワイルドブルーベリーの力はむしろ絶好調になって、食べた人に与える栄養素も生物学的利用能も増すのです。

　火と氷は対極にあるものですが、ワイルドブルーベリーは極端な環境をただ生き延びるだけでなく、その環境に打ち勝つのです。逆境に立たされ、対峙して、そしてそのおかげで良さが増すのです。神の果物とも言えるワイルドブルーベリーを食べると、不滅の要素がその人の一部になります。

私たちはみな、正しいものの見方が豊かさを引き寄せることについては何度も聞いて知っていて、それが望む生活を実現するための思考と行動を形作っています。これはとても役に立つ話です。前向きな感情を抱く人の方が、前向きなものへと導かれるような選択をする可能性が高くなります。ただし、この話題で傷つく人もいます。病気の人、苦しんでいる人、そのほかの不幸な状況下にある人たちです。そういう人たちに必要なのは、理由はわからなくても、自分がそれを創造し、引き寄せ、自分自身にもたらしたのだと感じることです。豊かさを実現する秘訣のひとつを知りたいのであれば、それはワイルドブルーベリーです。みなさんがそれを期待していないのはわかっています。でも本当なのです。この小さなワイルドブルーベリーはそれほど強力なのです。何かを得ようとして頑張っているとき、恵みと祝福のある生活を送りたいと思うとき、ワイルドブルーベリーに頼って、その魔法を見守ってください。

**ヒント**

- ワイルドブルーベリーを一番見つけやすいのは、地元のスーパーマーケットの冷凍食品コーナーであり、スムージーの材料が並ぶショーケースにあることが多いです。すでにお伝えした通り、冷凍することによってワイルドブルーベリーはさらに健康になります。おいしく食べるには、冷凍菓子に手早く混ぜ込んでしまうか、解凍して食べるかです。冷凍ワイルドブルーベリーと冷凍バナナとを混ぜると、おいしくて信じられないほど健康的なアイスクリームになります。
- 米国在住なら、メーン州産の冷凍または新鮮なワイルドブルーベリーを求めてください。カナダ在住なら、カナダ東部産のものを求めてください。それ以外の国にお住まいでも、その地域で育っているワイルドブルーベリーを過小評価しないでください。栽培種のブルーベリーのいずれをも大幅に上回る奇跡的な恩恵があります。

- 病気で苦しんでいる人を知っているなら、その人にワイルドブルーベリーを差し出して親切心を示してください。
- ワイルドブルーベリーを食べるとき、それは神と宇宙から恵みを受けてきたものであり、天からのギフトであることを忘れないようにしてください。

## ワイルドブルーベリーパイ（4〜6人分）

口の中ではじけるみずみずしいたっぷりのワイルドブルーベリーと、甘みのあるカシューナッツを使ったパイ生地の組み合わせは、シンプルですが完璧です。たった数分で出来上がりますが、それと同じくらいの時間でなくなってしまうでしょう。デザートとして、朝食として、あるいは急に食べたくなったら、いつでもどうぞ！

**カシューナッツ**　1／3カップ
**ココナッツフレーク**（砂糖不使用のもの）　1／3カップ
**デーツ**　4カップ、種を取り除いておく。
**冷凍ワイルドブルーベリー**　570グラム、解凍しておく。
**マンゴー**　1個、角切りにしておく。

カシューナッツ、ココナッツ、デーツ3カップをフードプロセッサーに入れて、完全に混ざってなめらかになるまで撹拌してパイ生地を作ります。これを22センチのパイ皿に敷き、ラップをかけて冷蔵庫に入れます。

ワイルドブルーベリー半量、残りのデーツ、マンゴーをフードプロセッサーに入れてなめらかになるまで撹拌してフィリングを作ります。もう半量のブルーベリーを混ぜ込みます。これをパイ生地の上に流し入れて、冷蔵庫に少なくとも40分間入れておきます。冷たいうちに召し上がれ！

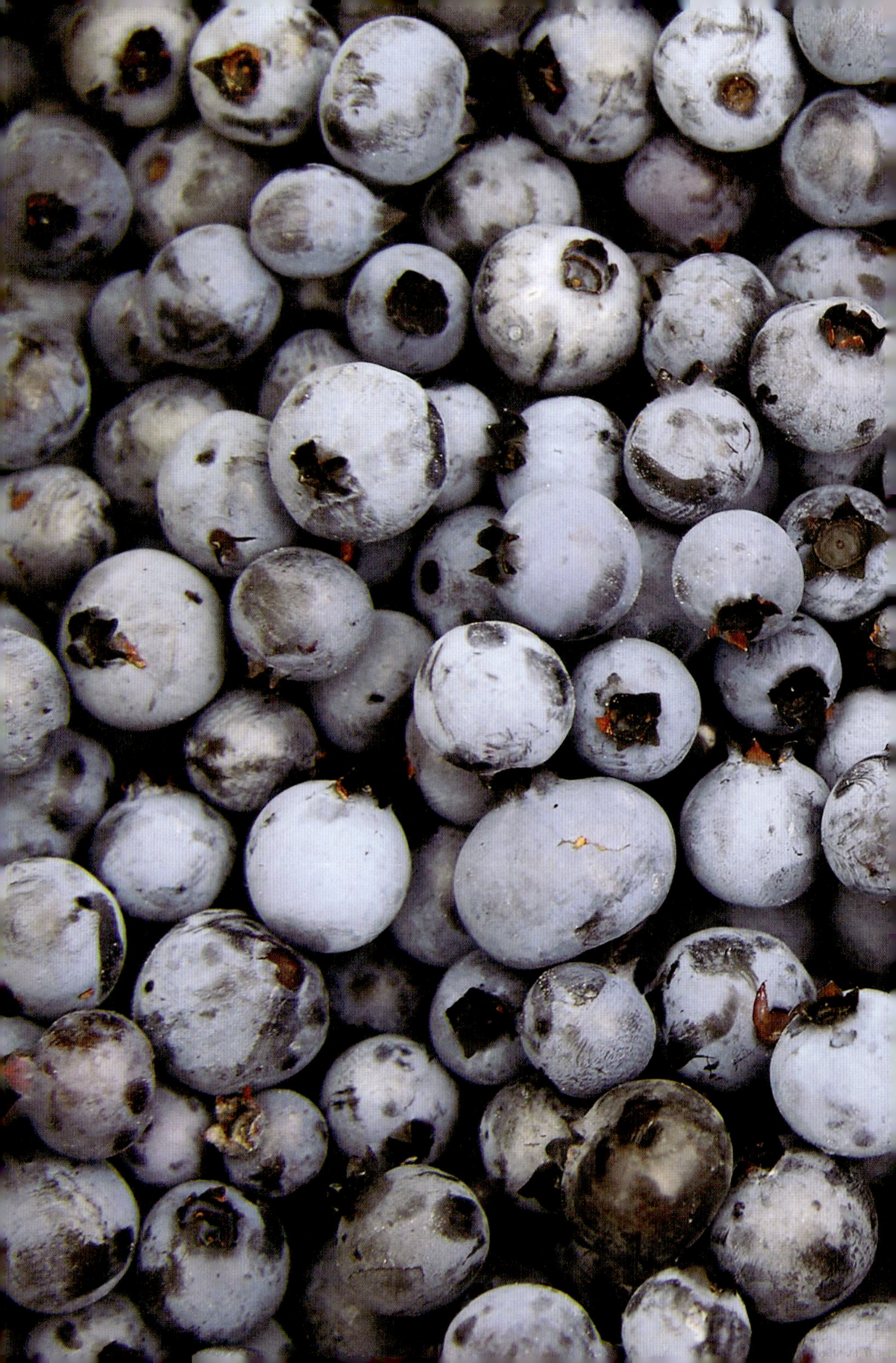

# 第3部 真実で武装する

# 第1章 生殖能力と私たちの未来

若い頃は、自分にも子どもがいる未来を思い描くことがよくあります。さらに年齢を重ねると、「あなたに娘がいたら……」とか、「この話はいつか息子にすることになるね」とかいう言葉を他人から聞くようになります。私たちは、両親と子どもたちという家族の単位が当たり前だと思って育ちましたから、自分も他人もそうなることを期待します。

ですから、大人になって子どもを授かろうと決めたら、妊娠が課題となり、この課題がクリアできないと、さまざまなレベルで絶望的に感じられます。家族とはどういうものかに関する根深い考え方の基盤が突然揺らぐのです。さらに、（自分という人間も未来の展望も）喪失したという感情が生まれ、それには不足感や罪悪感が付きまといがちです。また、パートナーが子どもを望んでいるかどうかに関わらず、両親が孫を望んでいるかどうかにも関わらず、他人を失望させているという感覚になります。

妊娠したいともがいているとき、本人は身を切られるような思いをしています。きっと、あなたも赤ちゃんを授かろうと頑張っている人を知っていると思います。あなた自身が、何か月も妊娠検査薬で陽性が出てほしいと思い、もう流産しませんようにと祈り、何度も失望感を味わってきたかもしれません。多くの人たちがそのような経験をしたことがあり、妊娠しやすくなるようにありとあらゆる方法を試し、結局徒労に終わっています。

そういう人たちはみな、不妊は現代の最大の謎の一つだと言われたら、その通りだと思うでしょう。妊娠することは、表面的には、スムーズに展開するはずの生物学的過程のように思われます。しかし実際には、挫折、混乱、失望、自責、絶望の原因になっていることがよくあります。医学界は、家族が欲しいと夢見る一部の人たちを助ける方法を開発してはきましたが、「なぜ子を望んでいながら、そこに至る過程で困難に出くわす人がこんなにも多いのか」という基本的な問題が残っています。

不妊は時勢の表れです。今の時代、女性も男性も等しく、ストレスから汚染物質や病原体まで、数々の困難と向き合っています。その過剰な負担が体の重荷になり、時には子を授かれないという胸が張り裂けるような結果を伴うことがあります。しかし、不妊は単に悪化の結果ではなく、進歩の副産物でもあります。信じようと信じまいと、それは真実なのです。かつて女性は若いうちに家庭を築くよう期待されていて、そのような定められた基準以外の選択肢はほとんどありませんでした。女性の関心の大部分は、若いうちに妊娠することにあり、心と体はつながっているため、体の蓄えは生殖器系に向けられていたことになります。

現在、女性が取りうる選択肢は増えてきています。女性は依然として、受けるに足る敬意と自由を全部得られているわけではありませんが、女性が社会で果たす役割は以前よりずっと大きくなっています。妊娠することがそもそも、もう優先事項ではなくなっているのは、本当にその通りです。多くの女性は、すぐに子どもを産むのではなく、代わりに教育を受けたり、さまざまなキャリアパスを模索したり、成人してすぐに旅行をしたりすることを選択します。他人の期待に沿うような相手ではなく、時間をかけて望み通りのパートナーを見つけます。子どもをもつ前に、自分の人生を生きて、本当の意味で自分自身になりたいと熱望しているのです。

つまり、優先順位が変わり、妊娠する心の準備ができたとしても、身体にギアが入っているとは限らないことになります。生活の中で知らないうちに、不妊につながる行動、食べ物、化学物質に曝されていることもあります。また、それまで気づかなかった、家族計画をだめにするような基礎疾患が見つかることもあります。生殖器系が機能していても、あらためてエネルギーを注ぎ、注意を向け直す必要があるのです（もちろん、そのいずれも当てはまらず、男性側に目を向けることが必要な場合もあります）。

数年前、モニカという女性が、子を授かれないという苦痛を抱えて私のところにやってきました。モニカは当時38歳で、母親になることは人生の目的のひとつであると感じていました。しかし、妊娠するたびにすぐに流産していました。モニカは疲れ果て、孤独を感じ、妊娠できる期間が終わろうとしているのではと心配していましたが、諦めたくないと思っていました。モニカはこう言いました。「なぜ苦しまなければいけないのか訳がわからないんです。子どもを産むことは、世界中で最も自然なプロセスだと思っていたのに」

リーディングをしてみると、聖霊《スピリット》は、ウイルスの問題が根底にあって、生殖器系の「電池」が漏れている（この概念はこのすぐあとに説明します）ことを明かしました。そのため、正しい排卵が妨げられていたのです。モニカの身体の全エネルギーが、ウイルスを寄せつけないことに使われていました。妊娠に最適な状態になるには、治療して身体に備わる問題解決力を生殖器系に向けさせる必要がありました。本章に書いてある内容に従ってケアした結果、モニカは1年後、ついに元気な男の子を出産しました。

た。そして、3年後には女の子を出産しました。生殖器系を正しくケアしたことにより、母親というビジョンを現実のものにしたのです。

モニカのような癒し《ヒーリング》を経験する人がさらに増える時代が来ました。私たちの社会が進歩して、生殖能力の働きが本当の意味で理解される時代になったのです。本章では、科学ではまだわかっていない女性の生殖器系の機能の原理のほか、健康な赤ちゃんを出産することを切望しているときに、体を適切にケアする方法など、すべてを紹介します。あらゆるところへ行って、あらゆることを試して結果が出なかったとしても、まだ希望はあります。不妊は自分が招いたものではありません。罰でもなければ、判決を下されたわけでも、終身刑を言い渡されたわけでもありません。家族を増やしたいという強い願望は、単に自然なことという以上に、崇高です。種として生き延びられるかどうかは、そんな願望を持ち、思いやりがあって献身的な人々が、私たち人類を未来につなげる新しい世代を育ててくれることにかかっているのです。

## 人類の未来

人類が生き延びるには、不妊率が下がる方向に向かうことが不可欠です。そう聞くと、意外に思われるかもしれません。第1部第1章「自分の身を守る」でも言及しましたが、大規模な人口爆発に向かっているという話を他所《よそ》で聞いたことがあると思います。そのことを踏まえて、不妊によって当事者個人は悲痛な思いをするけれど、それでも世界人口は増え続けているのだと思われた方もいらっしゃるでしょう。しかし本当のところ私たちは、成長モデルの予測とはまったく異なる未来に向かっています。今はもちろん、地球の人口は増加し続けていますが、不妊率が急上昇していますから、やがて人口は頭打ちになります。40年後、妊娠可能年齢にある女性の50％が子どもを産めなくなり、総人口は減り始めます。

この先にある困難をなんとか乗り越えようというのであれば、不妊の状況を理解して取り組む時は今です。未来を暗くする必要はありません。生殖機能を健全に保つために取ることができる対策はあります。

## 不妊の隠れた原因

私たちはみな、「バッテリー残量が低下（電池切れ）している」と言われれば何のことかよくわかります。充電池が発明されて以来、私たちは充電し続けることを覚えておかなければならなくなり、ある程度成功しています。携帯電話を前の晩に充電し忘れ、日中に出先で電池切れになったことはないでしょうか。誰しも経験したことがありますが、小さな電池のアイコンが赤に変わっているのを見て、文明の利器が使える電力はもうあまりなく、充電しないと、まもなくまったく動かなくなることを知ります。

もし人体にインジケーターライトが備わっていれば、不妊の問題を抱えている女性の大半は、「バッテリー残量低下」の警告が表示されていることでしょう。女性の生殖器系は電池のようなものであり、「充電」して本来の働きができようにするために、正しいケアと、用心と注意が必要です。不妊に悩んでいるのであれば、生殖器系を「充電」するよい機会です。

ある程度の期間にわたって妊娠を試みた女性の多くは、十分食べて、月経周期を記録し、前向きなビジュアライゼーションをして、抜かりはありません。自分の生殖器系には大いに注意しているので、「フル充電」で働いているはずだと言います。そういった結果が出ていない女性に私はいつも、「素晴らしい方法があります」と伝えます。その人の努力を次のレベルに進めるためには、生殖器系がどんなふうに働いているかに関する秘密をいくつか知る必要があります。

## 「バッテリー残量低下」状態での稼働

まず、生殖器系の疲弊がどんなふうに起こるのかを理解することが重要です。主な因子は避妊です。昨今は多くの女性が、子どもをもうける心の準備が整う人生の節目にくるまで、望まない妊娠を回避しようと避妊薬を飲んでいます。本章の始めに書いた通り、女性に自分の人生をどんなふうに展開させたいかを選択する自由があるのは、もちろん社会の大きな進歩です。しかし避妊をしてきた人であれば、自分の体が、生殖器系に備わった力を発揮させないことを覚えてしまっていることを知っておく必要があります。高校生になってすぐの頃からピル（などの避妊薬）を飲み始め、20代の終わりまで、あるいはそれ以降も飲み続ける女性もいます。10代でピルを飲み始め、大学卒業後に、すぐに子どもが欲しいからとピルを止める人ですら、すでに8年間くらいは服用しているかもしれません。その8年間は、体が赤ちゃんを作らないよう訓練されています。それは、ピルを止めたあと必ず妊娠のトラブルが起こるという意味ではなく、問題が起きれば、ピルが原因である可能性があるということです。

ほかの避妊方法も、禁欲法（訳注：性交しない）からバリア型避妊具まで同じ作用があります。それは、何年も妊娠しない時期をすごすと、生殖器系にエネルギーがあまり回されず、妊娠を控えるパターンが身についてしまうからです（もちろん、「バッテリー残量低下」はまったく充電されていないことにはなりませんし、積極的に妊娠を回避しようとしていたときに妊娠してしまったと証言する女性は多数います）。

これは、子どもを産むのを遅らせてはいけないと言っているのではまったくありません。ただ理解することが重要なのです。妊娠を回避していた状態から、気持ちが変わって妊娠しようとなったとき、体には調整のためにメンテナンスをする時間が必要になることがあるということです。

## 生殖器という電池を充電すること

長い間、車を私道に置いたままにしていた、という経験はないでしょうか。忙しくしていて、近くにいなかったかもしれませんが、ようやく車に戻れて運転しようとキーを回すと、バッテリーから電気を取り出そうと頑張っているようなキュルキュルいう音が聞こえるかもしれません。そうなる理由は、誰でも知っているように、オルタネーター（発電機）によってバッテリーが充電されている状態を維持するには、しばらく車を走らせる必要があるからです。ジャンプ・スタートなどでついにエンジンがかかれば、あとは車を安定して長距離走らせればよいのであり、そうして、習慣的に走らせていれば、正常に運転できる状態に戻ります。

女性の体、特に生殖器系の働きは、もちろん自動車よりはるかに複雑で謎に満ちていますが、メンテナンスの考え方は、不妊治療に取り入れるものと同じです。女性の生殖器系には独自の魂が宿っていて、生殖器特有のニーズというものがあります。特定の不妊因子を回避し、生殖能力を元気づけて強化するさまざまな食べ物を取り入れ、スピリチュアルなテクニックを利用すること（いずれも、本章にて後述します）に加え、子どもを産む心づもりができたというメッセージを自分の体に送るために、意識的に配線をし直して、新しい生命をつくる準備を整える方法を学ぶことが重要です。

このことは、妊娠したいという願望についてよく考えることとは異なります。本章の終わりのほうに書いてある瞑想とも同じではありません。備え持った力を生殖器系の隅々まで行き渡らせ、正常に機能するようにし始める時が来たことに体が気づくよう、心と体を物理的につなぐことです。

こんなエクササイズがあります。生殖器系に電気コードを挿して充電する様子を想像してください。子宮から卵管、卵巣まで、生殖器系の隅々まで、エネルギー源から電気を取り込んでいる様子を思い描いてください。

単純で抽象的に思えるかもしれませんが、とても強力でリアルなエクササイズです。現代にあっては、私たちの身体はテクノロジーにとても馴染んでいます。私たちの目は朝から晩までモニター画面をじっと見つめ、手首に着けたデバイスに絶えずモニタリングされ、携帯電話は常に手元にあります。私たちの身体は休む間もなく影響を受けていて、コンセントへの接続という考えに通じるものがあります。

重要なのは、このエクササイズを定期的に行って、日課の一部とすることです。携帯電話を充電するスケジュール（おそらく毎晩の就寝前）が決まっているなら、それに合わせて体を充電している様子をイメージしてください。パートナーがいて不妊に悩んでいるのなら、そして二人とも医師に診てもらったことがあって、原因が見つからないのなら、このテクニックと、本章のほかの癒し《ヒーリング》のコツとを組み合わせれば、起死回生の一要素になるかもしれません。

## 男性と生殖能力

男性の生殖能力を高めるには、原点に帰ることが重要です。この分野に百発百中の弾丸はありません し、過度に複雑な方法が役に立つこともありません。そうでなく、精子数と精子運動率を上げるための シンプルな手順を踏むことに集中する必要があります。

まず、体内の水銀値を下げることが重要です。体内の水銀は、男性の生殖能力が低下する大きな原因となります。子どもを授かろうとしている男性なら、ハワイアンスピルリナ、冷凍ワイルドブルーベリー、コリアンダー、ニンニク、大麦若葉粉末、ダルスなどの大西洋産海藻を日常の食生活に加えることが重要です。私は単に、それぞれ少しずつ時々取り入れるとよいと言っているのではありません。これを長期間にわたって日々の習慣にする必要があります。

また、女性の生殖能力を高めるのと同じ食事が、男性の生殖能力も高めますから、男性も「聖なる四つの食物群」を豊富に取り入れるようにしてください。次の項に挙げる不妊になる食品と化学物質は、男性も女性もとにかく避けることが重要です。

男性の生殖能力にはハーブのアシュワガンダがとても有用で、ネトルリーフ、ムラサキツメクサの花、ビタミン$B_{12}$、亜鉛も同じく有用です。亜鉛は、男性の精子の健康に関して最も貴重なミネラルです。亜鉛が豊富な食べ物（コラードの葉、ラディッシュ、アーティチョーク、ネトルリーフ、パセリ、タマネギなど）を食べて亜鉛を補給する一方で、子作りのためではない射精を控えることによって亜鉛の貯蔵量を保つことも重要です。なぜなら、頻繁に射精すると、使いすぎという点でも、射精するごとに貯蔵されている亜鉛がなくなるという理由でも、精子がおとなしくなって元気がなくなり、低栄養状態になる可能性がかなり高くなるからです。精子が強くて健康になる絶好のチャンスを得るためには、射精を控えましょう。

## 避けるべき不妊因子

赤ちゃんを授かろうとしているのであれば、すでに毒素に曝されないように生活されているはずです。本書の最初の章を読まれていれば、「容赦なき四つの悪」が誰の健康にとっても脅威であることはご存知だと思います。放射線、ＤＤＴ（ジクロロジフェニルトリクロロエタン）、有毒重金属、そしてウイルスの爆発的増加が、出生率に直接影響を及ぼしますから、リスクと闘う最良の方法は、自覚的であることと、食べ物が持つ癒し《ヒーリング》の力を使うことです。また、重要なのは生殖能力を脅《おびや》かし生殖器の電池の消耗を起こさせる食べ物、化学物質、行動など、隠れた要因がほかにもあるのを知ることです。妊娠して、それを維持するチャンスを得るためには、以下の情報を参考にしてください。

## 不妊になる食品

なかなか子を授からず、特に理由が見つからない場合、アドレナリン化食を控えるのがよいでしょう。アドレナリン化食とは、屠殺時または捕獲時の動物の大きなストレスによって放出されたアドレナリンで満ちている動物性食品（動物の肉、乳製品など）です。アドレナリンは避妊薬のようなものです。動物性食品を食べていても妊娠する女性は多いですが、たとえ微量でもアドレナリンのマイナス作用を受けやすい人もいます。動物性食品の摂取は半分に減らすか、キジや鶏といった鳥類、体の小さな動物を摂るにとどめてください。体の小さな動物はアドレナリンを産生する副腎が小さいからです。出産後は、これまで通り好きなものを食べて大丈夫です。

このほか、多嚢胞《のうほう》性卵巣症候群（PCOS）、子宮内膜症、骨盤内炎症性疾患（PID）、子宮筋腫、卵巣嚢胞などの疾患を煽《あお》って悪化させる（そうして生殖能力に干渉する）可能性のある食べ物に、卵、トウモロコシ、小麦、キャノーラ油、乳製品、アスパルテーム、MSG（訳注：グルタミン酸ナトリウム、化学調味料の主成分）のほか、未発芽の一般大豆（遺伝子組み換えでない）があります。MSGについては、隠れた形態に用心してください。PCOSか子宮内膜症で、体調に応じて卵を食べるように勧められているのであれば、食べすぎないようにしてください。このアドバイスは事実とかけ離れているものではありません。卵がその病気の背後で病原体の「エサ」になるため、病気を治すどころか、卵がその病気を進行させせます（卵をはじめ、健康の妨げとなる材料に関する詳細は、第3部第3章「人生を困難にする食べ物」を参照してください）。

## 不妊になる化学物質

妊娠しているか、子を授かろうとしているのであれば、有毒な植物ホルモン化学物質（基本的に、農薬、除草剤、プラスチックに含まれる環境ホルモン）が生殖器系に大打撃を与え、妊娠という目標とは正反対のメッセージを生殖器系に送っていることを知っていてください。どんな方法でもよいので、前述のような化学物質には曝されないようにしてください。また、塩素やフッ素を避けるよう注意してください。

## 不妊になる行動

本章の始めのほうで言及した通り、赤ちゃんを望まずに何年も過ごしたり、避妊しながらしかるべき相手を探し、しかも相手が見つからなかったりするというのは、身体が妊娠しないよう訓練されていることと言えるかもしれません。かつては望んでいなくて、今は赤ちゃんが欲しいと思っているのであれば、前述の充電エクササイズなど積極的な対策を講じて、生殖能力がつくよう生殖器系のコンディショニングをする必要があります。

女性が子どもを授かるのが困難な要因にはストレス過多もあります。アドレナリン化食が問題を起こすだけでなく、大きなプレッシャー（ストレス）を受けたときに体が産生する過剰なアドレナリンが、生殖器系に干渉する可能性もあります。それは、体が自分を守るために起きていることです。感情が大きく揺さぶられたり、また別の形で過度のストレスを受けたりすると、体は本能的に、赤ちゃんから受けるストレスが大きくならないようにします。つまり、闘争・逃走反応（闘うか逃げるかの反応）を引き起こす過剰なアドレナリンが、不妊を起こすステロイドとして作用するのです（甲状腺のチロキシン、体が産生するステロイドの中には、生殖に味方するものもありますのでご注意ください）。

副腎疲労も生殖能力の妨げになります。なぜなら女性のプロゲステロン、エストロゲン、テストステロンの多くは副腎で産生されるためです。副腎が低活動であっても過活動であっても、その女性の生殖ホルモンはバランスを崩していて、生殖能力に干渉しうることになります。副腎の問題を抱えていて、赤ちゃんが欲しいのであれば、軽く食べる（1時間半から2時間ごとに食べる）方法を採るのが理想的であり、血糖値の急降下の埋め合わせをするために副腎が「残業」しなくてもよくします。以下の食べ物も、身体がストレスに対処する能力のバランスをとるのを助けてくれるでしょう。

## 生殖器系を蘇らせて体を癒す食べ物

子を授かろうとするとき、またはすでに妊娠している人がそれを維持しようとするとき、「実をつけるために実を食べよ」をご自身のマントラにしてください。それは、実をつけることは、まさに新しい生命を体内で育むことだからです。女性の生殖器系を花に喩えるのはちょっと陳腐（で安っぽい）ですが、本当にその通りなのです。植物学を学んだことがあれば、花には子房（人間の卵巣にあたる）と胚珠があり、受粉して最終的に実と種子を形成するということはよくご存知でしょう。それは、解剖学的に人間の女性にとても似ています。

みなさんはかつて小さな卵子で、それが受精して人という奇跡の形になりました。同じくかつて小さな胚珠（卵子）で、受粉して食べ物という奇跡の形になった果物を食べるとき、あなたはその果物と力を合わせているのです。果物の叡智と生命を与える特性が、それを食べた人間の一部となるのです。

果物にある実際の栄養素は言うに及びません。何よりも、生殖器系はブドウ糖で動いていて、最善最高に生物学的に利用可能なブドウ糖の源は果物（とココナッツウォーターや生ハチミツです）だからです。高タンパク質食に執着する私たちの文化は、妊娠しようとしているか、または妊娠を持続させようとしている人には不利に働きます。なぜなら女性の生殖器系はタンパク質では動かないからです。ブドウ糖のほか、多量ミネラル、微量ミネラル、電解質、微量栄養素、ファイトケミカルをはじめ、「聖なる四つの食物群」、すなわち果物、野菜、ハーブとスパイス、野生の食べ物にのみ存在するきわめて重要な化合物で動きます。体がその栄養素などを使い、プラスチック、農薬、除草剤、医薬品、遺伝子組み換え（GMO）食品に由来する有毒なホルモン攪乱《かくらん》物質に対抗することによって、自らを保護します。

生殖能力を高める食事について考えるとき、思い出してほしいことがあります。つまり母乳は糖が多く、低脂質で、タンパク質も比較的少量だということです。母乳は基本的には良い意味で砂糖水であり、母親が待望する赤ちゃんにとっては最初の食べ物です。ですから、母親が食べるもの全体の組成を母乳の組成に近づけるようにします。つまり、最上位が天然の糖（自然食品由来の果糖やブドウ糖の形で、最も理想的なのは果物）、次いで少しばかりの脂肪、さらに少量のタンパク質となるように近づけ始めると、母親の体が正しい方向に導かれます。高タンパク質・低炭水化物食を摂っている女性は、特に30歳以下であれば、母乳が出にくくなることがよくあります。これは、レンガの積み重ね方を間違っているようなものだからです。

栄養に関する主な関心事が、十分なタンパク質を摂ることにあるのなら、その関心の向け先を果物に変えてください。聖霊《スピリット》が私に教えてくれているのは、将来的には、果物、野菜、ハーブとスパイス、野生の食べ物に存在する数千もの隠れた化合物、補酵素、ファイトケミカルが医学的に発見され、そのうちのひとつのグループが台頭してくるということです。それが、「向生殖能力化合物」です。その強力な化合物群は、生殖の未来に中心的な役割を担うでしょう。科学者たちは、その化合物を特定の種類のポリフェノールから取り出し、濃縮して、私たちが直面することになる不妊の危機に対処する新薬を生み出すために用いるでしょう。今のところ、それを得るための方法は、「聖なる四つの食物群」、特にベリー類（ワイルドブルーベリーを含む）を摂取することです。ベリー類に含まれる向生殖能力化合物は、①生殖ホルモンのバランスをとることと、②生殖「電池」が充電された状態を維持するためには豊富に必要なのに、科学ではまだ発見されていない特異な栄養素を生殖器系が吸収するのをコントロールすること、の二通りによって、生殖器系を支えます。

生殖能力を高めるのに理想的な果物としては、ほかにもオレンジ、バナナ、アボカド、ブドウ、マンゴー、メロン、ラズベリー、キュウリ、チェリー、ライムがあります。生殖器系を蘇らせる（「バッテリー残量低下」からであっても、過去に骨盤内炎症性疾患になったことがあっても、子宮内膜症、子宮筋腫、ＰＣＯＳ、卵巣嚢腫といった病気を抱えていてもです）さらに強力な食べ物としては、アスパラガス、ホウレンソウ、アーティチョーク、ケール、セロリ、サラダ菜、ジャガイモ、ニンニク、ネトルリーフ、ラズベリーリーフ、ココナッツ、スプラウト、マイクログリーン、ムラサキツメクサ、生ハチミツがあります。本書の第2部に戻って、それぞれの食べ物にどんな働きがあるかを調べてみてください。

## 生殖能力のための瞑想

女性の生殖器系には、独自の魂が宿っています。ですから、自身の生殖能力を養おうとしているときには、前述の物理的な対策以上のことをすることが不可欠です。とても現実的な霊的成長の要素が関わっています。妊娠しようとするときにパートナーと呼吸を合わせるように、自分の魂と生殖器系の魂との間で心を通わすことが重要です。以下の瞑想をするとその機会が得られ、ストレスに適応するための強力な方法としても役立ちます。

### 歩く瞑想

瞑想しながら歩いているときに、自分の生殖器系に対して、「今は妊娠してもいいよ」と話しかけます。１００％支援しているということを伝えます。生殖器系は独立した神聖な存在で、天国と直接つながっているものとして敬意を払い、今まで無視されていたように感じさせていたであろうことを認めます。生殖器はあなたの声に耳を傾けていて、尊重されることを望んでいます。要求を突きつけるのではなく、あなたの導きをしっかり受け止めるような大切な子ども、今まで立派に成長するのを恐れていた子どもに対するように、愛情を込めて励ましてあげてください。さらに助けてほしいのであれば、生殖能力の天使を声に出して呼んでください。この歩く瞑想を習慣の一部にしてください。毎回の終わりまでに、自身の生殖器系に対して、妊娠を進める許可を真に与えている感覚と、その声を本当に聞いてくれている感覚を求めて、自身の内側に目を向けてください。

## 白い光の呼吸

静かな部屋で仰向けになり、目を閉じてゆっくりと深呼吸をします。口と鼻が下腹にあると想像し、一呼吸ごとに、白い光が生殖器に直接流れ込んでいると想像します。このエクササイズは、子宮への「充電」を増幅するためのものです。音速を超えるような速さで進むとき、ストレスに次ぐストレスで呼吸を忘れるので、体は危機管理の重要性を学びます。そうすると、すべては頭の中で起きていますから、身体が備え持った力が頭に向けられます。この呼吸瞑想をする時間を確保することによって、頭へあまり注意力を向けないよう心と体を訓練していることになります。神々しい光を生殖器系に取り込むと、身体的にも精神的にも、今まさに目を向けるべきは、人生の中で日常的に起きている外側の雑音ではなく、神聖なミッションであることを思い起こすようになります。

この神聖なミッションを追求する際、人生のあらゆる分野に価値があるということを知ってください。妊娠の背景には、強い意図があります。何があろうとそれは拡大し、ほかの人たちにも影響を及ぼして、自分の人生をも変えます。あらゆることを試しても子どもを授かることができないとわかっても、大いなる善や自分の価値を信じてください。自分を責めないでください。結果がどうであれ、赤ちゃんを授かるために費やした時間は決して無駄ではありません。人生の中の多くのことが妊娠と出産のプロセスに似ています。つまり、実現する素晴らしいアイデアの一つひとつ、保護してくれる木の下に育つ種子一つひとつの背景にストーリーがあります。新しい生命への期待に注いだエネルギーは形を変えて、私たちの世界に、ほかの美しいものを新たに生み出します。新しい生命に目を向けるときはいつでも、自らが神聖なものと同調しているのであり、この地球に変化をもたらしているのです。

# 第2章 有害な健康ブームとトレンド

健康に関する分野では、新しい概念が日々流行《はや》っています。かつてニッチな関心事だったものが、突然、最新の大流行になります。一時的な流行や傾向に基本的に悪いものはありません。たとえば、特大の肩パッドですが、二、三十年前は、どんなファッションにも使われていました。肩パッドは何の害もありませんでしたし、人々が一時期好んでいて、今は笑いものになるもの、ただそれだけです。

健康に関するトレンドも、あるものは有害ではなく、二、三十年後に恥ずかしい思いをすることもないでしょう。たとえば、農産物直売所や有機農業はいずれも、私たちの健康にとっては正しい方向への動きと言えます。三十年後、私たちは今を振り返って、この考え方が最終的に主流に組み込まれ始めた瞬間だったと知り、目覚めの時であったと評価するでしょう。

そして、あまり健康的でなかったり、有害ですらあったりするのに、人気がある考え方というものもあります。その考え方は侵略的な雑草のようで、ほかに植えられているものから栄養分を全部奪ってしまい、私たちも雑草に気をとられて、もともと育てているものの影を薄くさせてしまいかねません。

そんな一時的な流行や傾向は、いつももっともらしいのです、最初は。私が健康について、新たに勢いづいた考え方について耳にするときはいつも、ほかのみんなと一緒に流行に乗る準備はできています。そのうえで聖霊《スピリット》に尋ねるのですが、健康に関する今の流行が何であっても、聖霊《スピリット》はその真実を教えてくれます。ですから、それをほかの人たちにお伝えすることができているのです。その真実は、秘密にされてきた情報であり、今では多くの人が自分を守るために役立ててきていて、読者のみなさんにも必要なものです。

適応する過程に「手放し」の段階もあります。進歩するためには、うまく働いていないものや、場合によっては実際に私たちを前に進めなくしているものと決別する必要があります。ここからは、ご自身と大切な人を守ることができるよう、人々が健康の道を踏み外してしまう大人気の流行や傾向に関する真実をつまびらかにしていきます。

そして忘れないでいただきたいのは、新しい流行や傾向が現れては人気になることが繰り返されても、すたれることのない古代の叡智は手放さないことです。つまり、果物、野菜、ハーブとスパイス、野生の食べ物の「聖なる四つの食物群」は健康の基本であるということです。「聖なる四つの食物群」の重要性は、新しい発見によってもその座が奪われることは決してありません。「聖なる四つの食物群」に対していかにも納得できる異論があるからといって背を向けると、自分自身を裏切ることになります。果物やアブラナ科の野菜を怖いと思わせるようなどんな風潮が現れても、どんな誤った理論が現れても、人生を変える食べ物は、私たちがここ地球で生き延び、繁栄するための基本であるという信念が揺らぐことのないようにしてください。

## 酸性とアルカリ性と、リトマス試験紙

健康に関して、酸性とアルカリ性は一般的な概念です。体が酸性に傾くと、病原体が育って病気になりやすくなるというのは、正しい考え方です。しかし、pHを調べるありふれた方法（つまり、尿や唾液をリトマス試験紙で検査する方法）は、人々を惑わせます。リトマス試験紙で正確な値を得るのはほぼ不可能です。

ひとつには、試験紙の結果は、みなさんが思っているのとは反対の意味になるからです。尿が酸性のpHを示したとき、その人の体内はアルカリに傾きつつあることになります。デトックス中で、アルカリ性のジュースや食べ物を摂取しているとき、身体からは酸が排出されるからです。その一方で、体内が酸性に傾いている人は、尿のpH値が高く（つまりアルカリ性に）なります。これは、体内が酸性であるときは、カルシウムなどのアルカリ性のミネラルが排出されているからです。ですから、リトマス試験紙の結果を逆にして捉えるのであれば、有用です。

ただし、私たちの体にはさまざまな系があることを覚えておくことが重要です。一部を挙げると、内分泌系、消化器系、神経系、リンパ系、生殖器系などがあります。その系ごとに酸とアルカリのバランスが異なるため、pH値も異なります。ある系が酸性に傾いているとき、全体の検査値に影響を及ぼす可能性があります。ただし、どの系が酸性であるか、その酸性が問題であるかどうかを知る方法はありません。一方で、アルカリ性の系もたくさんありますが、やはり、それがどれかはわかりません。つまり、

pH値を額面通りに受け取らず、pH値はどこか特定の系を指しているのではないと理解する必要があります。

**pHと歯の健康に関するメモ：**口内のpHが酸性であれば虫歯になるという情報源はいくつかありますが、これは誤りです。実際には、口の中が酸性なのは、体が酸を排出していることを示しているので、良い徴候なのです。唾液のpH値が酸性を示すようになる種類の酸は、虫歯を引き起こしません。歯の問題は実際には腸内に起因し、腸の塩酸値が低くなる（通常は、無益な食べ物、医薬品、過度のアドレナリンに起因します）と、食べ物の腐敗につながります。消化器内で食べ物が腐敗すると、アンモニアガスが発生し、これが消化器の内壁から外に滲み出て、体のほかの領域に入っていきます。アンモニアが行き着く場所のひとつが歯です。歯のエナメル質をすり減らすのはコーヒーなどの外部の酸ですが、実質的なダメージは、エナメル質がすり減ることによってあいた穴にアンモニアが染み込んでいって引き起こします（リーキーガット症候群〈腸管壁浸漏《しんろう》・腸漏れ〉の誤った理論と混同しないでください。ここで示した概念は「アンモニア透過症」といい、ほかの問題も引き起こします。「アンモニア透過症」とその予防方法に関する情報は、最初の本『メディカル・ミディアム――医療霊媒』の「消化器の健康」の章で取り上げています）。

## ナス科恐怖症

ナス科（訳注：現代の学名はSolanaceaeだが、ここでは毒を持つニュアンスのnightshade〔ナイトシェード〕という古い表現が使われている）の野菜は、関節炎などの疾患を悪化させるという話を聞いたことがあれば、間違いですから忘れてもらって構いません。ジャガイモ、トマト、ピーマン、ナスは、熟しても健康に対するマイナス作用はありません。むしろ反対で、いずれも素晴らしい食べ物であり、その栄養素と癒《ヒーリング》し効果によって健康を増進してくれます。ナス科の野菜はまさに、病気のときに必要なものなのです。

現代のナス科恐怖症は、何年もかけて形を変えてきた歴史的な誤解にすぎません。人々は最初、ナス科野菜の葉や茎を食べると有毒だからという理由で恐れていました（それが筋の通った結論だったとすれば、オレンジやモモなど、ほかのあらゆる種類の食べ物も、葉を食べると体調が悪くなるという理由で避けなければならないことになります）。人々が、いったんその実（ジャガイモの場合は塊茎）自体は問題ないと知ると、今度はトマト恐怖症が再び忍び寄ってきました。かつて錫《すず》製の皿を使っていたときに、トマトの酸が錫と反応して有毒な鉛を溶け出させ、トマトを食べた人が中毒になったからという理由でした。ついに、錫製の皿を使う時代は去り、トマトは再び受け入れられました。

しかし、同じような恐怖症は集合意識に残る傾向にあります。ですから、不可解な慢性痛に悩まされる人が増えてきている現在も、ナス科野菜は責められるべきものとして意識の中にあるのです。現代の論理では、ナス科の野菜はアルカロイドが多く、炎症の原因とされています。しかし、炎症を引き起こしているのはアルカロイドではありません。ナス科の植物に実る食べ物が問題なのではないのです。

私たちは、そういった食べ物と一緒に使うほかの材料に目を向けなければなりません。ケチャップやトマトソースの場合、高果糖のコーンシロップがよく使われていて、トマトがあるところには、往々にして小麦粉を使った生地やサンドイッチのパンがあります。ナスの場合、パルメザンチーズは欠かせません。ピーマンにはソーセージやモントレー・ジャックチーズを詰めます。ジャガイモで多いのは揚げものや二度焼きで、ベーコンで巻くこともあります。トウモロコシ、小麦、高乳脂肪、揚げものは、病原体の「エサ」となるため、前述のような料理法は病気の引き金となります。ナス科の野菜を食事からなくして体調がよくなるのは、一緒に摂っていたほかの材料を摂る量が減ったからです。

ナス科の野菜は、たっぷりのサルサやアボカドとともに焼いたジャガイモ、蒸したナスのオリーブオイルとレモン汁がけ、赤ピーマンのスティックのフムス添え、天日干しトマトとタヒニソースのトマト詰めが定番料理だったら、評価がまったく違っていることでしょう。この四つの料理が当たり前のように食べられていれば、ナス科の野菜と炎症が結びつくことはありません。無益な食べ物が混ざっていなければ、炎症にはつながらないからです。

熟したみずみずしいトマトをそのまま食べたり、蒸しただけのジャガイモを食べたりして症状が現れるのは稀ですが、そういう人は、ほかの種類の健康によい果物や野菜を食べたときにも症状が現れると断言できます。それは、その人の病原体負荷が大きいことを示していて、果物や野菜がその病原体に対する解毒反応を引き起こしているのです。ジャガイモは、抗ウイルス作用にすぐれ、アミノ酸のリシン（リジン）がとても豊富ですから、何らかのウイルスに感染している人は（ウイルスの存在に気づいていてもいなくても）、ウイルスが死滅すると何となくわかることがあります。トマトの皮は、無益な細菌、真菌、蠕虫《ぜんちゅう》などの寄生虫を殺してくれるので、それらが腸管から排出されると、デトックスされたことによる症状（訳注：好転反応）が現れることもあります。これは、実際には私たちを助けてくれているのに「聖なる四つの食物群」が責められる典型的な例です。

だからといって、森の中へ黒い色のナイトシェードベリー（イヌホオズキ）を食べに行くべきだと言っているのではありません。そのベリーは有毒です。既知の人間の食べ物に限ってください。また、食べるのは必ず完熟のものにしてください。食料品店で見かけるほとんどのピーマンは、その近くに置いてある赤ピーマンの熟していないものにすぎません。赤いほうにしてください。緑色のものはピーマンもトマト（熟すと緑色になる品種でない限り）も、まだナイトシェード（有毒）の領域にあり、刺激があります（未熟な段階にあるものはどれも刺激があります）。熟してしまえば、果実そのものはもはやナイトシェードではありません。

## 「甲状腺腫誘発性」の食べ物

ケール、カリフラワー、ブロッコリー、キャベツなどのアブラナ科の野菜は、最近こんな汚名を着せられていて、ほかにも、モモ、洋ナシ、ストロベリー、ホウレンソウといったまったく無実の食べ物までそう呼ばれています。そのいずれもが、いわゆるゴイトロゲン（訳注：甲状腺腫誘発物質）を含んでいるからですが、それが甲状腺に有害であるという煽《あお》りを信じてはいけません。ゴイトロゲンという概念（要するに甲状腺腫を引き起こす化合物ということですが）を持ち出すのは、異常なまでに誇張するやり方です。第一に、健康問題になるほどのゴイトロゲンを含んでいる植物はありません。第二に、前述の食べ物に含まれているゴイトロゲンには、ファイトケミカルやアミノ酸が結合していて、ゴイトロゲンが危害を及ぼすのを抑えてくれています。１日にブロッコリーを45キログラム食べたとしても（人間には不可能です）、ゴイトロゲンが問題を起こすことはありません。

問題になるのは、ゴイトロゲンを含む食べ物を避けた場合であり、甲状腺にひどい仕打ちをすることになります。生物活性のある微量ミネラルのヨウ素など、甲状腺が最も必要としている栄養素の一部が含まれているからです。甲状腺腫のある人にとって、この種の食べ物はまさに甲状腺腫を癒すのを助けてくれるものなのです。甲状腺に結節や腫瘍《しゅよう》のある人にとっては、その疾患と闘う特性のある食べ物です。医学ではまだ、甲状腺がちゃんと機能するために本当に必要な栄養素の全貌がわかっていません。十分に研究しないまま、たったひとつの化合物を恐れて、実にたくさんの食べ物が人々の食事から一掃されていることになります。甲状腺に必要な複数の微量ミネラル、ビタミン類、ファイトケミカルをはじめとする栄養素（いずれも「甲状腺腫誘発性の食べ物」に豊富に含まれています）が医学で解明されるまで、ゴイトロゲンは誤解され続けるでしょう。この風潮に乗って、健康になるチャンスを逃す人にはならないでください。

## ビタミンD大量投与

最近は、誰もがビタミンDの話をします。代替医療から従来の医療まで、医師は患者にビタミンD値を気にかけるよう言っています。この共通認識は、やや危険です。みんなが一つの考えに従うということは、それが本当に正しいことなのかどうかを明らかにするような健全な動きがなくなるというサインです。それどころか、広く受け入れられると、この世界の法則（電気の仕組みのような）になり、私たちはそれを議論の余地がないものと考えます。

もちろん、ビタミンＤは重要です。昨今、当然の称賛を得ていることは素晴らしく、最近のビタミンＤに対する意識の高まりから（日光はほかにも数々の健康効果があるという理由もあって）、人々がもっと日光を浴びようとしているのも素晴らしいことです。私は決してビタミンＤ摂取に反対なのではありません。摂取しても安全で（ビタミン$D_3$がベストです）、どのマルチビタミン剤においても、普通に含まれていて基本的かつ重要な部分をなしていると考えるべきでしょう。

用心すべきは、大量のビタミンＤを急激に補給するのが健康へのカギになるという主張です。体はビタミンＤの５０００ＩＵもの大量の強制投与（ビタミンＤサプリメントで起こりがちな）を好みません。結果的には、それほど大量に摂ると、体が有毒なものとみなしてそのほとんどを意図的に捨ててしまいます。ビタミンＤの定期摂取量は1日１０００ＩＵを超えてはいけないのです。

ビタミンＤを健康の聖杯とみなすべきではありません。慢性症状や慢性疾患を患う2億人以上のアメリカ人にとって、ビタミンＤは治癒のための解決策ではないのです。ビタミンＤ不足は、多くの人々が病気である理由ではありません。ビタミンＤ不足が長く続くと良い結果にはなりませんが、それによる問題（骨《こつ》粗鬆症《そしょうしょう》など）は生命を脅かすものではなく、ほかのさまざまな因子が重なって発生しているにすぎないのです。単独で不足するだけでも（ほかの因子が何かに関係なく）生命を脅かす可能性があるという理由で、もっと注目するに値する栄養素はほかにあります。たとえば、ビタミン$B_{12}$が単独でひどく不足していると、神経系が急速に劣化する脊髄症のような疾患になったり、最悪の場合、死亡したりすることもあります。

ビタミンDについて言われているように、こまめにモニタリングして絶えず補給する必要があるものがあるとすれば、それは亜鉛です。ビタミンDの働きだと言われているものが、そっくり亜鉛にもあります。ビタミンDもある程度は役に立ちますが、亜鉛が不足すると、生活の満足度のレベルに関係なく著しい悪影響を及ぼします。重度の亜鉛不足を来していると、かなり深刻な病気になる可能性があります。その一方で、ビタミンDが重度の不足を来しても、理想的ではありませんが、死亡したりかなり深刻な病気になったりすることはありません。亜鉛が豊富な食べ物をたくさん食べたり、硫酸亜鉛を（大量投与ではなく通常レベルで）補給したりすることによって、慢性疾患は大いに緩和されます。

## ビタミン$B_{12}$不足

ベジタリアンやビーガンになると必然的にビタミン$B_{12}$欠乏症になるという考え方に、注目が集まっています。実際のところ、肉を食べているかどうかに関係なく、ビタミン$B_{12}$が不足している人が世界中で急増しています。この欠乏の背景には、人々の食事に含まれる「地面より上にあるバイオティクス」の不足があります。この微生物は「聖なる四つの食物群」の皮や葉に住み着いているので、信用できる生産者から化学物質を使っていない新鮮な生の農産物を入手し、「洗わずに」食べることにより摂取できます（「地面より上にあるバイオティクス」に関する詳細は、第1部「適応」の章を参照してください）。

ビタミン$B_{12}$が最も利用しやすい生物活性型であるとは限らないという理由で、臓器が吸収できない可能性があるため、ビタミン$B_{12}$の検査値が正常値ないし高値に戻っても、ビタミン$B_{12}$によって実際にその人の健康状態が良くなっていることにはならないことに注意してください。

## ビタミン$B_{12}$注射

多くの人が、ビタミン$B_{12}$の注射（訳注：通称ニンニク注射）を打つべきかどうか知りたがっています。真実はというと、ビタミン$B_{12}$注射にはふつう、有益な種類のビタミン$B_{12}$は使われていません。しかも、ビタミン$B_{12}$は効果を得るには経口摂取する必要があります。ビタミン$B_{12}$を経口摂取すると、消化器系に吸収されますが、その際に「タグ付け」され（特定の物質と結合）、活性型になって生物学的に利用可能になるので、血流に入るときには、神経や臓器が受け入れられる形になっています。ビタミン$B_{12}$の注射では、この過程が飛ばされてしまうため、経口補給のような効果はないのです。求めるべき最良ののは、高品質のアデノシルコバラミンとメチルコバラミンが両方配合されたものです。もちろん、すでに言及した通り、「地面より上にあるバイオティクス」のものを食べると、体内でビタミン$B_{12}$を作り出すのに役立ちます。

## 水に浮く便の分析

水に浮く便は不健康のサインであり、とりわけ、脂質などの栄養素がきちんと吸収されていないことを示しているという考えが広まっています。また、沈む便は消化管が最高の状態で機能しているサインであるということを耳にしたことがあるでしょう。

実際には逆です。「浮く」というのはよいサインです（ただし、下痢はもちろん別です。その場合に浮いている粒子があれば、それは未消化の食べ物の断片であり、体が何かの不手際で消化が終わらないうちに老廃物として排出してしまったことを示しています）。水面から出て浮いている何の問題もない便か、または水面に半分沈んでいるものは、ほとんどが繊維質であり、それは素晴らしいことなのです。つまり、①食物繊維が十分摂取できていて、②消化機能が正常に働いていていて、脂質、タンパク質、糖、炭水化物をはじめとする栄養素がみな、適切に消化吸収されて、排泄物に残るのは大半が食物繊維になっている、ということです。繊維の多い便は素晴らしい「たわし」として腸を掃除してくれます。消化管内を移動しながら、アンモニアガスなど、腸のポケットに溜まった古い残骸を集めます。便が浮くのはこのためです。

その一方で、すぐに沈んでいく密度が高く重い便は、未消化の脂質やタンパク質がいっぱいであることを意味します。このことは、その人の肝臓に負荷がかかっている（おそらくは、脂肪肝予備群までの段階にあるか、肝機能が低下しているか、または胆汁が十分産生されていない）ことを示している可能性があり、体が脂質を分解して吸収したり、正しく使われたりするのを助けられていないことになります。そんな密な便は、繊維質が少なく、おそらくは吸収されなかったタンパク質や炭水化物でいっぱいで、腸管の中を移動する際に、アンモニアガスをはじめとする残骸をぬぐい落とすほど十分には腸壁と接触していません。

便が沈んでいるからといって神経をすり減らさないでください。肝臓は、トラブルを抱えているからではなく、体を守るためにあえて余分な脂質を排出することもあります。そうかと思えば、密な便は、肝臓とは関係なく、むしろストレスのせいで腸が締めつけられて、老廃物が圧縮されているということもあります。食物繊維をできるだけたくさん摂って、肝臓にやさしくしてください。

ここでのポイントは、水に浮く便を恐れることではありません。食事は健康的なものであるほど（特に私の最初の本『メディカル・ミディアム——医療霊媒』の「28日間デトックスプログラム」を試しているときに、人生を変える食べ物がたくさん盛り込まれているほど）、浮遊物や、底にまでは沈まない便を経験しやすくなります。私はこれを冗談で「はみ出しモノ」と呼んでいます（このようなテーマについて冗談を言えなければ、何の冗談が言えるでしょうか）。こんな便が時々出るのは、体がとても重要なメンテナンスをしているということです。

## 糞便《ふんべん》微生物叢《そう》移植

この処置法にはいくつか名前があって、糞便微生物叢移植（FMT）のほか、糞便細菌療法とか、糞便移植とか言われています。これは、見たところ健康な人の糞便を患者に移すというもので、処方を受けるのが一番多いのは、ディフィシル菌感染などの腸の問題を抱えた患者さんです。ドナーの便の生産的な細菌で、患者の細菌叢が強化され、腸内バランスがとれて感染を克服するとされています。

ここでの問題は、「健康な」人の便の中にあるかどうかを検査する必要があることに医学界がまだ気づいていない無益な細菌、ウイルス、希少株の真菌の種類があまりにも多いということです。いかに無菌状態で移植をしても、移植を受ける人は、糞便中に含まれている検査を逃れた病原体に曝される可能性があります。そもそも被移植者に病気があったり、免疫系が弱まったりしていれば、それはリスク（訳注：危険）であり、ベネフィット（訳注：利益）を上回ることはありません。

## プレバイオティクス

プレバイオティクスの考え方は、最近になって流行《はや》り出しました。これは、一時的な流行のひとつですが、決して有害ではありません。ただ、本当の意味を理解していただきたいと思います。「プレバイオティクス」という言葉は、生産的な細菌をはじめとする有益な腸内微生物の「エサ」になる食べ物のことを指します。どの果物や野菜がプレバイオティクスかということや、どんなプレバイオティックなサプリメントが市販されているかについても伝える資料はたくさんあります。理解されていないことは、果物や野菜はどれひとつをとっても、生《なま》の状態であれば（少なくとも、生で食べることができるものはどれも）プレバイオティクスであるということです。蒸し野菜であってもプレバイオティクスになりうるものがあります。ですから、大げさな報道に丸め込まれて、栄養についてまだやるべきことがあると気にするのではなく、みなさんが心がけるべきは、「聖なる四つの食物群」を食事で十分摂り続けることであり、それを必ず生か、蒸して食べることです。

## ハーブ製品中のアルコール

ハーブサプリメントの原材料表示にアルコールと書かれていることはとてもよくあります。この種のサプリメントにアルコール（「エタノール」と呼ぶこともあります）を使う慣習が長く続けられていて、いまだに根強いのですが、これは問題です。これは誰のせいでもありません。それは古くからの慣習で、まだ修正も代替もされていません。ですから、懇意にしている医師や漢方医などの専門職の人が、あなたを助けようとして重要なケア法をたくさん提案してくれても、その中にアルコールが含まれたハーブ剤があったら、代わりのものはないか尋ねるのが最善です。

ハーブ製品のアルコールを避けるべき理由はいくつかあります。チンキ剤などのハーブ抽出物の場合、アルコールが存在しているということは、通常、薬用ハーブの濃度が低いことを意味します。さらに、ハーブ製品のアルコールは、大半がトウモロコシのアルコールであるため、オーガニックであっても遺伝子組み換え作物（GMO）が混入しています（ハーブ製品のメーカーはこのことを知りません）。GMOトウモロコシは、ウイルス、細菌、真菌、そして癌の「エサ」になり、ハーブに求められる純度を落とします。このアルコールは、ハーブの利点を打ち消してしまいます。

同じことがフラワーエッセンスにも当てはまります。この蒸留液はとても慎重に精製されていて、とてもデリケートであるはずですが、GMOトウモロコシのアルコールがそれを汚染しています。ホメオパシーでは、その効力を強めるために、希釈された植物由来物質を使用しますが、それを投与する人は、ホメオパシーの効果が妨げられないよう、投与を受ける人がほかにどんなハーブ、サプリメント、医薬品を服用しているかを注意深くモニタリングしていることが多いものです。その一方で、希釈液の保存に使用されているアルコールがフランケンシュタインのようにモンスター化した変異物質であり、体にとっては完全に異物であって、ハーブ療法の意図した癒し《ヒーリング》効果を妨げるものであるということを認識している人はいません。

ハーブ製品に含まれるアルコールは、温水を加えれば抜けると断言する言葉に騙されないでください。ひとつの理由には、アルコールを本当に飛ばすには、沸騰している湯を勢いよく加える必要がありますが、ほとんどの人は、ぬるま湯か温水しか使っていません。

さらに、トウモロコシのアルコールは熱を加えれば消えるような実態のない物質ではなく、問題となるのは、単にアルコール度数そのものではありません。アルコールが抜けた後に残った不純物はいかなるものでも取り除くことができません。しかも、チンキ剤のようなハーブ製品を使う時には、すでに数か月ないし数年にわたってボトル内に留まっていて、アルコールがボトル内のハーブの成分に浸透してしまっています。トウモロコシのアルコールに浸かっていることによって、ハーブはあらゆる面で変化してしまい、ハーブそのものに対する変質は消し去ることができません。

自分自身を守るには、ハーブサプリメントのラベルを注意深く読んで、「アルコール」または「エタノール」と書かれているものは避けてください。積極的にアルコール不使用のものを探し出してください。アルコール不使用のものを見つけられない場合には、ブドウのアルコールで作った製品を第一に選択します。保存料としてその次によいのはブランデーです。ハーブ製品にアルコールが使われていること自体、よくはないのですが、この二つであれば、ＧＭＯのものよりははるかにすぐれています。

## オイルプリング

オイルプリング（時間をかけて口の中をオイルでよくすすぎ、体から毒素を排出すること）の考え方は、有害なトレンドではありませんが、時間の無駄ではありません。残念ですが、オイルプリングは実際のところ、毒素を排出することはありませんし、すすぐという行為は、口の中の細菌を殺すには十分ではありません。今なら、1日20分（とされるオイルプリングの時間）を取り戻すことができます。

口腔衛生を本当に良くするには、ココナッツオイル少量を歯ブラシに取り、歯と歯茎に擦り込むことです（歯磨き粉で磨いてすすいだあとに行います）。効果を出すには、すすぐのではなくブラッシングするのです。使うのはココナッツオイルだけにしてください。ほかのオイルは効果がありません。ココナッツに含まれる化合物には、強力な抗菌作用、抗ウイルス作用、抗真菌作用があり、歯周病の予防効果があります。

# 第3章 人生を困難にする食べ物

ここまで読まれたみなさんには、特定の食べ物がいかに人生を大幅に良い方向へと変えてくれるかがおわかりいただけたと思います。そして自分自身を守る要素はもうひとつあります。私たちは誰しも、求められるものが絶えず変化するために、それに合わせようとしますが、癒し《ヒーリング》と反対方向に進んで行くのは避けたほうがよいということです。「容赦なき四つの悪」から逃れられない人がいるとしたら、その主な理由のひとつは、その人が適応の妨げになる特定の食べ物を口にしているからということになります。その食べ物は、病原体の「エサ」になったり（炎症の一因になったり）、体にとって本質的に有害だったりします。私はそういった食べ物のことを「人生を困難にする食べ物」と呼んでいます。

それは原材料としてすぐわかるものであるとは限りません。実際に、次に示す食べ物の大半は、他所《よそ》では擁護されていることでしょう。そのほとんどは、かつては健康に役立っていました。しかし、人間が一部の食べ物の遺伝子構造に介入することによって病気になることが天文学的に増えたことから、私たちは現在口にしているものにもっと慎重にならなければなりません。かつてのものとは違ってしまっている原材料もありますし、それが隠されていることもあります。健康食品店で売られているからといって、どれも健康に良いということにはなりません。ファストフードをはじめとする脂っこい加工食品を選ばなければよいという問題ではないのです。

「人生を困難にする食べ物」が引き金を引く症状や病気は、「人生を変える食べ物」が緩和に役立ってくれるまさにその症状や病気です。「人生を困難にする食べ物」は、私が言うところの「短命」の一因にもなります。人生が困難になり寿命が短くなるのです。

私は食物警察ではありません。感情も、便利さも、調和も、次に挙げるものを食べることとどれほど結びついているかはわかっています。「体調が悪いのを改善したいのなら、目玉焼きが乗ったピザを注文するのがベストですよ」と言えたらいいのにと思っています。信じてください。それが真実なら、本書にそう書いています。現実はというと、健康に問題があるのであれば、回復するまで特定の食べ物を減らすほうがずっとよいのです。

それは犠牲を払うだけのことではありません。結局のところ、第2部にある「聖なる四つの食物群」をたくさん食べるほど、ほかの何かを減らすことになります（次の情報を見れば、その選択が容易になります）。「人生を困難にする食べ物」を日常から取り除くと、私が今までお手伝いしてきた大勢の人たちのように、人生は信じられない方法で開けることがおわかりになるでしょう。

## 乳製品

コーヒーに入れるクリーム、朝食のヨーグルト、さまざまな種類のおいしいチーズ、スムージーに入れるホエイプロテインパウダー、トーストに塗るバター、グラノーラに添えるケフィア、ミルクとシリアルなどなど、形はどうあれ乳製品なしでは生きていけないと感じる人は多いものです。

でも、乳製品は人生をとても困難にする可能性があります。それは、肝臓に詰まって毒素が体から効率よく排出されるのを妨げたり、膵臓にストレスを与えてインスリン抵抗性を高めたりするからです。乳製品に過敏な人は吸収不全（消化管の炎症がひどすぎて食べ物に含まれる栄養素が吸収しづらくなる）の問題が起きますし、埃や花粉などごくわずかな環境刺激に対するアレルギー反応が強くなる人もいます。しかも乳製品は、数々の軽い病気の背後にある病原体の「エサ」になります。

次に示す病態や症状に当てはまるものがあれば、乳製品を減らすか、完全になくしてみて、様子をみてください。

## 病態

次のいずれかに該当すれば、回復するまで生活の中から乳製品を取り除いてみてください。

脳の病変、飛蚊症《ひぶんしょう》、慢性の耳の感染症、慢性副鼻腔炎、甲状腺機能低下症、甲状腺機能亢進症《こうしんしょう》、慢性甲状腺炎、睡眠時無呼吸症候群、風邪、細菌性肺炎、胃炎、ピロリ菌感染、小腸炎、小腸内細菌異常増殖（ＳＩＢＯ《シーボ》）、大腸炎、過敏性腸症候群（ＩＢＳ）、憩室炎、セリアック病（小児脂肪便症）、クローン病、その他の炎症性腸疾患、ポリープ、肝疾患、肝機能低下、脂肪肝、脂肪肝予備群、胆石、胆嚢疾患、胆嚢炎、間質《かんしつ》性膀胱炎、尿路感染症（ＵＴＩ）、多嚢胞《のうほう》性卵巣症候群（ＰＣＯＳ）、子宮内膜症、カンジダの異常増殖、痛風、結節、線維筋痛症、関節リウマチ（ＲＡ）、乾癬性関節炎、骨粗鬆症《こつそしょうしょう》、レイノー症候群、ＥＢウイルス／単核球症、グレーブス病（バセドウ病）、酵母菌感染症、炎症、にきび、湿疹、蕁麻疹《じんましん》、乾癬、狼瘡《ろうそう》、季節性アレルギー、食物過敏症、糖尿病、低血糖、あらゆる自己免疫性の疾患や障害、慢性疲労症候群（CFS）、ライム病、ヒトパピローマウイルス（HPV）。

**症状**

次のいずれかに該当すれば、回復するまで生活の中から乳製品を取り除いてみてください。

頭痛、浮動性めまい、目の乾燥、かすみ目、流涙、リンリン・ブンブンという耳鳴り、耳の詰まり、鼻詰まり、後鼻漏《こうびろう》、嚥下《えんげ》困難、動悸、消化器系の不快感、胸やけ、胃痛、胃痙攣《けいれん》、便秘、下痢、鼓腸《こちょう》、倦怠感、ピリピリ感、しびれ、血行不良、抜け毛、ほてり、うずき、痛み、関節痛、関節炎、ヒスタミン反応、体重増加、更年期症状、月経前症候群（PMS）の諸症状、ホルモン失調、甘いものへの渇望、感情的摂食、ブレインフォグ（訳注：頭に靄《もや》がかかった状態）。

## 卵

卵は完全食品であるということはよく耳にするでしょう。数百年間にわたって基本的な食品でしたから、卵を食べることは私たちの文化に深く根付いています。問題は、昨今みられる病気が過去には今ほどはみられなかったということです。卵はもはや、私たちのためには働いてくれません。今は、特に自己免疫障害や癌に関与するウイルスの爆発的増加の材料となることによって、私たちのためにならない働きをしています。たとえ健康に良いとされる放し飼いの鶏の卵であっても、これは真実です。

多くの人々は、卵を食べると調子が良くなると感じています。何の症状も病態もなく、卵が大いに体のためになってくれていたり、手に入る数少ない食べ物のひとつであったりする場合には、どうぞ食べ続けてください。ただし、放牧卵に限ってください。逆に、健康に問題を抱えているのであれば、少なくとも体調が良くなるまでは、卵を中断するのがベストです。そうしないと、ますます治りにくくなります。

## 病態

次のいずれかに該当すれば、回復するまで生活の中から卵を取り除いてみてください。

脳腫瘍、悪性脳腫瘍、甲状腺機能低下症、甲状腺機能亢進《こうしん》症、甲状腺結節、慢性甲状腺炎などの甲状腺の障害、炎症性腸疾患、小腸内細菌異常増殖（ＳＩＢＯ《シーボ》）、肝疾患、胆石、胆嚢疾患、副腎疲労、間《かん》質《しつ》性膀胱炎、尿路感染症（ＵＴＩ）、子宮内膜症、子宮筋腫、カンジダの異常増殖、細菌性膣症、膣連鎖球菌感染症、多嚢胞《のうほう》性卵巣症候群（ＰＣＯＳ）、生殖器の癌、乳癌、腺腫、腱《けん》炎、乾癬性関節炎、手根管症候群、にきび、ホルモン失調、あらゆる自己免疫性の疾患や障害、レイノー症候群、ライム病、ＥＢウイルス／単核球症、酵母菌感染症、ヒトパピローマウイルス（ＨＰＶ）感染症、食物過敏症、不眠症、うつ病、離人症、アルツハイマー病などの認知症。

## 症状

次のいずれかに該当すれば、回復するまで生活の中から卵を取り除いてみてください。

偏頭痛、回転性めまい、抜け毛、鼻詰まり、動悸、ほてり、浮腫、嚢胞《のうほう》、便秘、うずき、痛み、痙攣《けいれん》、攣縮《れんしゅく》、体重の問題、性欲減退、膣の灼熱感、おりもの、膣の痒《かゆ》み、更年期症状、月経前症候群（PMS）の諸症状、記憶力の問題、不安感、ブレインフォグ（訳注：頭に靄《もや》がかかった状態）。

## トウモロコシ

トウモロコシはかつて、私たちが種として存在するうえで素晴らしい役割を担っていました。二千年以上にわたって、トウモロコシは人類が生き延びるだけでなく、繁栄するのを助けてくれましたし、私たちがここまで来られた理由と深く関わっています。トウモロコシはかつて、栄養豊富で、治療効果があり、心身を強化してくれていました。しかし、その後、あっという間に、遺伝子組み換え技術（GMO技術）によってそれらの性質が破壊されてしまいました。トウモロコシのDNAが改変されてしまったため、今ではあらゆる種類の病原体の「エサ」や「燃料」となって、現代の慢性病の流行に関与しています。

健康に問題があって、治そうとしているのであれば、少なくとも回復するまでは、食事の中からトウモロコシをなくしてみてください。いったん良くなったら、トウモロコシは必ずオーガニックのもの、できれば在来種のものを選んでください。ただ残念ながら、いずれもGMOではないことを保証するものではありません。トウモロコシの摂取量の制限は続けてください。

**病態**

次のいずれかに該当すれば、回復するまで生活の中からトウモロコシを取り除いてみてください。

あらゆる種類の癌、あらゆる自己免疫性の疾患や障害、免疫不全、炎症、潰瘍（消化性潰瘍を含む）、脳の病変、神経性喘息（未知の病態）、大腸炎、過敏性腸症候群（ＩＢＳ）、クローン病、慢性疲労症候群（ＣＦＳ）、多発性硬化症（ＭＳ）、筋萎縮性側索硬化症（ＡＬＳ）、アジソン病、クッシング症候群、シェーグレン症候群、にきび、狼瘡《ろうそう》、アレルギー、食物過敏症、カンジダの異常増殖、ライム病、ＥＢウイルス／単核球症、細菌性感染症。

**症状**

次のいずれかに該当すれば、回復するまで生活の中からトウモロコシを取り除いてみてください。

回転性めまい、腹部膨満《ぼうまん》、腹部の差し込み痛、下痢、あらゆる神経症状（うずき、しびれ、痙攣、ひきつけ、神経痛、胸部圧迫感を含む）。

## 小麦

本書を読んでくださっているみなさんならほとんどが、癒《ヒーリング》しの過程のどこかの時点で小麦を止めたことがあるか、そうしたことがある人を知っていると、私は確信しています。多くの人が、小麦を食事の中から外すと、特定の症状が緩和したり、心身の健康度が全体的に高まったりするなど、違いを感じます。

それは、小麦が長い年月を経て有用性が変化してしまった食べ物のひとつだからです。かつて生き延びるための主食だったものは、１９５０年代以降、人間の介入により変わってしまっています。下手にいじったことによって、小麦は体内で病原体の「エサ」になるような炎症性が強い食べ物になってしまいました。多くの人にとって、問題になるのは小麦のグルテンだけではありません。ほかにも、あらゆる種類の症状を引き起こす病原体の燃料になる化合物も含まれています。

小麦を食べていても調子が良いのであれば、おそらく体を壊したり、自己免疫疾患やライム病などとされがちな病気を引き起こしたりするさまざまなウイルス（時に細菌）が体内にないのでしょう。反対に、もし健康にトラブルを抱えているのであれば、その状態に改善がみられるまで小麦を避けてください。そして、また小麦を食事の中に戻したいのであれば、再開時にどんな感じがするかをよく観察しておいてください。

### 病態

次のいずれかに該当すれば、回復するまで生活の中から小麦を取り除いてみてください。

慢性副鼻腔炎、気管支炎、睡眠時無呼吸症候群、胃炎、胃食道逆流症（GERD《ガード》）、ピロリ菌感染症、大腸炎、過敏性腸症候群（IBS）、クローン病、セリアック病（小児脂肪便症）、その他の腸疾患全般、小腸内細菌異常増殖（SIBO《シーボ》）、間質《かんしつ》性膀胱炎、尿路感染症（UTI）、食物過敏症、化学物質過敏症（MCS）、カビへの曝露、酵母菌感染症、蕁麻疹《じんましん》、うつ病。

**症状**

次のいずれかに該当すれば、回復するまで生活の中から小麦を取り除いてみてください。
頭痛、耳の詰まり、咽喉痛、咳《せき》、胸部圧迫感、胃酸逆流、吐き気、腹部膨満《ぼうまん》、倦怠感、疲労感、ほてり、うっ滞、粘液過多（耳、鼻、のど、便）、腫脹、皮膚の痒《かゆ》み、ヒスタミン反応、炎症、関節の違和感、無関心、不安感、ブレインフォグ（訳注：頭に靄《もや》がかかった状態）。

## キャノーラ油

私たちの生活の中に忍び込んできた一見人畜無害な油のひとつが、キャノーラ油（菜種油）です。キャノーラ油の健康リスクへの認識が高まっている一方、その利点を推す対抗キャンペーンも行われています。レストランでは必需品になっていて、主として健康的でないラード、綿実油、コーン油の代替品として、オリーブオイルよりも安価で低脂肪な油として用いられています。皮肉なのは、キャノーラ油にはそれ独特の落とし穴があることです。

キャノーラ油が体に良いと聞いても、騙されないでください。キャノーラ油のどの成分に価値があろうとも、マイナス面のほうが上回ります。毎週金曜の夜に友人宅で楽しんでいた健康に良いディナーに、ヒ素が混入されていたと知ったら、それでもその食事は健康に良いものだったと思えるでしょうか。あるいは、そこに含まれていた栄養素も、体の役には立たなかったと感じるでしょうか。食事を終えたときに死んでいなくても、何度もヒ素を摂り込んでいれば、それはやはりあまりにもリスキーな話です。間違いなく、百回目には生命力が失われているでしょう。キャノーラ油にもそれくらい警戒してください。

　キャノーラ油は免疫系を傷つける力がとても強く、機能不全を引き起こしたり、臓器や腸の健康を損なったりします。キャノーラ油は、前述したほかの「人生を困難にする食べ物」のように病原体の「エサ」になるだけでなく、体のあらゆる内壁（胃腸の内壁から動静脈、心臓、腎臓、膀胱、尿管、尿道、そして女性の場合、生殖器系の内壁まで）も侵すのです。

### 病態

　次のいずれかに該当すれば、回復するまで生活の中からキャノーラ油を取り除いてみてください。

　あらゆる種類の胃腸病や胃腸障害（胃食道逆流症〔GERD《ガード》〕、膵炎、脂肪肝、クローン病、大腸炎、過敏性腸症候群〔IBS〕を含む）、あらゆる種類の神経系の病態（パーキンソン病、多発性硬化症〔MS〕、慢性疲労症候群〔CFS〕、乾癬性関節炎、線維筋痛症、関節リウマチ〔RA〕を含む）、脳卒中、一過性虚血発作（TIA）、甲状腺の疾患と障害、甲状腺機能低下症、甲状腺機能亢進《こうしん》症、多嚢胞《のうほう》性卵巣症候群（PCOS）、子宮内膜症、ホルモン失調、腺腫、潰瘍、三叉神経痛、神経痛、体位性頻《ひん》脈《みゃく》症候群（POTS）、筋萎縮性側索硬化症（ALS）、狼瘡《ろうそう》、レイノー症候群、ライム病、うつ病。

### 症状

　次のいずれかに該当すれば、回復するまで生活の中からキャノーラ油を取り除いてみてください。

あらゆる神経症状（うずき、しびれ、痙攣《けいれん》、ひきつけ、神経痛、胸部圧迫感を含む）、腸痙攣、便秘、下痢、慢性の軟便、粘液便、胃酸逆流、有髄神経損傷、脱毛、不安感。

## 天然フレーバー

天然フレーバー（香料）は隠れた毒素であり、無害な添加物を装って、私たちの食べ物に侵入しています。「天然フレーバー」（「ナチュラルチェリーフレーバー」「ナチュラルフルーツフレーバー」「ナチュラルチョコレートフレーバー」「ナチュラルバニラフレーバー」など）と表示されているものは、実際にはＭＳＧ（訳注：グルタミン酸ナトリウム）、つまり脳に蓄積してニューロンやグリア細胞を破壊する神経毒素です。ＭＳＧは、中枢神経系に信じられないほど有害で、生命に大打撃を与えます。

しかも、ほかと比べて余計なものが入っていないオーガニック加工食品のほか、ハーブティーや栄養サプリメントにすら、天然香料が加えられることがトレンドになりつつあります。病気になりたくないのなら、眼力をしっかり働かせて食品ラベルを見てください。原材料表示の中で、「天然」と「香料」の言葉がお互いに近くに書かれていれば、その商品は棚に戻してください（バニラ抽出物は、その通りに表示されている限り、怖がらないでください）。

**病態**

次のいずれかに該当するか、回避したいのであれば、生活の中から「天然フレーバー」を取り除いてみてください。

脳卒中、一過性虚血発作（ＴＩＡ）、黄斑《おうはん》変性症、耳鳴り、ベル麻痺、慢性甲状腺炎をはじめとする甲状腺の障害、甲状腺機能低下症、甲状腺機能亢進《こうしん》症、神経系の病態全般、パーキンソン病、筋萎縮性側索硬化症（ＡＬＳ）、神経痛、坐骨神経痛、レストレスレッグス症候群（下肢静止不能症候群、むずむず脚症候群）、ライム病、不眠症、睡眠障害、うつ病、アルツハイマー病などの認知症、自閉症、注意欠如・多動症（ＡＤＨＤ）。

## 症状

次のいずれかに該当するか、回避したいのであれば、生活の中から「天然フレーバー」を取り除いてみてください。

頭痛、偏頭痛、顎の痛み、歯痛、嚥下《えんげ》困難、呼吸困難、胸部圧迫感、発作、うずき、痛み、しびれ、疼痛性肩拘縮《とうつうせいかたこうしゅく》（五十肩）、背部痛、関節痛、身体のこわばり、筋肉の緊張、筋痙攣《けいれん》、こむらがえり、倦怠感、膨満《ぼうまん》、脱毛、神経の圧迫、注意力の障害、注意力・集中力の欠如、記憶力の問題、記憶力低下、不安感、ブレインフォグ（訳注：頭に靄《もや》がかかった状態）。

# 第4章 人生を変える天使たち

私たちの目には見えない世界（天使の力が宿るスピリチュアルな世界）では、地球で私たちが経験している「加速の時代」が完全に理解されています。神の天使たちは、私たちが生き延び、かつそこで繁栄するためには、変化する時代に私たちが適応する必要があることに絶えず気を配っています。実際に、「人生を変える天使たち」という特別な天使のグループが存在します。その天使たちの使命は、この時代に私たちを支えることです。天使たちはみなさんを見ています。みなさんのためにせっせと働いています。しかも、みなさんがいかに、現在の人生の波に乗る（波にのまれるのではなく）に値するかを知っています。

人生を変える天使たちは、私たちに食べ物を供給することを通して私たちを支えています。天使たちのおかげで、「人生を変える食べ物」に人生を変えてもらえるのです。成長痛を抱える私たちに、神が天使たちを遣わしているのです。それは、神が私たちを深く愛していて、私たちが直面しているものに深く同情し、対処法を利用してほしいと思っているからです。人生を変える天使たちの仕事には、自覚を広めるというものもあります。たとえば、オーガニックな総合的病害虫管理（ＩＰＭ）（訳注：農薬だけに頼るのではなく、さまざまな防除の方策をとる）の運動が始まったのは天使たちのおかげです。遺伝子組み換え食品（GM）の生産を止めるために働いている天使たちの大集団もあります。

さらに、天使たちは果物や野菜を徹底的に強化していて、みなさんが口にするリンゴの一つひとつ、ホウレンソウの葉一枚一枚にまで天使の力を与えています。天使たちは植物をおだてて収穫量を増やしたり、空腹の人のほうに食べ物が行くようにしたり、作物が最良の出来となるように天気をコントロールしたりします。空中を漂う化学物質がなるべく食べ物の中に入り込まないよう、風の吹き方にまで影響を及ぼしたりもします。天使の力は実が熟すことにも関与し、人が食べられるようにしておくために、熟した果物の落下の衝撃を和らげることもあります。これを読んでいる間にも、天使の力が土中の種子を養って、数か月後に摂る食事が、その時のその人の健康にとって最善のものとなるようにせっせと働いているのです。

食は死活問題であること、しかも人間だけの問題ではないことを天使たちは理解しています。人生を変える天使たちは、動物たちの毎年の移動を管理し、支援していて、一緒に移動して旅の途中で栄養を摂るのを助けています。その天使たちはほかにも、受粉に影響を及ぼし、私たちが食物としている植物の花にハチドリやミツバチなどを導いて相互の利益になるようにしています。

ミツバチの減少が特に問題になっています（ミツバチが受粉と、薬効のある最古の食べ物のひとつであるハチミツの生産にきわめて重要な役割を担っていることを天使たちは誰よりも知っています）。時代を超えて、ハチミツは人類の文明に対する天からのマナ（『旧約聖書』の「出エジプト記」でイスラエル人が神から与えられた食べ物）です。社会全体がハチミツを称賛し、ハチミツがコミュニティ全体を飢えや栄養不良から救ってきました。ハチミツは、人類の未来にきわめて重要な役割を担うことになります。たとえ、栄養的価値がないと思い込ませる風潮があっても、です。さらに、ミツバチがいなくなることは、ご存知の通り、農業の終わりです。ミツバチがいなかったら、私たちが今ここにはいない可能性がきわめて高いのです。ですから天使たちは手を尽くして、私たちに花蜜の元になる植物を植えさせたり、養蜂させたりするなどして、ミツバチに気を配ってくれています。

メープル樹液も、将来的に私たちが頼ることを天使たちが知っている非常食ですから、カエデの木の保存のために日夜働いてくれています。天使たちは、適応力を高める果物、野菜、ハーブ、スパイスのいくつかに力を与え、食べ物としての価値を高めるための性質を染み込ませています。たとえばワイルドブルーベリーは、復活の力を持った神と天使たちに名誉を与えられている、まさに驚異の食べ物です。人生を変える天使たちは、みなさんを助けたいのです。私たちの人生は、どういうものであれ変化していることを理解していて、それを確実に良いほうへ変えたいと望んでいます。果物と野菜が一番当たり前にある食べ物であるように、人生を変える天使たちは、聖なる王国全体で当たり前にいる天使たちなのです。

私たちは、食べ物には栄養があるものと思っていて、水の循環のように基本的なものはありふれた時計仕掛けのようなものだとも思っています。市場でおいしい在来種のトマトを見つけるのは偶然だとも思っています。しかし実際には、人生を変える天使たちがそのすべてのことに関与しています。これは科学を否定するものではありません。もちろん、生物学的、生態学的なプロセスがどんなふうに働くかについては科学的に説明がつきます。それでも、優れた医師や科学者たちですら、宇宙には謎があることを認めています。つまり、科学は神を否定するものであると言っているのではなく、神がいる証拠であると言っているのです。「はじめに」でお伝えしたことに戻りますが、知っていることはたくさんありますが、知るべきことはもっとあります。

針の先ほどの小さな種子にどうやってトマトという植物になる能力が備わったのかという奇跡について、しばらく考えてみてください。想像してみてください。たった一つの完璧なトマトを実らせるために、どれだけたくさんの因子がうまく働かなければならず、しかも、それが市場に並び、みなさんが家に持って帰り、腐らないうちに忘れず食べる……。そのすべてを経て、最終的にかぶりつく瞬間を迎え、しょっぱくて甘くて酸っぱい味が、強烈な喜びをもたらし、同時に、栄養が体中を巡って、最も重要な滋養物を隅々まで届けてくれるのです。

私はそれをシンフォニーのようだと思っています。一人ひとりの音楽家が、自分の楽器に精通し、自分のパートを完璧にわかっていても、全員をまとめて演奏を完成させるには指揮者が必要となります。人生を変える天使たちは指揮者であり、どの要素ひとつも、間違いなく神のように調和して働くようにしてくれています。

天使たちがすぐ近くにいることに気づいている人もたくさんいます。知られていないのは、私たちの日々の営みに天使が関与している全体像です。人は、まずこの世に転生し、最初の呼吸をした瞬間から、天使たちとつながるという、生まれながらの権利を持っています（生まれる前ですら、母体を通じて天使の助けを得る神聖な権利があります）。人生を変える天使たちには、一生を通じて人に栄養を与え続ける役割があります。みなさんが頼んでいないのに、です。その一方で、あなたが有機農家から何かを購入するたび、バタフライガーデン（訳注：蝶が蜜を吸い、産卵・生育するための植物を植えた庭）を作るたび、フードバンクに寄付するたびに、あなたはずっと天使たちを支援していました。この間ずっと天使たちはみなさんに気を配り、みなさんも天使たちを助けるということをしていたのです。今、天使たちは、自分たちに直接依頼する方法を知ってほしいと思っています。

## 天使たちにお願いする

人生を変える天使たちにお願いする方法は、私の最初の本『メディカル・ミディアム――医療霊媒』で説明した癒し《ヒーリング》を助ける天使たちにお願いする方法と同じで、名前を声に出して呼ばなければなりません。私たちの心は、パチンコの機械のように動いていて、思考や感情とともにその場を飛び交っています。ほかにやるべきことがたくさんあるときに天使たちが聞く時間をとるには、雑音が多すぎるのです。叫ばないといけないわけではなく、ささやく程度で十分です。天使たちはただ、自分たちの介入を望んでいるのを声で合図することを必要としています（耳が不自由な方や話すことができない方は、手話やテレパシーを使って救済の天使に依頼します。するとその救済の天使が、心の中で思い浮かべている天使に取り次いでくれます）。

天使たちにも人間にも、共通する大きな特徴があります。それは自由意志です。自由意志があることにより、主体性をもって日々生活できるのです。自由意志は、関わり、意思疎通、自由の基礎です。天使たちは自らの自由意志を不断の奉仕に捧げています。つまり、天使たちからの助けを直接受け取るために、声に出してお願いするという特殊な方法が必要なもうひとつの理由は、私たちが良きことのために自由意志を行使しているのを、天使たちが確認したいということです。私たちの特殊な依頼に手を差し伸べる前に、天使たちは、私たちが自分の人生に積極的に関わっていて、そのうえで自分たちに手を伸ばしていることを感じたいのです。そうして天使たちは、私たちと行動を共にすることで、自分たちの自由意志がうまく働いているように感じます。

ですから、自分の心をクリアにして、声に出して「食糧供給の天使よ、どうか助けてください」（あるいは、次の人生を変える天使のうち、助けてもらおうとしている天使の名前であれば、誰でも構いません）と言わなければなりません。指名して天使に慎重にお願いするこの方法は、天使の助けを受け取るための最強のものです。

## 人生を変える12人の天使たち

こちらでは、助けをお願いすることができる、人生を変える天使たち12人をご紹介します。どの天使も女性で、ＧＭＯ作物との闘いに勝利しようとするなどの重要な任務を負った裏方の天使たちを多数引き連れています。ただし、お願いすることができるのは指名した天使であり、その天使が直接助けてくれます。

- **無害化の天使：**殺虫剤や除草剤が散布されていることがわかっていたり、ＧＭＯ作物が混入していると考えられる農産物を口にしなければならなかったりするとき、この天使に、化学物質を取り去って身体組織に及ぼす影響を極力小さくし、危害から守ってくれるようにお願いします。

• **豊かさの天使**：この天使は、自分で食べるものを栽培し、豊作を望むときにそばにいてくれる天使です。

• **食糧供給の天使**：この天使の仕事は、栄養不足や飢餓状態にある人に食べ物を届けることです。食べ物に困っていたり、フードバンクや無料食堂で働いていたりする人は、食糧供給の天使に、空っぽのお腹に栄養物が入るのを助けてくれるようお願いします。

• **栄養強化の天使**：この天使は、「聖なる四つの食物群」の栄養を強化し、ファイトケミカル、ビタミン類、ミネラル類などの栄養素の力を増幅させ、個人個人のニーズに合わせてくれるので、食べ物は本当の意味でその人個人の薬になります。

• **調和の天使**：食べ物と一体になりたいときや、もっと今に意識を向けて食べたいとき、この天使が食事を味わう力を高めてくれ、体に摂り込むものとの調和をもたらしてくれます。この天使はさらに、食べ物や食べることに伴う過去の痛みを取り除き、拒食や過食への恐れを捨て、再出発するのを助けてくれます。

- **シンクロニシティの天使**：植物の成長にはすべてタイミングがあります。この天使の仕事は、多数の異質のプロセスを同期させることです。この天使は、ちょうどよい時期に開花を促したり、ミツバチを花に導いたり、果物が破裂したり熟しすぎたりすることなく形になるよう、水分摂取量や温度をモニタリングしています。さらには果物に熟すよう合図しますが、それはこの天使の責任の一端を垣間見たにすぎません。食用植物の世話の仕方を知るのに助けが必要な場合や、野生の食べ物を探していて最良の標本（訳注：動物・植物・鉱物などで該当するものがどういうものかを知るための実物見本）を見つけたい場合には、シンクロニシティの天使にお願いしてください。
- **習慣の天使**：今まで食べてきた無益な食べ物を止められないでいるときや、子どもや大切な人の好き嫌いが激しいとき、習慣の天使にそのパターンを壊して興味の対象を広げ、いつも食べているもの以外でもっと健康に良い食べ物を選ぶのを助けてくれるようにお願いしてください。
- **依存症（嗜癖）の天使**：良くない食べ物に依存症のように惹かれたり、過食が習慣になったりしているのであれば、依存症（嗜癖）の天使が、その苦痛から解放されるのを助けてくれます。
- **連帯の天使**：この天使には、友人、家族、同僚のほか、場合によってはレストランに、自分の健康的な食習慣を支えてほしいときにお願いします。この天使が、周りの人たちがバックアップするよう導いてくれたり、無益な食べ物で誘惑しないようにしてくれたりします。

- **誠実さの天使：**買ったり食べたりしている食べ物の出どころがはっきりせず、本当に放牧なのか、天然ものなのか、オーガニックなのか、グルテンフリーなのか、あるいは、遺伝子組み換えでないのは確かなのかを知りたい場合や、レストランで出された料理がキャノーラ油ブレンドではなく純粋オリーブオイルで調理されているという保証が欲しい場合には、誠実さの天使に、率直な回答が得られるよう、助けてほしいとお願いしてください。

- **洞察の天使：**もっと健康に良いものを食べたいとき、自分の精神と意志を強めてくれるよう、そして順調に物事を進めるための魔法のようなインスピレーションを与えてくれるよう、洞察の天使にお願いしてください。この天使は、オーガニックや、採種《さいしゅ》（訳注：次の栽培のために種《たね》を採ること）、健康食を求める運動のほか、ファーマーズマーケットや先祖代々食べられていたものの復活を導いてもいます。

- **母乳の天使：**この天使は、初産婦の母乳の供給を支援し、授乳時に母子のコミュニケーションが図れるようにしてくれます。この天使の役割のひとつには、赤ちゃんのその時々のニーズに合うよう母乳の栄養組成を変化させるというものがあります。

## 人生を変える天使たちの仕事ぶり

以前、アメリアというクライアントがいて、彼女は食べ物と友だちになれませんでした。大学を卒業したばかりで、実家に戻っていました。本人の記憶にある限り、過食と拒食の繰り返しでした。家族と囲む食卓では、食事は十分健康に良いものなのだろうか、お腹いっぱいになるのだろうか、一皿食べ終わったら食べるのをやめられるのだろうか、太らないだろうか、食べてしまって後悔しないだろうか、と、自分の前に出されたものから思考が離れなくなり、心穏やかになったことがなかったそうです。

アメリアと初めて話をしたとき、調和の天使に今に意識を向けて食べるのを助けてほしいとお願いするようにとアドバイスしました。アメリアの答えは「今に意識を向けて食べようとし、瞑想も学びましたが、食の問題には役に立ちませんでした」というものでした。

私は「天使からの助けを求めるのはまた別です」と断言しました。瞑想や今に意識を向ける食べ方を自分で練習するのは、完全に自分次第です。それは、重たい事務机を一人で動かそうとするようなものです。友人が手伝ってくれたら、重さは半分になりますし、その友人が大半を担いでくれたら、自分はその机がぐらつかないようにするだけでよいかもしれません。自分で抱えるには荷が重い物事は、助けを求める必要があります。食べ物と和解するのに何らかの助けが必要であれば、呼ぶべきなのは調和の天使です。

アメリアは「やってみます」と言い、電話を切ったあと、「調和の天使よ、食べ物と仲良くなれるよう助けてください」と声に出して言ったそうです。すると、すぐ啓示があり、調和の天使へのお願いは、自分の外側に助けを求めることとしては初めてで、そのことについて裁かれる感じはしなかったと言います。その裁かれる感覚こそが、頭をおかしくさせ、食べ物に対する不安を続かせる役割を担っていたことに、今まで気づかなかったのです。栄養指導者のもとを訪れたときには、ずっと顕微鏡で観察されているように感じ、食卓につけば、両親と兄弟が自分をじろじろ見ていると感じていたそうです。助けを求めることで、自分は弱いのだと感じることがなかったのは初めてだったということです。

翌朝、アメリアは階段を下りて台所に入り、みぞおち辺りにいつもの感覚がして頬が赤くなり、何を食べるかについて、いつものパニックが起きました。前日に天使が現れたあと、アメリアは順風満帆を期待していました。安堵したのはただの幻想だったのではないかと思ったそうです。それでも、一呼吸して、もう一度、調和の天使に話しかけました。「助けてください」とささやくと、神聖な安堵感が戻ってきました。このとき、檻の扉が開いて自由になる感覚がしたそうです。

さらにその翌日も、アメリアは食べ物のことでまだ苦しんでいました。朝から一人で家にいて、一日中、意図的に何も食べませんでした。それが何も生み出さないことは頭ではわかりつつ。夕食の時間がまたやってきて、やっとアメリアは、食事をしてもよいと感じました。食べ始める前に、調和の天使に今に意識を向けて食べることと、体の中に何が入ったかを正しく理解するのを助けてくれるようお願いしたそうです。

ちょうどそのとき、台所で食器がカチンと鳴る音が聞こえました。知らないうちに両親が帰宅したのかと、起き上がって見に行きました。お皿にフォークやスプーンが当たる音がはっきり聞こえたはずなのに、台所には誰もいませんでした。アメリアはしばらくじっと立っていて、謎が解けました。突然、調和の天使が一緒にいてくれているのがはっきりわかったのです。アメリアは食卓に戻りたい衝動に駆られ、泣き始めました。何年にもわたる食べ物にまつわる心の傷、過食と拒食の苦しみ、体に取り込んだものとその量に他人からどう思われているか、それらが全部、表面に出てきては消えていきました。現れてきたものが永久に消えていくかのようだったそうです。

泣き止んで、アメリアは調和の天使が去るのを感じました。急に暖かい感覚に包まれ、自分のお皿を見下ろしました。幼少時以来はじめて、完全に穏やかな状態で食べ始めました。二度と食べ物のことを責めたいとも思わないし、自分が食べ物との関係を断ってきたことを責めたいとも思わないとのことでした。普段、食事中に感じていたイライラ、不安、動揺、心配、そして恐れは、もうどこにもないそうです。

その日以来、アメリアは解放された感じがして、拒食することなく食べ物を楽しんでいます。かつては過食していた食べ物からの誘惑を受けにくくなり、もっと食べ物を楽しみたいというシンプルな理由から、より健康に良いものを食べようという気になっているそうです。アメリアは、自分が癒されたのは、調和の天使が一切裁かず、アメリアの気まぐれに注目せずに、本当のアメリアはどういう人間かという真実に目を向けてくれたからだと感じています。

これは、人生を変える天使の働きの一例にすぎません。アメリアは調和の天使の存在を信じ、実際に人生が変わりました。天使たちの無条件の愛に匹敵するものはありません。何者も何物も敵いません。それほど強力なのです。

天使たちにお願いするときには、天使たちがどうやって取りなしてくれるかを完全に任せることが重要です。稲妻でもひらめきでもありません。天使たちは時に、夢の中で導いたり、新しいチャンスを提示したりします。無害化の天使の場合、その存在をまったく感じないかもしれませんが、それは、守ってくれていないということではありません。連帯の天使は、お気に入りのレストランに影響を与えて健康に良い食事が提供されるようにするのではなく、「もっと良い別の場所で食べなさい」と導いてくれるのかもしれません。

また、天使たちは常に「大きいほうの善」を心に留めています。つまり、豊かさの天使に「自分の菜種畑にご加護を」とお願いした場合、この天使は菜種からできているキャノーラ油が人々の健康には良くないことを知っているため、お願いした人を別の方向へ導く可能性が高くなります（キャノーラ油に関する詳細は、第3章「人生を困難にする食べ物」を参照してください）。天使の助けは、それを受け取る側次第でもあります。お願いするときは、このことを覚えておいてください。たとえば習慣の天使にお願いして夜にクッキーを食べる習慣を止めたいのであれば、天使と一緒に取り組むことが必要になります。

天使の忙しさによっては、数秒以内に助けてくれることもあれば、少し遅れることもあります。天使たちには、個別にお願いしても、まとめてお願いしても構いません。たとえば移動中に、道路沿いで見つけた店で夕食を摂るしかないときに、ウェイトレスがテーブルに来る直前に誠実さの天使にお願いします。その後、食べ物が出てきたら、無害化の天使と栄養強化の天使にまとめてお願いするのです（繰り返しになりますが、やるべきことは、ささやくことであって、注目してほしいと呼びかける練習にはしないでください。食事を前にして静かにお祈りしている人はたくさんいますから、それに合わせればよいのです）。

天使たちは、どれだけ忙しくてもお願いされたいと思っているので、迷惑にならないかなどと心配しないでください。ひたすら助けを求め続け、軽やかな気持ちを保って、辛抱強く待っていてください。

## みなさんの番です

私が天使たちについて語るとき、かわいらしさには一切言及していません。文字などで残されている数千年分の記録によると、天使たちは存在するとされています。神の天使たちは、綿埃《わたぼこり》の見間違いではありません。私が話しているのは、私たちの祖先が最初に地球を歩いて以来、私たちとともにいるほかならぬ万能の神聖な存在のことです。

神が天使の形でスピリチュアルなサポートをすると信じるなんて、馬鹿げているとか、単純だとか、妄想だとすら感じる人もいます。わざと天使の存在を信じないようにしているのであれば、理解できます。私たちは、見えるもの、聞こえるもの、触れられるもの、計測できるものを信じるように教えられているからです。「見えたら信じます」というのはよく言われることです。

その一方で、証明されるまでもなく信じていて、あとでがっかりすることがあります。それは、信じるだけでは不十分だからです。信念は抑圧され、曲げられ、潰される可能性があります。表面がひび割れ、冷たい水に沈められるかもしれません。

人生は時にとても困難で、行き当たりばったりだとか、もっと言うと、残酷だと感じることがあります。でも保証します、どんな悲劇を目撃しても、トラウマに直面しても、それは冷酷で罰を与える神の裁きでもなければ、神が不在である結果でもありません。私たちの世界にある諸問題は、他人の善を信じなくなったり、自由意志をちゃんと行使しなくなったり、神に仕えなくなった堕天使たちの影響を受けたりした人間の向こう見ずな決定に起因します。それが、暴力、戦争、地球の破壊の原因となっています。

信仰する理由がないと感じるときこそ、信仰を最も必要としているときです。その信仰とは、この世界には、私たちの苦しみを知り、その苦しみは無意味だとわかっていて、私たちを援助したいと思っている存在を信じるということです。トラブルを起こす人や、平和を壊す人、欲や怒りに支配された人に、あなたの信仰を奪われないでください。混沌のただなかにあって、安らぎを奪われないでください。人生を変える天使や癒し《ヒーリング》を助ける天使などの神の天使たちは、地球中を忙しく走り回って、信仰をなくして堕天使たちの声に耳を傾け始めた人たちが起こした火事を消して回っています。神の大天使たちは、軍事力と正面からぶつかっています。信仰は複雑で、信念は信仰の一部として織り込まれています。神の天使たちを信じる気持ちは、神は私たちを見捨てることも裏切ることもしないという信仰と分かちがたくつながっています。そのことを受け入れれば、それが命綱になります。

天使たちをいったんは信じていたのに、その天使たちとつながろうと努力してもうまくいかず、天使たちなんているはずはないと感じているとしたら、その考えを改めることができます。本書を読み終えた頃には、みなさんはすでに人生の一つ上のステージに入っています。もう絶望する必要も、暗闇の中で生きる必要もありません。人生を変えるための秘密と、天使たちとコンタクトをとるカギをすでに身につけています。天使たちの援助を求めることができます。私たちみなが協力して、ここを善なる場所にすれば、逆に天使たちを支えることもできるのです。

# あとがき――慈悲《コンパッション》こそがカギ

　みなさんがお読みになったことはすべて、慈悲《コンパッション》の心の声に由来しています。私自身の声という意味ではありません。できるだけ慈悲ある人間でありたいと思っていますが、自分がその声だという勘違いはしていません。最高位の聖霊《スピリット》、つまり慈悲の聖霊《スピリット》の話で、本書の情報はすべてそこから得ています。冒頭に書いた通り、聖霊《スピリット》とは生きた言葉である「慈悲」です。聖霊《スピリット》は人類に対する神の慈悲の心の表れです。聖霊《スピリット》は、あなた方が明るい未来を生きることができるよう、健康で幸せになってもらいたいと思っています。聖霊《スピリット》は、あなた方が自分の身を守り、適応し、人生を変えてほしいと思っています。ここまで本書に書いたことすべてが、この慈悲の心から直接みなさんに向けられたものです。

　最近、希望について話題にすることが多くなっています。私たちは誰もが希望を欲しがっています。私たちには希望が必要です。希望は、自分と家族の夢の燃料となるものです。希望は、生きようという意志、願望を駆り立てます。希望は、朝起きる理由になり、目を輝かせます。希望は、人生のレベルに関係なく良くなるという信仰の火花です。希望は、物事は良くなる、きっと良くなるという、心の中の決意です。希望がなければ、私たちは抜け殻になります。

しかし、慈悲《コンパッション》の心がなければ希望はありません。慈悲の心は希望の魂です。希望は未来であり、慈悲の心は「今」です。希望は前へ進む道であり、慈悲の心は道を示す灯です。希望は扉であり、慈悲の心はカギです。つまり、慈悲の心を手にしていなければ、希望という扉は開きません。

私が子どもの頃、人々の苦しみに関する聖霊《スピリット》からの溢れんばかりの情報に、負担が大きすぎて、気にしないことを選びたくなりました。周囲の誰であっても、苦しんでいるのを見抜くのは胸が張り裂ける思いでした。「あまり気にしないことはできないのですか」と聖霊《スピリット》に尋ねました。

聖霊《スピリット》は「気にしなければなりません」と言いました。苦しみは本人に任せるという選択肢はありませんでした。私はそれを肝に銘じなければならず、人々が孤独を感じないよう、そして再び希望を感じられるよう、慈悲の心を持つ（つまり、今のこの瞬間に、その人と一緒にいる）方法を学ぶ必要がありました。私たちはみな、お互いに慈悲の心を持つべきです。それは私たちがこの世で行っている善行のひとつであり、重要なことです。私たちが集団として歩む人生の道筋に不可欠な部分であり、「加速の時代」を生き延びて、人類を次のレベルへと導くものです。

聖霊《スピリット》は、慈悲の心のことを「苦しみを理解すること」であると定義しています。慈悲の心は、過去に目を向けることであったり、目を配ることであったり、時には私たち自身の経験を通して、つながりのできた相手に関心を持つことでもあります。

自分の身に起こったことによって、ほかの誰かに自分自身を重ね合わせることができるようになるというのが、最善のシナリオです。たとえば、過去に足の骨を折ったことがある女性なら、近くに松葉杖をついている人がいれば、助けてあげるかもしれませんが、そのような立場になったことがなければ、その見知らぬ人に気づかないかもしれません。

最悪のシナリオは、人生の試練を受けたために非情になるというものです。たとえば、問題のある家庭で育った人は、のちの人生で親密なパートナーができても、相手を傷つければ自分のダメージを消すことができるという間違った理屈で、その人に八つ当たりするかもしれません。これが恨みつらみの元になって、反語的に「私のこと好きなの？（好きじゃないくせに）」と責めるのです。

中間のシナリオもあります。身の上話が泥沼すぎて、自分の頭の中に相手を存在させない状態です。最近の大きな出来事について話し始めて、相手から「言っていることはよくわかるよ」と言われ、そこから20分間の会話の内容が、その相手自身のことだったということはないでしょうか。相手があなたに自分を重ね合わせようとして始まった会話は、たちまち相手とその生活の評価をすることにすり替わってしまいます。

その状態を何とか乗り切ろうとするのであれば、相手のものの見方を受け入れ続けなければなりません。本当の意味で、お互いの経験を理解し合う必要があります。

ただし、慈悲の心は共感《エンパシー》ではありません。共感はパック入りの牛乳のように賞味期限があります。苦しんでいる期間が長くなると、周囲の共感は損なわれていきます。長患いをしていて、私に同じ話をする人がどれだけ多いことか。最初は、その人たちの友人や家族が寄ってきて、重荷を背負うのを手伝ってくれます。数か月から数年経つと、当初支えてくれていた人たちはいなくなったり、いつまで患っているのだと疑念を抱いたり、責めたりするようになります。

慈悲の心は、同情《シンパシー》とも異なります。同情には、ローンのように付帯条件があるからです。誰かに同情的に耳を傾けるとき、そこには、その人はいつか自分に恩返しをしてくれるだろうという下心がついてきます。「借りができた」という言葉は、破局を経験した友人の面倒を見たり、病院にお見舞いに行ったりしたときによく使われます。私たちはみな、同情が取引であることを知っているからです。

慈悲《コンパッション》の心には、付帯条件も賞味期限もありません。それは時間を超越し、決して腐ることはありません。慈悲の心を受け取ったからといって、高利貸しに「利息を払え」と詰め寄られることはありません。共感《エンパシー》や同情《シンパシー》にはバイオリンの演奏が付き物ですが、慈悲の心にメロドラマ（通俗的な感傷）はありません。慈悲の心は、共感や同情を超えた次元にあります。力強く、生き生きとして、最も良い意味で人から人へ伝播《でんぱ》します。慈悲の心は、人生を変えます。心を開かせて、魂につないでくれます。

私たちの多くには、内側の深いところに慈悲の源泉があります。今は埋もれてしまっているかもしれませんが、あるのです。そして、私たちは条件つきのレベルで、慈悲の源泉とつながっていることがとても多いのです。私たちは、ある状況では慈悲の心を持つことが正しいと思い、別の状況ではそうでないと判断します。これは、自分を守る本能から生じていて、ある程度は肯定できることです。信頼が失われたとき、新たな状況が慈悲の心を抱くに値すると信じることに恐怖を感じるようになります。それは当然です。

しかし、慈悲の心を惜しみすぎるようになると、自制のパターンにはまります。他人の悲しみを感じることや、その人のものの見方を理解することに恐れを抱くようになります。つまり、同じ立場になった自分を想像したくないのです。私たちは、自分の慈悲の心のことを配給制の貴重な必需品のように扱っていて、その配分を細かく管理しています。私たちは頭の中に閉じこもって、自分と他人との間の壁はますます大きくなり、最も重要な人間の機能のひとつである、慈悲の心を表現して他人の癒しを手伝うことから遠ざかってしまうのです。

歴史上かつてないほど、私たちは今、「自分自身を愛しなさい」という根源的なメッセージを受け取っています。鏡に映る人（つまり自分）の良さを認めることができさえすれば、本当の意味で他人のことを大切に思うことができるのです。これは、正しい方向への第一歩です。自己嫌悪は、誰の役にも立たない毒です。

とはいえ、私たちは自分自身を愛して終わりにはできません。次の一歩は、慈悲の心を再発見することです。まずは自分に対して、次に他人に対して。慈悲の心に火がついて、相手に伝われば、慈悲の心そのものが力を持つようになります。慈悲の心は、何百回も転生して迎えるどの誕生日や祝日のプレゼントをも凌ぐほどです。あらゆる物理的法則を打ち破り、この地球で目に見えるものと触れられるもののすべてに取って代わります。

何を信じようとも、どんな原則に基づこうとも、慈悲の心はきわめて重要です。良いカルマを求めるのであれば、慈悲の心が基盤となります。人生に豊かさを引き寄せたいと思うのであれば、慈悲の心が、その引き寄せを発動させる唯一の方法です。慈悲の心こそ豊かさであり、それは精神の豊かさであって、誰もが言ってもらいたい「あなたは独りじゃない」という気持ちを表現するものとして、人から人へと届けられる心なのです。

「あなたは独りじゃない」、これは真実です。本書に記載した人生を変える食べ物、現代の流行病の背景にあるものの説明、人生を変える天使たち――そのいずれもが、聖霊《スピリット》からあなたへのメッセージです。

あなたは見守られていて、大切にされていて、立ち会って共にいてくれている存在があるのだということを知らせています。

この知識をしっかりと持っていてください。それによって人生を変えてください。そして、その知識を伝えてください。そうすれば、「加速の時代」から再生まで適応することができるのです。

# 謝辞

次の方々には、信頼してくださったこと、聖霊《スピリット》のメッセージを世に送り出すことを約束してくださったことに感謝いたします。

パティ・ギフトさん、アン・バーセルさん、レイド・トレイシーさん、ルイーズ・ヘイさん、マーガレット・ニールセンさん、ダイアン・ヒルさん、ダイアン・レイさんとヘイ・ハウス・ラジオのみなさん、オーロラ・ローサスさん、リンゼイ・マクギンティさんとヘイ・ハウスのチームの他のみなさん。

グウィネス・パルトローさん、エリーゼ・レーネンさんと、献身的なＧＯＯＰのクルーのみなさん、ご親切と支援に大変感謝いたします。

アレハンドロ・ユンガー先生、感謝の意は言葉では表せません。

クリスティアン・ノースロップ先生、先生とつながれたことによって、「昔から知っていたようです」という言葉の本当の意味がよくわかります。

ハビブ・サデギ先生、先生の働きは、灯台の明かりです。

ディアナ・ミニヒ先生、先生は多くの人たちの励みになります。

次のみなさんの親切、寛大さ、そして友情に、感謝の意を表します。

グレイス・ハイタワーさんとロバート・デ・ニーロさん元ご夫妻とご家族のみなさん、クレイグ・コールマンさん、チェルシー・フィールドさんとスコット・バキュラさんご夫妻と、お子さんのスコットさんとウィルさん、ナンシー・チェンバースさんとデビッド・ジェームズ・エリオットさんご夫妻と、お子さんのステファニーとワイアット、故ペギー・リプトンさんと娘のキダダ・ジョーンズさんとラシダ・ジョーンズさん、ナオミ・キャンベルさん、ジェシカ・サインフェルドさん、アマンダ・デ・カディネットさん、ソフィア・ブッシュさん、マハ・ダクヒルさん、ウッディー・フレイザーさん、ミレナ・モンロイさん、ミッジ・ハッセイさんとホールマークチャンネルの『ホーム&ファミリー』のみなさん、ニナ・サーマンさんとロバート・サーマンさんご夫妻と、お子さんのユマ・サーマンさん、モーガン・フェアチャイルドさん、デミ・ムーアさん、キャサリン・バックさんと娘さんのソフィアさんとローラさん、アナベス・ギッシュさん、ロバート・ウィズダムさん、ダニエル・ラポルテさん、ニック・オートナーさんとブレンダ・オートナーさんご夫妻、ジェシカ・オートナーさん、マイク・ドゥーリーさん、キャロル・リッチーさんとスコット・リッチーさんご夫妻とクリスチアナさん、ドゥル・プロヒットさん、クリス・カーさん、ケイト・ノースロップさん、クリスティーナ・カリージョ・ブカラムさん、アン・ルイーズ・ジトルマンさん、ジャン・デサイさんとパナシェ・デサイさんご夫妻、アミ・ビーチさんとマーク・シャドルさん、ロバート・コルトさんとミシェル・コルトさんご夫妻、ジョン・ホランドさん、マーティン・シャフィロフさんとジャン・シャフィロフさんご夫妻と、娘のエリザベスさんとジャックリーンさん、ジル・ブラック・ザルベンさん、アレクサンドラ・コーエンさん、クリスティン・ヒルさん、キャロル・ドナヒューさん、キャロライン・リーヴィットさん、サリー・アーノルドさん、マイケル・サンドラーさんとジェシカ・リーさん、コーヤ・ウェブさん、ジェニー・ハットさん、アダム・クーシュマンさん、ソニア・ショケットさん、コレット・バロン-リードさん、ケリー・ヌーナンさん、デニス・リンさん、カーメル・ジョイ・ベアードさん。みなさんの励ましを心からありがたく思います。

医師をはじめ、たくさんの人たちを助けている世界の治療家のみなさんへ。

みなさんには心から感服しております。リチャード・ソラゾ先生、ロン・ステリティ先生、ニコル・ガランテ先生、ダイアナ・ロプスニー先生、ディック・シェパード先生とノエル・シェパードさん、アレクサンドラ・フィリップス先生、クリス・マロニー先生、トスカ・ハーグ先生とグレゴリー・ハーグ先生、デイブ・クライン先生、プルーデンス・ホール先生、デボラ・カーン先生、ダレン・ボレス先生とスザンヌ・ボレスさん、ディアドラ・ウィリアムズ先生と故ジョン・マクマホン先生、ジェフ・フェインマン先生、ロビン・カーリン先生、みなさんのお名前を挙げることができて光栄です。みなさんの健康分野への貢献に感謝いたします。

デビッド・シュメーラーさん、キンバリー・S・グリムスレイさん、スーザン・G・エスリッジさん、私のことを気にかけてくれてありがとうございます。

次のみなさんにも特別な感謝を捧げます。ムニーザ・アフメドさん、グレッチェン・マンザーさん、キンバリー・スペアさん、ステファニー・ティソンさん、ミーガン・エリザベス・マクドネルさん、ロビー・バルバロさん、アリー・エーテルさん、ヴィクトリア・アーンスタインさんとマイケル・アーンスタインさんご夫妻、ニーナ・レザラーさん、ミシェル・サットンさん、ヘイリィ・カタルドさん、ケリーさん、アレクサンドラ・ローズさん、ペギー・ロメトさん、エスター・ホーンさん、リンダ・コイケンダルさんとロバート・コイケンダルさんご夫妻、ターニャ・アキムさん、ヒーサー・コールマンさん、グレン・クラウスナーさん、キャロライン・デヴィートさん、マイケル・モンテレオーネさん、ボビー・ホールさんとレスリー・ホールさんご夫妻、キャサリン・ベルゾウスキーさん、マット・ヒューストンさんとヴァネッサ・ヒューストンさんご夫妻、デヴィッド・ホイットニーさんとホリー・ホイットニーさんご夫妻とジーニー・ホイットニーさん、ローレン・ヘンリーさん、オリビア・アミトラーノさんとニック・ヴァスケスさん、メロディー・リー・ペンスさん、テラ・アップルマンさん、ケイト・ホールさん、アイリーン・クリスペルさん、ビアンカ・カリローブカラムさん、ジェニファー・ローズ・ロッサーノさん、クリスティン・キャシディさん、キャサリン・ロートンさん、テイラー・コールさん、アラーナ・ディナルドさん、エデン・エプスタイン・ヒルさん。

花が開いて変容するのを見せてくださった新しい医療霊媒《メディカル・ミディアム》のコミュニティーのみなさんなど、数えきれないほどの人々に感謝いたします。

ルビー・スキャッターグッドさん、あなたの執筆と編集なしに、本書は出来ませんでした。著作のカウンセリングに感謝します。繰り返しになりますが、あなたは私を救ってくれました。

ヴィボダ・クラークさんとティーラ・クラークさんご夫妻、お二人の多大な働きと献身、そして何年間も私に付き合ってくれていることにとても感謝しています。

フィリップ・マクラスキーさんとケイシー・マクラスキーさんご夫妻、「私は大地の四隅に四人の天使たちが立っているのを見ました……。そして、別の天使が東から昇るのを見ました」

アシュレイさん、ブリトンさん、マクレイン・フォスターさんとスターリング・フィリップスさん、私の味方をしてくれているので、何もかもが輝きを増しています。

　みなさんの愛と支援、家族に感謝します。聡明な妻、父、母、兄弟たち、姪たち、甥たち、おじさん、おばさん、私の勇者（で愛犬）のインディゴとルビーとグレート・ブルー、ホープさん、マージョリーさんとロバートさん、ローラさん、リア・カタルドさんとバイロンさん、アライン・セルレさんと、スコット・コーンさんとペリー・コーンさんとリッシー・コーンさんとアリ・コーンさん、デビッド・ソモロフさん、ケリーさんとエヴィさん、ダニエルさんとジョニーさんとデクランさん、そして、天国にいる私が大好きなみなさん。

　最後に、聖霊《スピリット》、忠実な友であり、思いやりあるメンターでいてくれてありがとう。

# 訳者あとがき

「本当の情報がほしい。しかも、自分に合う情報が」

情報過多の時代にあって、しかも、デマだとか、陰謀論だとかいう言葉が行きかうようになってきたご時世にあって、そう思われている方は多いのではないでしょうか。食に関する情報や健康に関する情報も巷に溢れていますが、肯定する人も否定する人もいて、それが本当に本当なのか、自分に取り入れて本当によいのかが逆にわかりづらくなっています。

私はかれこれ20年以上、医学と科学の論文の翻訳に携わってきました。ある意味で最先端の情報に常に触れていましたし、科学で証明されないものは信じない、くらい傾倒していたほどでした。しかし、そんな仕事を続けていくなかでも、ほんのかすかな「?」はありました。普通なら気にも留めない、気に留めたところで今すぐどうこうなるものではないものばかりでしたが、「科学で証明されないものは信じない」を徹底したがゆえに生じてくる矛盾、「何かが違うのではないか?」という疑念が積み重なっていき、ついに私は、医学と科学の論文の翻訳のお仕事をやめるに至りました。

とはいえ、著者のアンソニー・ウィリアムさんも書いているように、医学や科学を否定しようといううつもりはありません。特に健康問題に関しては、本当の答えを見つけようとしている研究者さんもたくさんいらっしゃって、私たちはそれによる恩恵を受けられてもいます。そのうえで、公然の秘密から目をそらさず、アンソニーさんの聖霊《スピリット》のような存在からもたらされる叡智によって補完すれば、私たちは本当に素晴らしい本物の恩恵に与ることができるのだと、本書を読めば、みなさんにもご理解いただけると思います。

そういう意味で、本書に書かれている内容は、控えめに言っても「健康デクラス（機密解除）」です。隠されていた真実、公然の秘密、時が経つことによって忘れ去られたり、もう関係ないと思われていたりすることにこそ、謎とされてきたものの原因があることを私たちに教えてくれ、そのうえで、さまざまな摂るべき食べ物、控えるべき食べ物、そしてその理由などを含め、解決策をもたらしてくれています。

原因が過去のことすぎて、そんな話、知ったところで自分にはどうにもできない、と思ってしまいそうな事実もありますが、そんな無力感は本書を読めば捨てることができるのだとわかります。どうにかできるのです。アンソニーさんが、聖霊《スピリット》からもたらされた叡智（解決策）を開示してくれているからです。

ちなみに、アンソニーさんはSNSでライブ配信をされていて、「〇〇に効く食べ物とそのレシピの紹介」という印象も強いのですが、アンソニーさんが発信しているのは、メディアで取り上げられがちな「みかんの皮に含まれる〇〇という成分に健康効果があることがわかりました」的な情報ではなく、本書にもあるように、ある食べ物が、そこに含まれる未発見の成分はもちろん、野生のものであれば植物として数千年来どんな環境で生きてきたのか、あるいは、農産物としてどんな人の手が加わっているのかなど、種としての歴史と、それにより獲得した叡智に基づく情報もありますので、読んでいて本当に目が開かされます。時に現代医学の先を行きすぎて、ともすれば「トンデモ」だとか、「事実に反するのではないか」と思われそうな内容もあるかと思いますが、アンソニーさん自身が幼少の頃から聖霊《スピリット》に正確な情報を与えてもらい、それによって数多くの人を実際に救ってきたことを考えれば、人間には見えない領域が確実にあるのだと認め、まずは委ねてみるのが一番ではないかと思います。アンソニーさんは何かを売りつけているのでも、よくわからないものを口にしろと言っているのでもないのですから。そしてなにより、このシリーズを通して、アンソニーさんと聖霊《スピリット》の慈悲《コンパッション》の心に触れていただきたいと思っています。

最後に、私に本書の翻訳を託してくださったナチュラルスピリット社の今井社長（実は、本書の翻訳は、社長にはちらっとお伝えしたのですが、引き寄せの法則の教科書通りに引き寄せられたのです！）、そして、丁寧かつ的確に、そして辛抱強く道案内してくださった編集者の麻生修子さんに、心よりお礼申し上げます。

みなさんが本書を通して、日々安心して、心身健やかに生きられますように。

２０２４年６月

辻谷瑞穂

（oz：オンス / lb：ポンド）

| 固　体 | | |
|---|---|---|
| 1oz | 1/16 lb | 30g |
| 4oz | 1/4 lb | 120g |
| 8oz | 1/2 lb | 240g |
| 12oz | 3/4 lb | 360g |
| 16oz | 1 lb | 480g |

メモ：オンスをグラムに換算する場合はオンスの値に30を掛けます。

| 調理温度 | | | |
|---|---|---|---|
| 工程 | 華氏 | 摂氏 | ガスオーブンの目盛り |
| 凍らせる、溶かす（水の氷点、氷の融点） | 32°F | 0℃ | |
| 常温 | 68°F | 20℃ | |
| 沸騰させる（水の沸点） | 212°F | 100℃ | |
| ベーキング | 325°F | 160℃ | 3 |
| | 350°F | 180℃ | 4 |
| | 375°F | 190℃ | 5 |
| | 400°F | 200℃ | 6 |
| | 425°F | 220℃ | 7 |
| | 450°F | 230℃ | 8 |

（in：インチ／ft：フィート／yd：ヤード）

| 長　さ | | | | |
|---|---|---|---|---|
| 1in | | | 2.5cm | |
| 6in | 1/2ft | | 15cm | |
| 12in | 1ft | | 30cm | |
| 36in | 3ft | 1yd | 90cm | |
| 40in | | | 100cm | 1m |

メモ：インチをセンチに換算する場合はインチの値に2.5を掛けます。

# 〈単位換算表〉

本書のレシピでは、液体および固体、または乾燥した材料を測るアメリカの標準的な計量単位と調理温度の単位を日本で標準として使われる単位に換算しています。レシピを再現する際に参考にしてください。（＊換算量の数値は概数です）

| 米国規格カップ | 細粒（例：小麦粉） | 穀物（例：米） | 顆粒（例：砂糖） | 液体にもなる固形物（例：バター） | 液体（例：牛乳） |
|---|---|---|---|---|---|
| 1 | 140g | 150g | 190g | 200g | 240ml |
| 3/4 | 105g | 113g | 143g | 150g | 180ml |
| 2/3 | 93g | 100g | 125g | 133g | 160ml |
| 1/2 | 70g | 75g | 95g | 100g | 120ml |
| 1/3 | 47g | 50g | 63g | 67g | 80ml |
| 1/4 | 35g | 38g | 48g | 50g | 60ml |
| 1/8 | 18g | 19g | 24g | 25g | 30ml |

（oz：オンス／pt：パイント／qt：クォート／カップはアメリカ規格）

| 液　体 | | | | | |
|---|---|---|---|---|---|
| 小さじ1/4 | | | | 1ml | |
| 小さじ1/2 | | | | 2ml | |
| 小さじ1 | | | | 5ml | |
| 小さじ3 | 大さじ1 | | 1/2液量oz | 15ml | |
| | 大さじ2 | 1/8カップ | 1液量oz | 30ml | |
| | 大さじ4 | 1/4カップ | 2液量oz | 60ml | |
| | 大さじ5と1/3 | 1/3カップ | 3液量oz | 80ml | |
| | 大さじ8 | 1/2カップ | 4液量oz | 120ml | |
| | 大さじ10と2/3 | 2/3カップ | 5液量oz | 160ml | |
| | 大さじ12 | 3/4カップ | 6液量oz | 180ml | |
| | 大さじ16 | 1カップ | 8液量oz | 240ml | |
| | 1pt | 2カップ | 16液量oz | 480ml | |
| | 1qt | 4カップ | 32液量oz | 960ml | |
| | | | 33液量oz | 1000ml | 1L |

リー・イチジク・アブラナ科の野菜・サツマイモ・チャーガ・ネトルリーフ
卵巣囊腫 153, 159, 239, 359, 452
〈摂るべき食べ物〉ベリー類・チェリー・アスパラガス・ラズベリーリーフ

【り】
リーキーガット症候群（腸管壁浸漏・腸漏れ） 244, 459
〈摂るべき食べ物〉セロリ
流産 165, 297, 38, 438, 440
〈摂るべき食べ物〉クランベリー・スプラウトとマイクログリーン・ラズベリーリーフ
緑内障 199, 365, 377, 394
〈摂るべき食べ物〉マンゴー・ターメリック・大西洋産海藻・ココナッツ
リンパ腫 160, 176, 211, 318, 331, 365, 382, 401
〈摂るべき食べ物〉チェリー・イチジク・オレンジとミカン・キャッツクロー・ニンニク・ターメリック・ゴボウ・タンポポ
リンパ浮腫 265, 337
〈摂るべき食べ物〉葉物野菜・ショウガ

【れ】
レイノー症候群 475, 477, 482
〈避けるべき食べ物〉乳製品・卵・キャノーラ油
〈摂るべき食べ物〉アプリコット・ザクロ・コリアンダー・ショウガ・ターメリック・ココナッツ
レストレスレッグス症候群（下肢静止不能症候群・むずむず脚症候群） 273, 282, 318, 484
〈避けるべき食べ物〉天然フレーバー
〈摂るべき食べ物〉タマネギ・ジャガイモ・キャッツクロー
裂孔ヘルニア 165, 222, 239, 304, 337, 343, 371
〈摂るべき食べ物〉クランベリー・洋ナシ・アスパラガス・サツマイモ・ショウガ・レモンバーム・アロエベラ
連鎖球菌咽頭炎 311, 317, 330
〈摂るべき食べ物〉レモンとライム・オレンジとミカン・スプラウトとマイクログリーン・芳香ハーブ・キャッツクロー・ニンニク・レモンバーム・カンゾウ根・アロエベラ・ローズヒップ
連鎖球菌感染症 166, 259, 312
〈摂るべき食べ物〉クランベリー・キュウリ・芳香ハーブ

【ろ】
老化 88, 206, 305, 383, 407
〈摂るべき食べ物〉メロン・サツマイモ・ゴボウ・ネトルリーフ
狼瘡 49, 363, 476, 479, 482
〈避けるべき食べ物〉乳製品・トウモロコシ・キャノーラ油
〈摂るべき食べ物〉オレンジとミカン・パパイヤ・セロリ・キュウリ・芳香ハーブ・ショウガ・カンゾウ根・ターメリック・大西洋産海藻・ゴボウ・チャーガ
肋骨痛 130, 228, 234, 240
〈摂るべき食べ物〉リンゴ・ザクロ・アーティチョーク・アスパラガス

【め】
メチシリン耐性黄色ブドウ球菌感染症（MRSA） 311, 371, 412, 423
〈摂るべき食べ物〉芳香ハーブ・アロエベラ・生ハチミツ・ローズヒップ
メニエール病 47, 239, 325, 342, 346
〈摂るべき食べ物〉アスパラガス・コリアンダー・レモンバーム・カンゾウ根
目の下のクマ 140, 217, 290, 372, 388
〈摂るべき食べ物〉アボカド・パパイヤ・ラディッシュ・アロエベラ・チャーガ
めまい 282, 326
——発作 130, 166, 412, 423
〈摂るべき食べ物〉リンゴ・クランベリー・生ハチミツ・ローズヒップ
浮動性—— 22, 346, 364, 476
〈避けるべき食べ物〉乳製品
〈摂るべき食べ物〉アボカド・ベリー類・チェリー・デーツ・ブドウ・葉物野菜・タマネギ・ジャガイモ・ラディッシュ・芳香ハーブ・キャッツクロー・コリアンダー・ショウガ・カンゾウ根・パセリ・ターメリック
回転性—— 26, 37, 47, 346, 478, 479
〈避けるべき食べ物〉卵・トウモロコシ
〈摂るべき食べ物〉リンゴ・アボカド・チェリー・デーツ・ブドウ・オレンジとミカン・アスパラガス・芳香ハーブ・コリアンダー・カンゾウ根
メラノーマ 158
〈摂るべき食べ物〉チェリー

【も】
モルトン神経腫 176, 228, 318, 371
〈摂るべき食べ物〉イチジク・ザクロ・キャッツクロー・アロエベラ

【ゆ】
UTI（尿路感染症） 164, 318, 475, 477, 480
〈避けるべき食べ物〉乳製品・卵・小麦
〈摂るべき食べ物〉リンゴ・アボカド・チェリー・クランベリー・イチジク・レモンとライム・マンゴー・メロン・オレンジとミカン・パパイヤ・セロリ・アブラナ科の野菜・タマネギ・サツマイモ・キャッツクロー・コリアンダー・ニンニク・レモンバーム・カンゾウ根・パセリ・ラズベリーリーフ・アロエベラ・ココナッツ・タンポポ・ネトルリーフ・ローズヒップ
憂うつ 106, 177, 195, 200, 211, 290, 418
〈摂るべき食べ物〉ブドウ・イチジク・レモンとライム・マンゴー・オレンジとミカン・ラディッシュ・ムラサキツメクサ
有髄神経損傷 159, 483
〈避けるべき食べ物〉キャノーラ油
〈摂るべき食べ物〉ベリー類・チェリー・ブドウ・ザクロ・コリアンダー・ゴボウ

【よ】
抑うつ 36, 46, 51, 56, 84, 92, 375
〈摂るべき食べ物〉リンゴ・バナナ・マンゴー

【ら】
ライム病 36, 47, 119, 476, 477, 479, 482, 484
〈避けるべき食べ物〉乳製品・卵・トウモロコシ・キャノーラ油・天然フレーバー
〈摂るべき食べ物〉リンゴ・アプリコット・ベリー類・クランベリー・パパイヤ・ザクロ・アーティチョーク・アスパラガス・セロリ・葉物野菜・タマネギ・ラディッシュ・スプラウトとマイクログリーン・芳香ハーブ・キャッツクロー・ニンニク・レモンバーム・カンゾウ根・パセリ・ターメリック・ゴボウ・チャーガ・ココナッツ・ムラサキツメクサ
卵管炎 153, 282, 354, 359, 377
〈摂るべき食べ物〉ベリー類・ジャガイモ・パセリ・ラズベリーリーフ・大西洋産海藻
卵巣癌 140, 153, 166, 176, 250, 304, 387, 407
〈摂るべき食べ物〉アボカド・ベリー類・クランベ

ボレリア菌　312, 318
〈摂るべき食べ物〉芳香ハーブ・キャッツクロー

【ま】
マイコトキシン　122, 204
慢性甲状腺炎　37, 120, 122, 346, 475, 477, 484
〈避けるべき食べ物〉乳製品・卵・天然フレーバー
〈摂るべき食べ物〉チェリー・マンゴー・オレンジとミカン・パパイヤ・アスパラガス・アブラナ科の野菜・ジャガイモ・スプラウトとマイクログリーン・カンゾウ根・ラズベリーリーフ・ターメリック・大西洋産海藻・チャーガ
慢性疲労症候群（CFS）　36, 47, 120, 476, 479, 482
〈避けるべき食べ物〉乳製品・トウモロコシ・キャノーラ油
〈摂るべき食べ物〉アプリコット・アボカド・ベリー類・ブドウ・マンゴー・オレンジとミカン・パパイヤ・アスパラガス・セロリ・キュウリ・サツマイモ・芳香ハーブ・コリアンダー・カンゾウ根・ターメリック・ゴボウ・チャーガ・ローズヒップ
慢性閉塞性肺疾患（COPD）252, 273, 281, 354
〈摂るべき食べ物〉アブラナ科の野菜・タマネギ・ジャガイモ・パセリ

【み】
味覚消失　354
〈摂るべき食べ物〉パセリ
水虫　188, 311
〈摂るべき食べ物〉キウイフルーツ・芳香ハーブ
爪――　387, 423
〈摂るべき食べ物〉チャーガ・ローズヒップ
耳垢　165, 227, 266
〈摂るべき食べ物〉クランベリー・ザクロ・葉物野菜
耳鳴り　47, 476, 484
〈避けるべき食べ物〉乳製品・天然フレーバー
〈摂るべき食べ物〉リンゴ・ベリー類・デーツ・ブドウ・キウイフルーツ・オレンジとミカン・アスパラガス・アブラナ科の野菜・ジャガイモ・ラディッシュ・芳香ハーブ・キャッツクロー・コリアンダー・カンゾウ根・ココナッツ・ローズヒップ
耳の感染症　311, 475
〈避けるべき食べ物〉乳製品
〈摂るべき食べ物〉チェリー・レモンとライム・タマネギ・ジャガイモ・芳香ハーブ・ニンニク・ショウガ・レモンバーム・生ハチミツ・ローズヒップ
ミネラル不足　267, 353
〈摂るべき食べ物〉リンゴ・ベリー類・アーティチョーク・セロリ・葉物野菜・タマネギ・コリアンダー・ショウガ・パセリ・ターメリック・大西洋産海藻・ゴボウ・ココナッツ・ローズヒップ
多量――　267
〈摂るべき食べ物〉葉物野菜
微量――　353
〈摂るべき食べ物〉葉物野菜・レモンバーム・パセリ・ゴボウ

【む】
虫歯　160, 244, 266, 298, 353, 459
〈摂るべき食べ物〉チェリー・葉物野菜・スプラウトとマイクログリーン・パセリ
むずむず脚症候群（レストレスレッグス症候群・下肢静止不能症候群）　273, 282, 318, 484
〈避けるべき食べ物〉天然フレーバー
〈摂るべき食べ物〉タマネギ・ジャガイモ・キャッツクロー
胸やけ　476
〈避けるべき食べ物〉乳製品
〈摂るべき食べ物〉レモンとライム・葉物野菜・タマネギ・ラディッシュ・サツマイモ・ラズベリーリーフ

【へ】
ヘルペス　47, 120, 316, 342, 346
〈摂るべき食べ物〉アボカド・ブドウ・レモンとライム・メロン・オレンジとミカン・洋ナシ・アスパラガス・アブラナ科の野菜・葉物野菜・タマネギ・ジャガイモ・ラディッシュ・スプラウトとマイクログリーン・芳香ハーブ・キャッツクロー・コリアンダー・ニンニク・レモンバーム・アロエベラ・ムラサキツメクサ・ローズヒップ
口唇――　211, 281, 284
〈摂るべき食べ物〉オレンジとミカン・ジャガイモ
ベル麻痺　47, 484
〈避けるべき食べ物〉天然フレーバー
〈摂るべき食べ物〉バナナ・ブドウ・マンゴー・パパイヤ・ジャガイモ・キャッツクロー・ニンニク・カンゾウ根・大西洋産海藻・チャーガ・ココナッツ
偏頭痛　47, 51, 57, 152, 244, 478, 484
〈避けるべき食べ物〉卵・天然フレーバー
〈摂るべき食べ物〉リンゴ・ベリー類・クランベリー・レモンとライム・パパイヤ・洋ナシ・アスパラガス・セロリ・アブラナ科の野菜・キュウリ・葉物野菜・タマネギ・芳香ハーブ・キャッツクロー・コリアンダー・ニンニク・ショウガ・レモンバーム・カンゾウ根・パセリ・ターメリック・大西洋産海藻・ゴボウ・チャーガ・ココナッツ・タンポポ
便秘　176, 199, 216, 218, 370, 476, 478, 483
〈避けるべき食べ物〉乳製品・卵・キャノーラ油
〈摂るべき食べ物〉リンゴ・バナナ・チェリー・デーツ・イチジク・キウイフルーツ・マンゴー・メロン・オレンジとミカン・パパイヤ・洋ナシ・アスパラガス・葉物野菜・コリアンダー・カンゾウ根・アロエベラ・大西洋産海藻・ゴボウ・タンポポ・ムラサキツメクサ・ローズヒップ

【ほ】
放射線　44, 62, 87, 109, 123, 447
〈排出する食べ物〉リンゴ・アボカド・チェリー・クランベリー・イチジク・ブドウ・キウイフルーツ・レモンとライム・オレンジとミカン・アーティチョーク・アブラナ科の野菜・タマネギ・サツマイモ・ショウガ・アロエベラ・大西洋産海藻・タンポポ・ネトルリーフ・生ハチミツ・ワイルドブルーベリー
膀胱炎　342
〈摂るべき食べ物〉レモンバーム
間質性――　233, 245, 342, 348, 407, 475, 477, 480
〈避けるべき食べ物〉乳製品・卵・小麦
〈摂るべき食べ物〉アーティチョーク・セロリ・レモンバーム・カンゾウ根・ネトルリーフ
膀胱癌　160, 239, 245, 377, 387
〈摂るべき食べ物〉チェリー・アスパラガス・セロリ・大西洋産海藻・チャーガ
膀胱脱　158, 160, 359, 407
〈摂るべき食べ物〉チェリー・ラズベリーリーフ・ネトルリーフ
ほてり　47, 476, 478, 481
〈避けるべき食べ物〉乳製品・卵・小麦
〈摂るべき食べ物〉ベリー類・ブドウ・オレンジとミカン・アブラナ科の野菜・キュウリ・タマネギ・スプラウトとマイクログリーン・サツマイモ・コリアンダー・レモンバーム・ラズベリーリーフ・生ハチミツ・ローズヒップ
ポリープ　140, 371, 475
〈避けるべき食べ物〉乳製品
〈摂るべき食べ物〉アボカド・アロエベラ
子宮――　359
〈摂るべき食べ物〉ラズベリーリーフ
腸管――　304, 377
〈摂るべき食べ物〉サツマイモ・大西洋産海藻
ホルモン失調　476, 477, 482
〈避けるべき食べ物〉乳製品・卵・キャノーラ油
〈摂るべき食べ物〉ベリー類・オレンジとミカン・葉物野菜・ラズベリーリーフ・ターメリック・アロエベラ・ネトルリーフ・ムラサキツメクサ

〈避けるべき食べ物〉卵
〈摂るべき食べ物〉リンゴ・アプリコット・アボカド・バナナ・ベリー類・チェリー・デーツ・キウイフルーツ・レモンとライム・マンゴー・オレンジとミカン・ザクロ・アスパラガス・セロリ・アブラナ科の野菜・キュウリ・葉物野菜・スプラウトとマイクログリーン・サツマイモ・ニンニク・ショウガ・レモンバーム・カンゾウ根・パセリ・ターメリック・ゴボウ・チャーガ・ココナッツ・ネトルリーフ・生ハチミツ・ムラサキツメクサ・ローズヒップ
腹痛 21, 176
〈摂るべき食べ物〉バナナ・イチジク・キウイフルーツ・メロン・パパイヤ・アーティチョーク・アスパラガス・芳香ハーブ・ショウガ・レモンバーム・カンゾウ根・パセリ・ゴボウ・タンポポ
副鼻腔炎 311, 475, 480
〈避けるべき食べ物〉乳製品・小麦
〈摂るべき食べ物〉デーツ・芳香ハーブ・ニンニク・ショウガ・ローズヒップ
腹部膨満 176, 188, 479, 481
〈避けるべき食べ物〉トウモロコシ・小麦
〈摂るべき食べ物〉リンゴ・アプリコット・アボカド・バナナ・クランベリー・イチジク・キウイフルーツ・パパイヤ・洋ナシ・アスパラガス・セロリ・キュウリ・ショウガ・レモンバーム・アロエベラ・ゴボウ・タンポポ・ネトルリーフ
フケ 130, 189, 228, 259, 267, 305, 365
〈摂るべき食べ物〉リンゴ・キウイフルーツ・ザクロ・キュウリ・葉物野菜・サツマイモ・ターメリック
浮腫 124, 400, 478
〈避けるべき食べ物〉卵
〈摂るべき食べ物〉バナナ・ベリー類・デーツ・ブドウ・セロリ・芳香ハーブ・ニンニク・タンポポ・ネトルリーフ
リンパ―― 265, 337
〈摂るべき食べ物〉葉物野菜・ショウガ
不正出血 166, 360, 365
〈摂るべき食べ物〉クランベリー・ラズベリーリーフ・ターメリック
不整脈 47, 194, 266, 395, 422
〈摂るべき食べ物〉レモンとライム・葉物野菜・ココナッツ・ローズヒップ
ブドウ球菌（感染症） 196, 272
〈摂るべき食べ物〉クランベリー・レモンとライム・タマネギ・ニンニク・レモンバーム・生ハチミツ・ローズヒップ
不妊（症） 40, 46, 57, 153, 358, 439, 443, 447
〈摂るべき食べ物〉アボカド・バナナ・ベリー類・チェリー・ブドウ・レモンとライム・マンゴー・メロン・オレンジとミカン・アーティチョーク・アスパラガス・セロリ・キュウリ・葉物野菜・ジャガイモ・スプラウトとマイクログリーン・ニンニク・ラズベリーリーフ・ココナッツ・ネトルリーフ・生ハチミツ・ムラサキツメクサ
不眠（症） 26, 36, 56, 116, 198, 303, 336, 393, 484
〈避けるべき食べ物〉卵・天然フレーバー
〈摂るべき食べ物〉アボカド・ベリー類・チェリー・デーツ・レモンとライム・マンゴー・ザクロ・アーティチョーク・セロリ・葉物野菜・ジャガイモ・ラディッシュ・スプラウトとマイクログリーン・サツマイモ・コリアンダー・ショウガ・カンゾウ根・ターメリック・ココナッツ・生ハチミツ
ブレインフォグ（頭に靄がかかった状態） 22, 26, 28, 36, 56-57, 63, 88, 476, 478, 481, 484
〈避けるべき食べ物〉乳製品・卵・小麦・天然フレーバー
〈摂るべき食べ物〉リンゴ・アプリコット・ベリー類・デーツ・イチジク・ブドウ・マンゴー・メロン・パパイヤ・ザクロ・セロリ・葉物野菜・ジャガイモ・ラディッシュ・スプラウトとマイクログリーン・キャッツクロー・コリアンダー・ショウガ・カンゾウ根・大西洋産海藻・ココナッツ

とマイクログリーン・ショウガ・ラズベリーリーフ・アロエベラ・ココナッツ
ヒト免疫不全ウイルス（HIV） 146, 325
〈摂るべき食べ物〉アボカド・バナナ・クランベリー・キウイフルーツ・レモンとライム・アーティチョーク・コリアンダー・パセリ・チャーガ
皮膚炎 223
〈摂るべき食べ物〉洋ナシ
皮膚癌 199, 303, 364
〈摂るべき食べ物〉マンゴー・ラディッシュ・サツマイモ・ターメリック・タンポポ
皮膚障害 266
〈摂るべき食べ物〉葉物野菜
皮膚の痒み 136, 206, 228, 424, 481
〈避けるべき食べ物〉小麦
〈摂るべき食べ物〉アプリコット・メロン・ザクロ・ローズヒップ
皮膚の乾燥 259
〈摂るべき食べ物〉キュウリ
皮膚の灼熱感 217
〈摂るべき食べ物〉パパイヤ
皮膚の変色 211, 217, 282
〈摂るべき食べ物〉オレンジとミカン・パパイヤ・ジャガイモ
飛蚊症 475
〈避けるべき食べ物〉乳製品
〈摂るべき食べ物〉アボカド・ベリー類・パパイヤ・ザクロ・ニンニク・チャーガ・生ハチミツ
非ホジキンリンパ腫 158, 160, 176, 211, 318, 331, 365, 382, 401
〈摂るべき食べ物〉チェリー・イチジク・オレンジとミカン・キャッツクロー・ニンニク・ターメリック・ゴボウ・タンポポ
肥満 15, 121, 130, 278
〈役立つ食べ物〉リンゴ・クランベリー・デーツ・レモンとライム・ジャガイモ・ターメリック・タンポポ
日焼け 306, 370
〈摂るべき食べ物〉マンゴー・キュウリ・サツマイモ・アロエベラ・ココナッツ
微量ミネラル不足 353
〈摂るべき食べ物〉葉物野菜・レモンバーム・パセリ
ピロリ菌感染（症） 475, 480
〈避けるべき食べ物〉乳製品・小麦
〈摂るべき食べ物〉ブドウ・キウイフルーツ・メロン・パパイヤ・葉物野菜・芳香ハーブ・ニンニク・レモンバーム・アロエベラ
貧血 159
〈摂るべき食べ物〉アプリコット・チェリー・クランベリー・ブドウ・アスパラガス・葉物野菜・スプラウトとマイクログリーン・ラズベリーリーフ・大西洋産海藻・チャーガ・ネトルリーフ・ムラサキツメクサ
頻尿 337, 343
〈摂るべき食べ物〉ショウガ・レモンバーム
頻脈 147, 154, 395, 422
〈摂るべき食べ物〉バナナ・ベリー類・ココナッツ・ローズヒップ

【ふ】

不安感 46, 57, 206, 223, 343, 478, 481, 483, 484
〈避けるべき食べ物〉卵・小麦・キャノーラ油・天然フレーバー
〈摂るべき食べ物〉リンゴ・アボカド・バナナ・ベリー類・デーツ・マンゴー・メロン・パパイヤ・洋ナシ・アスパラガス・セロリ・アブラナ科の野菜・キュウリ・ジャガイモ・スプラウトとマイクログリーン・サツマイモ・芳香ハーブ・コリアンダー・ショウガ・レモンバーム・カンゾウ根・アロエベラ・ココナッツ・ネトルリーフ
不機嫌 177, 187, 246, 259, 407
〈摂るべき食べ物〉イチジク・キウイフルーツ・セロリ・キュウリ・ネトルリーフ
副腎疲労 57, 346, 406, 450, 477

鼻詰まり 476, 478
〈避けるべき食べ物〉乳製品・卵
〈摂るべき食べ物〉アプリコット・ブドウ・ラディッシュ・芳香ハーブ・ニンニク・タンポポ
パニック 141, 154, 172, 246, 364
〈摂るべき食べ物〉アボカド・ベリー類・デーツ・セロリ・ターメリック
パパニコロウ塗抹検査異常 233, 297, 304, 337, 359
〈摂るべき食べ物〉アーティチョーク・スプラウトとマイクログリーン・サツマイモ・ショウガ・ラズベリーリーフ
バベシア菌 312, 318
〈摂るべき食べ物〉芳香ハーブ・キャッツクロー
バルトネラ菌 312, 317
〈摂るべき食べ物〉芳香ハーブ・キャッツクロー
バレット食道 188, 205, 371
〈摂るべき食べ物〉キウイフルーツ・メロン・アロエベラ
瘢痕組織 152, 250
〈摂るべき食べ物〉ベリー類・クランベリー・イチジク・ブドウ・洋ナシ・ザクロ・アーティチョーク・アブラナ科の野菜・サツマイモ・ゴボウ・ネトルリーフ
ハンチントン舞踏病 153, 211
〈摂るべき食べ物〉ベリー類・オレンジとミカン

【ひ】
B細胞疾患 312, 418
〈摂るべき食べ物〉芳香ハーブ・ムラサキツメクサ
PCOS（多嚢胞性卵巣症候群） 448, 475, 477, 482
〈避けるべき食べ物〉乳製品・卵・キャノーラ油
〈摂るべき食べ物〉ベリー類・チェリー・ザクロ・アスパラガス・スプラウトとマイクログリーン・サツマイモ・レモンバーム・ラズベリーリーフ・ターメリック・ネトルリーフ
PID（骨盤内炎症性疾患） 448, 452
〈摂るべき食べ物〉ベリー類・チェリー・アスパラガス・セロリ・アブラナ科の野菜・キュウリ・葉物野菜・ラディッシュ・芳香ハーブ・キャッツクロー・ニンニク・ショウガ
PMS（月経前症候群） 476, 478
〈避けるべき食べ物〉乳製品・卵
〈摂るべき食べ物〉リンゴ・アボカド・クランベリー・ブドウ・アスパラガス・アブラナ科の野菜・キュウリ・葉物野菜・カンゾウ根・ネトルリーフ・ムラサキツメクサ
POTS（体位性頻脈症候群） 482
〈避けるべき食べ物〉キャノーラ油
〈摂るべき食べ物〉アプリコット・アボカド・イチジク・キュウリ・コリアンダー・ココナッツ
PTSD（心的外傷後ストレス障害） 130, 147, 153, 171,177,199, 205, 211, 304, 325, 407, 412
〈摂るべき食べ物〉リンゴ・バナナ・ベリー類・デーツ・イチジク・マンゴー・メロン・オレンジとミカン・サツマイモ・コリアンダー・ネトルリーフ・生ハチミツ
冷え 274, 348, 407
〈摂るべき食べ物〉タマネギ・カンゾウ根・ネトルリーフ
膝痛 154, 253, 267, 274, 365
〈摂るべき食べ物〉ベリー類・アブラナ科の野菜・葉物野菜・タマネギ・ターメリック
ヒスタミン反応 253, 343, 364, 401, 418, 476, 481
〈避けるべき食べ物〉乳製品・小麦
〈摂るべき食べ物〉アブラナ科の野菜・レモンバーム・ターメリック・タンポポ・ムラサキツメクサ
脾臓の炎症 188, 348
〈摂るべき食べ物〉キウイフルーツ・カンゾウ根
ビタミン$B_{12}$不足 92, 465
ヒトパピローマウイルス（HPV） 476, 477,
〈避けるべき食べ物〉乳製品・卵
〈摂るべき食べ物〉オレンジとミカン・スプラウト

バー
〈摂るべき食べ物〉アボカド・ベリー類・イチジク・マンゴー・メロン
脳の病変 475, 479
〈避けるべき食べ物〉乳製品・トウモロコシ
〈摂るべき食べ物〉ベリー類・ブドウ・サツマイモ・パセリ・ローズヒップ
ノロウイルス 276, 312, 394, 411
〈摂るべき食べ物〉芳香ハーブ・ココナッツ・ハチミツ

【は】

PANDAS（パンダス、小児自己免疫性溶連菌感染関連性精神神経障害） 317, 372
〈摂るべき食べ物〉キャッツクロー・アロエベラ
パーキンソン病 46, 152, 175, 394, 482, 484
〈避けるべき食べ物〉キャノーラ油・天然フレーバー
〈摂るべき食べ物〉バナナ・ベリー類・イチジク・マンゴー・メロン・アスパラガス・ラディッシュ・コリアンダー・パセリ・ターメリック・大西洋産海藻・ココナッツ
肺炎 193, 272, 475
〈避けるべき食べ物〉乳製品
〈摂るべき食べ物〉クランベリー・レモンとライム・タマネギ・ラディッシュ・キャッツクロー・ニンニク・ターメリック・チャーガ・ココナッツ
肺癌 22, 250
〈摂るべき食べ物〉デーツ・アスパラガス・アブラナ科の野菜・大西洋産海藻・ゴボウ
肺気腫 273, 365
〈摂るべき食べ物〉タマネギ・ターメリック
敗血症 183, 188, 205, 239, 245, 259
〈摂るべき食べ物〉ブドウ・キウイフルーツ・メロン・アスパラガス・セロリ・キュウリ
背部痛 484
〈避けるべき食べ物〉天然フレーバー
〈摂るべき食べ物〉リンゴ・アボカド・バナナ・ベリー類・チェリー・ブドウ・メロン・オレンジとミカン・ザクロ・アスパラガス・キュウリ・コリアンダー・ニンニク・ショウガ・ターメリック・ゴボウ・チャーガ・ココナッツ
吐き気 342, 481
〈避けるべき食べ物〉小麦
〈摂るべき食べ物〉アプリコット・イチジク・ブドウ・レモンとライム・メロン・セロリ・芳香ハーブ・ショウガ・カンゾウ根・パセリ・大西洋産海藻
白癬 273, 311, 343, 354, 401
〈摂るべき食べ物〉タマネギ・芳香ハーブ・レモンバーム・パセリ・タンポポ
白斑 318, 423
〈摂るべき食べ物〉キャッツクロー・ローズヒップ
麦粒腫 273, 331, 412, 423
〈摂るべき食べ物〉タマネギ・ニンニク・生ハチミツ・ローズヒップ
バセドウ病（グレーブス病） 475
〈避けるべき食べ物〉乳製品
〈摂るべき食べ物〉チェリー・マンゴー・オレンジとミカン・パパイヤ・アスパラガス・アブラナ科の野菜・ジャガイモ・スプラウトとマイクログリーン・カンゾウ根・ラズベリーリーフ・ターメリック・大西洋産海藻・チャーガ
発汗異常 136
〈摂るべき食べ物〉アプリコット
白血病 166, 273, 377, 387, 416
〈摂るべき食べ物〉クランベリー・タマネギ・大西洋産海藻・チャーガ・ムラサキツメクサ
発熱 160, 195, 206, 259, 313, 343, 388, 412, 424
〈摂るべき食べ物〉チェリー・レモンとライム・メロン・キュウリ・芳香ハーブ・ニンニク・レモンバーム・チャーガ・生ハチミツ・ローズヒップ
鼻風邪 194
〈摂るべき食べ物〉レモンとライム
鼻血 160, 343, 354
〈摂るべき食べ物〉チェリー・レモンバーム・パセリ

ムラサキツメクサ

【に】
にきび　475, 477, 479
〈避けるべき食べ物〉乳製品・卵・トウモロコシ
〈摂るべき食べ物〉リンゴ・アプリコット・ベリー類・チェリー・レモンとライム・メロン・オレンジとミカン・パパイヤ・アスパラガス・セロリ・アブラナ科の野菜・葉物野菜・キャッツクロー・カンゾウ根・アロエベラ・ゴボウ・タンポポ・ネトルリーフ・ムラサキツメクサ・ローズヒップ
乳癌　40, 303, 477
〈避けるべき食べ物〉卵
〈摂るべき食べ物〉チェリー・ブドウ・メロン・アスパラガス・アブラナ科の野菜・タマネギ・ジャガイモ・ラディッシュ・サツマイモ・ニンニク・ゴボウ・チャーガ・ネトルリーフ
ニューロパチー　176, 188, 239, 304, 343, 348
〈摂るべき食べ物〉イチジク・キウイフルーツ・アスパラガス・サツマイモ・レモンバーム・カンゾウ根
糖尿病性──　37, 47
〈摂るべき食べ物〉リンゴ・バナナ・イチジク・ジャガイモ
尿意切迫　172, 234, 240, 343, 395
〈摂るべき食べ物〉デーツ・アーティチョーク・アスパラガス・レモンバーム・ココナッツ
尿閉　337
〈摂るべき食べ物〉ショウガ
尿路感染症（UTI）　164, 318, 475, 477, 480
〈避けるべき食べ物〉乳製品・卵・小麦
〈摂るべき食べ物〉リンゴ・アボカド・チェリー・クランベリー・イチジク・レモンとライム・マンゴー・メロン・オレンジとミカン・パパイヤ・セロリ・アブラナ科の野菜・タマネギ・サツマイモ・キャッツクロー・コリアンダー・ニンニク・レモンバーム・カンゾウ根・パセリ・ラズベリーリーフ・アロエベラ・ココナッツ・タンポポ・ネトルリーフ・ローズヒップ
認知症　56, 88, 140, 159, 175, 295, 394, 477, 484
〈避けるべき食べ物〉卵・天然フレーバー
〈摂るべき食べ物〉アボカド・ベリー類・チェリー・イチジク・マンゴー・ザクロ・スプラウトとマイクログリーン・コリアンダー・パセリ・大西洋産海藻・ココナッツ・生ハチミツ

【ね】
寝汗　298, 343
〈摂るべき食べ物〉スプラウトとマイクログリーン・レモンバーム
粘液過多　481
〈避けるべき食べ物〉小麦
〈摂るべき食べ物〉レモンとライム・芳香ハーブ・ニンニク・ターメリック・タンポポ・ローズヒップ
捻挫　160
〈摂るべき食べ物〉チェリー

【の】
脳炎　364
〈摂るべき食べ物〉リンゴ・ベリー類・マンゴー・セロリ・レモンバーム・カンゾウ根・ターメリック
脳腫瘍　158, 290, 365, 477
〈避けるべき食べ物〉卵
〈摂るべき食べ物〉チェリー・ラディッシュ・ターメリック
悪性──　477
〈避けるべき食べ物〉卵
〈摂るべき食べ物〉アボカド・ベリー類・アブラナ科の野菜・ラディッシュ・大西洋産海藻
脳性麻痺　153, 365
〈摂るべき食べ物〉ベリー類・ターメリック
脳卒中　152, 199, 204, 482, 484
〈避けるべき食べ物〉キャノーラ油・天然フレー

〈摂るべき食べ物〉リンゴ・アプリコット・バナナ・ベリー類・デーツ・ブドウ・キウイフルーツ・マンゴー・メロン・オレンジとミカン・パパイヤ・洋ナシ・ザクロ・アーティチョーク・アスパラガス・セロリ・アブラナ科の野菜・キュウリ・葉物野菜・ジャガイモ・スプラウトとマイクログリーン・ココナッツ・生ハチミツ
低コルチゾール 188, 245, 365, 407
〈摂るべき食べ物〉キウイフルーツ・セロリ・ターメリック・ネトルリーフ
ディフィシル菌 129, 176, 215, 272, 302, 468
〈摂るべき食べ物〉パパイヤ・芳香ハーブ・アロエベラ
鉄不足 159, 272
〈摂るべき食べ物〉葉物野菜・タマネギ・スプラウトとマイクログリーン・ラズベリーリーフ・チャーガ
てんかん 46
〈摂るべき食べ物〉アボカド・ベリー類・イチジク・マンゴー・メロン・ラディッシュ・サツマイモ・大西洋産海藻
電磁波過敏症（EHS） 234, 365, 387
〈摂るべき食べ物〉アーティチョーク・ターメリック・チャーガ

【と】

動悸 37, 47, 422, 476, 478
〈避けるべき食べ物〉乳製品・卵
〈摂るべき食べ物〉リンゴ・ベリー類・デーツ・キウイフルーツ・アブラナ科の野菜・葉物野菜・サツマイモ・キャッツクロー・レモンバーム・カンゾウ根・ココナッツ・ローズヒップ
統合失調症 172
〈摂るべき食べ物〉デーツ
疼痛性肩拘縮（五十肩） 47, 484
〈避けるべき食べ物〉天然フレーバー
〈摂るべき食べ物〉リンゴ・ベリー類・マンゴー・パパイヤ・ザクロ・セロリ・ジャガイモ・ラディッシュ・キャッツクロー・レモンバーム・カンゾウ根・ターメリック・チャーガ・ココナッツ・ローズヒップ
糖尿病 36, 51, 124, 170, 187, 199, 233, 278, 393, 476
〈避けるべき食べ物〉乳製品
〈摂るべき食べ物〉リンゴ・アプリコット・バナナ・ベリー類・チェリー・クランベリー・デーツ・ブドウ・キウイフルーツ・レモンとライム・マンゴー・メロン・オレンジとミカン・パパイヤ・洋ナシ・ザクロ・アーティチョーク・アスパラガス・セロリ・アブラナ科の野菜・キュウリ・葉物野菜・ジャガイモ・スプラウトとマイクログリーン・ゴボウ・ココナッツ・生ハチミツ・ローズヒップ
糖尿病性ニューロパチー 37, 47
〈摂るべき食べ物〉リンゴ・バナナ・イチジク・ジャガイモ
動脈硬化 164, 211, 354
〈摂るべき食べ物〉クランベリー・オレンジとミカン・パセリ
アテローム性―― 153
〈摂るべき食べ物〉ベリー類
動脈瘤 152, 171, 204
〈摂るべき食べ物〉ベリー類・デーツ・メロン
トゥレット症候群 153
〈摂るべき食べ物〉ベリー類

【な】

内分泌障害 266, 377
〈摂るべき食べ物〉葉物野菜・大西洋産海藻
難聴 166, 177, 183, 282, 290
〈摂るべき食べ物〉クランベリー・イチジク・ブドウ・ジャガイモ・ラディッシュ
軟便 189, 239, 418, 483
〈避けるべき食べ物〉キャノーラ油
〈摂るべき食べ物〉キウイフルーツ・アスパラガス・

【ち】
チック 172, 319, 348, 377
〈摂るべき食べ物〉デーツ・キャッツクロー・カンゾウ根・大西洋産海藻
膣の痛み 172, 348
〈摂るべき食べ物〉デーツ・カンゾウ根
膣の痒み 407, 478
〈避けるべき食べ物〉卵
〈摂るべき食べ物〉ネトルリーフ
膣の灼熱感 348, 360, 407, 478
〈避けるべき食べ物〉卵
〈摂るべき食べ物〉カンゾウ根・ラズベリーリーフ・ネトルリーフ
膣連鎖球菌感染症 331, 388, 407, 477
〈避けるべき食べ物〉卵
〈摂るべき食べ物〉ニンニク・チャーガ・ネトルリーフ
注意欠如・多動症（ADHD） 36, 46, 484
〈避けるべき食べ物〉天然フレーバー
〈摂るべき食べ物〉リンゴ・アボカド・バナナ・ベリー類・デーツ・イチジク・ブドウ・キウイフルーツ・マンゴー・メロン・セロリ・アブラナ科の野菜・葉物野菜・スプラウトとマイクログリーン・サツマイモ・コリアンダー・レモンバーム・大西洋産海藻・ココナッツ・生ハチミツ
虫垂炎 176
〈摂るべき食べ物〉イチジク・キウイフルーツ・レモンとライム・洋ナシ・芳香ハーブ・ニンニク・カンゾウ根・アロエベラ・ゴボウ・タンポポ
腸管皮膚瘻 216
〈摂るべき食べ物〉パパイヤ
腸管壁浸漏（リーキーガット症候群・腸漏れ） 244, 459
〈摂るべき食べ物〉セロリ
腸管ポリープ 304, 377
〈摂るべき食べ物〉サツマイモ・大西洋産海藻
腸痙攣 189, 223, 245, 483
〈避けるべき食べ物〉キャノーラ油
〈摂るべき食べ物〉キウイフルーツ・洋ナシ・セロリ
腸内ウイルス 312
〈摂るべき食べ物〉芳香ハーブ
腸の癌 250, 303, 331
〈摂るべき食べ物〉アブラナ科の野菜・サツマイモ・ニンニク
直腸癌 303, 371
〈摂るべき食べ物〉サツマイモ・アロエベラ
直腸痛 177
〈摂るべき食べ物〉イチジク

【つ】
痛風 166, 188, 239, 265, 382, 475
〈避けるべき食べ物〉乳製品
〈摂るべき食べ物〉クランベリー・キウイフルーツ・アスパラガス・葉物野菜・ゴボウ
爪水虫 387, 423
〈摂るべき食べ物〉チャーガ・ローズヒップ

【て】
DDT（ジクロロジフェニルトリクロロエタン） 39, 49, 447
〈排出する食べ物〉アプリコット・ブドウ・メロン・洋ナシ・ザクロ・アスパラガス・キュウリ・タマネギ・パセリ・大西洋産海藻・タンポポ・ムラサキツメクサ・ローズヒップ
TIA（一過性虚血発作） 129, 482, 484
〈避けるべき食べ物〉キャノーラ油・天然フレーバー
〈摂るべき食べ物〉リンゴ
TMJ（顎関節症） 47
手足の冷え 274, 276, 348, 407
〈摂るべき食べ物〉タマネギ・カンゾウ根・ネトルリーフ
手汗 183
〈摂るべき食べ物〉ブドウ
低血糖 170, 233, 394, 476
〈避けるべき食べ物〉乳製品

リアンダー・ショウガ・レモンバーム・カンゾウ根・アロエベラ・チャーガ・ココナッツ・ネトルリーフ・ムラサキツメクサ
大腸炎　36, 121, 140, 303, 475, 479, 480, 482
〈避けるべき食べ物〉乳製品・トウモロコシ・小麦・キャノーラ油
〈摂るべき食べ物〉アボカド・バナナ・イチジク・マンゴー・メロン・パパイヤ・アーティチョーク・セロリ・ジャガイモ・サツマイモ・アロエベラ・タンポポ
潰瘍性――　46, 325, 331
〈摂るべき食べ物〉コリアンダー・ニンニク
大腸癌　140, 176, 182, 281, 371
〈摂るべき食べ物〉アボカド・イチジク・ブドウ・ジャガイモ
大腸菌感染　176, 183, 205, 216, 259, 312, 371
〈摂るべき食べ物〉イチジク・ブドウ・メロン・パパイヤ・キュウリ・芳香ハーブ・アロエベラ
唾液管の問題　354, 417
〈摂るべき食べ物〉パセリ・ムラサキツメクサ
立ちくらみ　136, 160, 177, 337, 354
〈摂るべき食べ物〉アプリコット・チェリー・イチジク・ショウガ・パセリ
脱水　90, 257
〈摂るべき食べ物〉レモンとライム・メロン・オレンジとミカン・セロリ・キュウリ・ココナッツ
脱毛（症）　37, 140, 160, 228, 407, 483, 484
〈避けるべき食べ物〉キャノーラ油・天然フレーバー
〈摂るべき食べ物〉アボカド・チェリー・ザクロ・サツマイモ・ネトルリーフ
多嚢胞性卵巣症候群（PCOS）　448, 475, 477, 482
〈避けるべき食べ物〉乳製品・卵・キャノーラ油
〈摂るべき食べ物〉ベリー類・チェリー・ザクロ・アスパラガス・スプラウトとマイクログリーン・サツマイモ・レモンバーム・ラズベリーリーフ・ターメリック・ネトルリーフ
多発性硬化症（MS）　36, 43, 47, 49, 122, 289, 317, 479, 482
〈避けるべき食べ物〉トウモロコシ・キャノーラ油
〈摂るべき食べ物〉リンゴ・ベリー類・ブドウ・レモンとライム・メロン・オレンジとミカン・パパイヤ・アスパラガス・キュウリ・ラディッシュ・芳香ハーブ・キャッツクロー・コリアンダー・ターメリック・ゴボウ・チャーガ
多発性骨髄腫　176, 233, 354, 416
〈摂るべき食べ物〉イチジク・アーティチョーク・パセリ・ムラサキツメクサ
多毛症　303-304
〈摂るべき食べ物〉サツマイモ
多量ミネラル不足　267
〈摂るべき食べ物〉葉物野菜
垂れ足（下垂足）　326
〈摂るべき食べ物〉コリアンダー
単核球症　47-48, 475, 477, 479
〈避けるべき食べ物〉乳製品・卵・トウモロコシ
〈摂るべき食べ物〉オレンジとミカン・パパイヤ・ザクロ・アスパラガス・アブラナ科の野菜・キュウリ・葉物野菜・スプラウトとマイクログリーン・芳香ハーブ・キャッツクロー・コリアンダー・ニンニク・ショウガ・レモンバーム・カンゾウ根・パセリ・ターメリック・アロエベラ・チャーガ・ココナッツ・ネトルリーフ・ムラサキツメクサ
胆石　164, 210, 226, 233, 235, 265, 475, 477
〈避けるべき食べ物〉乳製品・卵
〈摂るべき食べ物〉アプリコット・クランベリー・イチジク・ブドウ・レモンとライム・オレンジとミカン・ザクロ・アーティチョーク・葉物野菜・ショウガ・ゴボウ
胆嚢疾患　265, 475, 477
〈避けるべき食べ物〉乳製品・卵
〈摂るべき食べ物〉アプリコット・バナナ・クランベリー・葉物野菜

ムラサキツメクサ
摂食障害　171, 199, 217, 365
〈摂るべき食べ物〉デーツ・マンゴー・パパイヤ・ターメリック
セリアック病（小児脂肪便症）　475, 480
〈避けるべき食べ物〉乳製品・小麦
〈摂るべき食べ物〉アプリコット・バナナ・イチジク・アスパラガス・葉物野菜・ジャガイモ・スプラウトとマイクログリーン・サツマイモ・ショウガ・ターメリック・ゴボウ・チャーガ・タンポポ・ムラサキツメクサ
線維筋痛症　36, 47, 48, 122, 475, 482
〈避けるべき食べ物〉乳製品・キャノーラ油
〈摂るべき食べ物〉アプリコット・アボカド・ベリー類・チェリー・ブドウ・オレンジとミカン・パパイヤ・アスパラガス・セロリ・キュウリ・ラディッシュ・芳香ハーブ・コリアンダー・カンゾウ根・ゴボウ・チャーガ
喘息　135, 273, 290, 479
〈避けるべき食べ物〉トウモロコシ
〈摂るべき食べ物〉アプリコット・タマネギ・ラディッシュ
蠕虫　288, 461
〈摂るべき食べ物〉パパイヤ・ラディッシュ・ニンニク・ターメリック・ゴボウ
仙腸関節（S-I）痛　177, 189
〈摂るべき食べ物〉イチジク・キウイフルーツ
前立腺炎　160, 188, 401
〈摂るべき食べ物〉チェリー・キウイフルーツ・タンポポ
前立腺癌　153, 273, 282, 331, 387
〈摂るべき食べ物〉ベリー類・タマネギ・ジャガイモ・ニンニク・チャーガ

【そ】
双極性障害　147, 354, 377, 395, 412
〈摂るべき食べ物〉バナナ・パセリ・大西洋産海藻・ココナッツ・生ハチミツ
躁病　166
〈摂るべき食べ物〉クランベリー
僧帽弁逸脱症　188
〈摂るべき食べ物〉キウイフルーツ
塞栓症　204-205
〈摂るべき食べ物〉メロン
足底筋膜炎　228, 318, 337, 371
〈摂るべき食べ物〉ザクロ・キャッツクロー・ショウガ・アロエベラ

【た】
体位性頻脈症候群（POTS）　482
〈避けるべき食べ物〉キャノーラ油
〈摂るべき食べ物〉アプリコット・アボカド・イチジク・キュウリ・コリアンダー・ココナッツ
体液貯留　189, 195, 267, 298, 388, 401
〈摂るべき食べ物〉キウイフルーツ・レモンとライム・葉物野菜・スプラウトとマイクログリーン・チャーガ・タンポポ
体臭　130, 183, 240, 412
〈摂るべき食べ物〉リンゴ・ブドウ・アスパラガス・生ハチミツ
体重増加　36, 57, 78, 124, 476
〈避けるべき食べ物〉乳製品
〈摂るべき食べ物〉リンゴ・アプリコット・バナナ・ベリー類・クランベリー・レモンとライム・洋ナシ・ザクロ・アスパラガス・アブラナ科の野菜・キュウリ・葉物野菜・スプラウトとマイクログリーン・サツマイモ・コリアンダー・ショウガ・レモンバーム・パセリ・ターメリック・ココナッツ・タンポポ・ムラサキツメクサ
帯状疱疹　47-48, 116, 120, 280, 316, 342, 346, 381
〈摂るべき食べ物〉リンゴ・アボカド・バナナ・クランベリー・オレンジとミカン・パパイヤ・洋ナシ・アーティチョーク・アスパラガス・アブラナ科の野菜・キュウリ・葉物野菜・ジャガイモ・サツマイモ・芳香ハーブ・キャッツクロー・コ

レンジ・パパイヤ・タマネギ・キャッツクロー・レモンバーム
膵臓癌　182, 205, 222, 233, 245, 281, 337, 371
〈摂るべき食べ物〉ブドウ・メロン・洋ナシ・アーティチョーク・セロリ・ジャガイモショウガ・アロエベラ
水疱　166, 206, 267, 313, 424
睡眠困難　172, 234, 245, 290, 298, 326, 338, 395, 412
〈摂るべき食べ物〉デーツ・アーティチョーク・セロリ・ラディッシュ・スプラウトとマイクログリーン・コリアンダー・ショウガ・ココナッツ・ハチミツ
睡眠障害　393, 397, 484
〈避けるべき食べ物〉天然フレーバー
〈摂るべき食べ物〉アボカド・バナナ・デーツ・ブドウ・マンゴー・アーティチョーク・セロリ・ジャガイモ・サツマイモ・ラディッシュ・スプラウトとマイクログリーン・キャッツクロー・コリアンダー・ショウガ・レモンバーム・ココナッツ・生ハチミツ
睡眠時無呼吸症候群　475, 480
〈避けるべき食べ物〉乳製品・小麦
〈摂るべき食べ物〉アスパラガス・セロリ・ニンニク・ショウガ・ココナッツ
頭痛　476, 481, 484
〈避けるべき食べ物〉乳製品・小麦・天然フレーバー
〈摂るべき食べ物〉アプリコット・アボカド・バナナ・ベリー類・デーツ・レモンとライム・セロリ・アブラナ科の野菜・キュウリ・芳香ハーブ・キャッツクロー・コリアンダー・ニンニク・ショウガ・カンゾウ根・パセリ・大西洋産海藻・ゴボウ・チャーガ・ココナッツ・ネトルリーフ・生ハチミツ・ムラサキツメクサ
偏――　36, 47, 51, 57, 152, 244, 478, 484
〈避けるべき食べ物〉卵・天然フレーバー
〈摂るべき食べ物〉リンゴ・ベリー類・クランベリー・レモンとライム・パパイヤ・洋ナシ・アスパラガス・セロリ・アブラナ科の野菜・キュウリ・葉物野菜・タマネギ・芳香ハーブ・キャッツクロー・コリアンダー・ニンニク・ショウガ・レモンバーム・カンゾウ根・ターメリック・大西洋産海藻・ゴボウ・チャーガ・ココナッツ・タンポポ
ストレス　40, 51, 54, 71-77, 82, 108, 117, 449, 454
〈助けになる食べ物〉リンゴ・チェリー・クランベリー・デーツ・マンゴー・アスパラガス・セロリ・ジャガイモ・サツマイモ・ショウガ・レモンバーム・カンゾウ根・大西洋産海藻・ネトルリーフ

【せ】
性交不能　160
〈摂るべき食べ物〉チェリー
生殖器の癌　140, 250, 303, 477
〈避けるべき食べ物〉卵
〈摂るべき食べ物〉アボカド・アブラナ科の野菜・大西洋産海藻・ネトルリーフ
性欲減退　57, 478
〈避けるべき食べ物〉卵
〈摂るべき食べ物〉キウイフルーツ・アスパラガス・ジャガイモ・カンゾウ根・生ハチミツ
脆弱爪　183, 206, 217, 234, 298, 418
〈摂るべき食べ物〉ブドウ・メロン・パパイヤ・アーティチョーク・スプラウトとマイクログリーン・ムラサキツメクサ
咳　481
〈避けるべき食べ物〉小麦
〈摂るべき食べ物〉チェリー・デーツ・ブドウ・レモンとライム・ラディッシュ・芳香ハーブ・ニンニク・ショウガ・ターメリック・ローズヒップ
脊髄の病変　153, 354
〈摂るべき食べ物〉ベリー類・パセリ
石灰化　152, 226, 233
〈摂るべき食べ物〉ベリー類・クランベリー・ザクロ・アーティチョーク・葉物野菜・ターメリック・

ココナッツ・ローズヒップ
神経痛 37, 48, 479, 483, 484
〈避けるべき食べ物〉トウモロコシ・キャノーラ油・天然フレーバー
〈摂るべき食べ物〉ベリー類・ザクロ・アーティチョーク・アスパラガス・キュウリ・タマネギ・スプラウトとマイクログリーン・芳香ハーブ・コリアンダー・ニンニク・カンゾウ根・パセリ・大西洋産海藻・ゴボウ・チャーガ・ココナッツ・生ハチミツ
三叉―― 141, 176, 228, 259, 325, 482
〈避けるべき食べ物〉キャノーラ油
〈摂るべき食べ物〉アボカド・イチジク・ザクロ・キュウリ・コリアンダー
坐骨―― 484
〈避けるべき食べ物〉天然フレーバー
〈摂るべき食べ物〉アボカド・イチジク・芳香ハーブ・コリアンダー・カンゾウ根・ターメリック・アロエベラ・チャーガ・ココナッツ
心血管疾患 160, 165, 171, 354
〈摂るべき食べ物〉チェリー・クランベリー・デーツ・パセリ
心疾患 64, 82, 121
〈摂るべき食べ物〉アボカド・バナナ・ベリー類・イチジク・メロン・葉物野菜・ジャガイモ・サツマイモ・ターメリック
振戦 166, 172, 183, 195, 206, 211, 274, 319, 354, 377
〈摂るべき食べ物〉クランベリー・デーツ・ブドウ・レモンとライム・メロン・オレンジとミカン・タマネギ・キャッツクロー・パセリ・大西洋産海藻
心臓発作 199, 204
〈摂るべき食べ物〉マンゴー・メロン
心的外傷後ストレス障害（PTSD） 130, 147, 153, 171, 177, 199, 205, 211, 304, 325, 407, 412
〈摂るべき食べ物〉リンゴ・バナナ・ベリー類・デーツ・イチジク・マンゴー・メロン・オレンジとミカン・サツマイモ・コリアンダー・ネトルリーフ・生ハチミツ
心房細動 47, 153, 194, 354, 394, 422
〈摂るべき食べ物〉ベリー類・レモンとライム・パセリ・ココナッツ・ローズヒップ
腎結石 165, 210, 233, 235, 265
〈摂るべき食べ物〉チェリー・クランベリー・ブドウ・レモンとライム・マンゴー・オレンジとミカン・ザクロ・アーティチョーク・アスパラガス・セロリ・葉物野菜・ゴボウ・タンポポ
腎疾患 258
〈摂るべき食べ物〉リンゴ・アボカド・ブドウ・レモンとライム・メロン・セロリ・キュウリ・葉物野菜・ジャガイモ・サツマイモ・ラディッシュ・タンポポ
腎臓癌 281, 377
〈摂るべき食べ物〉ジャガイモ・大西洋産海藻
腎臓の感染症 165, 318, 382
〈摂るべき食べ物〉クランベリー・キャッツクロー・ゴボウ
腎不全 165, 199, 258
〈摂るべき食べ物〉クランベリー・マンゴー・キュウリ
蕁麻疹 476, 480
〈避けるべき食べ物〉乳製品・小麦
〈摂るべき食べ物〉ザクロ・アブラナ科の野菜・ターメリック・チャーガ・タンポポ・ムラサキツメクサ

【す】

膵炎 215, 222, 359, 482
〈避けるべき食べ物〉キャノーラ油
〈摂るべき食べ物〉レモンとライム・メロン・パパイヤ・洋ナシ・セロリ・ショウガ・ラズベリーリーフ・ココナッツ
衰弱 141, 206, 211, 217, 274, 319, 343
〈摂るべき食べ物〉アボカド・メロン・ミカン・オ

サツマイモ・ニンニク・チャーガ・ネトルリーフ
腫瘍 228, 364, 463
〈摂るべき食べ物〉ザクロ・ターメリック
消化器系の不快感 194, 217, 383, 401, 476
〈避けるべき食べ物〉乳製品
〈摂るべき食べ物〉レモンとライム・パパイヤ・ゴボウ・タンポポ
消化性潰瘍 280, 311, 479
〈避けるべき食べ物〉トウモロコシ
〈摂るべき食べ物〉マンゴー・メロン・葉物野菜・ジャガイモ・芳香ハーブ・カンゾウ根
消化不良 51, 166, 200, 266, 304, 319, 331, 337
〈摂るべき食べ物〉クランベリー・マンゴー・葉物野菜・サツマイモ・キャッツクロー・ニンニク・ショウガ
小腸内細菌異常増殖（SIBO） 129, 272, 475, 477, 480
〈避けるべき食べ物〉乳製品・卵・小麦
〈摂るべき食べ物〉リンゴ・デーツ・イチジク・キウイフルーツ・パパイヤ・洋ナシ・タマネギ・ジャガイモ・芳香ハーブ・キャッツクロー・ニンニク・ショウガ・レモンバーム・ターメリック・アロエベラ・チャーガ・ココナッツ・生ハチミツ・ローズヒップ
小児自己免疫性溶連菌感染関連性精神神経障害（PANDAS） 317, 372
〈摂るべき食べ物〉キャッツクロー・アロエベラ
小児脂肪便症（セリアック病） 475, 480
〈避けるべき食べ物〉乳製品・小麦
〈摂るべき食べ物〉アプリコット・バナナ・イチジク・アスパラガス・葉物野菜・ジャガイモ・スプラウトとマイクログリーン・サツマイモ・ショウガ・ターメリック・ゴボウ・チャーガ・タンポポ・ムラサキツメクサ
食道癌 222, 303, 331
〈摂るべき食べ物〉洋ナシ・サツマイモ・ニンニク
食物アレルギー 141, 183, 205, 234, 245, 325, 337
〈摂るべき食べ物〉アプリコット・アボカド・チェリー・デーツ・ブドウ・レモンとライム・メロン・オレンジとミカン・洋ナシ・アーティチョーク・セロリ・アブラナ科の野菜・葉物野菜・ジャガイモ・スプラウトとマイクログリーン・芳香ハーブ・コリアンダー・ショウガ・カンゾウ根・ラズベリーリーフ・アロエベラ・ゴボウ・ココナッツ・ネトルリーフ・ムラサキツメクサ
食物過敏症 476, 477, 479, 480
〈避けるべき食べ物〉乳製品・卵・トウモロコシ・小麦
〈摂るべき食べ物〉アボカド・バナナ・ブドウ・メロン・アーティチョーク・セロリ・キュウリ・ラディッシュ・サツマイモ・コリアンダー・ショウガ・ゴボウ
食欲不振 160, 216, 342, 407
〈摂るべき食べ物〉チェリー・パパイヤ・レモンバーム・ネトルリーフ
視力障害 57, 147, 166, 177, 194, 423
〈摂るべき食べ物〉バナナ・クランベリー・イチジク・レモン・ローズヒップ
自律神経失調症 160, 259
〈摂るべき食べ物〉チェリー・キュウリ
人格障害 199
〈摂るべき食べ物〉マンゴー
自己愛性—— 172, 354
〈摂るべき食べ物〉デーツ・パセリ
真菌感染症 147, 171, 223, 282, 311, 337
〈摂るべき食べ物〉バナナ・デーツ・洋ナシ・ジャガイモ・芳香ハーブ・ショウガ
神経炎 128, 176, 188, 253, 365
〈摂るべき食べ物〉リンゴ・イチジク・キウイフルーツ・アブラナ科の野菜・ターメリック
神経質 130, 195, 206, 211, 246, 290, 319, 326, 343, 395, 424
〈摂るべき食べ物〉リンゴ・レモンとライム・メロン・オレンジとミカン・セロリ・ラディッシュ・キャッツクロー・コリアンダー・レモンバーム・

〈摂るべき食べ物〉リンゴ・バナナ・ベリー類・デーツ・レモンとライム・オレンジとミカン・ザクロ・ラディッシュ・芳香ハーブ・ニンニク・ココナッツ
湿疹 476
〈避けるべき食べ物〉乳製品
〈摂るべき食べ物〉ベリー類・イチジク・パパイヤ・セロリ・アブラナ科の野菜・キュウリ・葉物野菜・スプラウトとマイクログリーン・サツマイモ・コリアンダー・ニンニク・ショウガ・ターメリック・アロエベラ・ゴボウ・チャーガ・ネトルリーフ・ムラサキツメクサ
歯肉痛 136, 172, 290, 354
〈摂るべき食べ物〉アプリコット・デーツ・ラディッシュ・パセリ
紫斑 147, 160, 166, 211, 298, 388, 418
〈摂るべき食べ物〉バナナ・チェリー・クランベリー・オレンジとミカン・スプラウトとマイクログリーン・チャーガ・ムラサキツメクサ
しびれ 37, 476, 479, 483, 484
〈避けるべき食べ物〉乳製品・キャノーラ油・天然フレーバー
〈摂るべき食べ物〉アボカド・バナナ・ベリー類・オレンジとミカン・パパイヤ・アスパラガス・アブラナ科の野菜・キュウリ・タマネギ・ジャガイモ・スプラウトとマイクログリーン・芳香ハーブ・キャッツクロー・コリアンダー・ニンニク・カンゾウ根・パセリ・大西洋産海藻・チャーガ・ココナッツ・生ハチミツ・ローズヒップ
自閉症 36, 46, 484
〈避けるべき食べ物〉天然フレーバー
〈摂るべき食べ物〉リンゴ・アボカド・ベリー類・チェリー・デーツ・ブドウ・キウイフルーツ・ザクロ・セロリ・アブラナ科の野菜・スプラウトとマイクログリーン・コリアンダー・レモンバーム・大西洋産海藻・ココナッツ
脂肪肝 124, 475, 482
〈避けるべき食べ物〉乳製品・キャノーラ油
〈摂るべき食べ物〉チェリー・ブドウ・マンゴー・アーティチョーク・セロリ・タマネギ・パセリ・アロエベラ・チャーガ・タンポポ
脂肪肝予備群 354, 371, 387, 401, 467, 475
〈避けるべき食べ物〉乳製品
〈摂るべき食べ物〉パセリ・アロエベラ・チャーガ・タンポポ
脂肪腫 245, 365
〈摂るべき食べ物〉セロリ・ターメリック
灼熱感 47, 48, 478
〈避けるべき食べ物〉卵
〈摂るべき食べ物〉パパイヤ・ラディッシュ・キャッツクロー・カンゾウ根・ラズベリーリーフ・ネトルリーフ
社交不安障害（あがり症） 172, 304
〈摂るべき食べ物〉デーツ・サツマイモ
重金属 41, 45, 87, 124, 447
〈排出する食べ物〉リンゴ・ベリー類・デーツ・イチジク・ブドウ・メロン・オレンジとミカン・アスパラガス・セロリ・キュウリ・葉物野菜・タマネギ・ラディッシュ・スプラウトとマイクログリーン・芳香ハーブ・コリアンダー・ニンニク・ターメリック・大西洋産海藻・ゴボウ・タンポポ・ムラサキツメクサ・ワイルドブルーベリー
手根管症候群 477
〈避けるべき食べ物〉卵
〈摂るべき食べ物〉バナナ・クランベリー・オレンジとミカン・アーティチョーク・ターメリック・チャーガ・ココナッツ
酒皶 171, 194, 245, 273, 343, 387, 401
〈摂るべき食べ物〉デーツ・レモンとライム・セロリ・タマネギ・レモンバーム・チャーガ・タンポポ
出血 166, 177, 360, 386
〈摂るべき食べ物〉クランベリー・イチジク・ラズベリーリーフ・ターメリック
腫脹 481
〈避けるべき食べ物〉小麦
〈摂るべき食べ物〉ベリー類・セロリ・葉物野菜・

〈避けるべき食べ物〉乳製品・トウモロコシ・キャノーラ油
〈摂るべき食べ物〉アプリコット・アボカド・ベリー類・ブドウ・マンゴー・オレンジとミカン・パパイヤ・アスパラガス・セロリ・キュウリ・サツマイモ・芳香ハーブ・コリアンダー・カンゾウ根・ターメリック・ゴボウ・チャーガ・ローズヒップ
COPD（慢性閉塞性肺疾患） 252, 273, 281, 354
〈摂るべき食べ物〉アブラナ科の野菜・タマネギ・ジャガイモ・パセリ
CMV（サイトメガロウイルス） 47, 120, 346, 381
〈摂るべき食べ物〉クランベリー・オレンジとミカン・キュウリ・芳香ハーブ・コリアンダー
SIBO（シーボ、小腸内細菌異常増殖） 129, 215, 272, 475, 477, 480
〈避けるべき食べ物〉乳製品・卵・小麦
〈摂るべき食べ物〉リンゴ・デーツ・イチジク・キウイフルーツ・パパイヤ・洋ナシ・タマネギ・ジャガイモ・芳香ハーブ・キャッツクロー・ニンニク・ショウガ・レモンバーム・ターメリック・アロエベラ・チャーガ・ココナッツ・生ハチミツ・ローズヒップ
シェーグレン症候群 122, 188, 205, 245, 354, 479
〈避けるべき食べ物〉トウモロコシ
〈摂るべき食べ物〉キウイフルーツ・メロン・セロリ・パセリ
痔核 140, 146, 182, 281, 371, 423
〈摂るべき食べ物〉アボカド・バナナ・ブドウ・ジャガイモ・アロエベラ・ローズヒップ
子宮癌 140, 153, 250
〈摂るべき食べ物〉アボカド・ベリー類・アブラナ科の野菜
子宮筋腫 153, 160, 183, 199, 239, 297, 325, 359, 365, 448, 452, 477
〈避けるべき食べ物〉卵
〈摂るべき食べ物〉ベリー類・チェリー・ブドウ・マンゴー・アスパラガス・スプラウトとマイクログリーン・コリアンダー・ラズベリーリーフ・ターメリック
子宮頸癌 166, 250, 304, 407
〈摂るべき食べ物〉クランベリー・アブラナ科の野菜・サツマイモ・ネトルリーフ
子宮ポリープ 359
〈摂るべき食べ物〉ラズベリーリーフ
子宮内膜症 448, 452, 475, 477, 482
〈避けるべき食べ物〉乳製品・卵・キャノーラ油
〈摂るべき食べ物〉アボカド・ベリー類・ブドウ・キウイフルーツ・ジャガイモ・サツマイモ・ターメリック・大西洋産海藻
ジクロロジフェニルトリクロロエタン（DDT） 39, 49, 447
〈排出する食べ物〉アプリコット・ブドウ・メロン・洋ナシ・ザクロ・アスパラガス・キュウリ・タマネギ・パセリ・大西洋産海藻・タンポポ・ムラサキツメクサ・ローズヒップ
自己愛性人格障害 172, 354
〈摂るべき食べ物〉デーツ・パセリ
自己免疫疾患 1, 19, 36, 43, 92, 120, 346, 387, 480
〈避けるべき食べ物〉小麦
〈摂るべき食べ物〉バナナ・ブドウ・ジャガイモ・芳香ハーブ・チャーガ
歯周病 353, 384, 472
〈摂るべき食べ物〉デーツ・オレンジとミカン・パセリ・ラズベリーリーフ・ゴボウ・ローズヒップ
舌の問題 189
〈摂るべき食べ物〉キウイフルーツ
歯痛 194, 343, 354, 484
〈避けるべき食べ物〉天然フレーバー
〈摂るべき食べ物〉レモンとライム・レモンバーム・パセリ
耳痛 130, 147, 154, 172, 194, 211, 228, 290, 313, 331, 395

骨減少症 45, 265, 343, 377
〈摂るべき食べ物〉葉物野菜・レモンバーム・大西洋産海藻
骨腫瘍 176, 239, 273, 377, 387
〈摂るべき食べ物〉イチジク・アスパラガス・タマネギ・大西洋産海藻・チャーガ
骨髄炎 129, 153, 233, 239, 348
〈摂るべき食べ物〉リンゴ・ベリー類・アーティチョーク・アスパラガス・カンゾウ根
骨折 233, 354, 377, 383
〈摂るべき食べ物〉アーティチョーク・パセリ・大西洋産海藻・ゴボウ
骨粗鬆症 45, 464, 475
〈避けるべき食べ物〉乳製品
〈摂るべき食べ物〉メロン・オレンジとミカン・アブラナ科の野菜・葉物野菜・大西洋産海藻
骨盤内炎症性疾患（PID） 448, 452
〈摂るべき食べ物〉ベリー類・チェリー・アスパラガス・セロリ・アブラナ科の野菜・キュウリ・葉物野菜・ラディッシュ・芳香ハーブ・キャッツクロー・ニンニク・ショウガ
骨密度の問題 206, 234
〈摂るべき食べ物〉メロン・アーティチョーク
こむらがえり 484
〈避けるべき食べ物〉天然フレーバー
〈摂るべき食べ物〉メロン・ザクロ・アスパラガス・セロリ・アブラナ科の野菜・スプラウトとマイクログリーン・ターメリック
こわばり 206, 211, 274, 365, 388, 484
〈避けるべき食べ物〉天然フレーバー
〈摂るべき食べ物〉メロン・オレンジとミカン・タマネギ・ターメリック・チャーガ

【さ】

細菌性胃腸炎 182
〈摂るべき食べ物〉ブドウ
細菌性感染症 183, 245, 312, 320, 412, 479
〈避けるべき食べ物〉トウモロコシ
〈摂るべき食べ物〉ブドウ・セロリ・ハーブ・生ハチミツ
細菌性膣症 245, 359, 371, 477
〈避けるべき食べ物〉卵
〈摂るべき食べ物〉セロリ・ラズベリーリーフ・アロエベラ
細菌性肺炎 272, 331, 365, 394, 475
〈避けるべき食べ物〉乳製品
〈摂るべき食べ物〉タマネギ・ニンニク・ターメリック・ココナッツ
サイトメガロウイルス（CMV） 47, 120, 346, 381
〈摂るべき食べ物〉クランベリー・オレンジとミカン・キュウリ・芳香ハーブ・コリアンダー
錯乱 130, 160, 166, 172, 183, 200, 228, 253, 326, 364, 395
〈摂るべき食べ物〉リンゴ・チェリー・クランベリー・デーツ・ブドウ・マンゴー・ザクロ・アブラナ科の野菜・コリアンダー・ターメリック・ココナッツ
坐骨神経痛 484
〈避けるべき食べ物〉天然フレーバー
〈摂るべき食べ物〉アボカド・イチジク・芳香ハーブ・コリアンダー・カンゾウ根・ターメリック・アロエベラ・チャーガ・ココナッツ
サルモネラ菌 176, 188, 222
〈摂るべき食べ物〉イチジク・キウイフルーツ・洋ナシ
産後うつ 297, 358
〈摂るべき食べ物〉スプラウトとマイクログリーン・ラズベリーリーフ
三叉神経痛 141, 176, 228, 259, 325, 482
〈避けるべき食べ物〉キャノーラ油
〈摂るべき食べ物〉アボカド・イチジク・ザクロ・キュウリ・コリアンダー

【し】

CFS（慢性疲労症候群） 36, 47, 120, 476, 479, 482

海藻・ゴボウ・ココナッツ
——機能亢進症　475, 477, 482, 484
〈避けるべき食べ物〉乳製品・卵・キャノーラ油・天然フレーバー
〈摂るべき食べ物〉チェリー・クランベリー・マンゴー・オレンジとミカン・パパイヤ・アスパラガス・セロリ・アブラナ科の野菜・ジャガイモ・スプラウトとマイクログリーン・カンゾウ根・ターメリック・チャーガ
——機能低下症　475, 477, 482, 484
〈避けるべき食べ物〉乳製品・卵・キャノーラ油・天然フレーバー
〈摂るべき食べ物〉チェリー・クランベリー・マンゴー・オレンジとミカン・パパイヤ・アスパラガス・セロリ・アブラナ科の野菜・ジャガイモ・スプラウトとマイクログリーン・カンゾウ根・ラズベリーリーフ・ターメリック・大西洋産海藻・チャーガ
——結節　153, 331, 394, 477
〈避けるべき食べ物〉卵
〈摂るべき食べ物〉ベリー類・ニンニク・ココナッツ
——疾患　36, 47, 250
〈摂るべき食べ物〉リンゴ・アボカド・デーツ・アーティチョーク・葉物野菜・ラディッシュ・スプラウトとマイクログリーン・コリアンダー・ニンニク・ショウガ・レモンバーム・パセリ・ラズベリーリーフ・ココナッツ
——腫　30, 249, 251, 254, 462
〈摂るべき食べ物〉アブラナ科の野菜
口唇ヘルペス　211, 281, 284
〈摂るべき食べ物〉オレンジとミカン・ジャガイモ
喉頭炎　318, 331, 337, 343, 348, 407, 412, 423
〈摂るべき食べ物〉キャッツクロー・ニンニク・ショウガ・レモンバーム・カンゾウ根・ネトルリーフ・生ハチミツ・ローズヒップ
口内乾燥　160, 194, 353, 354
〈摂るべき食べ物〉チェリー・レモンとライム・パセリ
更年期症状　476, 478
〈避けるべき食べ物〉乳製品・卵
〈摂るべき食べ物〉リンゴ・アボカド・アスパラガス・アブラナ科の野菜・キュウリ・葉物野菜・カンゾウ根・ターメリック・ネトルリーフ・ムラサキツメクサ
後鼻漏　194, 331, 412, 476
〈避けるべき食べ物〉乳製品
〈摂るべき食べ物〉レモン・ニンニク・生ハチミツ
酵母菌感染症　317, 475, 477, 480
〈避けるべき食べ物〉乳製品・卵・小麦
〈摂るべき食べ物〉アプリコット・クランベリー・メロン・セロリ・キュウリ・タマネギ・キャッツクロー・ニンニク・レモンバーム・ターメリック・ゴボウ
肛門の痒み　189, 206, 217, 313
〈摂るべき食べ物〉キウイフルーツ・メロン・パパイヤ・芳香ハーブ
呼吸器感染症　312, 412
〈摂るべき食べ物〉芳香ハーブ・生ハチミツ
呼吸困難　211, 290, 395, 484
〈避けるべき食べ物〉天然フレーバー
〈摂るべき食べ物〉オレンジとミカン・ラディッシュ・ココナッツ
五十肩（疼痛性肩拘縮）　47, 484
〈避けるべき食べ物〉天然フレーバー
〈摂るべき食べ物〉リンゴ・ベリー類・マンゴー・パパイヤ・ザクロ・セロリ・ジャガイモ・ラディッシュ・キャッツクロー・レモンバーム・カンゾウ根・ターメリック・チャーガ・ココナッツ・ローズヒップ
鼓腸　136, 166, 189, 217, 245, 313, 476
〈避けるべき食べ物〉乳製品
〈摂るべき食べ物〉アプリコット・クランベリー・キウイフルーツ・パパイヤ・セロリ・芳香ハーブ

ブドウ・アスパラガス・アブラナ科の野菜・キュウリ・葉物野菜・カンゾウ根・ネトルリーフ・ムラサキツメクサ
結合組織の炎症 205, 394
〈摂るべき食べ物〉メロン・ココナッツ
結合組織の損傷 160, 239, 251, 253, 265
〈摂るべき食べ物〉チェリー・メロン・アスパラガス・アブラナ科の野菜
結節 226, 463, 475
〈避けるべき食べ物〉乳製品
〈摂るべき食べ物〉チェリー・クランベリー・ブドウ・オレンジとミカン・ザクロ・アブラナ科の野菜・葉物野菜・キャッツクロー・ニンニク・レモンバーム
血糖値の不均衡 233
〈摂るべき食べ物〉リンゴ・バナナ・ベリー類・デーツ・レモンとライム・メロン・ザクロ・アーティーチョーク・スプラウトとマイクログリーン・ゴボウ・ムラサキツメクサ
血尿 189, 418
〈摂るべき食べ物〉キウイフルーツ・ムラサキツメクサ
げっぷ 189, 194, 298, 337
〈摂るべき食べ物〉キウイフルーツ・レモンとライム・スプラウトとマイクログリーン・ショウガ
結膜炎 165, 194, 273
〈摂るべき食べ物〉クランベリー・レモンとライム・タマネギ
下痢 476, 479, 483
〈避けるべき食べ物〉乳製品・トウモロコシ・キャノーラ油
〈摂るべき食べ物〉バナナ・イチジク・キウイフルーツ・パパイヤ・洋ナシ・サツマイモ・ショウガ・レモンバーム・ムラサキツメクサ
腱炎 146, 205, 211, 273, 387, 477
〈避けるべき食べ物〉卵
〈摂るべき食べ物〉バナナ・メロン・オレンジとミカン・タマネギ・チャーガ
倦怠感 22, 26, 28, 36, 47, 78, 358, 476, 481, 484
〈避けるべき食べ物〉乳製品・小麦・天然フレーバー
〈摂るべき食べ物〉リンゴ・アプリコット・アボカド・バナナ・ベリー類・チェリー・ブドウ・キウイフルーツ・マンゴー・オレンジとミカン・パパイヤ・アスパラガス・セロリ・アブラナ科の野菜・ジャガイモ・ラディッシュ・スプラウトとマイクログリーン・芳香ハーブ・ニンニク・ショウガ・レモンバーム・カンゾウ根・ラズベリーリーフ・アロエベラ・ココナッツ・生ハチミツ

【こ】

硬化性苔癬 140, 304
〈摂るべき食べ物〉アボカド・サツマイモ
高血圧（血圧の上昇） 57
〈摂るべき食べ物〉アプリコット・クランベリー・デーツ・ブドウ・レモンとライム・オレンジとミカン・セロリ・アブラナ科の野菜・タマネギ・ラディッシュ・レモンバーム・チャーガ・ココナッツ・タンポポ・ムラサキツメクサ
高血糖 135, 146, 188, 245
〈摂るべき食べ物〉アプリコット・バナナ・キウイフルーツ・セロリ
高コルチゾール 160, 188, 195, 245, 290
〈摂るべき食べ物〉チェリー・キウイフルーツ・レモンとライム・セロリ・ラディッシュ
高コレステロール（コレステロール値の上昇） 154, 200, 223, 253, 338, 365
〈摂るべき食べ物〉ベリー類・マンゴー・洋ナシ・アブラナ科の野菜・ショウガ・ターメリック
口臭 20, 160, 274, 331
〈摂るべき食べ物〉チェリー・タマネギ・ニンニク
甲状腺 153, 245, 376, 477, 482, 484
——癌 239, 245, 266, 290, 331, 337, 377, 382, 394
〈摂るべき食べ物〉アスパラガス・セロリ・葉物野菜・ラディッシュ・ニンニク・ショウガ・大西洋産

〈排出する食べ物〉リンゴ
クレアチニンの問題 183
〈摂るべき食べ物〉ブドウ
グレーブス病（バセドウ病） 475
〈避けるべき食べ物〉乳製品
〈摂るべき食べ物〉チェリー・マンゴー・オレンジとミカン・パパイヤ・アスパラガス・アブラナ科の野菜・ジャガイモ・スプラウトとマイクログリーン・カンゾウ根・ラズベリーリーフ・ターメリック・大西洋産海藻・チャーガ
クローン病 36, 46, 103, 140, 475, 479, 480, 482
〈避けるべき食べ物〉乳製品・トウモロコシ・小麦・キャノーラ油
〈摂るべき食べ物〉アボカド・バナナ・イチジク・マンゴー・メロン・パパイヤ・セロリ・ジャガイモ・サツマイモ・アロエベラ

【け】

憩室炎 311, 475
〈避けるべき食べ物〉乳製品
〈摂るべき食べ物〉アプリコット・バナナ・イチジク・パパイヤ・洋ナシ・葉物野菜・タマネギ・芳香ハーブ・カンゾウ根・アロエベラ・ローズヒップ
憩室症 222, 311, 348, 423
〈摂るべき食べ物〉洋ナシ・芳香ハーブ・カンゾウ根・ローズヒップ
頸部痛 154, 240, 290, 319, 326, 331, 348, 365, 388
〈摂るべき食べ物〉ベリー類・アスパラガス・ラディッシュ・キャッツクロー・コリアンダー・ニンニク・カンゾウ根・ターメリック・チャーガ・ローズヒップ
痙攣 57, 478, 479, 483
〈避けるべき食べ物〉卵・トウモロコシ・キャノーラ油
〈摂るべき食べ物〉リンゴ・アプリコット・アボカド・ベリー類・クランベリー・デーツ・マンゴー・メロン・パパイヤ・ザクロ・アスパラガス・セロリ・キュウリ・葉物野菜・タマネギ・ジャガイモ・スプラウトとマイクログリーン・サツマイモ・芳香ハーブ・キャッツクロー・ニンニク・ショウガ・カンゾウ根・パセリ・ターメリック・コリアンダー・大西洋産海藻・チャーガ・ココナッツ・生ハチミツ・ローズヒップ
胃―― 476
〈避けるべき食べ物〉乳製品
〈摂るべき食べ物〉バナナ・パパイヤ・ショウガ
筋―― 200, 245, 298, 305, 326, 484
〈避けるべき食べ物〉天然フレーバー
〈摂るべき食べ物〉マンゴー・セロリ・サツマイモ・コリアンダー・ショウガ
腸―― 189, 223, 245, 483
〈避けるべき食べ物〉キャノーラ油
〈摂るべき食べ物〉キウイフルーツ・洋ナシ・セロリ
血液細胞の癌 233, 354, 418
〈摂るべき食べ物〉アーティチョーク・パセリ・ムラサキツメクサ
血液毒性 160, 177, 183, 206, 259, 326, 383, 401, 417
〈摂るべき食べ物〉チェリー・イチジク・ブドウ・メロン・キュウリ・コリアンダー・ゴボウ・タンポポ・ムラサキツメクサ
血液の障害 160, 217, 401, 416
〈摂るべき食べ物〉チェリー・パパイヤ・タンポポ・ムラサキツメクサ
結核 171
〈摂るべき食べ物〉デーツ
血球の疾患 401, 417
〈摂るべき食べ物〉タンポポ・ムラサキツメクサ
月経不順 154, 407
〈摂るべき食べ物〉ベリー類・ネトルリーフ
月経前症候群（PMS） 476, 478
〈避けるべき食べ物〉乳製品・卵
〈摂るべき食べ物〉リンゴ・アボカド・クランベリー・

気管支炎 182, 188, 193, 272, 290, 331, 365, 412, 423, 480
〈避けるべき食べ物〉小麦
〈摂るべき食べ物〉ブドウ・キウイフルーツ・レモンとライム・タマネギ・ラディッシュ・ニンニク・ターメリック・生ハチミツ・ローズヒップ
寄生虫 461
〈摂るべき食べ物〉アプリコット・デーツ・イチジク・ブドウ・キウイフルーツ・パパイヤ・洋ナシ・セロリ・ラディッシュ・キャッツクロー・コリアンダー・ニンニク・ショウガ・レモンバーム・パセリ・ターメリック・アロエベラ・ココナッツ・生ハチミツ
季節性アレルギー 166, 476
〈避けるべき食べ物〉乳製品
〈摂るべき食べ物〉クランベリー
季節性感情障害（SAD） 199, 211, 365, 377
〈摂るべき食べ物〉マンゴー・オレンジとミカン・ターメリック・大西洋産海藻
気分変動 200, 211, 407
〈摂るべき食べ物〉マンゴー・オレンジ・ネトルリーフ
嗅覚消失 253, 354
〈摂るべき食べ物〉アブラナ科の野菜・パセリ
胸痛 154, 160, 177, 183, 331
〈摂るべき食べ物〉ベリー類・チェリー・イチジク・ブドウ・ニンニク
強迫性障害（OCD） 36, 130, 153, 160, 172, 188, 205, 223, 245, 253, 266, 325, 377
〈摂るべき食べ物〉リンゴ・ベリー類・チェリー・デーツ・キウイフルーツ・メロン・洋ナシ・セロリ・アブラナ科の野菜・葉物野菜・コリアンダー・大西洋産海藻
強皮症 122, 140, 304
〈摂るべき食べ物〉アボカド・サツマイモ
胸部圧迫感 479, 481, 483, 484
〈避けるべき食べ物〉トウモロコシ・小麦・キャノーラ油・天然フレーバー
〈摂るべき食べ物〉キュウリ・葉物野菜・タマネギ・ラディッシュ・スプラウトとマイクログリーン・芳香ハーブ・ニンニク・パセリ・大西洋産海藻・チャーガ・ココナッツ・生ハチミツ・ローズヒップ
巨大結腸症 176, 302, 304, 312, 371
〈摂るべき食べ物〉イチジク・サツマイモ・芳香ハーブ・アロエベラ
気力の喪失 136, 211, 240, 290, 412
〈摂るべき食べ物〉アプリコット・オレンジとミカン・アスパラガス・ラディッシュ・生ハチミツ
筋萎縮性側索硬化症（ALS） 36, 152, 175, 289, 317, 479, 482, 484
〈避けるべき食べ物〉トウモロコシ・キャノーラ油・天然フレーバー
〈摂るべき食べ物〉リンゴ・ベリー類・イチジク・メロン・オレンジとミカン・パパイヤ・セロリ・キュウリ・葉物野菜・ラディッシュ・キャッツクロー・コリアンダー・ショウガ・レモンバーム・パセリ・ターメリック・アロエベラ・チャーガ・タンポポ
筋痙攣 200, 245, 298, 305, 326, 484
〈避けるべき食べ物〉天然フレーバー
〈摂るべき食べ物〉マンゴー・セロリ・サツマイモ・コリアンダー・ショウガ
筋硬直 217, 240, 365
〈摂るべき食べ物〉パパイヤ・アスパラガス・ターメリック
筋痛性脳脊髄炎（ME） 120, 364
筋肉痛 48, 141, 195, 200, 336
〈摂るべき食べ物〉アボカド・レモンとライム・マンゴー・ショウガ
筋力低下 37, 147, 319
〈摂るべき食べ物〉バナナ・キャッツクロー

【く】
グルタミン酸ナトリウム（MSG） 129, 448, 483

ロエベラ・ゴボウ・タンポポ・ムラサキツメクサ
肝うっ滞 257
〈摂るべき食べ物〉パパイヤ・洋ナシ・アーティチョーク・アブラナ科の野菜・キュウリ・葉物野菜・スプラウトとマイクログリーン・コリアンダー・ニンニク・カンゾウ根・アロエベラ・ゴボウ・チャーガ・タンポポ・ムラサキツメクサ・ローズヒップ
眼感染症 188, 281, 312, 412, 423
〈摂るべき食べ物〉キウイフルーツ・ジャガイモ・芳香ハーブ・生ハチミツ・ローズヒップ
肝機能障害 234, 372
〈摂るべき食べ物〉アーティチョーク・アロエベラ
肝機能低下 158, 364, 467, 475
〈避けるべき食べ物〉乳製品
〈摂るべき食べ物〉ベリー類・チェリー・マンゴー・洋ナシ・セロリ・アブラナ科の野菜・ターメリック・アロエベラ・大西洋産海藻・ゴボウ・チャーガ・タンポポ・ムラサキツメクサ・ローズヒップ
肝硬変 205, 222, 233, 253, 401
〈摂るべき食べ物〉メロン・洋ナシ・アーティチョーク・アブラナ科の野菜・タンポポ
間質性膀胱炎 233, 245, 342, 348, 407, 475, 477, 480
〈避けるべき食べ物〉乳製品・卵・小麦
〈摂るべき食べ物〉アーティチョーク・セロリ・レモンバーム・カンゾウ根・ネトルリーフ
カンジダ 124, 134, 146, 170, 278, 317, 475, 477, 479
〈避けるべき食べ物〉乳製品・卵・トウモロコシ
〈摂るべき食べ物〉アプリコット・アボカド・バナナ・ベリー類・デーツ・レモンとライム・マンゴー・セロリ・ジャガイモ・キャッツクロー・ニンニク
関節炎 253, 388, 476
〈避けるべき食べ物〉乳製品
〈摂るべき食べ物〉アブラナ科の野菜・チャーガ
関節症 129, 135, 146, 188, 273, 282, 290, 354, 365
〈摂るべき食べ物〉リンゴ・アプリコット・バナナ・キウイフルーツ・タマネギ・ジャガイモ・ラディッシュ・パセリ・ターメリック
関節リウマチ（RA） 36, 47, 120, 475, 482
〈避けるべき食べ物〉乳製品・キャノーラ油
〈摂るべき食べ物〉キウイフルーツ・レモンとライム・ジャガイモ・ラディッシュ・芳香ハーブ・キャッツクロー・ショウガ・カンゾウ根・ターメリック・ネトルリーフ
乾癬 216, 476
〈避けるべき食べ物〉乳製品
〈摂るべき食べ物〉ベリー類・イチジク・パパイヤ・セロリ・アブラナ科の野菜・キュウリ・葉物野菜・スプラウトとマイクログリーン・サツマイモ・コリアンダー・ニンニク・ショウガ・ターメリック・アロエベラ・ゴボウ・チャーガ・ネトルリーフ・ムラサキツメクサ
乾癬性関節炎 304, 312, 318, 331, 337, 423, 475, 477, 482
〈避けるべき食べ物〉乳製品・卵・キャノーラ油
〈摂るべき食べ物〉サツマイモ・芳香ハーブ・キャッツクロー・ニンニク・ショウガ・ローズヒップ
肝臓癌 205, 222, 233, 239, 281, 377, 382, 387
〈摂るべき食べ物〉メロン・洋ナシ・アーティチョーク・アスパラガス・ジャガイモ・大西洋産海藻・ゴボウ・チャーガ
肝嚢胞 401
〈摂るべき食べ物〉タンポポ

【き】

記憶力低下 56, 88, 244, 295, 484
〈避けるべき食べ物〉天然フレーバー
〈摂るべき食べ物〉アボカド・チェリー・クランベリー・マンゴー・パパイヤ・ザクロ・セロリ・スプラウトとマイクログリーン・コリアンダー・パセリ・大西洋産海藻・ココナッツ・生ハチミツ

潰瘍性大腸炎 46, 325, 331
〈摂るべき食べ物〉コリアンダー・ニンニク
化学物質過敏症（MCS） 217, 354, 365, 377, 383, 387, 395, 418, 480
〈避けるべき食べ物〉小麦
〈摂るべき食べ物〉パパイヤ・パセリ・ターメリック・大西洋産海藻・ゴボウ・チャーガ・ココナッツ・ムラサキツメクサ
顎関節症（TMJ） 47
顎関節の問題 147, 217, 304, 337
〈摂るべき食べ物〉バナナ・パパイヤ・サツマイモ・ショウガ
鵞口瘡 245, 354, 387, 412
ガス 130, 141, 188, 217, 223, 245, 343
〈摂るべき食べ物〉リンゴ・アボカド・キウイフルーツ・パパイヤ・洋ナシ・セロリ・レモンバーム
下肢静止不能症候群（むずむず脚症候群・レストレスレッグス症候群） 273, 282, 318, 484
〈避けるべき食べ物〉天然フレーバー
〈摂るべき食べ物〉タマネギ・ジャガイモ・キャッツクロー
下垂足（垂れ足） 326
〈摂るべき食べ物〉コリアンダー
かすみ目 364, 476
〈避けるべき食べ物〉乳製品
〈摂るべき食べ物〉リンゴ・バナナ・ベリー類・ブドウ・マンゴー・メロン・オレンジとミカン・セロリ・スプラウトとマイクログリーン・ターメリック・大西洋産海藻・ココナッツ
風邪 26, 30, 96, 193, 330, 411, 475
〈避けるべき食べ物〉乳製品
〈摂るべき食べ物〉ブドウ・レモンとライム・オレンジとミカン・キュウリ・タマネギ・ニンニク・ショウガ・ターメリック・生ハチミツ・ローズヒップ
滑液包炎 135, 160, 188, 211, 239, 365, 382, 387
〈摂るべき食べ物〉アプリコット・チェリー・キウイフルーツ・オレンジとミカン・アスパラガス・ゴボウ・ターメリック・チャーガ
カビへの曝露 480
〈避けるべき食べ物〉小麦
〈摂るべき食べ物〉リンゴ・アプリコット・ブドウ・メロン・オレンジとミカン・ザクロ・セロリ・アブラナ科の野菜・葉物野菜・芳香ハーブ・チャーガ
過敏性腸症候群（IBS） 36, 140, 370, 475, 479, 480, 482
〈避けるべき食べ物〉乳製品・トウモロコシ・小麦・キャノーラ油
〈摂るべき食べ物〉アボカド・バナナ・メロン・パパイヤ・セロリ・葉物野菜・ジャガイモ・サツマイモ・キャッツクロー・アロエベラ
体の痛み 130, 136, 211, 217, 228, 267, 319, 424
〈摂るべき食べ物〉リンゴ・アプリコット・オレンジとミカン・パパイヤ・ザクロ・葉物野菜・キャッツクロー・ローズヒップ
癌 18, 36, 45-47, 50, 82, 117, 121, 124, 479
〈避けるべき食べ物〉卵・トウモロコシ
〈摂るべき食べ物〉アプリコット・アボカド・ベリー類・チェリー・クランベリー・デーツ・イチジク・ブドウ・レモンとライム・マンゴー・メロン・オレンジとミカン・洋ナシ・アーティチョーク・アスパラガス・セロリ・アブラナ科の野菜・葉物野菜・タマネギ・ジャガイモ・ラディッシュ・スプラウトとマイクログリーン・サツマイモ・キャッツクロー・ニンニク・ショウガ・パセリ・ターメリック・アロエベラ・大西洋産海藻・ゴボウ・チャーガ・ココナッツ・タンポポ・ネトルリーフ・生ハチミツ・ムラサキツメクサ・ワイルドブルーベリー
肝炎 176, 182, 194, 223, 233, 253, 265, 325, 354, 371, 382, 401, 417
〈摂るべき食べ物〉イチジク・ブドウ・レモンとライム・洋ナシ・アーティチョーク・アブラナ科の野菜・葉物野菜・コリアンダー・パセリ・ア

リー・キウイフルーツ・レモンとライム・アーティチョーク・パセリ・チャーガ
HPV（ヒトパピローマウイルス）　476, 477,
〈避けるべき食べ物〉乳製品・卵
〈摂るべき食べ物〉オレンジとミカン・スプラウトとマイクログリーン・ショウガ・ラズベリーリーフ・アロエベラ・ココナッツ
ME（筋痛性脳脊髄炎）　120, 364
MRSA（メチシリン耐性黄色ブドウ球菌感染症）　311, 371, 412, 423
〈摂るべき食べ物〉芳香ハーブ・アロエベラ・生ハチミツ・ローズヒップ
MS（多発性硬化症）　36, 43, 47, 49, 122, 289, 316, 479, 482
〈避けるべき食べ物〉トウモロコシ・キャノーラ油
〈摂るべき食べ物〉リンゴ・ベリー類・ブドウ・レモンとライム・メロン・オレンジとミカン・パパイヤ・アスパラガス・キュウリ・ラディッシュ・芳香ハーブ・キャッツクロー・コリアンダー・ターメリック・ゴボウ・チャーガ
MSG（グルタミン酸ナトリウム）　129, 448, 483
〈排出する食べ物〉リンゴ
SAD（季節性感情障害）　199, 211, 365, 377
〈摂るべき食べ物〉マンゴー・オレンジとミカン・ターメリック・大西洋産海藻
エナメル質損失　266, 298
〈摂るべき食べ物〉葉物野菜・スプラウトとマイクログリーン
エプスタイン・バール・ウイルス（EBウイルス）　3, 47-48, 120-121, 280, 475, 477, 479
〈避けるべき食べ物〉乳製品・卵・トウモロコシ
〈摂るべき食べ物〉オレンジとミカン・パパイヤ・ザクロ・アスパラガス・アブラナ科の野菜・キュウリ・葉物野菜・タマネギ・スプラウトとマイクログリーン・芳香ハーブ・キャッツクロー・コリアンダー・ニンニク・ショウガ・レモンバーム・カンゾウ根・パセリ・ターメリック・アロエベラ・大西洋産海藻・チャーガ・ココナッツ・ネトルリーフ・ムラサキツメクサ

【お】

OCD（強迫性障害）36, 130, 153, 160, 172, 188, 205, 223, 245, 253, 266, 325, 377
〈摂るべき食べ物〉リンゴ・ベリー類・チェリー・デーツ・キウイフルーツ・メロン・洋ナシ・セロリ・アブラナ科の野菜・葉物野菜・コリアンダー・大西洋産海藻
黄疸　166, 189, 298, 372
〈摂るべき食べ物〉クランベリー・キウイフルーツ・スプラウトとマイクログリーン・アロエベラ
嘔吐　194
〈摂るべき食べ物〉レモンとライム
黄斑変性症　30, 182, 199, 252, 484
〈避けるべき食べ物〉天然フレーバー
〈摂るべき食べ物〉ブドウ・マンゴー・アブラナ科の野菜
おりもの　194, 360, 407, 478
〈避けるべき食べ物〉卵
〈摂るべき食べ物〉レモン・ラズベリーリーフ・ネトルリーフ
温度過敏　136
〈摂るべき食べ物〉アプリコット

【か】

GERD（ガード, 胃食道逆流症）264, 480, 482
〈避けるべき食べ物〉小麦・キャノーラ油
〈摂るべき食べ物〉バナナ・デーツ・マンゴー・洋ナシ・葉物野菜・タマネギ・ラディッシュ・カンゾウ根
潰瘍　215, 273, 479, 482
〈避けるべき食べ物〉トウモロコシ・キャノーラ油
〈摂るべき食べ物〉マンゴー・メロン・パパイヤ・アーティチョーク・葉物野菜・タマネギ・ジャガイモ・芳香ハーブ・キャッツクロー・コリアンダー・カンゾウ根・アロエベラ

胃痛 26, 216, 476
〈避けるべき食べ物〉乳製品
〈摂るべき食べ物〉メロン・パパイヤ・芳香ハーブ・レモンバーム・アロエベラ・生ハチミツ
一過性虚血発作（TIA） 129, 482, 484
〈避けるべき食べ物〉キャノーラ油・天然フレーバー
〈摂るべき食べ物〉リンゴ
胃不全麻痺 141, 216
〈摂るべき食べ物〉アボカド・パパイヤ
インスリン抵抗性 198, 205, 223, 279, 475
〈摂るべき食べ物〉メロン・洋ナシ

【う】
ウイルス感染 49, 128, 130, 153, 245
〈摂るべき食べ物〉リンゴ・ベリー類・セロリ
ウィルソン病 176
〈摂るべき食べ物〉イチジク
うずき 251, 476, 478, 479, 483, 484
〈避けるべき食べ物〉乳製品・卵・トウモロコシ・キャノーラ油・天然フレーバー
〈摂るべき食べ物〉アボカド・バナナ・ベリー類・オレンジとミカン・パパイヤ・アスパラガス・アブラナ科の野菜・キュウリ・タマネギ・ジャガイモ・スプラウトとマイクログリーン・芳香ハーブ・キャッツクロー・コリアンダー・ニンニク・カンゾウ根・パセリ・ターメリック・大西洋産海藻・チャーガ・ココナッツ・生ハチミツ・ローズヒップ
うっ血 276, 337, 365, 367
〈摂るべき食べ物〉ショウガ・ターメリック
うっ滞 476, 478, 481
〈避けるべき食べ物〉乳製品・卵・小麦
〈摂るべき食べ物〉タンポポ
肝―― 257
〈摂るべき食べ物〉パパイヤ・洋ナシ・アーティチョーク・アブラナ科の野菜・キュウリ・葉物野菜・スプラウトとマイクログリーン・コリアンダー・ニンニク・カンゾウ根・アロエベラ・ゴボウ・チャーガ・タンポポ・ムラサキツメクサ・ローズヒップ
うつ病 187, 477, 480, 482, 484
〈避けるべき食べ物〉卵・小麦・キャノーラ油・天然フレーバー
〈摂るべき食べ物〉アプリコット・アボカド・バナナ・ベリー類・チェリー・ブドウ・キウイフルーツ・マンゴー・メロン・オレンジとミカン・パパイヤ・セロリ・アブラナ科の野菜・葉物野菜・ジャガイモ・スプラウトとマイクログリーン・サツマイモ・コリアンダー・レモンバーム・カンゾウ根・パセリ・大西洋産海藻・ココナッツ・ネトルリーフ
鱗状の皮膚 266, 305
〈摂るべき食べ物〉葉物野菜・サツマイモ

【え】
ADHD（注意欠如・多動症） 36, 46, 484
〈避けるべき食べ物〉天然フレーバー
〈摂るべき食べ物〉リンゴ・アボカド・バナナ・デーツ・イチジク・ブドウ・キウイフルーツ・マンゴー・メロン・セロリ・アブラナ科の野菜・葉物野菜・スプラウトとマイクログリーン・サツマイモ・コリアンダー・レモンバーム・大西洋産海藻・ココナッツ・生ハチミツ
ALS（筋萎縮性側索硬化症） 36, 152, 175, 289, 317, 479, 482, 484
〈避けるべき食べ物〉トウモロコシ・キャノーラ油・天然フレーバー
〈摂るべき食べ物〉リンゴ・ベリー類・イチジク・メロン・オレンジとミカン・パパイヤ・セロリ・キュウリ・葉物野菜・ラディッシュ・キャッツクロー・コリアンダー・ショウガ・レモンバーム・パセリ・ターメリック・アロエベラ・チャーガ・タンポポ
HIV（ヒト免疫不全ウイルス） 146, 325
〈摂るべき食べ物〉アボカド・バナナ・クランベ

〈摂るべき食べ物〉アプリコット・アボカド・チェリー・クランベリー・デーツ・ブドウ・レモンとライム・メロン・オレンジとミカン・洋ナシ・アーティチョーク・セロリ・アブラナ科の野菜・葉物野菜・ジャガイモ・スプラウトとマイクログリーン・芳香ハーブ・コリアンダー・ショウガ・カンゾウ根・ラズベリーリーフ・ターメリック・アロエベラ・ゴボウ・ココナッツ・ネトルリーフ・生ハチミツ・ムラサキツメクサ
季節性―― 166, 476
〈避けるべき食べ物〉乳製品
〈摂るべき食べ物〉クランベリー
食物―― 141, 183, 205, 234, 245, 325, 337
〈摂るべき食べ物〉アプリコット・アボカド・チェリー・デーツ・ブドウ・レモンとライム・メロン・オレンジとミカン・洋ナシ・アーティチョーク・セロリ・アブラナ科の野菜・葉物野菜・ジャガイモ・スプラウトとマイクログリーン・芳香ハーブ・コリアンダー・ショウガ・カンゾウ根・ラズベリーリーフ・アロエベラ・ゴボウ・ココナッツ・ネトルリーフ・ムラサキツメクサ
アンチエイジング 88, 125, 140, 152, 237
アンモニア透過症 135, 244-245, 312, 459
〈摂るべき食べ物〉アプリコット・セロリ・芳香ハーブ

【い】

EB ウイルス（EBV, エプスタイン・バール・ウイルス） 3, 47-48, 120-121, 280, 475, 477, 479
〈避けるべき食べ物〉乳製品・卵・トウモロコシ
〈摂るべき食べ物〉オレンジとミカン・パパイヤ・ザクロ・アスパラガス・アブラナ科の野菜・キュウリ・葉物野菜・タマネギ・スプラウトとマイクログリーン・芳香ハーブ・キャッツクロー・コリアンダー・ニンニク・ショウガ・レモンバーム・カンゾウ根・パセリ・ターメリック・アロエベラ・大西洋産海藻・チャーガ・ココナッツ・ネトルリーフ・ムラサキツメクサ
EHS（電磁波過敏症） 234, 365, 387
〈摂るべき食べ物〉アーティチョーク・ターメリック・チャーガ
胃炎 215, 336, 349
〈避けるべき食べ物〉乳製品・小麦
〈摂るべき食べ物〉キウイフルーツ・オレンジとミカン・パパイヤ・洋ナシ・セロリ・タマネギ・スプラウトとマイクログリーン・キャッツクロー・ショウガ・レモンバーム・カンゾウ根・ラズベリーリーフ・タンポポ
胃癌 199, 222, 303, 331, 371, 377
〈摂るべき食べ物〉マンゴー・洋ナシ・サツマイモ・ニンニク・アロエベラ・大西洋産海藻
息切れ 136, 172, 177, 183, 253, 274, 354, 412
〈摂るべき食べ物〉アプリコット・デーツ・イチジク・ブドウ・アブラナ科の野菜・タマネギ・パセリ・生ハチミツ
胃痙攣 476
〈避けるべき食べ物〉乳製品
〈摂るべき食べ物〉バナナ・パパイヤ・ショウガ
胃酸逆流 188, 264, 336, 481, 483
〈避けるべき食べ物〉小麦・キャノーラ油
〈摂るべき食べ物〉リンゴ・キウイフルーツ・レモンとライム・オレンジとミカン・パパイヤ・洋ナシ・セロリ・葉物野菜・スプラウトとマイクログリーン・ショウガ・カンゾウ根・アロエベラ・タンポポ
胃酸の減少 189, 194, 206, 245, 259, 266, 348, 365, 372
〈摂るべき食べ物〉キウイフルーツ・レモンとライム・メロン・セロリ・キュウリ・葉物野菜・カンゾウ根・ターメリック・アロエベラ
胃食道逆流症（GERD） 264, 480, 482
〈避けるべき食べ物〉小麦・キャノーラ油
〈摂るべき食べ物〉バナナ・デーツ・マンゴー・洋ナシ・葉物野菜・タマネギ・ラディッシュ・カンゾウ根

# 索　引

※〈避けるべき食べ物〉と〈摂るべき食べ物〉に示されている食品のページ番号については、掲載していないものもあります。その場合、目次をご参照ください。


**【あ】**

IBS（過敏性腸症候群）　36, 140, 370, 475, 479, 480, 482
〈避けるべき食べ物〉乳製品・トウモロコシ・小麦・キャノーラ油
〈摂るべき食べ物〉アボカド・バナナ・メロン・パパイヤ・セロリ・葉物野菜・ジャガイモ・サツマイモ・キャッツクロー・アロエベラ

RA（関節リウマチ）　36, 47, 120, 475, 482
〈避けるべき食べ物〉乳製品・キャノーラ油
〈摂るべき食べ物〉キウイフルーツ・レモンとライム・ジャガイモ・ラディッシュ・芳香ハーブ・キャッツクロー・ショウガ・カンゾウ根・ターメリック・ネトルリーフ

あがり症（社交不安障害）　172, 304
〈摂るべき食べ物〉デーツ・サツマイモ

悪性脳腫瘍　477
〈避けるべき食べ物〉卵
〈摂るべき食べ物〉アボカド・ベリー類・アブラナ科の野菜・ラディッシュ・大西洋産海藻

顎の痛み　484
〈避けるべき食べ物〉天然フレーバー
〈摂るべき食べ物〉バナナ・ベリー類・オレンジとミカン・葉物野菜・タマネギ・芳香ハーブ・キャッツクロー・コリアンダー・カンゾウ根・ターメリック・チャーガ・ココナッツ

アシドーシス　352
〈摂るべき食べ物〉メロン・セロリ・キュウリ・葉物野菜・パセリ

アジソン病　57
〈避けるべき食べ物〉トウモロコシ
〈摂るべき食べ物〉メロン・セロリ・ジャガイモ・コリアンダー・パセリ・ココナッツ

足の痛み　166, 228, 365, 388, 395
〈摂るべき食べ物〉クランベリー・ザクロ・ターメリック・チャーガ・ココナッツ

アスペルガー症候群　304, 377, 395
〈摂るべき食べ物〉サツマイモ・大西洋産海藻・ココナッツ

頭に靄がかかった状態（ブレインフォグ）　22, 26, 28, 36, 56-57, 63, 88, 476, 478, 481, 484
〈避けるべき食べ物〉乳製品・卵・小麦・天然フレーバー
〈摂るべき食べ物〉リンゴ・アプリコット・ベリー類・デーツ・イチジク・ブドウ・マンゴー・メロン・パパイヤ・ザクロ・セロリ・葉物野菜・ジャガイモ・ラディッシュ・スプラウトとマイクログリーン・キャッツクロー・コリアンダー・ショウガ・カンゾウ根・大西洋産海藻・ココナッツ

アテローム性動脈硬化症　153
〈摂るべき食べ物〉ベリー類

アフタ性口内炎　233, 239,273, 281, 331, 337, 348, 412, 423
〈摂るべき食べ物〉アーティチョーク・アスパラガス・タマネギ・ジャガイモ・ニンニク・ショウガ・カンゾウ根・生ハチミツ・ローズヒップ

アルツハイマー病　19, 24, 36, 46, 56, 88, 477, 484
〈避けるべき食べ物〉卵・天然フレーバー
〈摂るべき食べ物〉リンゴ・アボカド・バナナ・ベリー類・チェリー・イチジク・マンゴー・ザクロ・スプラウトとマイクログリーン・コリアンダー・パセリ・大西洋産海藻・ココナッツ・生ハチミツ

アレルギー　49, 475, 476
〈避けるべき食べ物〉乳製品・トウモロコシ

《 著者紹介 》

アンソニー・ウィリアム（Anthony William）

『ニューヨーク・タイムズ』ベストセラー『Medical Medium: Secrets Behind Chronic and Mystery Illness and How to Finally Heal』（邦訳『メディカル・ミディアム――医療霊媒』ナチュラルスピリット刊）の著者。高次の聖霊《スピリット》と会話ができる特殊能力を持って生まれる。その聖霊からもたらされる健康情報は桁違いに正確で、時代の先を行き過ぎていることが多い。4歳の頃、無症状の祖母に肺癌（ほどなく検査を受けて確認されている）があると伝えて家族を驚かせて以来、アンソニーは、その才能を人々の状態を「リーディング」して、健康を取り戻す方法を伝えることに使ってきた。Medical Medium（メディカル・ミディアム、医療霊媒）としての前例のない正確さと成功率により、世界中の何百万もの人たち、映画スター、ロックスター、億万長者、プロのアスリート、ベストセラー作家のほか、あらゆる職業、あらゆる地位の人たち、聖霊《スピリット》からの洞察が得られるまで癒す方法を見つけられなかった数え切れないほどの人たちから愛と信頼を得てきた。また、アンソニーは、どうしようもない問題を解決する手助けを必要とする医師たちにとっても貴重な存在となって、その才能を発揮している。

ウェブサイト　https://www.medicalmedium.com.

《 訳者紹介 》

辻谷瑞穂（Mizuho Tsujitani）

1972年兵庫県生まれ。バックグラウンドなしの状態から20年以上にわたり医学や科学の分野の和訳、英訳、翻訳指導などに携わってきたが、本当にやりたいのはスピリチュアルの出版であることに氣づき、「引き寄せの法則」により出版翻訳へと転身。訳書に『現代の預言者ペーター・ダノフ　その人生と教え』（ナチュラルスピリット）、『エッセネ派の平和福音書』（ナチュラルスピリット）、『理学療法士のための臨床測定ガイド』（GAIA BOOKS）、『Dr. アップルの早期発見の手引き診断事典』（GAIA BOOKS）などがある。

メディカル・ミディアム
人生を変える食べ物

●

2024年9月27日　初版発行

著者／アンソニー・ウィリアム
訳者／辻谷瑞穂

装幀／斉藤よしのぶ
編集／麻生修子
DTP／山中 央

発行者／今井博揮
発行所／株式会社 ナチュラルスピリット
〒101-0051 東京都千代田区神田神保町3-2 高橋ビル2階
TEL 03-6450-5938　FAX 03-6450-5978
info@naturalspirit.co.jp
https://www.naturalspirit.co.jp/
印刷所／シナノ印刷株式会社


ISBN978-4-86451-436-1 C0011

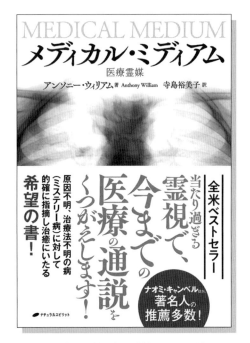

シータヒーリング★

ヴァイアナ・スタイバル 著
シータヒーリング・ジャパン 監修
山形 聖 訳

自身のリンパ腺癌克服体験から、人生のあらゆる面をプラスに転じる画期的プログラムを開発。また、願望実現や未来リーディング法などの画期的な手法を多数紹介。

定価 本体二九八〇円＋税

シータヒーリング 病気と障害★

ヴァイアナ・スタイバル 著
串田 剛、矢崎智子、長内優華 監修
豊田典子、ダニエル・サモス 訳

シータヒーリング的見地から見た病気とは？ 病気と障害についての百科全書的な書。すべてのヒーラーとクライアントにも役に立ちます。

定価 本体三三〇〇円＋税

体が伝える秘密の言葉★
心身を最高の健やかさへと導く実践ガイド

イナ・シガール 著
ビズネア磯野敦子 監修
采尾英理 訳

体の各部位の病が伝えるメッセージとは？ 体のメッセージを読み解く実践的なヒーリング・ブック。色を使ったヒーリング法も掲載。

定価 本体二八七〇円＋税

魂は語る★
身體の言語

ジュリア・キャノン 著
岩本亜希子 訳

肉體に現れる症状について、ハイアーセルフがどんなメッセージを送ってきているのか。看護師として長年働いてきた著者が、体の部位別に症状と原因を丁寧に解説。

定価 本体一六〇〇円＋税

シャーマン・ヒーラー・賢者
南米のエネルギー・メディスンが教える自分と他人を癒す方法

アルベルト・ヴィロルド 著
カミムラ マリコ 訳

アマゾンとアンデス山脈のシャーマンの元で修行したアメリカ人が明かす、シャーマニズムの真髄とヒーリングの実践法。

定価 本体二五〇〇円＋税

ワン・スピリット・メディスン★
最新科学も実証！ 古えの叡智に学ぶ究極の健康法

アルベルト・ヴィロルド 著
エリコ・ロウ 訳

古代の癒しのシステムで、健康になり「グレート・スピリット」につながり、万物との一体感の中で生きる！ 腸を修復し、脳を活性化する食事法などを紹介。

定価 本体二四〇〇円＋税

植物のスピリット・メディスン★
植物のもつヒーリングの叡智への旅

エリオット・コーワン 著
村上みりこ 訳

植物にスピリットがあり、そのスピリットが最も強力なメディスンとなる。そして、そのスピリットは心と魂の最も深い領域を癒すことができるのだ。

定価 本体二五〇〇円＋税

●新しい時代の意識をひらく、ナチュラルスピリットの本（★…電子書籍もございます）

## エネルギー・メディスン★

ドナ・イーデン
デイヴィッド・ファインスタイン 共著
日高播希人 訳

東洋の伝統療法と西洋のエネルギー・ヒーリングを統合した画期的療法。エネルギー・ボディのさまざまな領域を網羅！
定価 本体二九八〇円＋税

## エネルギー・コード

ドクター・スー・モーター 著
エリコ・ロウ 訳

スピリットを目覚めさせ、身体を癒し、最高の人生を生きる！ エネルギーを活性化する呼吸法や簡単で効果的な動作や瞑想、特別なヨガを紹介。
定価 本体二七〇〇円＋税

## マトリックス・エナジェティクス
量子論的手法による変容のテクニック

リチャード・バートレット 著
小川昭子 訳

量子的次元とつながり、恐れや限界を手放す時、即座にパワーと知識が手に入る。「問題志向から、解決志向へ」観察と手技で、変容が起こります！
定価 本体一八〇〇円＋税

## シグネチャーセル・ヒーリング
若さと活力の染色体を目覚めさせる！

カフー・フレッド・スターリング 著
和田豊代美 訳

松果体にある「神の細胞」シグネチャーセルが、いま、覚醒する！ 7次元のスピリット・ガイド、キラエルから教えられたヒーリング法を伝授。
定価 本体二八七〇円＋税

## 瞬間ヒーリングQEのすべて★
キンズロー・システム実践ガイドブック

フランク・キンズロー 著
前田まりこ 訳

『瞬間ヒーリングの秘密』『ユーフィーリング！』『クォンタム・リヴィングの秘密』を1冊に凝縮した深化統合版！ QEの原理から応用までをわかりやすく解説。
定価 本体二三五〇円＋税

## レゾナンス・エフェクト
画期的なFSM（特定周波数微弱電流）療法の世界

キャロリン・マクマキン 著
南見明里 訳
寺岡里紗 監修／幸島 究 医療監修

アメリカで注目されている「エネルギー療法」FSMの詳しいレポート！ 周波数の共鳴現象で心身のバランスを整える画期的療法の詳細が明らかに。
定価 本体二七〇〇円＋税

## メタヘルス
身体の知性を解読する

ヨハネス・R・フィスリンガー 著
釘宮律子 訳

病気に結びつくストレスのトリガーや感情、そして信念を特定する理論的枠組み、メタヘルスとは？ メタに健康になれるためのヒントが得られる。
定価 本体一八〇〇円＋税

お近くの書店、インターネット書店、および小社でお求めになれます。